南京市博物馆 编著

南京文物考古新发现

第三辑

文物出版社

封面设计 程星涛

责任印制 张 丽

责任编辑 戴 茜

图书在版编目（CIP）数据

南京文物考古新发现. 第 3 辑 / 南京市博物馆编著. —北京：

文物出版社，2014.8

ISBN 978 - 7 - 5010 - 4064 - 3

Ⅰ. ①南…　Ⅱ. ①南…　Ⅲ. ①文物 – 考古发现 – 南京市 –

文集　Ⅳ. ①K872. 531 – 53

中国版本图书馆 CIP 数据核字（2014）第 176437 号

南 京 文 物 考 古 新 发 现（第 三 辑）

南 京 市 博 物 馆 编著

*

文 物 出 版 社 出 版 发 行

（北京市东直门内北小街 2 号楼）

http：//www. wenwu. com

E-mail：web@ wenwu. com

北 京 京 都 六 环 印 刷 厂 印 刷

新 华 书 店 经 销

889×1194　1/16　印张：22.75

2014 年 8 月第 1 版　2014 年 8 月第 1 次印刷

ISBN 978 - 7 - 5010 - 4064 - 3　定价：198.00 元

积溪成流汇江河

——写在《南京文物考古新发现》（第三辑）出版之际

《南京文物考古新发现》（第三辑）一书即将结集付梓，值此之际，结合南京市多年来的考古工作实践，谈一点感想。

作为我国重要的历史文化名城，南京以其独特的历史文化内涵和发展演变轨迹在中国历史发展的长河中占有极其重要的地位，特别是南京城市在自身的发展中，经历了起源、发展、兴衰、彷徨、重振等不同的时期，在中国历史古城发展中扮演着特殊和重要的角色。在南京汤山发现的目前东南地区最早的古人类化石，距今35万年（也有学者认为超过60万年），和北京周口店发现的北京猿人一样，有着不同寻常的意义，这是我国目前为止仅有的两处发现在都城周边的古人类遗存，这似乎也预示着同样作为京城的北京和南京，在远古时期就受到了先人们的青睐和光临；在人类历史发展进入文明曙光之际，南京周边星罗棋布的史前文化遗址，也同样书写着这一地区自身的文化历史，北阴阳营遗址、营盘山遗址、薛城遗址、牛头岗遗址等古文化遗存的先后发掘和逐步的研究认识，对于完善东南地区以及全国范围内的史前文明面貌起到了不可替代的作用；进入古国时代，南京周边特有的土墩大墓和高大的台形遗址，代表了这一区域"湖熟文化"特有的遗存面貌，太伯奔吴的历史记载、南京城南越城与城西金陵邑的建立，以及周边棠邑、濑渚城、固城等城市的兴起，正是这一时期南京作为东西几个方国之间冲撞、融合的真实写照；秦汉一统时期，南京区域更是郡县林立，从秦代的鄣郡（会稽郡）、秣陵县至汉代的湖熟、扬州、丹杨等郡县的设立，为紧接的魏晋南北朝时期南京成为东南地区的政治中心奠定了坚实的基础；六朝时期，即魏晋时期的东吴、东晋及南朝的宋、齐、梁、陈六个王朝的统治时期，南京作为其都城所在，第一次成为东南区域的中心，三百六十余年的立足、生根、繁荣和发展，使得中华汉族文化得以保存，并得到了传承和创新发展；隋唐时期，就城市发展来说，南京一段时间曾走向低谷，但不容置疑的是，南京仍是南方地区一个重要的中心，在历史的起伏中艰难发展，而南唐时期作为都城，南京的城市建设又走向了一个新的起点；战火纷飞的宋元时期，依托着南方丰厚的积蓄和优越的自然地理环境，南京的发展没有停下脚步；大明王朝的建立，南京第一次成为一统帝国的国都，南京的发展达到了历史上的顶峰，以南京明代都城城墙为大范围的城市格局一直沿袭到了今天的南京城；到了晚清至近代时期，南京又成为了中国民主革命的中心，开近代化城市创新之先河，现在的南京城内外仍保留着大量的这一时期的优秀建筑及遗产。

在今天，要进一步认识南京城市的发展历史，梳理其真实可信的发展轨迹，很大的精力要放在对南京地下古代文物的发掘和认识、研究上来，而考古发掘工作就成了唯一的方法和手段。新中国成立以来，南京的文物考古工作者为此做出了不懈的努力，一大批各个历史时期的古文化遗存得到了发掘和解读，极大地丰富了历史文献记载的不足，充实和完善了南京城市历史的内涵。本专辑收集的 26 篇考古调查、发掘简报，时间跨度长，从旧石器时代一直到明代。其中南京汤山直立人化石地点的考古调查，是继 1993～1994 年对此区域葫芦洞地点进行发掘以后第一次开展的区域调查。通过调查，我们进一步了解了汤山周边古溶洞和化石点的分布状况，为正在进行的"南京直立人化石地点遗址公园"的建设做了较好的铺垫工作。春秋时期土墩墓的发掘，进一步丰富了对土墩墓这一江南地区特有的古遗存的认识。六朝时期古墓葬的发掘，历来是我馆野外考古工作的一个重要内容。本专辑收录的 13 个考古地点的 23 座六朝墓，多数为有明确纪年和极具时代特征的墓葬，为六朝时期墓葬的断代、分类提供了重要标尺，墓葬形制的个性特点和出土器物的多样性，为研究六朝墓葬又增加了更多的信息。侯家塘唐代王氏墓葬，是南京地区极少发现的唐代墓葬中的一座，墓主为东晋琅琊王氏的后代，其独特的墓志书写方式也颇为难见。明代的遗存，主要集中在城址和墓葬方面。通济门和三山门的局部发掘，是为了配合城市建设而做的抢救性工作，虽然发掘面积不大，但对于确定城门的正确位置和营造特点提供了第一手资料，丰富了对明代南京城、门遗址结构的全面认识；明代张赫家族墓的发掘，是对南京地区明代开国功臣墓资料的又一次补充，特别是完整的墓志志文的记载，对了解明代航海业的历史颇为重要；胥应征家族墓是南京地区发掘为数不多的明代晚期墓中的重要代表，根据志文记载，并结合文献，可以厘清明代胥氏一支在明代一朝前后沿承的基本脉络。

以考古发掘简报的形式结集出版，是当前市一级文物考古单位在处理考古资料严重积压和考古任务点多、量大且工作日益繁重这一矛盾时的一种有效尝试，在一定程度上可以保证尽量多发表一些经过考古发掘而获取的地下遗存信息。本专辑中的一些资料虽然较为零散，多为一座或几座墓葬，或者是一两处遗存点的发掘，但就考古资料的公布和初步解读而言，不失为一批重要的历史资料，相信有助于对南京历史文化进行全面正确的研究，这也是我们出版这一专辑的初衷所在。

由于时间仓促，本书中难免有一些不足之处，敬请方家批评指正。

华国荣

2014 年 5 月

目　录

上　编　发掘简报

下　编　学术研究

上编　发掘简报

南京溧水大圩东村土墩墓发掘简报

南 京 市 博 物 馆

南 京 市 溧 水 县 博 物 馆

2010 年 5 月，为配合溧水—马鞍山高速公路建设，南京市博物馆对公路沿线区域进行了考古调查，确定了部分考古勘探和发掘点。同年 10 月，南京市博物馆和溧水县博物馆联合对位于公路主干道的大圩东村土墩墓（以下简称 D1）进行了考古发掘。现将发掘情况简报如下。

D1 位于江苏省南京市溧水县石湫镇大圩东村东北（图一），地势东高西低，东部约 400 米是南北走向的老虎墩山丘，北、西、南三面均有小山丘。发掘前土墩顶部有一处塌陷的盗洞，南部被公路施工毁坏。

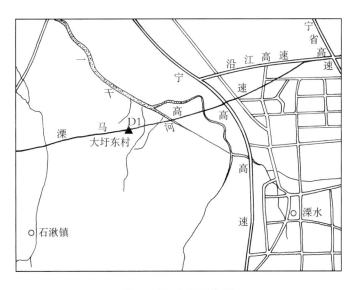

图一 D1 位置示意图

D1 呈圆丘状，直径约 26、高 2.15 ~ 2.4 米。发掘采用二分法把 D1 分为南、北两个区域进行发掘，以土墩最高处作为基点。D1 由封土及器物堆、柱坑、烧结面、活动面、灰坑、墓葬、">"形遗迹等部分构成（图二）。

一 封 土

根据土质土色的不同，土墩封土可分为 8 层。

第①层：耕土层，分布于整个土墩。厚 0 ~ 0.2 米。浅灰色，土质松散，夹杂较多茶树、麻根茎。

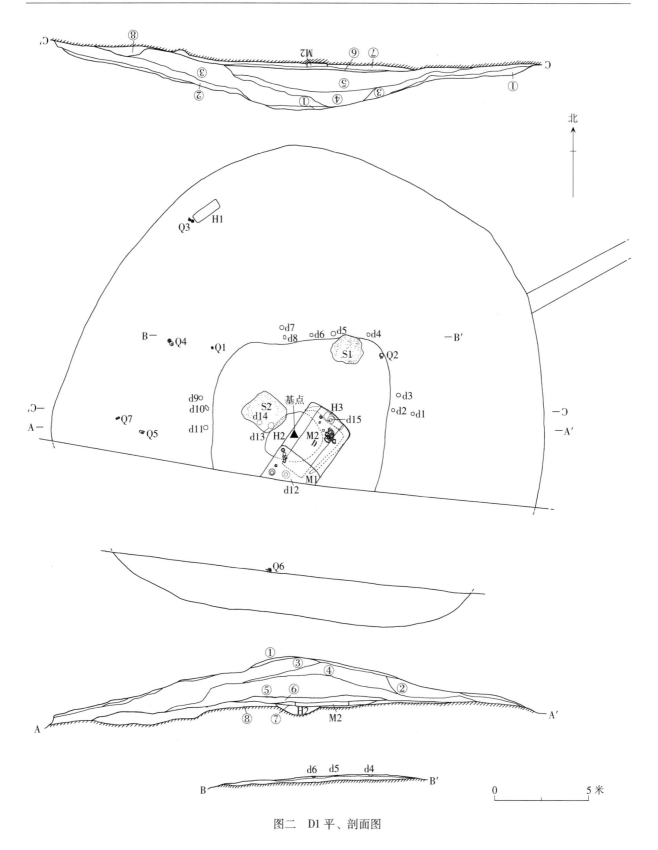

图二　D1 平、剖面图

第②层：分布于土墩西、北部。距地表 0～0.2、厚 0～0.5 米。浅黄色。此层下发现器物堆 7 个、灰坑 1 个。

第③层：分布于整个土墩。距地表 0~0.5、厚 0~1.3 米。灰褐色，夹杂红褐色土块，土质较硬。

第④层：分布于土墩中部。距地表 0.1~1、厚 0~0.75 米。灰白色，夹杂红褐色土块，土质较为疏松。

第⑤层：分布于土墩中部，中间厚四周薄。距地表 0.4~1.3、厚 0~1.4 米。灰褐色，土质坚硬，较为致密，中间部分发现有大面积蚁穴。此层下发现烧结面 2 处、活动面 1 层和柱坑 11 个。

第⑥层：分布于土墩中部，中部略微下凹。距地表 1.5~2.1、厚 0~0.36 米。灰白色，土质细腻。此层下发现墓葬 2 座，活动面覆盖本层地表。

第⑦层：分布于墓葬周围，平面近圆形。距地表 1.4~2.4、厚 0.1~0.2 米。红褐色，土质致密。此层下发现灰坑 2 个、">"形遗迹 1 处和柱坑 4 个（图三）。

第⑧层：分布于整个土墩，西部厚东部薄。距地表 0.65~2.1、厚 0~0.6 米。浅灰色黏土。

以下为生土层。

二　遗　迹

1. 器物堆

7 个（Q1~Q7），均开口于第②层下。器物堆周围未发现坑线，部分器物出土时呈歪倒状，应是摆放后直接用土掩埋。器物出土时破碎严重，个别仅能分辨器形。

Q1　位于基点 310°方向上的 5.75 米处。仅见印纹硬陶罐 1 件。

Q2　位于基点 35°方向上的 6 米处。出土原始瓷碗、陶钵各 1 件。

Q3　位于基点 332°方向上的 11.7 米处。出土陶鼎、豆、罐各 1 件，但出土时较破碎，仅能辨器形，其中陶豆出土时倒扣于鼎内。

Q4　位于基点 305°方向上的 7.7 米处。出土陶鼎、豆、罐各 1 件，其中陶豆出土时倒扣于鼎内。

Q5　位于基点 265°方向上的 8.3 米处。出土陶鼎、豆、钵各 1 件，其中陶钵放置于鼎下。

Q6　位于基点 184°方向上的 9.5 米处。出土印纹硬陶罐、陶纺轮各 1 件。

Q7　位于基点 275°方向上的 10.5 米处。出土陶鼎、罐各 1 件。

2. 柱坑

15 个（d1~d15）。

d1~d11 开口于第⑤层下，位于活动面外侧边缘，部分打破第⑧层，呈弧形分布。其中 d1、d2、d3 呈三角形排列，依次相距 1.15、0.85、1.25 米。d7、d8 相距 0.5 米。d3、d8 平面呈椭圆形，长 0.13~0.3 米；d10 平面呈不规则形，长 0.15~0.28 米；其余柱坑平面呈圆形，直径 0.13~0.24 米。柱坑均为直壁，平底，内填红褐色土，深 0.06~0.11 米。

d12~d15 开口于第⑦层下，打破第⑧层和生土层（参见图三）。

d12　位于 H2 南侧。平面呈圆形，口大底小，斜壁，平底，内填灰白色黏土。口径 0.4、底径 0.3、深 0.24 米。d12 中心清理出直径 0.2、深 0.24 米的柱洞，柱洞内壁有火烤痕迹。

d13　位于 H2 西侧。平面呈圆形，袋状，平底，内填灰白色黏土。口径 0.3、底径 0.34、深 0.37 米。

d14　位于 d13 西北侧。平面呈圆形，直壁，平底，内填灰白色黏土。直径 0.24、深 0.25 米。

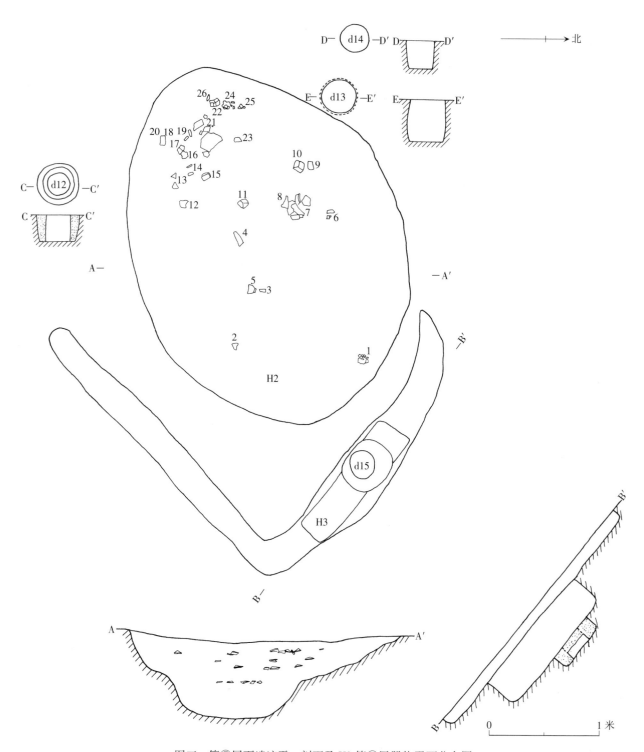

图三　第⑦层下遗迹平、剖面及 H2 第①层器物平面分布图

1. 陶豆柄　2、4、8、19. 陶鼎足　3、12~14、17、20、24、25. 陶器残片　5. 陶杯　6、7、15、21、22. 陶鼎残片　9~11、16. 石块
18. 陶罐耳　23. 鹅卵石　26. 石镞

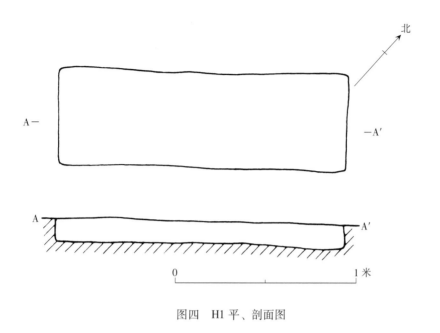

图四 H1 平、剖面图

d15 叠压于 H3 之下。平面呈椭圆形，东西 0.46、南北 0.4、深 0.15 米。柱坑内堆积分为 2 层，上层为灰褐色黏土，夹杂较多黄土块，厚 0.07 米；下层清理出圆形柱洞，直壁，底中心向上凸起，内填深褐色黏土，直径 0.24、深 0.08 米。

3. 烧结面

2 处（S1、S2）。均开口于第⑤层下，叠压于活动面上。烧结面呈黑灰色，内含大量炭灰，厚 0.5 ~ 1 厘米。

S1 位于基点东北约 4.5 米处。平面呈不规则形，东西 1.7、南北 1.45 米。

S2 位于基点西北侧 1 米处。平面近方形，东西 2.48、南北 2.2 米。

4. 活动面

1 处。开口于第⑤层下，位于第⑥层表面，被 S1 和 S2 叠压。东西长 9.3、南北残宽 8 米，分布范围与第⑥层相同。

5. 灰坑

3 个（H1 ~ H3）。

H1 位于基点西北约 12 米处，Q3 东侧，开口于第②层下。平面呈长方形，直壁，平底。坑口距地表 0.25 米，长 1.57、宽 0.52、深 0.12 米。坑内填灰褐色土，土质疏松。未见包含物（图四）。

H2 位于基点之下，开口于第⑦层下，打破第⑧层和生土层，被 M2 叠压。平面近椭圆形，斜壁，南侧坑壁呈台阶状，坑壁下部较规整，圜底。坑口距地表约 2.5 米，东西 3.2、南北 2.6、深 0.76 米（参见图三）。坑内填土下陷，夹杂大量白色木炭灰。出土陶片、石块、石镞等器物 62 件，其中陶器可辨器形有鼎、罐、豆、杯等，部分石块表面有烟熏痕迹（表一）。依据器物在坑内位置深浅大致可分为 4 层[1]（图三、五 ~ 七）。

表一　H2 出土器物统计表

编号	陶质、陶色	器形	纹饰	部位	备注
1	泥质灰陶	豆	素面	柄部	
2	夹砂红陶	鼎	素面	足	
3	夹砂红陶		素面	口沿	无法辨认器形
4	夹砂红陶	鼎	素面	足	
5	夹砂红陶	杯	素面	腹和圈足	口沿残
6	夹砂红陶	鼎	素面	腹	有烟熏痕迹
7	夹砂红陶	鼎	素面		有烟熏痕迹
8	夹砂红陶	鼎	素面	足	有烟熏痕迹
9		石块	素面		灰色
10		石块	素面		灰色
11		石块	素面		灰色
12	泥质褐陶		素面	腹	无法辨认器形
13	夹砂红陶		素面	腹	无法辨认器形
14	泥质灰陶		素面	腹	无法辨认器形
15	夹砂红陶	鼎	素面	腹	有烟熏痕迹
16		石块	素面		灰色
17	泥质红陶		素面	腹	无法辨认器形
18	夹砂红陶	罐	素面	器耳	
19	夹砂红陶	鼎	素面	足	有烟熏痕迹
20	夹砂红陶		素面	腹	无法辨认器形
21	夹砂红陶	鼎	素面	腹	有烟熏痕迹
22	夹砂红陶	鼎	素面	腹	有烟熏痕迹
23		鹅卵石	表面无人工痕		有烟熏痕迹
24	夹砂红陶		素面	腹	无法辨认器形
25	泥质灰陶		素面	口沿	无法辨认器形
26		石镞	表面无人工痕		黑色
27		石块	表面无人工痕		红色砂岩、有烟熏痕迹
28		石块	表面无人工痕		红色砂岩、有烟熏痕迹
29	夹砂红陶	罐	素面	口沿	
30	夹砂红陶		素面	腹	无法辨认器形
31	夹砂红陶		素面	腹	无法辨认器形
32	夹砂红陶		素面	腹	无法辨认器形
33	夹砂红陶	鼎	素面	底	
34	夹砂灰褐陶	罐	素面	口沿	
35	夹砂红陶		素面	腹	无法辨认器形
36	夹砂红陶	鼎	素面	足	
37		石块	表面无人工痕		青色
38		石块	表面无人工痕		红色砂岩
39	夹砂红陶		素面	口沿	无法辨认器形
40	泥质灰陶	杯	素面	底	有烟熏痕迹
41	夹砂红陶		素面		无法辨认器形
42	夹砂红陶		素面		无法辨认器形
43	夹砂红陶		素面	腹	无法辨认器形
44	夹砂红陶		素面	腹	无法辨认器形
45	夹砂红陶		素面	口沿	有烟熏痕迹
46	夹砂红陶		素面	腹	无法辨认器形

续表一

编号	陶质、陶色	器形	纹饰	部位	备注
47	夹砂红陶		素面		有烟熏痕迹
48	夹砂红陶		素面		无法辨认器形
49	夹砂红陶		素面		无法辨认器形
50	夹砂红陶	鼎	素面	足	
51		石块	表面无人工痕		青色
52		石块	表面无人工痕		青色
53	泥质灰陶		素面	腹	无法辨认器形
54	夹砂红陶	鼎	素面	足	
55	泥质红陶	罐	腹部饰凹弦纹		口沿残
56	夹砂红陶		素面		无法辨认器形
57	泥质红陶	罐	素面	腹	
58	夹砂红陶		素面		无法辨认器形
59	夹砂红陶	豆	素面	柄	有烟熏痕迹
60	夹砂红陶	罐	素面	耳	有烟熏痕迹
61	泥质灰陶	杯	素面		可修复
62	泥质灰陶	豆	素面	柄	有烟熏痕迹

H3　开口于第⑦层下，被"＞"形遗迹叠压，打破d15。平面呈长方形，直壁，平底。长1.2、宽0.3、深0.3米。坑内填土为灰褐色，无包含物（参见图三）。

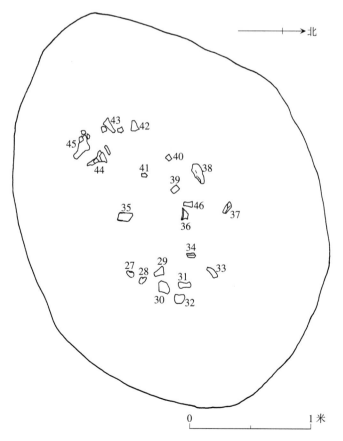

图五　H2第②层器物平面分布图
27、28、37、38. 石块　29、34. 陶罐口沿　30～32、35、39、41～46. 陶器残片　33. 陶鼎底部　36. 陶鼎足　40. 陶杯底部

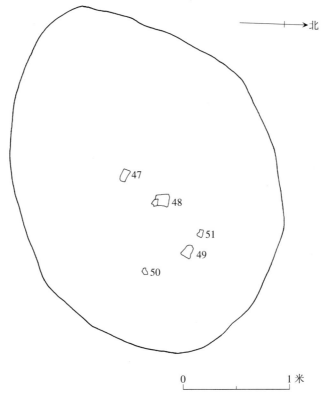

图六　H2 第③层器物平面分布图
47~49. 陶器残片　50. 陶鼎足　51. 石块

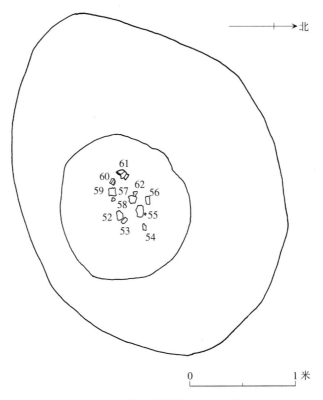

图七　H2 第④层器物平面分布图
52. 石块　53、56、58. 陶器残片　54. 陶鼎足　55. 陶罐　57. 陶罐残片　59、62. 陶豆柄　60. 陶罐耳　61. 陶杯

6. 墓葬

2 座（M1、M2）。均位于基点东南，开口于第⑥层下，打破第⑦层，M2 南部被 M1 打破。

M1　长方形竖穴土坑墓，方向 40°。墓口距地表 2.1～2.4 米，残长 1.3～2.64、宽 2.56、深 0.14 米。坑壁较直，墓底中部略下凹，且有火烧烟熏痕迹。墓底随葬器物下还发现有一层垫土，可能是 M2 的填土。随葬器物共 10 件，大多放置于墓底西北角，部分器物向墓坑内倾斜，有陶罐、钵、鼎，印纹硬陶瓮、罐、骨块等（图八）。

M2　长方形竖穴土坑墓，方向 40°。墓口距地表 2.2～2.5 米，残长 3.66～5.18、宽 2.7、深 0.21 米。坑壁较直，墓底中部略下凹，并有一层红褐色烧结面。烧结面平面呈长方形，长 3.5、宽 1.5、厚约 0.01 米。墓坑内清理出两节人腿骨，长 21～30 厘米，在西侧腿骨外侧发现少量植物种子。随葬器物共 10 件，有陶罐、钵、鼎、盆、豆、纺轮及漆器等，多放置于坑内东北部，并向墓坑中部倾斜，大部分已破裂（图九）。

7. "＞"形遗迹

1 处。开口于第⑦层下，打破第⑧层和生土层。遗迹平面呈"＞"形，似墙体，内填灰白色

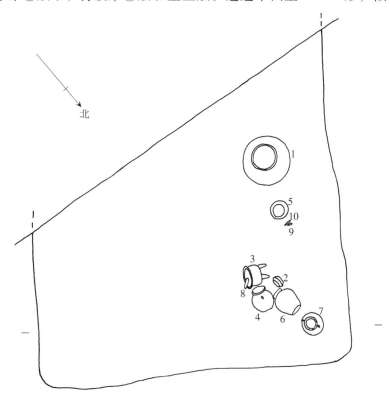

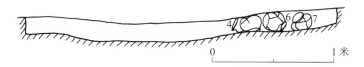

图八　M1 平、剖面图

1. 印纹硬陶瓮　2、5. 陶钵　3. 陶鼎　4. 陶罐　6、7. 印纹硬陶罐　8. 贝壳　9. 兽骨　10. 骨块

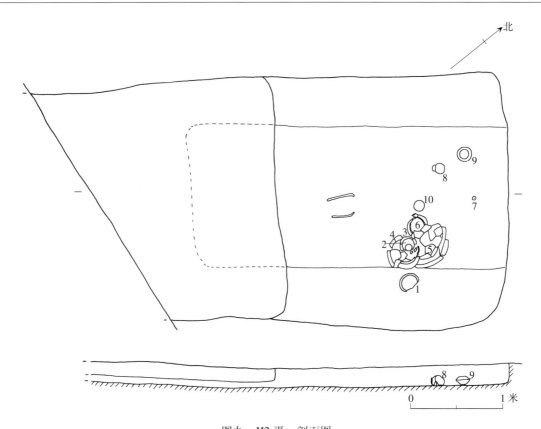

图九　M2 平、剖面图

1、9. 陶钵　2. 陶豆　3. 陶鼎　4、5. 陶盆　6、8. 陶罐　7. 陶纺轮　10. 漆器

黏土。东部长 3、宽 0.27、深 0.1 米，北部长 2.8、宽 0.3 ~ 0.5、深 0.1 米（参见图三）。

三　出土器物

1. 器物堆出土器物

印纹硬陶罐　2 件。Q1：1，子母口，圆唇，短束颈，弧肩，鼓腹，平底内凹，最大腹径居中。肩部和上腹部拍印方格纹，下腹部拍印线条纹。灰色胎。口径 15.2、底径 17.6、高 15.6 厘米（图一〇：1）。Q6：1，圆唇，束颈，斜肩，鼓腹，平底内凹，最大腹径偏上。颈部饰凹弦纹，腹部拍印小方格纹。红色胎。口径 12.8、底径 9.6、高 15.2 厘米（图一〇：2）。

原始瓷碗　1 件（Q2：1）。折沿，圆唇，沿面下凹，平底内凹。沿面贴附有两个对称"〰"形云纹，上腹部和内壁留有螺旋轮痕。口径 16.6、底径 9.2、高 6 厘米（图一〇：8）。

陶钵　2 件。Q2：2，泥质灰陶。子母口内敛，折肩，平底。上腹饰三周凹弦纹。口径 8.6、底径 7、高 6 厘米（图一〇：4）。Q5：3，泥质灰陶。浅子母口，束颈，折肩，斜腹，平底内凹。口径 11、底径 7、高 5.8 厘米（图一〇：5）。

陶鼎　4 件。夹砂红陶。形制相同，宽折沿，圆唇，锥足外撇。出土时均残碎，仅能辨器形。

陶豆　3 件。Q3：2，泥质灰陶。侈口，圆唇，折腹，喇叭状圈足。残碎，仅能辨器形。Q4：2，泥质红陶。子母口，折腹，平底，矮圈足。口径 13.4、底径 6、高 5.6 厘米（图一〇：7）。Q5：2，泥质灰陶。浅子母口外侈，折腹，矮圈足。口径12.2、底径7.2、高5.4厘米（图一〇：6）。

陶罐　3件。Q3：3，泥质灰陶。圆唇，束颈，平底。残碎，仅能辨器形。Q4：3，泥质灰陶。方唇，束颈，双系。残碎，仅能辨器形。Q7：2，泥质灰陶。口微侈，圆唇，平肩，鼓腹，平底。口径10.8、底径8.4、高6.8厘米（图一〇：3）。

陶纺轮　1件（Q6：2）。泥质灰陶。截面呈六边形，中穿一孔，孔位偏向一侧。器表留有螺旋轮痕。直径4、高2.6、孔径0.5厘米（图一〇：9）。

2. M1出土器物

陶罐　1件（M1：4）。泥质红陶。侈口，圆唇，沿面有一道凹槽，束颈，斜肩，鼓腹，平底略内凹，最大腹径偏下。肩部有对称贴附的两系。口径11.6、底径15、高17.2厘米（图一一：6）。

陶钵　2件。M1：2，泥质红陶。子母口内敛，平折肩，弧腹，平底内凹。口径10.2、底径9.6、高7.6厘米（图一一：4）。M1：5，泥质红陶。敛口，圆唇，折肩，斜腹，下腹微内收，大平底。口径10.4、底径9.2、高6.7厘米（图一一：5）。

陶鼎　1件（M1：3）。泥质红陶。宽折沿，圆唇，下腹外鼓，圜底，下附三近四边形锥足。口径21.6、高17厘米（图一一：7；彩版：1）。鼎内有一贝壳。

印纹硬陶瓮　1件（M1：1）。卷沿，方唇，束颈，圆肩，深弧腹，平底微内凹，最大腹径偏上。颈部饰凹弦纹，肩腹部由上至下拍印三组折线纹与菱形回纹的组合纹饰。灰胎。口径19.6、底径21.6、高38.4厘米（图一一：3；彩版：2）。

印纹硬陶罐　2件。M1：6，侈口，圆唇，束颈，斜肩，上腹较直，下腹斜收，平底内凹，最大腹径偏上。上腹部有对称贴附的两系。肩部饰一周凹弦纹，其下拍印斜线纹，腹部拍印菱形回

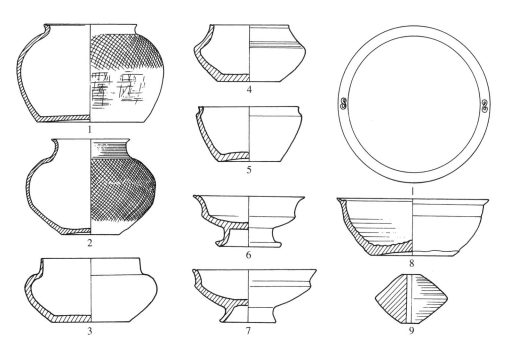

图一〇　器物堆出土器物

1、2. 印纹硬陶罐（Q1：1、Q6：1）　3. 陶罐（Q7：2）　4、5. 陶钵（Q2：2、Q5：3）　6、7. 陶豆（Q5：2、Q4：2）　8. 原始瓷碗（Q2：1）　9. 陶纺轮（Q6：2）　（1、2为1/6，9为1/2，余为1/4）

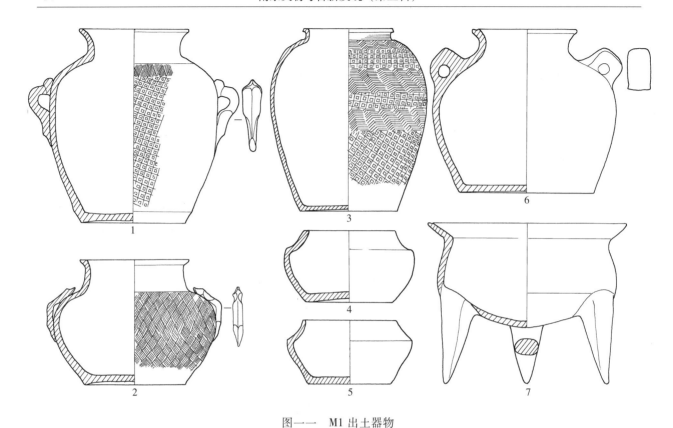

图一一　M1 出土器物

1、2. 印纹硬陶罐（M1：6、7）　3. 印纹硬陶瓮（M1：1）　4、5. 陶钵（M1：2、5）　6. 陶罐（M1：4）　7. 陶鼎（M1：3）

（3 为 1/8，余为 1/4）

纹，底部饰一周凹弦纹。灰胎。口径 12、底径 11.6、高 20.4 厘米（图一一：1）。M1：7，圆唇，高束颈，斜肩，鼓腹，平底内凹。肩部有对称贴附的两系。腹部满饰拍印席纹。灰胎。罐内淤土中夹杂少量动物骨块和禽蛋壳。口径 12、底径 11.2、高 13.2 厘米（图一一：2）。

　　贝壳　1 件（M1：8）。放置于陶鼎内。长 18、宽 3～5 厘米。

　　兽骨　1 件（M1：9）。第一节长 18、宽 3.4～5 厘米，总长 23.5 厘米（图一二）。

　　骨块　1 件（M1：10）。由若干针状骨骼组成，种属不详，残长 5 厘米。

　　3. M2 出土器物

　　陶罐　2 件。M2：6，泥质红陶。圆唇，沿面有一周凹槽，束颈，折肩，圆鼓腹，平底，最大腹径偏上。肩部饰一周凹弦纹，腹部满饰拍印席纹。口径 20、底径 12.4、高 15.6 厘米（图一三：2）。M2：8，泥质灰陶。方唇，束颈。出土时较破碎，仅能辨器形。

　　陶钵　2 件。M2：1，泥质红陶。敛口，圆唇，折肩，上腹外弧，下腹内收，平底内凹。肩部有对称贴附的两"⌒"形錾。口径 16.4、底径 9.2、高 7.8 厘米（图一三：3）。M2：9，泥质红陶。子母口内敛，平折肩，腹微弧，平底内凹。肩部有对称贴附的两"⌒"形錾。口径 12.4、底径 10、高 7 厘米（图一三：4；彩版：3）。

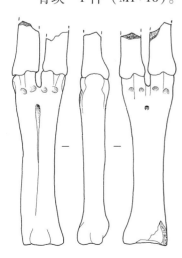

图一二　兽骨（M1：9）（1/4）

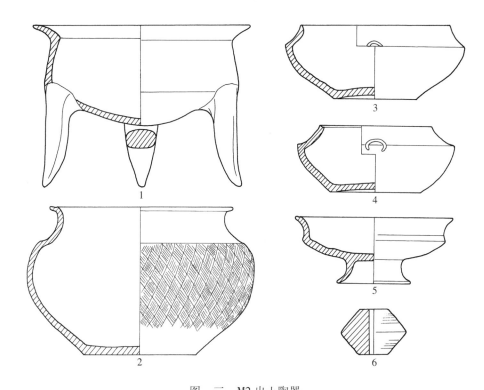

图一三　M2 出土陶器

1. 鼎（M2：3）　2. 罐（M2：6）　3、4. 钵（M2：1、9）　5. 豆（M2：2）　6. 纺轮（M2：7）　（6 为 1/2，余为 1/4）

陶鼎　1 件（M2：3）。出土时摆放于陶盆内。夹砂红陶。宽折沿，圆唇，下腹外鼓，圜底，近四边形锥足外撇。口径 23.6、高 17 厘米（图一三：1）。

陶盆　2 件。M2：4、5，泥质红陶。宽折沿，圆唇。出土时较破碎，仅能辨器形。

陶豆　1 件（M2：2）。出土时倒扣于陶鼎内。泥质红陶。子母口外侈，折腹，喇叭状圈足。口径 17.2、底径 8.2、高 7 厘米（图一三：5；彩版：4）。

陶纺轮　1 件（M2：7）。泥质灰陶。截面呈六边形，中穿一孔，器面留有螺旋轮痕。直径 3.6、高 2.4、孔径 0.5 厘米（图一三：6）。

漆器　1 件（M2：10）。圆形，髹有红漆。保存较差，无法辨认器形。直径 12 厘米。

四　结　语

D1 内器物堆和墓葬中的出土器物大多为鼎、罐、豆组合。鼎以夹砂红陶为主，侈口，宽折沿，素面；罐为束颈，鼓腹，平底；豆为折腹；印纹硬陶瓷少见；并出现了原始瓷碗。纹饰以素面为主，少量饰方格纹、席纹。其中 M1 出土陶鼎与浮山果园土墩墓第二次发掘出土Ⅱa 式陶鼎[2]、丹阳南岗山 90DND1F2 出土陶鼎[3]相似，M2 出土陶鼎与浮山果园土墩墓第二次发掘出土Ⅰb 式陶鼎[4]相似。因此，结合苏南地区以往发表的土墩墓材料及江南土墩墓的分期研究成果[5]，大圩东村土墩墓的年代应为春秋中晚期。

本次发掘的器物堆有三个特点：首先，从层位关系上看，器物堆出土器物的埋放点均夹在封土层内，无坑线，器物紧靠一起或相互盛放，且大多倾斜，方向指向墓坑，这些应是修筑土墩时埋放。其次，从摆放位置上看，除 Q2、Q6 外，其余器物堆均位于墓葬西侧或西北侧；而除 Q3、Q7 位于土墩边缘外，其余器物堆均位于土墩中部并开口于同一层下，说明埋放时间大致相当。第三，从出土器物特征上看，器物堆与墓葬中所出器物相似。据以上分析，器物堆应为修筑土墩时一次性摆放。器物堆中 Q6 毁坏严重，两件器物失去了原始的出土位置，其所出纺轮未见于其他器物堆，仅 M2 有所出土。结合以往发掘材料[6]，Q6 是墓葬的可能性较大。

土墩内发现的柱坑亦有两个特点：首先，d1～d11 围绕活动面分布，柱坑内未发现有柱洞痕迹。其次，d1～d3、d6～d8、d12～d14 按三角形分布。

此外，H2 与丹阳南岗山 90DND12M2 位置相同[7]，仅在形状、有无出土器物方面有别，因此推断 H2 也应为祭祀坑。同时，通过清理发现，H2 回填后遂进行墓葬建造，灰坑填土的沉降造成了墓坑内器物向墓室中倾倒或倾斜。

此次发掘的土墩规模不大，出土器物不多，未发现玉器和铜器，出土陶鼎大多为一鼎。土墩营建过程较复杂，特别是墩内存在器物堆、烧结面、灰坑、">"形遗迹、墓底用火烧等与祭祀有关的遗迹及墓内放兽骨和随葬器物内盛放禽蛋、贝壳的现象，都充分显示墓主应属具有一定身份地位的士大夫。

溧水县是苏南地区土墩墓分布较多的区域之一，在柘塘、乌山经济开发区等地均有发现。此次发掘的大圩东村土墩墓为研究本区域内土墩墓的分布、时代、修筑方式及文化属性等问题提供了实物资料。

附记：参加考古调查的人员有南京市博物馆王志高、王光明，溧水县博物馆陈念、陈红月，南京市高速公路建设指挥部成强；参加考古发掘的人员有王光明、苗保胜、陈念、高茂松、陈红月等；现场负责王光明；摄影王光明、王泉；绘图董补顺。简报编写过程中得到王志高先生的指导，在此谨表感谢！

执　笔：王光明　陈　念　陈红月

注　释

[1]　H2 出土器物分层情况按照器物出现的大致深度归为一层，同一层器物在深度上存在轻微差别。

[2]　南京博物院《江苏句容浮山果园土墩墓第二次发掘报告》，《文物资料丛刊》6，文物出版社，1982 年。

[3]　南京博物院《江苏丹阳南岗山土墩墓》，《考古学报》1993 年第 2 期。

[4]　同 [2]。

[5]　邹厚本《江苏南部土墩墓》，《文物资料丛刊》6，文物出版社，1982 年。

[6]　同 [2]；江苏省丹徒考古队《江苏丹徒北山顶春秋墓发掘报告》，《东南文化》1988 年 3、4 期。

[7]　同 [3]。

本文原载《东南文化》2013 年第 5 期，此次略做修改。

17

南京郊区两座汉墓发掘简报

南 京 市 博 物 馆
南 京 市 六 合 区 文 化 局
南 京 市 江 宁 区 博 物 馆

　　1999 年和 2008 年，南京市文物部门在南京市北郊的六合区雄州街道六合四中基建工地内和东南郊江宁区江宁街道滨江开发区内分别发掘了两座汉代墓葬——六合四中汉墓和江宁滨江汉墓（图一）。两墓均未被盗掘，墓葬形制保存较好且随葬器物组合关系明晰，对南京地区汉代墓葬的分期具有重要价值。现将发掘情况简报如下。

一　六合四中汉墓

（一）墓葬形制

六合四中汉墓（编号 99NLSM，以下简称 M1）为土坑竖穴木棺墓，方向 100°。发掘前墓葬上

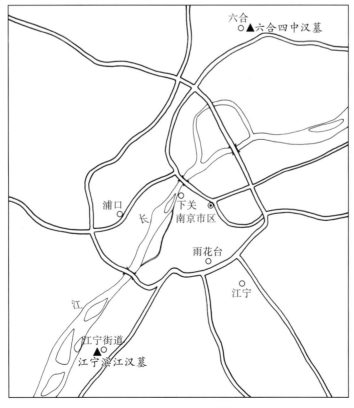

图一　墓葬位置示意图

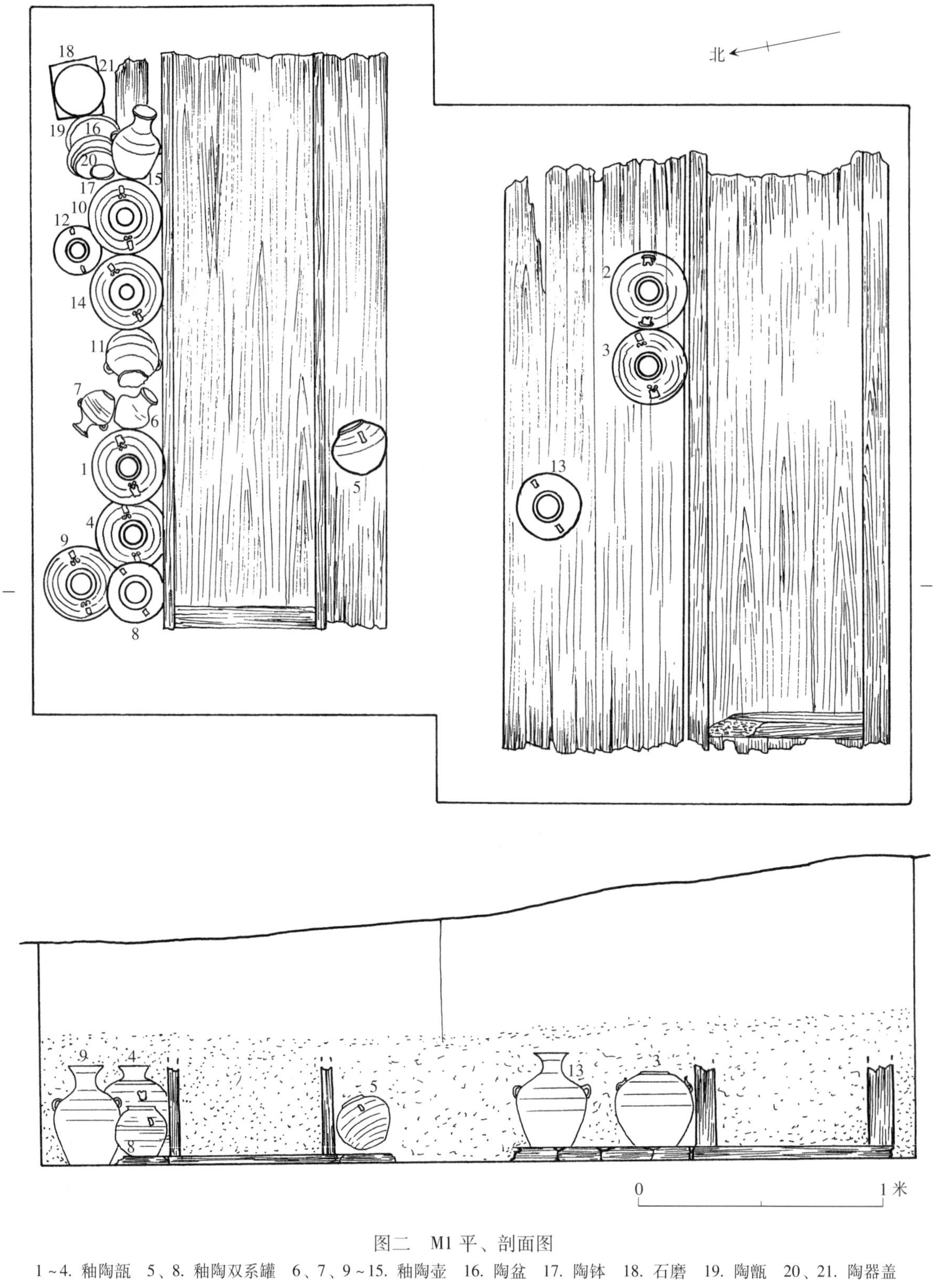

图二　M1平、剖面图

1～4. 釉陶瓿　5、8. 釉陶双系罐　6、7、9～15. 釉陶壶　16. 陶盆　17. 陶钵　18. 石磨　19. 陶甑　20、21. 陶器盖

部开口已被破坏。墓葬由南、北两个平行错缝排列的墓室构成，平面呈“⌐⌐”形（图二）。两个墓室坑壁较为平直，壁面不甚光滑，墓内以黏性较大的青膏泥填充。北墓室长2.83、宽1.68、残深0.9米，南墓室长2.8、宽1.95、残深1.22米。南、北墓室内各有一具木棺。木棺为榫卯结构

拼接，由底板、四周边框和盖板组成。两具木棺的盖板均已不存，棺身四周未发现棺环、棺钉等附件。棺板材质保存较差，从填土中发现有内红外黑的漆皮痕迹。北木棺长 2.3、宽 0.7、残高 0.4 米，棺两侧底部各铺有一长方形木板，北侧木板保存较差，其上整齐摆放有一排随葬器物，南侧木板保存较好，其上仅放置釉陶双系罐 1 件。南木棺长 2.36、宽 0.83、残高 0.38 米，木棺北侧亦有木板，由 4 块组成，宽 0.76 米，其上放置随葬器物 3 件。

（二）出土器物

出土器物共计 21 件，有釉陶、陶、石器等，以釉陶器居多。

1. 釉陶器

壶 9 件。分 2 型。

A 型 3 件。根据腹部不同，分 2 式。

Ⅰ式 2 件。喇叭口，圆唇，直颈，鼓腹，圈足。肩部贴有两个对称的泥条式竖系，系面刻划叶脉纹。颈部饰有刻划的水波纹条带。灰胎，器表施酱绿色薄釉，釉不及底，釉面大部分已剥落。器身下部泥条盘筑痕迹明显。M1：6，口径 9.4、底径 8.8、高 20.2 厘米（图三：1）。M1：7，口径 9.6、底径 9.6、高 20.6 厘米（图三：2）。

Ⅱ式 1 件（M1：12）。喇叭口，圆唇，直颈，塌肩，垂腹，圈足。肩部贴有两个对称的泥条式竖系，系面刻划叶脉纹。颈下饰有刻划的水波纹条带，肩部和腹部各饰两周凸弦纹。灰胎，器表施酱绿色薄釉，釉不及底，釉面大部分已剥落，腹下可见有垂釉痕迹。口径 12、底径 12.4、高 27.2 厘米（图三：3）。

B 型 6 件。根据肩部不同，分 3 式。

Ⅰ式 2 件。喇叭口，内口平折，圆唇，长束颈，弧肩，鼓腹，下腹内收，圈足。肩部贴有两个对称的泥条式竖系，系面刻划叶脉纹，上端贴有一个 V 形泥条。肩至上腹部有三组等分的凸弦纹条带，每组三周。灰胎，器表施酱绿色薄釉，釉不及底，釉面大部分已剥落。M1：9，口部及颈部饰有刻划的水波纹条带。口径 16.2、底径 13.2、高 38.8 厘米（图三：4）。M1：10，口部有一周凹弦纹，颈下部有一周水波纹条带。口径 16、底径 16、高 39.6 厘米（图三：7）。

Ⅱ式 2 件。喇叭口，圆唇，直颈，溜肩，鼓腹，圈足。肩部贴有两个对称的泥条式竖系，系面刻划叶脉纹，上端贴有一个"⌒"形泥条。口部及颈部饰有刻划的水波纹条带。肩至上腹部有三组等分的凸弦纹条带，每组三周，间饰刻划变体云龙纹。灰胎，器表施酱绿色薄釉，釉不及底，釉面大部分已剥落。M1：13，口径 16.2、底径 16、高 39.6 厘米（图三：5）。M1：14，口部残缺，底径 15.6、残高 38 厘米（图三：8）。

Ⅲ式 2 件。喇叭口，圆唇，直颈，塌肩，垂腹，圈足。肩部贴有两个对称的泥条式竖系，系面刻划叶脉纹，上端贴有一个"⌒"形泥条。口部及颈部饰有刻划的水波纹条带。肩至上腹部有三组等分的凸弦纹条带，每组三周，间饰刻划变体云龙纹。灰胎，器表施酱绿色薄釉，釉不及底，釉面大部分已剥落，腹下可见有垂釉和泥条盘筑痕迹。M1：11，口部残缺，底径 13.5、残高 32 厘米（图三：9）。M1：15，口径 14.4、底径 13.6、高 33.2 厘米（图三：6；彩版：5）。

瓿 4 件。根据口沿及底部不同，分 3 型。

A 型 2 件。平沿，沿面向外低斜，折颈，丰肩，鼓腹，平底内凹。肩部贴有对称的两系，系

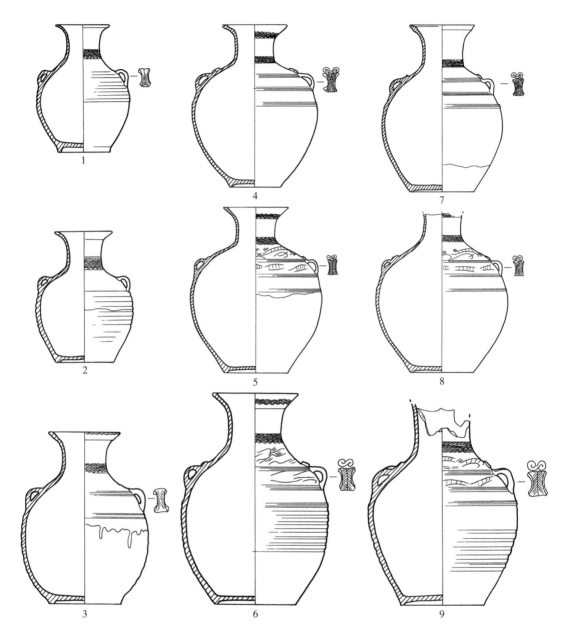

图三　M1 出土釉陶壶

1、2.A 型Ⅰ式（M1:6、7）　3.A 型Ⅱ式（M1:12）　4、7.B 型Ⅰ式（M1:9、10）　5、8.B 型Ⅱ式（M1:13、14）　6、9.B 型Ⅲ式
（M1:15、11）　（1~3、6、9 为 1/6，余为 1/9）

面刻划兽面纹，上端贴有一个"〰"形泥条。上腹部饰三周凸弦纹条带，间饰变体云龙纹。灰
胎，器表施酱绿色釉，釉不及底，釉面剥落严重，下腹未施釉处因高温窑烧而呈砖红色。M1:1，
口径 11.6、底径 17.2、高 29.2 厘米（图四:4）。M1:3，口径 11.8、底径 16.8、高 29.6 厘米（图
四:1）。

　　B 型　1 件（M1:2）。直口，平沿，平底。肩部贴有对称的两系，系面刻划直线纹，上端贴有
一个"〰"形泥条。上腹部饰三周凸弦纹条带。灰胎，器表施酱绿色薄釉，釉不及底，釉面剥落
严重。口径 11.6、底径 15、高 30 厘米（图四:2）。

　　C 型　1 件（M1:4）。敛口，平沿，沿面向外略低斜，丰肩，鼓腹，平底内凹。肩部贴有对称的两系，系面刻划直线纹，上端贴有一个"〰"形泥条。上腹部饰三周凸弦纹条带。灰胎，器表施酱绿色薄釉，釉不及底，釉面剥落严重。口径 11.6、底径 14、高 30.4 厘米（图四:3）。

　　双系罐　2 件。根据肩及底部不同，分 2 型。

　　A 型　1 件（M1:5）。敞口，圆唇，折颈，斜肩，鼓腹，下腹斜收，平底，最大腹径偏于上部。肩部贴有两个对称的泥条式竖系，系面刻划叶脉纹。灰胎，器表施酱绿色薄釉，釉不及底，釉面大部分已剥落。器表内外泥条盘筑痕迹明显。口径 11.4、底径 11.2、高 19 厘米（图四:5）。

　　B 型　1 件（M1:8）。敞口，圆唇，折颈，丰肩，鼓腹，下腹斜收，平底略内凹，最大腹径偏于中部。肩部贴有两个对称的泥条式竖系，系面刻划叶脉纹。灰胎，器表施酱绿色薄釉，釉不及底，釉面大部分已剥落。器身内外泥条盘筑痕迹明显。口径 13.6、底径 13.2、高 20 厘米（图四:6）。

　　2. 陶器

　　盆　1 件（M1:16）。泥质红陶。窄沿面内倾，圆唇，斜腹内收，平底内凹。素面。口径 19、底径 8.4、高 11 厘米（图四:8）。

　　甑　1 件（M1:19）。泥质红陶。宽平沿，圆唇，斜腹内收，平底，器底有圆形箅孔。素面。

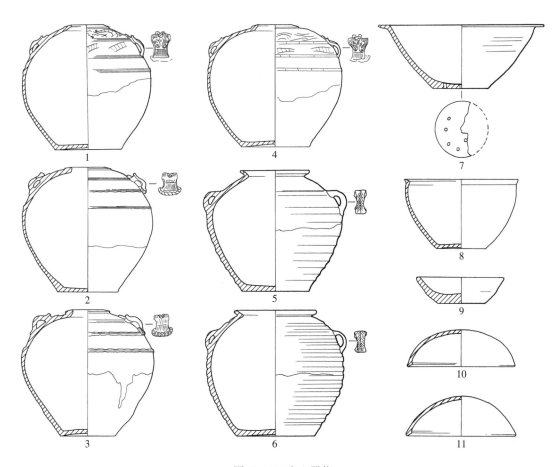

图四　M1 出土器物

1、4. A 型釉陶瓿（M1:3、1）　2. B 型釉陶瓿（M1:2）　3. C 型釉陶瓿（M1:4）　5. A 型釉陶双系罐（M1:5）　6. B 型釉陶双系罐（M1:8）　7. 陶甑（M1:19）　8. 陶盆（M1:16）　9. 陶钵（M1:17）　10、11. 陶器盖（M1:20、21）　（1~4 为 1/9，9 为 1/3，余为 1/6）

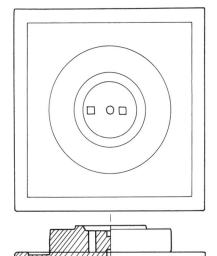

图五　石磨（M1：18）（1/4）

底座边长 21、通高 9.1 厘米（图五）。

二　江宁滨江汉墓

（一）墓葬形制

江宁滨江汉墓（编号 08NJBM2，以下简称 M2）为土坑竖穴墓，方向 120°，葬具为一棺一椁，发掘前墓圹及木椁前侧板已被施工机械破坏。现存墓圹后壁向外弧凸，两侧壁较直，平面呈圆首长方形，残长 3.26、宽 2.52、深 1.42 米（图六）。墓坑内填有青灰色且黏性较大的青膏泥。木椁位于墓坑中部，残长 2.52、宽 1.54、高 1.2 米。木椁结构保存完好，两侧椁板及底板均为整木刨制。顶部椁板由 6 块长方形木板覆盖拼接而成，但因挤压，部分顶部木板已塌陷至木棺上。椁板厚 16 厘米，板上未见髹漆痕迹，木质纹理清晰可见。木棺紧贴于椁内北部。椁内南部形成边箱，用于放置随葬器物，宽 0.38 米。边箱底部放置硬陶罐、釉陶瓿等大件器物，上部放一长方形的木板供硬陶双系罐摆放。

口径 27.6、底径 9.2、高 10 厘米（图四：7）。

钵　1件（M1：17）。泥质灰陶。敞口，圆唇，斜腹内收，平底。素面。口径 7.4、底径 4、高 2.1 厘米（图四：9）。

器盖　2件。泥质红陶。盖顶圆形，窄沿内倾，圆唇，素面。M1：20，口径 18.2、高 6 厘米（图四：10）。M1：21，口径 18.4、高 6.4 厘米（图四：11）。

3. 石器

磨　1件（M1：18）。由方形底座和圆形上磨盘组成。底座宽沿，方唇，浅直壁，平底，四角有曲尺形方足。底座中部有一凸起的圆形下磨盘，与上磨盘相扣合。下磨盘中部有一圆孔。上磨盘中间凸出一圆形直楞，中部有一圆形孔，孔左右有对称的方形槽口。上下磨盘的咬合面均有磨齿。

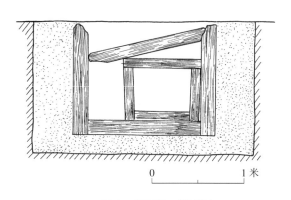

图六　M2 平、剖面图

1~3、5. 硬陶双系罐　4、6、11~13. 釉陶壶　7、10. 釉陶瓿　8、9. 硬陶罐　14. 陶器底（压于南边箱随葬器物下）　15. 铜镦（压于南边箱随葬器物下）　16. 陶灶　17~19. 铜钱

木棺保存完好，棺板外部髹黑漆，由一盖板、两侧板、两挡板和一底板组成，各构件间均为榫卯扣合，长 2.2、宽 0.84、高 0.66 米，棺板厚 10 厘米。棺内人骨不存，仅在西北角和西南角各发现一组铜钱。

（二）出土器物

出土器物共计 19 件（组），有釉陶、硬陶、陶、铜器等。

1. 釉陶器

瓿　2 件。敛口，方唇，折颈，鼓腹，下腹斜收，平底内凹。肩部饰三组凸弦纹条带，每组三周。上中两组条带上贴有两个对称的衔环兽面形铺首，铺首上端贴一"〵"形泥条。灰褐色胎，器表施酱黄色薄釉，釉不及底。M2:7，口径 8.8、底径 17.6、高 32 厘米（图七:7；彩版:6）。M2:10，口径 8.4、底径 17.6、高 30.4 厘米（图七:8）。

壶　5 件。根据口部不同，分 2 型。

A 型　2 件。喇叭口，内口平折，圆唇，长束颈，弧肩，鼓腹，下腹内收，平底内凹。肩部贴有对称的两个泥条式竖系，系面刻划叶脉纹。口与颈交接处饰一周凹弦纹，颈部饰两周凹弦纹，

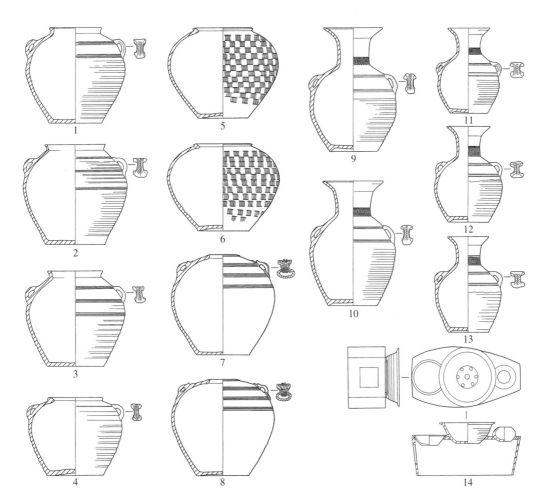

图七　M2 出土器物

1～3. A 型硬陶双系罐（M2:2、1、3）　　4. B 型硬陶双系罐（M2:5）　　5、6. 硬陶罐（M2:8、9）　　7、8. 釉陶瓿（M2:7、10）
9、10. A 型釉陶壶（M2:12、13）　　11～13. B 型釉陶壶（M2:4、6、11）　　14. 陶灶（M2:16）（5～8 为 1/12，14 为 1/16，余为 1/8）

内填数周水波纹，肩部饰两组平行的凹弦纹，每组三周，下腹部有凹槽数周。黑褐色胎，器表施酱黄色薄釉，釉不及底。M2:12，口径12.8、底径10.4、高26厘米（图七:9）。M2:13，口径13.2、底径10.8、高26.4厘米（图七:10）。

B型 3件。喇叭口，方唇，长束颈，弧肩，鼓腹，下腹内收，平底内凹。肩部贴有对称的两个泥条式竖系，系面刻划叶脉纹。口与颈交接处饰一周凹弦纹，颈部饰两周凹弦纹，内填数周水波纹，肩部饰两组平行的凹弦纹，每组三周，下腹部有凹槽数周。黑褐色胎，器表施酱黄色薄釉，釉不及底。M2:4，口径9.4、底径8.4、高18厘米（图七:11）。M2:6，口径9.8、底径9.2、高20.2厘米（图七:12；彩版:7）。M2:11，口径9.2、底径9.2、高20.2厘米（图七:13）。

2. 硬陶器

罐 2件。侈口，平沿外折，尖唇，束颈，弧肩，鼓腹，下腹斜收，平底内凹。黑褐色胎。器表拍印有间断竖直线纹。M2:8，口径18.4、底径16.8、高28.8厘米（图七:5）。M2:9，口径17.6、底径17.2、高28厘米（图七:6）。

双系罐 4件。根据口部及底部不同，分2型。

A型 3件。侈口，方唇，束颈，弧肩，平底。肩部贴有对称的两个泥条式竖系，系面刻划叶脉纹。下腹部有凹槽数周。M2:1，肩部和腹部饰三组凹弦纹带，底部有C形刻划痕。口径13.2、底径13.2、高21厘米（图七:2）。M2:2，唇口内斜，肩部饰两组凸弦纹带，每组三周。口径11.2、底径11.6、高20厘米（图七:1）。M2:3，肩部饰两组凹弦纹带，上腹饰一组凸弦纹带。口径12、底径12.4、高20厘米（图七:3）。

B型 1件（M2:5）。侈口，平沿内斜，方唇，短束颈，弧肩，平底内凹。肩部贴有对称的两个泥条式竖系，系面刻划蕉叶纹。器表有凹槽数周。黑褐色胎。口径12、底径12.4、高16.4厘米（图七:4）。

3. 陶器

灶 1件（M2:16）。泥质灰陶。船形灶体，灶体平面呈腰鼓形，两短端平直，一头长一头

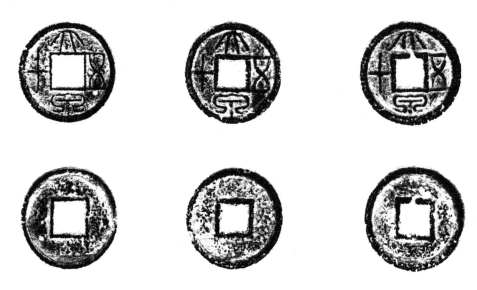

图八 M2出土铜钱拓片（原大）

短，另外两长边向外鼓凸。较长的一端平直的灶壁中部开有一宽8.4、高8厘米的长方形灶门，灶腔内空。灶面上有三个圆形呈"一"字形排列的灶眼，灶眼自灶门处开始分别放置有陶盆、陶甑、陶罐。陶盆平直沿，折颈，斜腹内收，平底。陶甑平直沿，折颈，斜腹内收，平底，底部有7个圆形箅孔。陶罐圆唇内敛，折腹，平底。灶门对面灶壁上部有一圆形的烟孔，直径2厘米。灶长47.6、宽26、高16.4厘米，灶眼直径分别为12.8、17.2、9.2厘米（图七：14；彩版：8）。

器底　1件（M2：14）。残缺严重，器形不辨。泥质灰陶。下腹斜收，平底内凹。底径8、残高1.8厘米。

4. 铜器

铜镦　1件（M2：15）。圆柱状，端面一头大一头小，纵截面呈梯形。器表有对称的两道长条状凹槽，凹槽中部有方孔。长8.8、直径2～2.4、壁厚0.1厘米。

铜钱　3组54枚。均为"大泉五十"，完整者35枚。方孔圆钱，宽缘，宽郭，光背，厚肉。面文直读，"大"字撇捺如同燕尾，"泉"字直竖中断，顶端中部凸起。钱径2.6～2.8厘米（图八）。

三　结　语

此次发掘的两座汉墓地理位置分属南京市北郊和东南郊，这两地在南京地区的汉代历史上均具有重要地位。六合，古棠邑县（侯国），汉高祖六年（前201年），汉高帝封陈婴为棠邑侯，始为棠邑侯国。元狩六年（前117年），改棠邑为堂邑。次年，又废堂邑侯国，复为堂邑县。20世纪中后期以来，以雄州街道为中心的区域内发现了大量汉代铸钱遗址[1]、官署建筑[2]、墓葬、水井等遗存。江宁街道滨江地区，为汉时秣陵县（侯国）和丹阳县（侯国）的交汇处。据《汉书·王子侯表》及《后汉书·郡国志》记载，元朔元年（前128年），汉武帝封江都王刘非之子刘缠为秣陵侯，始为秣陵侯国。元鼎四年（前113年），刘缠死，无后，国除，复为秣陵县。丹阳县（侯国），汉武帝于元朔元年封江都王刘非之子刘敢为丹阳侯，设丹阳侯国。元狩元年（前122年）薨，无后，国除为县。

两座墓葬均为土坑竖穴木棺墓，这种墓葬形制在南京地区主要流行于西汉至东汉早期，至东汉中期后逐渐被砖室墓代替。两墓出土的同类器物在组合、器形和釉色上均相似。器物组合以罐、瓿、壶为主，并随葬有灶、盆、磨等，未见西汉早、中期常见的鼎、钫、锺等器物组合。出土釉陶壶的壶口呈喇叭状，不见东汉中晚期的盘口样式。釉陶器器表多施酱绿色薄釉，较东汉中晚期胎釉结合较好的绿釉相比，釉面剥落现象严重。同时，两墓的出土器物同邻近地区发现的汉墓相比，有明显的共性。例如，六合四中汉墓出土釉陶瓿与湖熟朱氏家族墓地M5（不早于西汉晚期）出土的同类器相似[3]，石磨与六合大厂陆营新莽时期墓葬出土的同类器相似[4]；江宁滨江汉墓出土的B型釉陶壶与盱眙东阳汉墓出土的西汉晚期至王莽时期的Ⅱ式陶壶相似[5]。此外，江宁滨江汉墓出土的一批类型单一的"大泉五十"铜钱为我们判定墓葬时代提供了一定的依据。据此，江宁滨江汉墓的年代上限应为王莽时期，下限至东汉早期。六合四中汉墓出土的同类器物从时代特征上看有的略早于江宁滨江汉墓。如出土的釉陶壶多为圈足，器物表面饰有刻划的变体云龙纹。由此推断，六合四中汉墓的相对年代大致在西汉晚期至东汉早期。

　　此次发掘的两座汉墓规模均不大，无墓道，但墓葬形制的局部特征与南京地区发现的同期、同类墓葬有所差异。例如，六合四中汉墓的墓室未采用常见的长方形，而是由两个长方形墓室平行错缝呈"⌐┘"形排列，每个长方形墓室内放置有一具木棺，棺外均有长条木板铺底用以摆放随葬品。两墓室的随葬器物组合和时代特征较为一致，出土的同类器物大多为偶数对称分布，但未发现明显能区别墓主性别的器物或遗骸。江宁滨江汉墓墓圹后壁向外弧凸，这种形制在南京地区汉墓中较为少见。

　　以往南京地区的汉墓仅有零星发现，且公开发表的资料较少，墓葬形制及器物标尺虽初步建立，但仍存在明显的缺环。此次发掘的两座汉墓，对研究南京地区两汉墓葬的分期和演变具有重要的参考价值。

六合汉墓发掘：岳　涌　贾维勇　蔡明义　华国荣

滨江汉墓发掘：岳　涌　许长生　周维林　徐　华
　　　　　　　马　涛

摄　　　影：王　泉　徐　华

修　　　复：华国荣　张金喜　李永忠

绘　　　图：董补顺　岳　涌　马　涛

执　　　笔：徐　华　马　涛　岳　涌

注　释

[1]　吴学文《江苏六合李岗楠木塘西汉建筑遗迹》，《考古》1978 年第 3 期。

[2]　陈大海《六合走马岭汉代遗址考古勘探收获及初步认识》，《学耕文获集》，江苏人民出版社，2008 年。

[3]　南京市博物馆等《南京湖熟汉代朱氏家族墓地》，《南京文物考古新发现：南京历史文化新探二》，江苏人民出版社，2006 年。

[4]　南京市博物馆《南京大厂陆营汉墓清理简报》，《考古与文物》1987 年第 6 期。

[5]　南京博物院《江苏盱眙东阳汉墓》，《考古》1979 年第 5 期。

南京江宁曹家边遗址汉墓发掘简报

南 京 市 博 物 馆

南 京 市 江 宁 区 博 物 馆

曹家边遗址位于南京市江宁区湖熟街道曹家边村西南（图一）。为配合宁杭城际铁路建设，由江苏省文物局统一安排，2009 年 7～10 月，南京市博物馆与江宁区博物馆组成考古队对曹家边遗址进行了考古勘探与发掘，共清理汉墓 3 座。现简报如下。

墓葬均开口于表土层下，打破生土层。M3 位于 M1 以东 3.5 米处，M2 位于 M1 以北 3.5 米处，3 座墓葬的墓道均指向同一个中心位置（图二）。

一 M1

（一）墓葬形制

M1 为带斜坡墓道的竖穴土坑木椁墓，平面呈"凸"字形，墓向 76°（图三）。

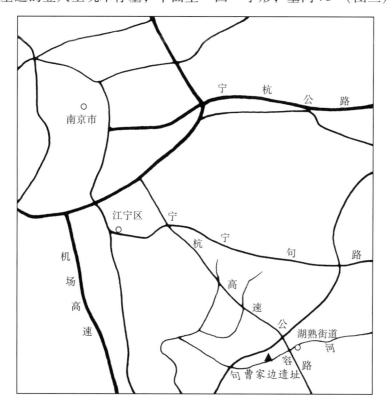

图一 遗址位置示意图

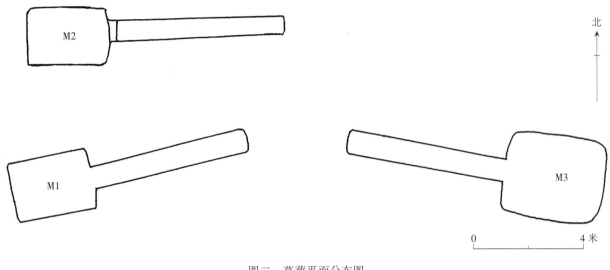

图二　墓葬平面分布图

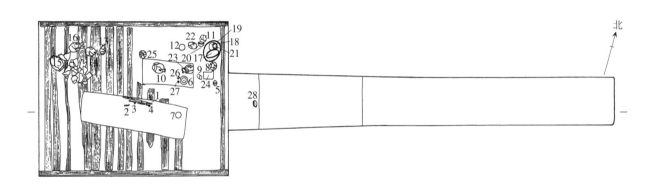

图三　M1 平、剖面图

1. 铁剑　2. 铜带钩　3. 铜印章　4. 铁刀　5、9、28. 漆耳杯　6、7. 铜镜　8. 陶罐　10、13、14、16. 陶壶　11、22、23、25. 漆盘　12. 铜钵　15. 陶瓮　17. 铜甑　18. 铜釜　19. 陶灶　20. 铜盆　21. 铜镂　24. 漆盒　26. 铜钱　27. 漆器残片

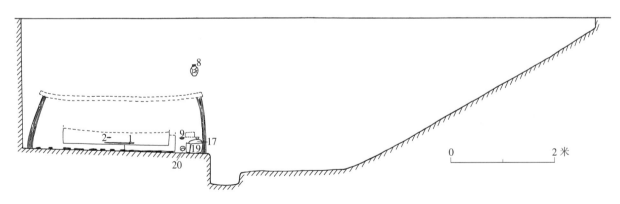

　　墓道位于墓室东侧。平面呈梯形，长斜坡，靠近墓室部分底部较平，长 7.5、宽 0.9、深 0～2.9 米，坡度 28°。墓道后部有一长 0.6、深 0.26 米的小坑。墓道内填灰褐色五花夯土，土质致密，内含夹砂、泥质红陶陶片，近墓室底部出土漆耳杯 1 件。

　　墓室平面呈长方形，长 3.72、宽 2.9、深 2.4 米。墓内填灰褐色五花夯土，土质致密无气孔，内含夹砂、泥质红陶陶片。墓底有一层青膏泥，其上垫有一层底板。底板已朽，仅能从朽痕辨别为由自西向东排列的 12 块木板组成。木板长 2.7、宽 0.12～0.2、厚 0.02～0.04 米，间距 0.2～0.4 米，

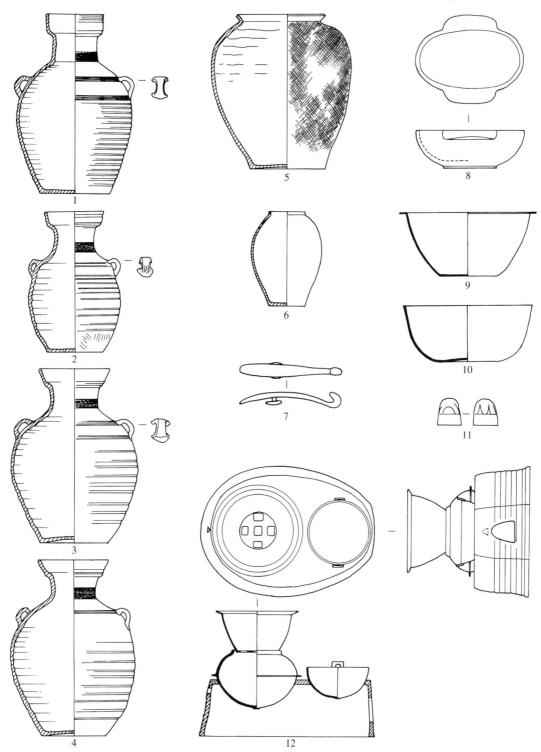

图四　M1 出土器物

1～4. 陶壶（M1:10、14、16、13）　5. 陶瓮（M1:15）　6. 陶罐（M1:8）　7. 铜带钩（M1:2）　8. 漆耳杯（M1:28）　9. 铜盆（M1:20）
10. 铜钵（M1:12）　11. 铜印章（M1:3）　12. 陶灶、铜甑、铜釜、铜镲（M1:19、17、18、21）　（7、9、10 为1/4，8、11 为1/2，
余为 1/8）

多为长条形，个别为半圆木，平面向上，弧面向下。墓室内葬具已朽蚀，从朽痕辨别为一椁两棺。木椁长 3.52、宽 2.86、高 1 米。椁内南侧棺较大，位于墓室中部，长 2.06、宽 0.6、残高 0.3 米；北侧棺较小，位于墓室东北角，长 1、宽 0.46 米。随葬器物有铜、铁、陶和漆器，主要放置于墓室北侧，其中以墓室东北角出土最为丰富。

（二）出土器物

1. 铜器

10 件（组）。有甑、釜、镂、钵、盆、印章、带钩、镜、铜钱等。

甑　1 件（M1:17）。置于椁内东北角陶灶上。宽折沿，方唇，斜直腹微弧，平底，底有 5 个方孔。口径 18、底径 8、高 9.2 厘米（图四:12）。

釜　1 件（M1:18）。置于椁内东北角陶灶上。直口，圆唇，短颈，弧腹，圜底。腹中部有一周凸棱。口径 10、最大径 19.6、高 12.4 厘米（图四:12；彩版:9）。

镂　1 件（M1:21）。置于椁内东北角陶灶上。方唇，弧腹，圜底，口部竖对称立耳一对。口径 13.6、高 6.8 厘米（图四:12；彩版:10）。

钵　1 件（M1:12）。方唇，斜直腹，平底内凹。口径 14.4、高 6 厘米（图四:10）。

盆　1 件（M1:20）。锈蚀严重。平折沿，方唇，深弧腹，平底。口径 15.2、底径 6.4、高 6.8 厘米（图四:9）。

印章　1 件（M1:3）。印面呈正方形，龟纽。锈蚀严重，印面字迹模糊不清。边长 1.4、高 1.4 厘米（图四:11）。

带钩　1 件（M1:2）。钩首，腹部较长，鼓起成琵琶形，背部置一圆纽。长 11、宽 1.6、高 0.6 厘米（图四:7）。

镜　2 件。M1:6，圆形，圆纽，柿蒂纹纽座。座外有双线方格纹。主纹为八乳博局纹间以青龙、白虎、朱雀、玄武、禽鸟及其他瑞兽。外围铭文为"尚方作镜真大巧，上有仙人不知老，渴饮玉泉饥食枣"。近缘处有一周栉齿纹。宽缘，缘饰两周锯齿纹夹一周双线水波纹。直径 13.3 厘米（图五；彩版:11）。M1:7，圆形，圆纽，圆纽座。座外有一周凸弦纹，凸弦纹与纽座间有四组斜线相连。主纹为四乳丁与四虺纹相间环绕。宽平缘，缘饰一周锯齿纹及一周双线水波纹。直径 10.2 厘米（图六）。

铜钱　1 组（M1:26）。锈蚀严重，数量不清，字迹不清。

2. 铁器

2 件。

剑　1 件（M1:1）。锈蚀较严重。剑身断面呈扁菱形，铜剑格。长 66、宽 4 厘米。

刀　1 件（M1:4）。锈蚀较严重，仅能从朽痕辨别其形制。斜锋，直刃，直背，环首。长 50、宽 3 厘米。

3. 陶器

7 件。有灶、罐、瓮、壶。

灶　1 件（M1:19）。泥质灰陶。灶体平面呈椭圆形，前有拱形灶门，后有三角形烟孔。灶台上有两个火眼，分别架铜镂、铜釜和铜甑。长 38、宽 28、高 12 厘米，通高 26.8 厘米（图四:12）。

图五　铜镜（M1:6）拓片（1/2）　　　　图六　铜镜（M1:7）拓片（1/2）

罐　1件（M1:8）。泥质灰陶。直口，圆唇，斜肩，深鼓腹，平底。口径8、底径8、高20厘米（图四:6）。

瓮　1件（M1:15）。印纹硬陶。侈口，折沿，方唇，斜肩，深弧腹，下腹内收，平底内凹。肩腹满饰拍印小方格纹。红色胎。口径18.8、底径16.4、高33.2厘米（图四:5）。

壶　4件。均为釉陶器。盘口，长颈，溜肩，鼓腹。肩部有两对称的桥形系。颈下部饰水波纹，腹部饰凹弦纹。器表施青釉，釉不及底。M1:10，直口，圆唇，平底。口径12.8、底径15.2、高38厘米（图四:1）。M1:13，侈口，平底内凹。口径15.2、底径14、高37.6厘米（图四:4）。M1:14，侈口，平底。口径12.8、底径12、高30厘米（图四:2）。M1:16，侈口，平底内凹。口径15.6、底径14.8、高37.2厘米（图四:3）。

4. 漆器

9件。有耳杯、盘、盒。

耳杯　3件。M1:28，椭圆形口，两侧有耳，弧腹，平底。木胎，器表髹黑漆。长6、宽4.8、底长3、高2厘米（图四:8）。

盘　4件。仅见黑红色痕迹。

盒　1件（M1:24）。仅见黑红色痕迹。

漆器残片　1块（M1:27）。仅见黑红色痕迹。

二　M2

（一）墓葬形制

M2为带斜坡墓道的竖穴土坑木椁墓，平面呈"凸"字形，墓向87°。墓葬由墓道、甬道、墓门、墓室组成（图七）。

墓道位于墓坑东侧偏北。平面呈长方形，长斜坡，靠近墓室部分底部较平。长8、宽1.1米，

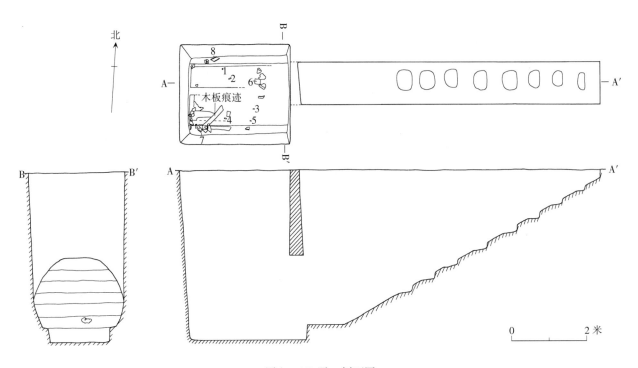

图七　M2 平、剖面图
1. 铜钱　2. 漆器残片　3、5. 玉塞　4. 玉眼罩　6~8. 陶器残片

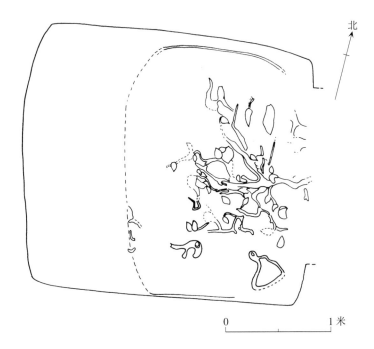

图八　M2 墓室填土内树枝状遗迹平面图

坡度 25°。墓道底部挖有 8 个椭圆形踏步，长 0.44 ~ 0.52、宽 0.2 ~ 0.4、深 0.2 米。墓道内填灰褐色五花夯土，土质致密，内含夹砂、泥质红陶陶片。

甬道位于墓道与墓室之间，长 0.2 ~ 0.28 米。

墓门为拱形，宽 2.4、高 1.84 米，由 7 层厚约 0.3 米的夯土封堵。

墓室平面呈长方形，长 3、宽 2.6、深 4.4 米。墓内填灰褐色五花夯土，土质致密，内含夹砂、泥质红陶陶片。墓底有一层青膏泥。墓室距地表 3.1 米深的填土内发现一树枝状遗迹，褐色，空腔，似锈铁管状（图八）。墓室内葬具已朽，从朽痕辨别为两棺，南北并列，平面均呈长方形。北棺残长 2、宽 0.5 米，南棺残长 2.2、宽 0.66 米。随葬器物较少，大都比较散乱，有铜钱、玉器、陶器和漆器等。

（二）出土器物

铜钱   1 枚（M2∶1）。为"大泉五十"，锈蚀严重。钱径 2.7 厘米。

玉眼罩   1 件（M2∶4）。橄榄形，两端有对钻孔。长 4.5、宽 2.1、厚 0.4 厘米（图九∶1；彩版∶12 - 上）。

玉塞   2 件。六面体柱状。M2∶3，长 2、直径 0.7 厘米（图九∶2；彩版∶12 - 左下）。M2∶5，长 1.9、直径 0.6 厘米（图九∶3；彩版∶12 - 右下）。

陶器残片   3 件。分泥质灰陶和印纹硬陶两类，出土时残碎，不辨器形。

漆器残片   1 件（M2∶2）。褐色，出土时残碎，不辨器形。

三   M3

（一）墓葬形制

M3 为带斜坡墓道的竖穴土坑木椁墓，平面呈"凸"字形，墓向 281°（图一〇）。

墓道位于墓坑西侧。平面呈长方形，长 7.4、宽 1.1 米，坡度 29°。墓道内填灰褐色五花夯土，土质致密，内含夹砂、泥质红陶陶片。

墓室平面呈圆角长方形，长 4.6、宽 3.9、深 3.4 米。墓内填灰褐色五花夯土，土质致密，内含夹砂、泥质红陶陶片。墓底有一层青膏泥，其上垫有一层底板。底板已朽，从朽痕辨别为由 6 块长方形木板组成，长 2.4、宽 0.08 ~ 0.3、厚 0.1 ~ 0.15 米。墓室内葬具已朽，根据朽痕可辨有一椁，长 3.5、宽 2.4、残高 0.7 米。随葬器物较少，仅有铜钱和陶器残片，其中铜钱主要放置于椁内中部和西北角。

（二）出土器物

铜钱   2 组（103 枚）。均为五铢，依据"五铢"笔画风格差异，分 5 型。

A 型   33 枚。M3∶1 - 1，钱径 2.6 厘米（图一一∶1）。

B 型   21 枚。M3∶1 - 2，钱径 2.7 厘米（图一一∶2）。

C 型   15 枚。M3∶1 - 3，钱径 2.7 厘米（图一一∶3）。

D 型   11 枚。M3∶1 - 4，钱径 2.7 厘米（图一一∶4）。

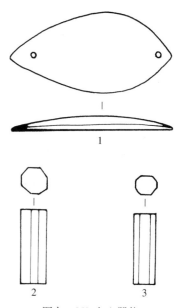

图九   M2 出土器物

1. 玉眼罩（M2∶4）   2、3. 玉塞（M2∶3、5） （均为原大）

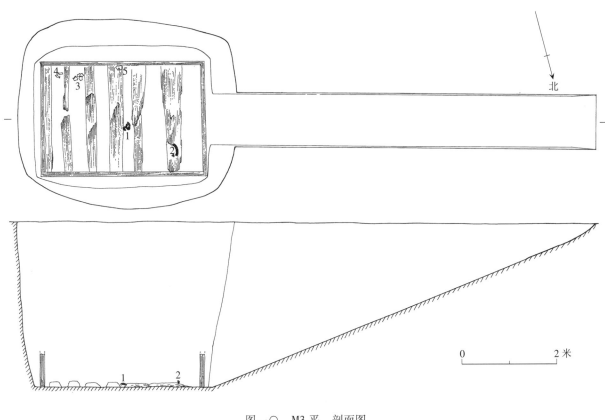

图一〇　M3 平、剖面图
1、2. 铜钱　3～5. 陶器残片

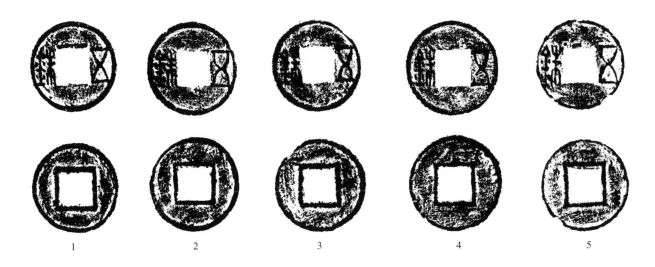

图一一　M3 出土铜钱拓片
1. A 型（M3:1-1）　2. B 型（M3:1-2）　3. C 型（M3:1-3）　4. D 型（M3:1-4）　5. E 型（M3:1-5）（均为原大）

　　E 型　23 枚。M3:1-5，钱径 2.7 厘米（图一〇:5）。

　　陶器残片　3 件。均为印纹硬陶，出土时残碎，不辨器形。

四 结 语

本次在曹家边遗址内发掘的三座墓葬虽然没有出土明确的纪年材料，但其墓葬形制和随葬器物的时代特征较为明显。其中，M1出土的尚方四神博局纹铜镜流行于王莽及东汉前期；四乳四虺纹铜镜上的虺纹已简化，缘上有圈带，也为该时期所常见。M2出土的"大泉五十"为新莽时期出现。M3出土的五铢形制多见于东汉时期[1]。因此，M1、M2、M3的年代应为东汉前期。此外，根据出土的铜印章、铁剑、玉器、漆器等推断，三座墓的墓主可能为贵族或官僚。

M1、M2、M3的墓道均指向同一个中心位置，排列有序，无打破关系，可能是事先有所规划，这在南京地区以往发掘的汉墓中较为少见，为本区域汉代墓葬的研究提供了新资料。此外，M2、M3未遭盗掘，但墓内仅出土个别陶片，值得思考。

附记：参加发掘的人员有王光明、王家鹏、范伟、周维林、许长生，绘图董补顺，摄影王泉。

执　笔：王光明　许长生

注　释

[1] 徐承泰、范江欧美《东汉五铢钱的分期研究》，《文物》2010年第10期；《中国钱币大辞典》编纂委员会编《中国钱币大辞典·秦汉编》，插页75∶1～3，中华书局，1998年；陕西省考古研究所配合基建考古队《陕西省185煤田地质队咸阳基地筹建处东汉墓发掘简报》，《考古与文物》1993年第5期；湖南省博物馆《湖南资兴东汉墓》，《考古学报》1984年第1期。

南京江宁前郑家边东汉墓发掘简报

南 京 市 博 物 馆

南京市江宁区博物馆

2010年3~5月，南京市博物馆和江宁区博物馆在南京市江宁区淳化街道前郑家边村东约500米处的唐子山茶园抢救性发掘了两座东汉墓葬（图一）。两座墓（编号2010NJTM1、2010NJM2，以下简称M1、M2）位于山体南侧缓坡，呈向心结构，墓坑相距约12米（图二）。现将发掘情况简报如下。

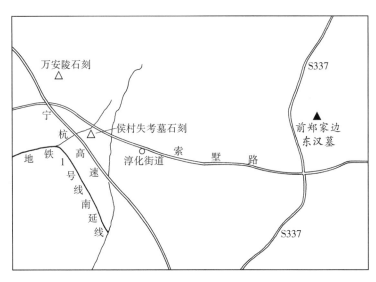

图一　墓葬位置示意图

一　M1

（一）墓葬形制

M1为竖穴土坑砖室墓，方向185°，开口于耕土层下，打破生土层，墓口距地表0.3~0.5米。此墓曾遭盗扰，墓顶中部有一近正方形盗洞，边长约1.4米。盗洞内填土较为杂乱，土质疏松，包含铁桶、手套、竹棍等工具。墓葬平面呈"凸"字形，由墓道、墓坑、砖室三部分组成（图三；彩版:13）。

墓道位于墓室之南，斜坡状，平面呈梯形，长8.6、南端宽1.2、北端宽1.35米，坡度17°，近砖室处为平底。墓道内填土呈红褐色，夹杂灰色、黄色斑点，土质较硬，近底部有少许碎砖块。

砖室平面呈长方形，全长 5 米、宽 2.86 米，由挡土墙、墓门、封门墙、墓室组成。

挡土墙高 2.72、宽 2.84、厚 0.32 米，以砖错缝平铺叠砌而成。挡土墙上部向外倾斜，最高处高出墓顶 0.14 米（图四）。墓门为券顶，于距墓底 1.04 米处起券，宽 1.5、高 1.82、进深 0.32 米。墓门外东侧竖立一块纵砖，西侧竖立两块纵砖。封门墙砌于墓门内，以两重砖平铺顺砌而成。

墓室平面呈长方形，内长 4.14、内宽 2.24 米。墓室后部有砖砌棺床，长 2.68 米，与墓室等宽，高出墓室底部 0.16 米。棺床上部以席纹组砖铺地，前端以平砖封口。墓室四壁均以砖错缝平铺叠砌而成，厚 0.32 米，东西两壁于距墓底 0.94 米处起券，券顶为单砖纵券，厚 0.32 米，券顶内侧距墓底 2.2 米。墓底以单层席纹组砖铺地。墓室内填土厚度不均，盗洞下方及四周填土较厚，土质杂乱，底部填土较纯净，呈灰褐色，应为原始淤积。

M1 所用墓砖纹饰有菱形纹、网格纹及组合变形钱纹。墓壁和铺地砖为长方形砖，长 30.5、宽 15.5、厚 5.3 厘米；券顶为刀形砖，长 30.2、宽 5.3、厚 4.7～5.7 厘米。

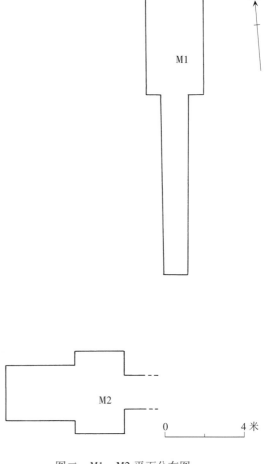

图二　M1、M2 平面分布图

（二）出土器物

M1 虽经盗扰，但出土器物较为丰富，主要放置于墓室前部及棺床东北角，共 19 件（组），以釉陶器、陶器为主，另有少量铜器、锡器等。

1. 釉陶器　11 件。器表均施釉，大部分器物釉迹斑驳，脱釉现象严重，器形有壶、罐等。

壶　9 件。盘口，束颈，弧肩，深腹。盘口下部饰凹弦纹，肩部贴有对称的双系，系面饰蕉叶纹，腹部饰凸棱。灰胎。依足部不同，分 2 型。

A 型　8 件。鼓腹，平底。依器形大小与盘口不同，分 2 亚型。

Aa 型　6 件。器形略矮小，盘口占整体比例较大。胎釉结合较差，脱釉现象严重。M1:13，口径 10.8、底径 8.4、高 22.4 厘米（图五:1）。M1:15，尖圆唇，口径 10.8、底径 8.4、高 22 厘米（图五:2）。M1:9，口径 10.8、底径 9.2、高 20.6 厘米。M1:14，口径 10.4、底径 9.2、高 21.2 厘米（图五:3）。M1:1，口径 12.4、底径 10、高 26.4 厘米。M1:11，口径 13.2、底径 11.2、高 26.8 厘米（图五:4）。

Ab 型　2 件。器形较大，盘口占整体比例偏小。颈部饰一周水波纹带，肩部饰两组凸弦纹。胎釉结合较好，略有脱落。M1:8，口径 12.8、底径 11.2、高 34.8 厘米（图五:6）。M1:16，平底

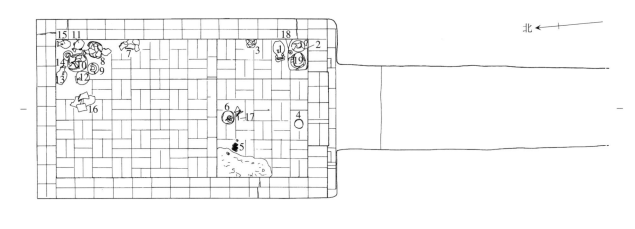

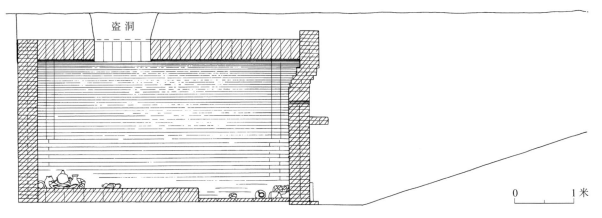

图三　M1 平、剖面图

1、8~11、13~16. 釉陶壶　2. 陶灶　3、6、18. 陶罐　4. 铜钵　5. 铜钱　7、12. 釉陶罐　17. 锡器　19. 陶甑

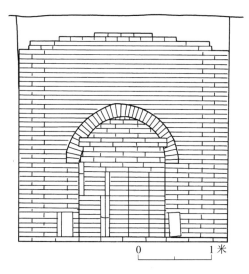

图四　M1 挡土墙及墓门

略内凹，口径 13.6、底径 12.4、高 36 厘米（图五：7）。

　　B 型　1 件（M1：10）。球形腹，矮圈足。肩部贴有对称的两衔环竖系。颈部饰一周水波纹带，肩部饰两组凸弦纹。胎釉结合较好，略有脱落。口径 15.6、底径 15.2、高 35.2 厘米（图五：5；

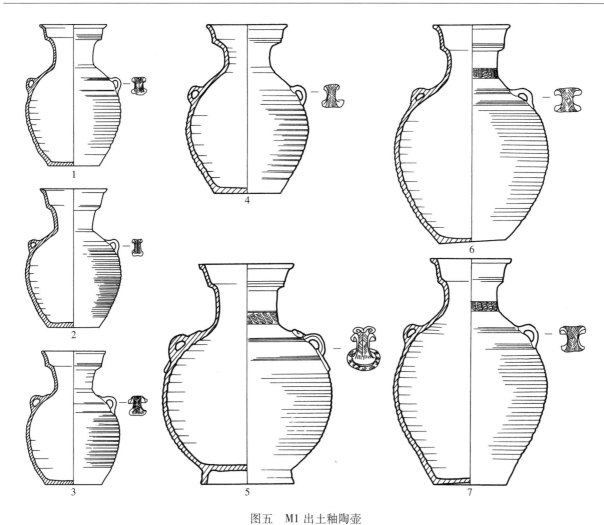

图五　M1 出土釉陶壶
1～4. Aa 型（M1：13、15、14、11）　5. B 型（M1：10）　6、7. Ab 型（M1：8、16）　（均为 1/6）

彩版：15）。

罐　2 件。M1：7，敞口，平沿，方唇，束颈，弧肩，斜腹，平底略内凹。口沿处饰一周凹弦纹，肩部饰三周凹弦纹，腹部满饰拍印方格纹。灰胎，胎质较硬。器表施酱釉，釉不及底，胎釉结合较好，稍有脱落。口径 19.6、底径 16.4、高 40.8 厘米（图六：1）。M1：12，直口，平折沿，尖唇，束颈，弧肩，鼓腹，平底。肩部贴有对称的两竖系，系面饰蕉叶纹。肩、腹部饰凸棱。灰胎。通体施釉，胎釉结合较差，脱落严重。口径 12、底径 10.4、高 19.2 厘米（图六：2）。

2. 陶器　5 件。均为泥质灰陶，器形有罐、甑、灶等，部分器物出土时残损严重。

罐　3 件。M1：3，敞口，折沿，尖圆唇，折肩，斜直腹，平底。口径 12.6、底径 12.3、残高 12 厘米（图六：3）。M1：6，敞口，卷沿，圆唇，束颈，斜肩，鼓腹内收，平底内凹。肩部饰两周凹弦纹，底部饰一周凹弦纹。口径 13.6、底径 10、高 16 厘米（图六：5）。M1：18，敛口，圆唇，鼓腹，平底。肩部对穿两个小圆孔。口径 4、底径 3.6、高 5.2 厘米（图六：4）。

甑　1 件（M1：19）。残损严重，仅存底部。小饼底，底部有三个圆孔。底径 10.4、残高 2、孔径 1.4 厘米（图六：6）。

灶　1 件（M1：2）。灶面呈圆角长方形，长 50.8、宽 32.8、高 16 厘米。灶面有前后两个灶眼，前孔直径20、后孔直径20.4厘米，紧贴后壁处有一直径2.6厘米的烟孔。灶门呈弧形，宽12.4、高9.2厘米（图六:7）。

4. 铜器　2件（组）。

钵　1件（M1:4）。敞口，方唇，斜腹，圜底微凹。器体遍布铜锈。口径15、高6.2厘米。

铜钱　1组36枚（M1:5）。五铢钱，分3型。

A型　3枚。"朱"字头方折，"五"字弯交，钱文纤细。面无内郭，背部内外郭兼备。铜质较差，制作粗糙，钱面多有气泡。钱径2.4~2.5、穿宽0.9~1厘米（图七:1、2）。

B型　32枚。"朱"字头圆折，"五字"弯交。面无内郭，背部内外郭兼备。铜质较差，制作粗糙，钱面多有气泡。钱径2.4~2.6、穿宽0.9~1厘米（图七:3、4）。

C型　1枚。剪轮五铢，无外郭，背有内郭，钱体较薄，残损严重。钱径1.7、穿宽1厘米（图七:5）。

4. 锡器　1组（M1:17）。其中钩形器5只，以较完整者为例，整体呈扁条形，勾状，截面为

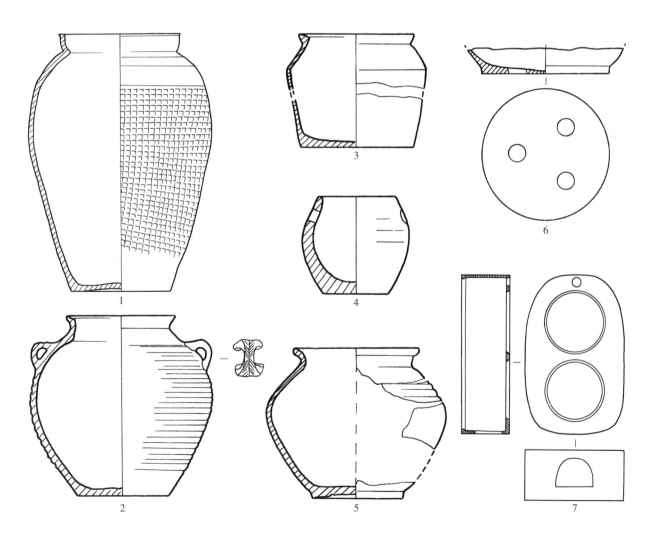

图六　M1 出土器物

1、2. 釉陶罐（M1:7、12）　3~5. 陶罐（M1:3、18、6）　6. 陶甑（M1:19）　7. 陶灶（M1:2）　（1 为1/6，4 为1/2，6 为1/3，7 为1/12，余为1/4）

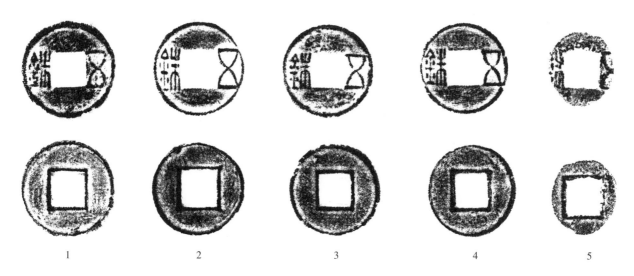

图七　M1 出土铜钱拓片

1、2. A 型（M1:5 - 1、M1:5 - 2）　3、4. B 型（M1:5 - 3、M1:5 - 4）　5. C 型（M1:5 - 5）　（均为原大）

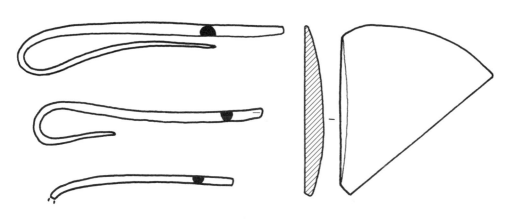

图八　M1 出土锡器（M1:17）（1/2）

半圆形，长 14.6、厚 0.8 厘米。扇形器 1 只，截面为弧形，两侧有切痕，长 9、宽 8.4、厚 1 厘米（图八）。

二　M2

（一）墓葬形制

M2 为竖穴土坑砖室墓，方向 100°，开口于耕土层下，打破生土层，墓口距地表约 0.28 米。墓葬由墓道、墓坑、砖室组成（图九；彩版:14）。

墓道呈斜坡状，坡度 15°，近砖室处为平底。受发掘条件所限，仅对其靠近砖室的部分进行局部发掘，宽 1.6 米。墓道内填土呈红褐色，夹杂黄色斑点，土质较黏硬，包含少许碎砖块。

砖室全长 5.8 米，由封门墙、墓门、前室、后室四部分组成，前、后室相连。后室中部有一边长 1.2 米的近方形盗洞，盗扰至底，盗洞内填土呈黄褐色，土质松软，包含少许竹、木棍等

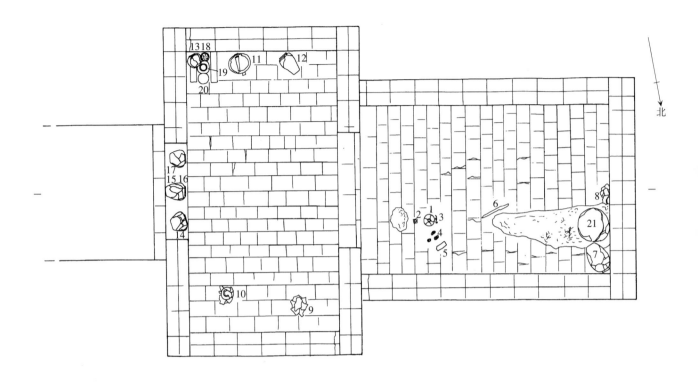

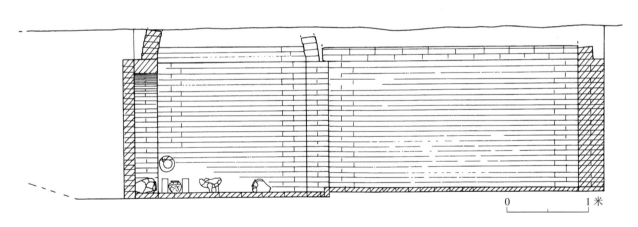

图九　M2 平、剖面图

1. 铜镜　2. 石研　3. 铜带钩　4. 铜钱　5. 石黛板　6. 铁削　7、8、13、14、17. 釉陶罐　9、21. 陶罐　10、16. 釉陶壶　11. 铁镰斗
12、15. 釉陶仓　18. 陶甑　19. 铁釜　20. 铁鼎

杂物。

封门墙砌于墓门外，与墓道等宽，仅残存上部数层，以单层砖错缝平铺叠砌而成。墓门呈拱形，宽 1.46、高 1.64 米，于距墓底 0.96 米处起券，券顶所用为刀形砖。

前、后室墓顶大部均已不存，仅存墓室四壁及少量起券部分。墓室四壁均以砖错缝平铺叠砌而成，厚 0.32 米。前室平面呈横长方形，内长 1.86、宽 3.26 米，其东、西两壁于距前室底部 1.58 米处起券，单砖纵券，券顶砖残存 2~5 层，所用均为刀形砖。前室底部铺地砖为单层纵向错缝平铺而成，所用墓砖均残断。前、后室之间有过道相通，过道长 0.28、宽 1.38、残高 1.6 米。后室平面呈长方形，内长 3.06、宽 2 米，其南、北两壁于距后室底部 1.52 米处起券，单砖纵券，券顶残存2层。后室底部高于前室底部0.06米，铺地砖为单层横向错缝平铺而成，所用墓砖均残断。墓室填土呈灰褐色，土质较纯净，后室后半部分底部填土中残留有红色漆皮。

（二）出土器物

M2虽经盗扰，但出土器物较为丰富，经修复器形可辨者21件（组），主要放置于前室南侧及后室北侧，有釉陶、陶、铁、铜、石器等。

1. 釉陶器　9件。器表均施釉，大部器物釉迹斑驳，脱落较严重，器形有壶、仓、罐。

壶　2件。M2:10，盘口，方唇，束长颈，溜肩，鼓腹下垂，高圈足。肩部贴有两个对称的竖系，系面饰蕉叶纹。系下方饰两组凹弦纹及一组水波纹。灰胎，胎质较硬。器表施酱釉，釉不及底。口径16、底径14.4、高32.8厘米（图一〇:7；彩版:16）。M2:16，口部残缺，溜肩，扁鼓腹，平底。肩部贴有两个对称的竖系，并饰一周凹弦纹。灰胎，胎质较硬。器表施酱釉，釉不及底。底径6.8、残高9.6厘米（图一〇:8）。

仓　2件。尖圆唇，折肩，斜直腹，腹较深，平底。肩部贴有两个对称的竖系，系面饰蕉叶纹。灰胎，胎质较硬。器表施酱釉，釉体斑驳。M2:12，口微敞，肩部附近饰三组凹弦纹及两组水波纹。口径11.6、底径10、高18.8厘米（图一〇:6；彩版:17）。M2:15，口微敛，肩部饰数周凹弦纹，腹部有凹棱。口径14.4、底径12.8、高23.6厘米（图一〇:3）。

罐　5件。分2型。

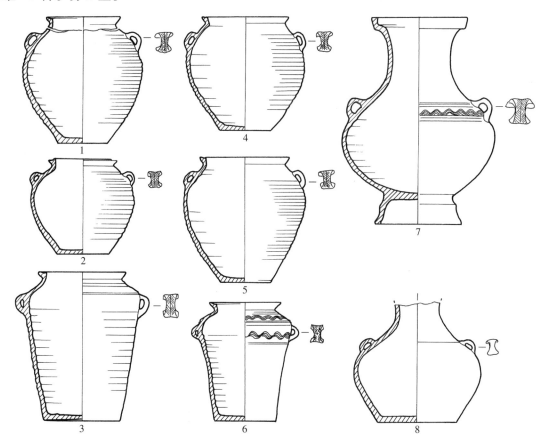

图一〇　M2出土釉陶器

1、2、4、5. A型罐（M2:8、13、17、14）　3、6. 仓（M2:15、12）　7、8. 壶（M2:10、16）　（8为1/3，余为1/6）

　　A 型　4 件。平折沿，尖圆唇，弧肩，弧腹，平底。肩部贴有两个对称的竖系，系面饰蕉叶纹，肩腹部饰凸棱。红胎，胎质较硬。釉面脱落严重。M2：8，直口。口径 12、底径 8、高 20厘米（图一〇：1）。M2：13，直口。口径 9.6、底径 8.8、高 15.2 厘米（图一〇：2）。M2：14，口微敞。口径 14.4、底径 8.4、高 20 厘米（图一〇：5）。M2：17，敞口。口径 14、底径 8.4、高 18厘米（图一〇：4）。

　　B 型　1 件（M2：7）。敞口，方唇，弧肩，深腹，平底微内凹。口沿内侧饰数周凹弦纹，肩部饰两周凹弦纹，腹部满饰拍印方格纹。灰胎，胎质较硬。器表施酱釉，釉迹斑驳。口径 22.8、底径 22、高 40 厘米（图一一：3）。

　　2. 陶器　3 件。器形有罐、甑。

　　罐　2 件。形制相似。泥质红陶，夹细砂，陶质较硬。敛口，平沿，尖圆唇，弧肩，鼓腹，平底微内凹。器表满饰拍印网格纹。M2：9，口径 17.2、底径 14.4、高 30 厘米（图一一：2）。M2：21，口沿外侧饰两周凹槽。口径 17.2、底径 12、高 28.4 厘米（图一一：1）。

　　甑　1 件（M2：18）。泥质红陶。敞口，平折沿，方唇，斜腹，平底。唇部饰一周凹弦纹，腹部饰数周凸棱，底部有 10 个甑孔。口径 14、底径 8、高 8.4 厘米（图一一：4）。

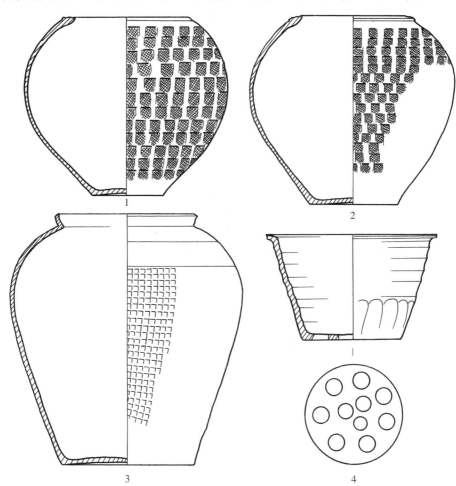

图一一　M2 出土器物
1、2. 陶罐（M2：21、9）　3. B 型釉陶罐（M2：7）　4. 陶甑（M2：18）　（4 为 1/3，余为 1/6）

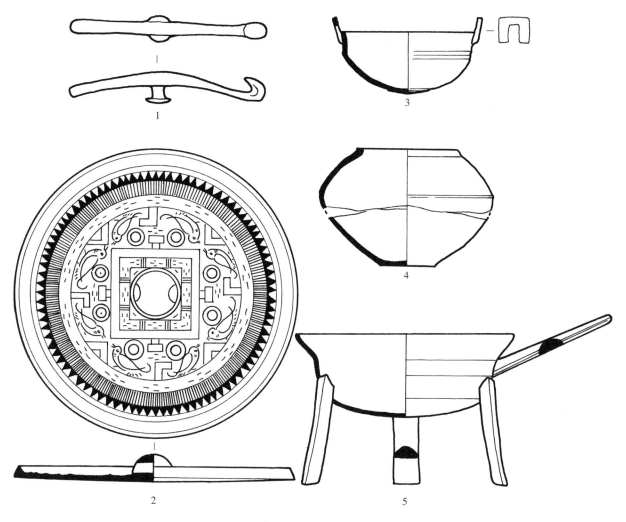

图一二　M2 出土器物

1. 铜带钩（M2:3）　2. 铜镜（M2:1）　3. 铁鼎（M2:20）　4. 铁釜（M2:19）　5. 铁镰斗（M2:11）　（1、2 为1/2，余为1/4）

3. 铁器　4 件。器形有釜、鼎、镰斗、削等，出土时均残损锈蚀严重。

釜　1 件（M2:19）。敛口，方唇，弧肩，扁腹，小平底。外腹部有一周凸棱。口径 11.2、底径 6、残高 12.4 厘米（图一二:4）。

鼎　1 件（M2:20）。敞口，方唇，立耳，斜腹略弧，圜底，足残缺。腹部外侧饰两周凸棱。出土时残损严重。口径 14.8、残高 8 厘米（图一二:3）。

镰斗　1 件（M2:11）。敞口，圆唇，直腹微弧，接一条形手柄，圜底，下附三扁条形足外撇。口径 24、高 16、柄长 14.8 厘米（图一二:5）。

削　1 件（M2:6）。长条形。出土时残损锈蚀严重。残长 31、宽 2.4、厚 0.7 厘米。

4. 铜器　3 件（组）。器形有镜、带钩、铜钱。

镜　1 件（M2:1）。圆形，圆纽，方纽座。座外双线方格，方格每边饰两乳丁。主纹为博局纹间饰八只禽鸟，每方两禽相背，每角两禽相对。锯齿纹缘。直径 15.4、缘厚 0.6 厘米（图一二:2）。

带钩　1 件（M2:3）。素面，扁圆钩，钩呈蛇首状，圆弓形柄。长 10.6 厘米（图一二:1；

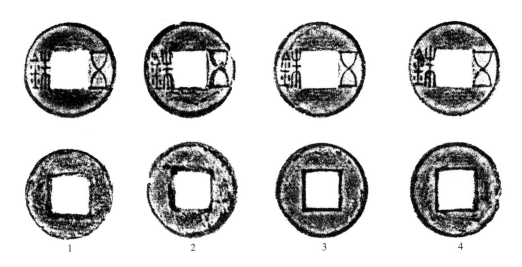

图一三　M2 出土铜钱拓片

1、2. A 型（M2：4－1、M2：4－2）　3、4. B 型（M2：4－3、M2：4－4）　　（均为原大）

彩版：18）。

铜钱　1 组 78 枚（M2：4）。均为五铢钱，依"朱"字头形状不同，分 2 型。

A 型　4 枚。"朱"字头方折，"五"字弯交。面无内郭，背部内外郭兼备。铜质较差，制作粗糙，钱面多有气泡。钱径 2.4～2.5、穿宽 0.9～1 厘米（图一三：1、2）。

B 型　74 枚。"朱"字头圆折，"五"字弯交。面无内郭，背部内外郭兼备。铜质较差，制作粗糙，钱面多有气泡。钱径 2.4～2.6、穿宽 0.9～1 厘米（图一三：3、4）。

5. 石器　2 件。器形有研、黛板，器表均较光滑，两件器物出土位置相距较近，应为一组器物。

研　1 件（M2：2）。分为两层，上圆下方。上层圆柱体，直径 2.4、高 0.7 厘米；下层正方体，边长 2.2～2.5、高 0.6 厘米。器体上有铁锈痕迹。

黛板　1 件（M2：5）。长方形，一端残，残长 8.5、宽 3.2、厚 0.7 厘米。

三　结　语

本次发掘的 M1 为单室砖室墓，M2 为前后室砖室墓，其中 M1 墓壁使用模印花纹砖砌筑，上述特征在江南地区东汉砖室墓中较为常见。M1 出土的 Aa 型釉陶壶与湖北宜昌前坪东汉早期墓葬[1]出土的同类器相似；酱釉陶罐与南京湖熟汉代朱氏家族墓 M2[2]及江西南昌东汉中期丁 M2[3]出土的同类器相似，唯本次所出器形略大。湖熟朱氏家族墓 M2 出土告地策，记载墓主卒于永元五年（93 年），其年代应为东汉中期偏早。M2 出土的八鸟博局纹铜镜，最早出现于西汉中期，王莽时期至东汉早中期较为流行，至东汉晚期基本不见。此外，两墓出土大量铜钱，经辨认均为东汉五铢。其中 M1 出土 A 型五铢的钱文虽保留了西汉五铢"朱"字头方折的特点，但其"五"字弯交，具有明显的东汉五铢特征，且此型铜钱铜质较差，铸造粗糙，其年代应为东汉时期；B 型五铢"朱"字头圆折，具有明显的东汉特征。M1 还出土一枚剪轮五铢，此类铜钱于东汉中期开始出现，至东汉晚期在墓葬中极为常见。M2 所出铜钱与 M1 相类，但未见东汉晚期常见的剪轮五铢、綖环五铢。综上所述，M1 的年代应为东汉中期或略偏晚，M2 的年代应为东汉中期，两墓相较，M1 应晚于 M2。

新中国成立以来，南京地区发掘并发表的汉代墓葬数量较少，东汉墓葬则更为少见，前郑家边东汉墓的发掘，为研究南京地区东汉至孙吴时期丧葬习俗演变及东汉墓葬断代等问题提供了重要的实物材料。

领　队：岳　涌

发　掘：徐　华　许志强　张九文　许长生

　　　　周维林　韩昌明　张朋祥

绘　图：韩昌明　董补顺

摄　影：王　泉　徐　华

拓　片：李永忠　雷　雨

修　复：李永忠　雷　雨

执　笔：徐　华　许志强　许长生

注　释

［1］　湖北省博物馆《宜昌前坪战国两汉墓》，《考古学报》1976 年第 2 期。

［2］　南京市博物馆、江宁县文化局《南京湖熟汉代朱氏家族墓地》，《南京文物考古新发现：南京历史文化新探二》，江苏人民出版社，2006 年。

［3］　江西省博物馆《江西南昌东汉、东吴墓》，《考古》1978 年第 3 期。

南京大光路孙吴墓发掘简报

南京市博物馆

2006 年 12 月，南京市博物馆在南京市大光路 35 号建设工地内抢救性发掘了一座孙吴时期砖室墓（图一）。这座墓葬（编号 2006NBDM2，以下简称 M2）未遭盗掘，出土器物丰富。现将发掘情况简报如下。

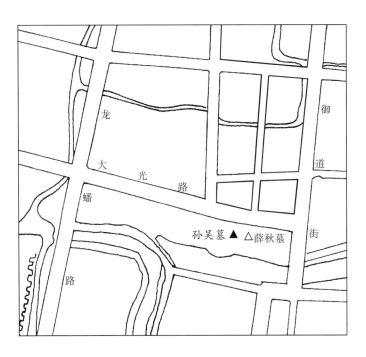

图一　墓葬位置示意图

一　墓葬形制

M2 为单室砖室墓，开口距地表约 3.2 米，方向 145°（图二）。墓葬由墓道、墓坑、砖室组成，其中墓道、墓顶及部分墓壁均被施工机械破坏，但墓底保存完好。墓坑宽于砖室 0.2～0.3 米。砖室平面呈曲尺形，全长 4.28 米，由封门墙、墓室、耳室组成。墓室为长方形，前部一侧附有耳室一间，耳室后部与墓室的连接处被一口晚期砖砌古井打破。墓壁砌法为"三顺一丁"，墓底以砖呈"人"字形平铺。墓砖均为青灰色长方形素面砖，规格为长 32、宽 16、厚 4 厘米。墓室内葬具及人骨均已腐朽。随葬器物主要放置于耳室及墓室后部，有青瓷器、铜器等。

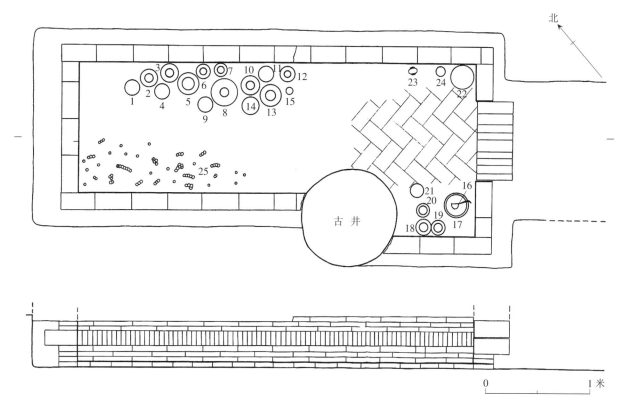

图二　墓葬平、剖面图

1、4、9、11、14. 青瓷钵　2、3、5～7、10、13. 青瓷双系罐　8. 青瓷盘口壶　12、18、19. 青瓷灯　15. 铜杯　16. 铜勺
17、21. 青瓷洗　20. 石臼　22. 铜洗　23. 漆耳杯　24. 铜器盖　25. 铜钱

二　出土器物

1. 青瓷器

18 件。器形有双系罐、盘口壶、钵、洗、灯等。

双系罐　7 件。矮直口，广圆肩，鼓腹，下腹内收，平底略内凹。肩部贴有对称的两竖系。口部有饰一周凹弦纹，肩部饰三周凹弦纹。器表施青灰色釉，釉不及底，器内施釉至颈部。依系上有无纹饰，分 2 型。

A 型　5 件。系上有蕉叶纹。M2:2，口径 12.4、底径 8.6、高 16 厘米（图三:1）。M2:5，口径 13.6、底径 9.8、高 14.8 厘米（图三:2）。

B 型　2 件。系上无纹饰。M2:3，口径 10.2、底径 9.2、高 14 厘米（图三:3）。M2:10，口径 9.8、底径 8.4、高 11.8 厘米（图三:6）。

盘口壶　1 件（M2:8）。浅盘口，矮束领，鼓腹，平底内凹。肩部贴附对称的两竖系，系上有蕉叶纹。肩及上腹部饰三周凹弦纹，间饰指甲纹及水波纹。器表施青灰釉，釉不及底，局部有脱釉现象。口径 9.8、最大腹径 28、底径 12.8、高 25.6 厘米（图三:5；彩版:19）。

钵　5 件。分 3 型。

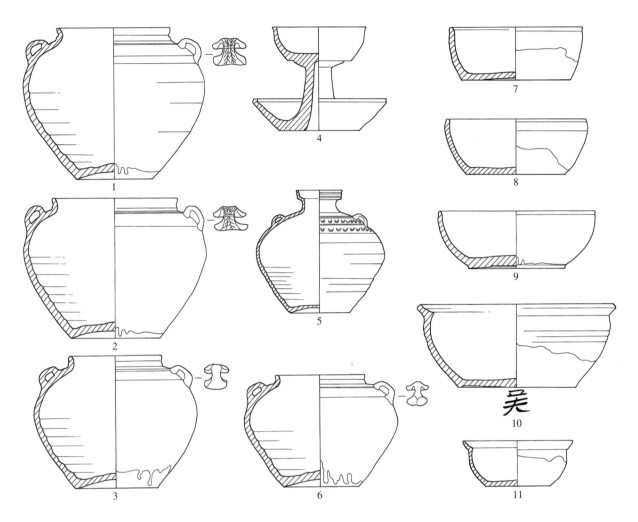

图三　M2 出土青瓷器

1、2. A 型双系罐（M2:2、5）　3、6. B 型双系罐（M2:3、10）　4. 灯（M2:12）　5. 盘口壶（M2:8）　7. A 型钵（M2:4）　8. B 型钵（M2:14）　9. C 型钵（M2:9）　10. A 型洗（M2:17）　11. B 型洗（M2:21）　（5 为 1/8，余为 1/4）

A 型　2 件。敞口，弧腹，平底略内凹。沿下有一周凹弦纹。器表施青灰色釉，釉不及底，釉面剥蚀较严重。M2:4，口径 14.4、底径 12、高 5.6 厘米（图三:7）。

B 型　2 件。口微敛，斜腹内收，平底。上腹部饰一周凹弦纹。器表施青灰色釉，釉不及底，釉面剥蚀较严重。M2:14，口径 15.2、底径 10.8、高 5.9 厘米（图三:8）。

C 型　1 件（M2:9）。敞口，斜弧腹内收，平底内凹。器表施青灰色釉，釉厚处泛绿色。口径 17、底径 10.4、高 6.1 厘米（图三:9）。

洗　2 件。敛口，斜平沿外折，弧腹，平底。器表施青灰色釉，釉不及底，釉面剥蚀较严重。分 2 型。

A 型　1 件（M2:17）。上腹部饰三周凹弦纹。器底墨书"吴"字。口径 21、底径 13、高 8.8 厘米（图三:10）。

B 型　1 件（M2:21）。素面。口径 12、底径 7、高 4.8 厘米（图三:11）。

灯　3 件。平底盘中间塑高柄状灯盏，圆柱状高柄中空，盏为钵形。器表施青灰色釉，釉不

及底，釉面脱落严重。M2:12，盏口径10.2、盘口径
14.6、底径8.8、通高11厘米（图三:4；彩版:20）。

2. 铜器

4件。有洗、杯、勺、器盖。

洗 1件（M2:22）。敛口，斜平沿外折，弧腹
外垂，平底。腹部有对称的铺首衔环。通体严重锈
蚀。口径30、底径19.2、高7.2厘米（图四:4）。

杯 1件（M2:15）。直口，弧腹，平底。一侧置
小耳。口径5.2、底径3.2、高2.6厘米（图四:1）。

勺 1件（M2:16）。出土时放置于青瓷洗内。
敞口，深腹，圜底。口沿一侧伸出龙首形柄，龙首
纹饰已锈蚀不清。长16、宽6.4厘米（图四:2）。

器盖 1件（M2:24）。圆形，一面平素，另一
面微弧有花纹。直径8.8、厚1.2厘米（图四:3）。

3. 其他

漆耳杯 1件（M2:23）。椭圆形口，两端平
直，斜弧腹，平底，两侧各附一半圆形耳。器表髹
红漆。口长8.6、口宽5.4、底长5.2、底宽3、高
2.8厘米（图四:6）。

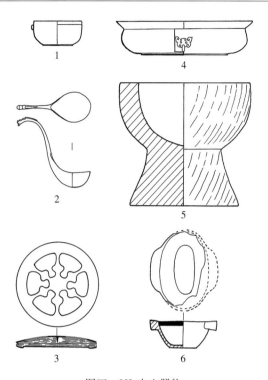

图四 M2 出土器物
1. 铜杯（M2:15）　1. 铜勺（M2:16）　3. 铜器盖（M2:24）
4. 铜洗（M2:22）　5. 石臼（M2:20）　6. 漆耳杯（M2:23）
（2、4 为 1/8，余为 1/4）

石臼 1件（M2:20）。直口，方唇，弧腹，半球状臼窝，底座呈覆斗状。刻痕明显，制作粗
糙。口径14.4、底座边长12、底座高6、通高13厘米（图四:5）。

铜钱 25枚。圆形方孔。锈蚀严重，字迹不清。

三 结 语

M2 地处南京老城东南部，这一地区曾发现多座六朝早期及汉代墓葬，东吴折锋校尉薛秋墓[1]
即位于其东侧。

M2 为附有一间耳室的长方形单室砖室墓，这种形制的墓葬在南京地区仅见于御道街1号墓[2]
及甘家巷前头山1号墓[3]。M2 出土的铜勺与1998年南京仙鹤山孙吴、西晋墓[4]所出同类器相似，
唯器形略小；青瓷钵、青瓷双系罐及青瓷灯与南京建安二十四年（219年）龙桃杖墓[5]所出同类
器相似。综上所述，M2 的年代应为孙吴时期。

墓内出土了7件青瓷双系罐、3件青瓷灯、5件青瓷钵，同类器的形制、大小相似，应为成组
随葬品，但出土位置略显凌乱，可能与墓内浸水，造成随葬品漂移有关。

M2 出土的石臼仅高13厘米，与用于捣碾粮食的实用器尺寸差别较大，且这件石臼雕刻规整，
并有使用痕迹，应非随意制作用于陪葬的明器。按《太平御览》卷七五七引《杜预奏事》中，将
"药杵臼"列为民间急用之物，而东汉画像石上也常见羽人或玉兔用杵臼捣药的画面[6]，故推测

M2 所出石臼应为"药杵臼"。

发　掘：王　涛　史来兴
摄　影：王　泉
修　复：李永忠
绘　图：董补顺
执　笔：王　涛　俞　瑾

注　释

［1］　南京市博物馆《南京大光路孙吴薛秋墓发掘简报》，《文物》2008 年第 3 期。

［2］　葛家瑾《南京御道街标营第一号墓清理概况》，《文物参考资料》1956 年第 6 期。

［3］　金琦《南京甘家巷和童家山六朝墓》，《考古》1963 年第 6 期。

［4］　南京市博物馆等《南京仙鹤山孙吴、西晋墓》，《文物》2007 年第 1 期。

［5］　南京市博物馆《南京市东汉建安二十四年龙桃杖墓》，《考古》2009 年第 1 期。

［6］　江苏省文物管理委员会等《江苏徐州十里铺汉画象石墓》，《考古》1966 年第 2 期。

南京沧波门外余粮村孙吴西晋墓

南京市博物馆

2009 年底至 2010 年初，为配合南京沧波门余粮二期工程的施工建设，南京市博物馆在此区域内进行了考古勘探工作。在勘探过程中发现三座砖室墓（编号 M1、M2、M3），南京市博物馆随即对其进行了考古发掘。这三座砖室墓早期遭到盗掘，但仍出土了较为丰富的随葬器物。根据墓葬形制及出土器物判断，这三座墓葬的时代为孙吴西晋时期。现将发掘情况简报如下。

墓葬位于南京市东郊沧波门外余粮村东部一座高 5 米的小山丘南坡，距沧波门约 5 公里，地属玄武区余粮村（图一）。三座墓相距较近，M1 靠东侧偏南，M2 与 M3 靠西侧偏北，平行并列，墓向均为东西向。

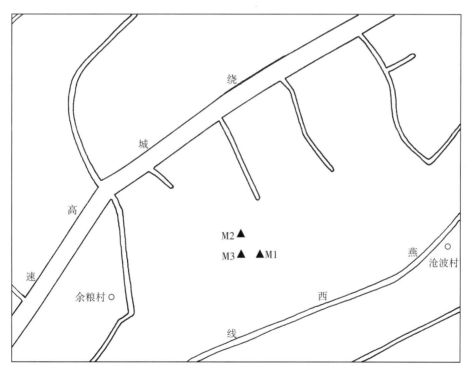

图一　墓葬位置示意图

一　一号墓

（一）墓葬形制

M1 位于墓地最东侧，与西侧 M2、M3 的垂直距离为 3 米，单室券顶砖室墓，方向 265°。M1

早期遭到盗掘，墓顶大部分已被破坏。墓葬由墓道、排水沟、封门墙、甬道、墓室构成（图二）。墓道平面呈梯形，向外逐渐内收，坡度30°。墓道底部设有排水沟，由三层砖砌成，最下一层平砌横铺，中间一层由两道砖平砌纵铺，最上层砖平砌纵铺压在第二层砖上。封门墙宽0.8、厚0.27、残高0.74米，用砖平砌横铺而成，略呈梯形。甬道为券顶，长0.44、宽0.8、残高0.74米，甬道壁下砌两组“三顺一丁”砖后以顺砖平砌至顶。墓室长4.26、宽1.7米，墓壁厚0.16米，砌法与甬道一致。甬道及墓室底部有一层铺地砖，砖呈“人”字形错缝平铺。墓砖为长方形，长32、宽16、厚6厘米。在墓室西北角距墓底0.9米处砌有一羊角形灯台。墓室西部靠近甬道处砌有祭台。祭台平面呈正方形，边长0.8米，由两层砖砌成，下层砖立砌，上层砖平铺。在祭台上清理出青瓷钵、盂各1件。

（二）出土器物

墓内葬具及人骨皆腐朽。随葬器物出土于祭台附近及墓室后部，有青瓷器、陶器、铜器等。

1. 青瓷器

7件。器形有钵、盘、四系罐、盘口壶、鸡首壶、盂。

钵　2件。大小、形制基本相同。侈口，圆唇，斜弧腹，平底微内凹。肩部饰两周凹弦纹。器内外施青灰釉，釉不及底，内底边缘有6个支烧点。M1:1，口径15.6、底径7.6、高5.2厘米

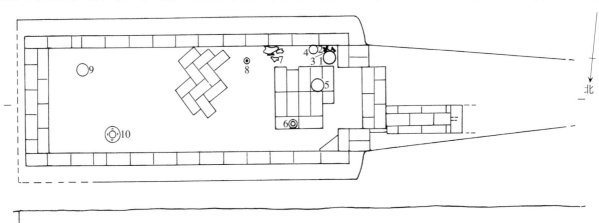

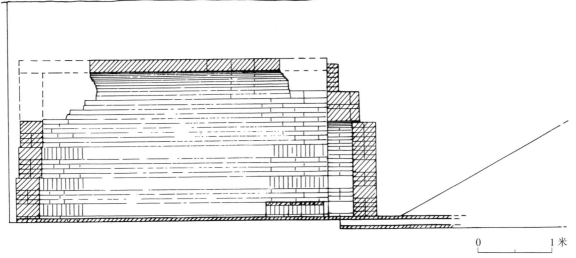

图二　M1平、剖面图

1、5. 青瓷钵　2、3. 陶双系罐　4. 青瓷盘　6. 青瓷盂　7. 青瓷盘口壶　8. 青瓷鸡首壶　9. 铜三足盆　10. 青瓷四系罐

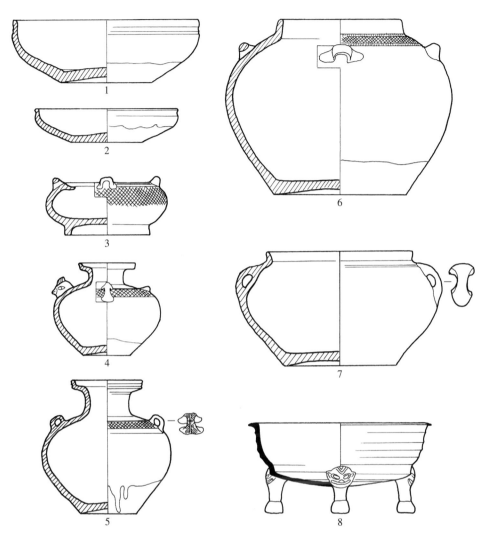

图三   M1 出土器物

1. 青瓷钵（M1:1）   2. 青瓷盘（M1:4）   3. 青瓷盂（M1:6）   4. 青瓷鸡首壶（M1:8）   5. 青瓷盘口壶（M1:7）   6. 青瓷四系罐
（M1:10）   7. 陶双系罐（M1:3）   8. 铜三足盆（M1:9）   （5 为 1/6，余为 1/3）

（图三:1）。

　　盘　1 件（M1:4）。侈口，圆唇，折肩，斜弧腹，平底微内凹。器内外施青釉，腹部脱釉严
重。口径 12、底径 6、高 2.8 厘米（图三:2）。

　　四系罐　1 件（M1:10）。直口，圆唇，鼓腹，平底内凹。肩部饰一周凸弦纹及网格纹，腹部
对称分布四个泥条横系。器表施青灰釉，釉不及底，脱釉现象严重。口径 10.4、底径 11.2、高
14.4 厘米（图三:6）。

　　盘口壶　1 件（M1:7）。盘口，束颈，鼓腹，平底内凹。盘口外侧饰两周凹弦纹，肩部饰两
周浅凹弦纹及网格纹，肩部有两个对称的泥条竖系，系上饰蕉叶纹。器表施青灰釉，釉色泛白，
釉不及底。口径 12、底径 9.6、高 22 厘米（图三:5）。

　　鸡首壶　1 件（M1:8）。盘口，束颈，鼓腹，平底略内凹。肩部饰两周凹弦纹及网格纹。肩
部前后分别有一个较小鸡首及鸡尾，两侧有对称的泥条竖系。器表施青灰釉，釉不及底。口径

4.8、底径4、高7.6厘米（图三:4；彩版:21）。

盂　1件（M1:6）。敛口，圆唇，鼓腹，圈足外扩。口沿与颈部相接处微折，肩部对称分布四个泥条横系，并饰三周凹弦纹，上腹部饰网格纹。器表施青釉，足底与外底不施釉。口径5.4、底径7.2、高4.8厘米（图三:3）。

2. 陶器

双系罐　2件。大小、形制基本相同。泥质红陶。侈口，尖唇，鼓腹，平底略内凹。肩部有两个对称的泥条竖系。M1:2，口径10.8、底径8.4、高8.8厘米。M1:3，口径12.4、底径9.6、高9.4厘米（图三:7）。

3. 铜器

三足盆　1件（M1:9）。侈口，尖唇，斜弧腹，圜底，下附三蹄形足，足上部作兽面状。口径15.6、高7.4厘米（图三:8；彩版:22）。

二　二号墓

（一）墓葬形制

M2位于墓地西侧中部，与M3平行，两墓间距3米。M2为一"凸"字形单室券顶砖室墓，方向265°。M2由墓道、排水沟、封门墙、甬道、墓室等部分构成（图四）。墓道残长6.72、宽0.8~1.16米，坡度15°。墓道填土下部有夯筑痕迹，夯土下砌有排水沟。排水沟从甬道内以砖砌起。甬道内排水沟长0.58米，由一层纵砌砖平铺作底，两侧各侧砌一道立砖。甬道外排水沟由陶管套接而成，陶管长0.36、直径0.13~0.18米，一端稍粗，一端稍细。两部分排水沟在封门墙下相接，相接处两侧砌有两道侧立青砖加固，上面还横向平铺一层砖。封门墙高1.61、宽1.16、厚0.38米，从底部起有两道横砖错缝平铺三层，上部仅靠内侧砌有一道横向错缝平铺的砖墙。封门墙内侧有一道挡土墙，高1.03、宽0.76、厚0.38米，自地面向上平铺双排三层砖，然后侧砌四层楔形砖而成。甬道长0.6、宽0.76、高1.03米，两壁从底部起砌一组"三顺一丁"后起券。甬道后侧砌有一长方形窨井，长0.17、宽0.1、深0.19米，窨井下部为排水沟进水口。墓室长4.3、宽1.9、高1.88米，墓壁厚0.18~0.38米。墓室侧壁自下而上砌两组"三顺一丁"砖后起券，后壁砌四组"三顺一丁"砖后错缝平铺九层平砖。墓底有一层铺地砖，呈"人"字形错缝平铺。墓室前部砌有长方形祭台，祭台距甬道0.82米，长1.36、宽0.76、高0.25米。墓室后部砌有棺床，长2.1、宽0.38~1.22米，棺床前部以三组双层单砖横向平铺砌成，后部由双层横置单砖纵向砌成。M2墓砖以长方形素面砖为主，长38、宽18、厚5厘米；挡土墙使用了部分楔形砖，长38、宽10、厚3~5厘米。

（二）出土器物

墓内葬具及人骨皆腐朽。随葬器物出土于祭台附近及棺床上，有青瓷器、陶器、铜器、石器等。

1. 青瓷器

3件。器形有蛙形水注、四系罐、盘口壶。

蛙形水注　1件（M2:4）。小直口，鼓腹，平底。器腹部有蛙首及四肢，四肢作俯卧状，两

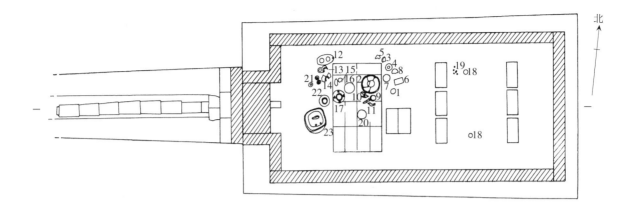

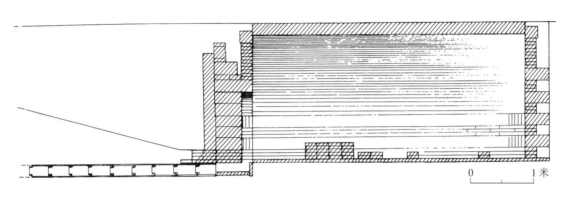

图四　M2 平、剖面图

1. 铜镜　2. 陶洗　3、8、14、15、19、21. 陶器残件　4. 青瓷蛙形水注　5. 陶狗　6. 石黛板　7. 陶三足盆　9. 陶臼　10. 陶鸡
11. 陶鸭　12. 陶灶　13. 陶五联罐　16. 陶仓　17. 青瓷四系罐　18. 铜镯　20. 陶井　22. 青瓷盘口壶　23. 陶猪圈

侧有薄翅纹饰。器表施青釉。口径 2、最大腹径 8.8、底径 5、高 5.6 厘米（图五：16；彩版：23）。

四系罐　1 件（M2：17）。口微敛，圆唇，鼓腹，平底略内凹。肩部饰两周浅凹弦纹及一周网格纹，并贴有对称的四个泥条横系。器表施青釉，釉色偏灰，釉不及底。口径 11.4、底径 6、高 13 厘米（图五：1）。

盘口壶　1 件（M2：22）。盘口，束颈，鼓腹，平底内凹。盘口外侧饰两周凹弦纹，肩部自上而下饰有两周浅凹弦纹、一周网格纹及一周浅凹弦纹，肩部有对称分布的兽面铺首和泥条竖系，系上饰蕉叶纹，腹部饰一周凹弦纹。器表施青灰色釉。口径 8.8、底径 8、高 16 厘米（图五：2）。

2. 陶器

由于 M2 早期被盗，陶器残损严重，部分器形不可辨。经修复，可辨器形者共 13 件，有洗、三足盆、五联罐、臼、灶、仓、井、猪圈、狗、鸡、鸭。均为泥质灰陶。

洗　1 件（M2：2）。敞口，鼓腹，平底。上腹部有两周凹弦纹。口径 28.4、底径 19.2、高 8.4 厘米（图五：9）。

三足盆　1 件（M2：7）。敛口，斜直腹，平底略内凹，下附三个倒三角形足。口径 12.4、底径 9.6、高 4.8 厘米（图五：10）。

五联罐　1 件（M2：13）。残损严重，仅见一小罐（图五：8）。

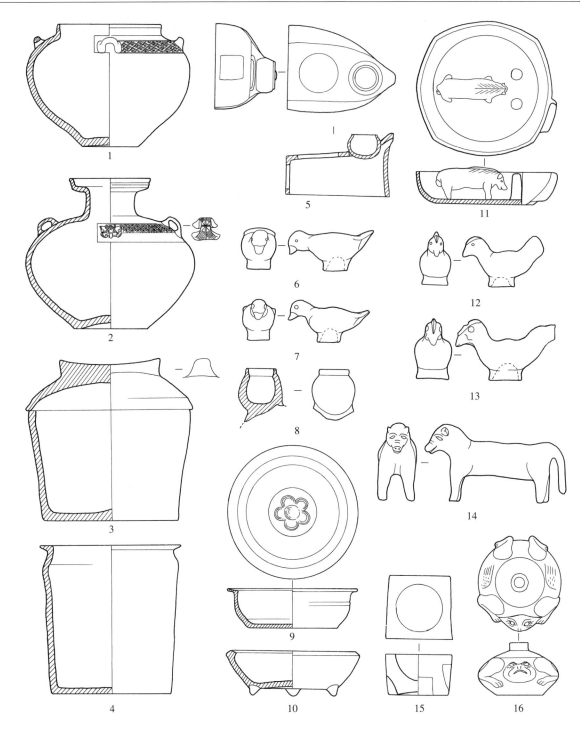

图五　M2 出土器物

1. 青瓷四系罐（M2∶17）　2. 青瓷盘口壶（M2∶22）　3. 陶仓（M2∶16）　4. 陶井（M2∶20）　5. 陶灶（M2∶12）　6、7. 陶鸭
（M2∶11 - 1、11 - 2）　8. 陶五联罐（M2∶13）　9. 陶洗（M2∶2）　10. 陶三足盆（M2∶7）　11. 陶猪圈（M2∶23）　12、13. 陶
鸡（M2∶10 - 1、10 - 2）　14. 陶狗（M2∶5）　15. 陶臼（M2∶9）　16. 青瓷蛙形水注（M2∶4）　　（5、9、11 为 1/8，余为 1/4）

　　臼　1 件（M2∶9）。上为圆形臼窝，深腹，圜底，下为方形座。口径 7、高 4.4 厘米（图
五∶15）。

　　灶　1 件（M2∶12）。灶面为船形，方形火口，一端有一圆形烟孔。灶面上置一釜一甑。釜敛

口，鼓腹，圜底。甑敞口，鼓腹，平底，底部有 8 个小孔。口径 13.2、底径 6、高 7.2 厘米。灶长 23.2、宽 18.4、高 13.6 厘米（图五：5）。

仓　1 件（M2：16）。直口，直腹，平底。有一伞形盖，盖上为船形纽。口径 17.6、底径 14.8、通高 17.2 厘米（图五：3）。

井　1 件（M2：20）。侈口，束颈，直腹，平底。肩部饰一周凹弦纹。口径 15.4、底径 13、高 15.8 厘米（图五：4）。

猪圈　1 件（M2：23）。残损严重，厕屋建筑已不见。圈栏近方形，四侧壁微弧，平底。一侧竖两个圆柱形厕屋支架，此侧外部设有一道阶梯。圈内置一猪，猪身瘦长。猪圈边长 29.2、高 6.8 厘米（图五：11；彩版：24）。

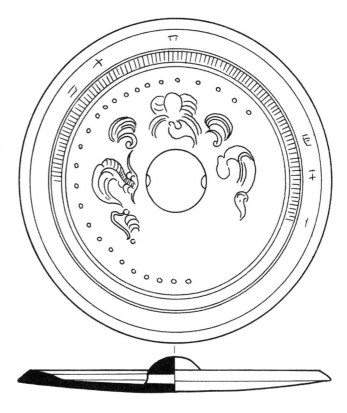

图六　铜镜（M2：1）（原大）

狗　1 件（M2：5）。狗身瘦长，尾下垂。长 15.4、宽 4.2、高 8.2 厘米（图五：14）。

鸡　2 件。M2：10-1，嘴尖，冠较小，尾较短。长 8.8、宽 3.4、高 5.6 厘米（图五：12）。M2：10-2，嘴尖，冠较大，尾较长。长 10.8、宽 4、高 6.4 厘米（图五：13）。

鸭　2 件。大小、形制基本相似。扁嘴。M2：11-1，长 9.2、宽 3.8、高 4.4 厘米（图五：6）。M2：11-2，长 8.8、宽 3.4、高 4.4 厘米（图五：7）。

3. 铜器

3 件。器形有镜、镯。

镜　1 件（M2：1）。圆形，圆纽。锈蚀，图案不可辨。直径 8.6、厚 0.3 厘米（图六）。

镯　2 件（M2：18）。形制、大小相同。环形，截面呈圆形。直径 6.4 厘米。

4. 石器

黛板　1 件（M2：6）。长方形，长 15.8、宽 11.4、厚 0.4 厘米。

三　三号墓

（一）墓葬形制

M3 早期遭到盗掘，破坏严重。券顶、封门墙已破坏殆尽，墓壁绝大部分也遭破坏，部分铺地砖被撬掉。M3 平面呈"凸"字形，方向 265°。全长 8.54 米，现有部分由墓道、排水沟、封门墙、甬道、墓室组成（图七）。墓道残长 2.94、宽 1.34 米，坡度 12°，与 M2 相似，均在修成排水沟后

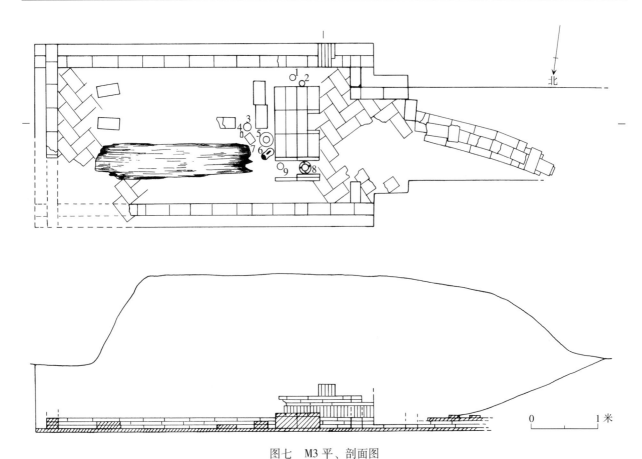

图七　M3 平、剖面图
1、2、9. 青瓷盏　3. 铜镜　4. 石凿　5. 青瓷盘口壶　6. 青瓷虎子　7. 石黛板　8. 青瓷四系罐

填土夯筑。排水沟从封门墙下砌起。先用砖砌一段长 1.9 米的排水沟后，套接陶管。相接部分两侧砌一块砖加固，上面平置一块砖。甬道长 0.86、宽 1.19、残高 0.15 米，两侧壁仅保存有三层顺砖。墓室长 4.4、宽 1.96、残高 0.64 米。除南侧壁保存有两组"三顺一丁"砖外，其他部分已被破坏。墓室及甬道底部有铺地砖，呈"人"字形错缝平铺。墓室前部距甬道 0.46 米处砌有一长方形祭台，长 1.36、宽 0.66 米，由两排立砖上叠一层平砖砌成。墓室后部偏南砌有棺床，长 2.56、宽 0.7 米，棺床前部用两组双层单砖纵向砌成，后部用两组双层单砖横向紧贴而成。M3 部分砖上饰钱纹与放射纹的组合图案。

（二）出土器物

墓内葬具及人骨皆腐朽。随葬器物均出土于祭台附近，有青瓷器、铜器、石器等。

1. 青瓷器

6 件。器形有盏、盘口壶、虎子、四系罐。

盏　3 件。大小、形制基本相同。口微侈，圆唇，斜直腹，平底。器表施青釉，釉不及底。M3:1，口径 8.8、底径 4、高 3.2 厘米（图八:1）。M3:2，口径 9.6、底径 4.4、高 3.4 厘米（图八:2）。M3:9，口径 10、底径 5.2、高 3.4 厘米（图八:3）。

盘口壶　1 件（M3:5）。盘口，束颈，鼓肩，斜直腹略弧，假圈足。肩部及上腹部饰一组纹饰，自上而下由一周浅凹弦纹、一周连珠纹、三周浅凹弦纹、一周网格纹、一周连珠纹及一周浅凹弦纹

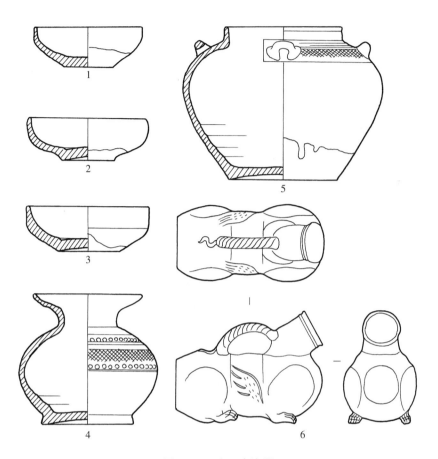

图八　M3 出土青瓷器

1~3. 盏（M3:1、2、9）　4. 盘口壶（M3:5）　5. 四系罐（M3:8）　6. 虎子（M3:6）　（6 为 1/6，余为 1/3）

组成。外底有 6 个支烧痕。器表施青釉。口径 8.8、底径 7.4、高 10.4 厘米（图八:4；彩版:25）。

四系罐　1 件（M3:8）。侈口，圆唇，直颈，鼓腹，平底内凹。肩部自上而下饰四周浅凹弦纹、一周网格纹及一周浅凹弦纹，并有对称的四个泥条横系。红胎。器表施青釉，釉不及底。口径 9.6、底径 8.8、高 12.2 厘米（图八:5）。

虎子　1 件（M3:6）。器表施青釉。口径 6.5、长 24、宽 12、高 14 厘米（图八:6；彩版:26）。

2. 铜器

镜　1 件（M3:3）。圆形，圆纽。主纹为神兽纹。直径 12 厘米（图九）。

3. 石器

2 件。器形有黛板、凿。

黛板　1 件（M3:7）。长方形。长 16、宽 12、厚 0.6～0.8 厘米。

凿　1 件（M3:4）。长方形，一端较厚，一端作刃状。

图九　铜镜（M3:3）（1/2）

长 7.9、宽 2.6、厚 1.4 厘米。

四　结　语

　　本次发掘的三座墓葬均为"凸"字形单室券顶砖室墓，这种墓葬形制在南京地区从孙吴至南朝均可见到，但其墓室四角伸出的灯台则不见于东晋早期以后的墓葬。三座墓中出土器物系、腹等部位所饰的蕉叶纹、连珠纹及衔环铺首等流行于孙吴西晋时期，而东晋早期，这些装饰已普遍简化。

　　M1 中出土的部分器物具有孙吴时期风格，如青瓷四系罐、陶双系罐等，而肩部贴塑无颈鸡首和短尾的青瓷鸡首壶主要见于西晋和东晋早期，故 M1 的年代应为西晋时期。

　　M2、M3 形制相同，特别是两座墓葬的排水系统相似，均用陶水管套接而成，因而推测两座墓应属同一时期。M2 中出土的陶五联罐仅在长江下游孙吴之前墓葬中有所发现，安徽南陵麻桥孙吴赤乌八年（245 年）墓[1]、南京幕府山孙吴五凤元年（254 年）墓[2]、南京郭家山孙吴永安四年（261 年）墓[3]等都有出土，而这种器形稍晚则演变为堆塑罐[4]。综上所述，M2、M3 的年代应为孙吴晚期。

　　这三座墓葬位置相近，形制相似，时代也较为接近，故推测其应有延续关系。本次发掘为研究孙吴至西晋过渡时期的丧葬制度及埋葬风俗提供了重要的实物资料。

发　掘：李　翔　熊启亮　李　强

摄　影：王　泉　李　翔

绘　图：熊启亮　董朴顺

执　笔：李　翔

注　释

[1]　安徽省文物工作队《安徽南陵麻桥东吴墓》，《考古》1984 年第 11 期。

[2]　南京市博物馆《南京郊县四座吴墓发掘简报》，《文物资料丛刊》8，文物出版社，1983 年。

[3]　南京市博物馆《江苏南京市北郊郭家山东吴纪年墓》，《考古》1998 年第 8 期。

[4]　罗宗真、王志高《六朝文物》，第 170 页，南京出版社，2004 年。

南京江宁谷里端村西晋纪年墓

南 京 市 博 物 馆
南 京 市 江 宁 区 博 物 馆

2009 年 6 月，南京绕越高速公路施工项目在江宁谷里端村附近发现一座古代砖墓（图一），南京市博物馆闻讯后，立即派考古工作人员对此墓进行了抢救性发掘。发掘表明，这是一座结构完整的西晋纪年墓（编号 2009NJYM1，以下简称 M1）。从纪年砖可知，此墓的年代为元康五年（295 年）。现将清理情况简报如下。

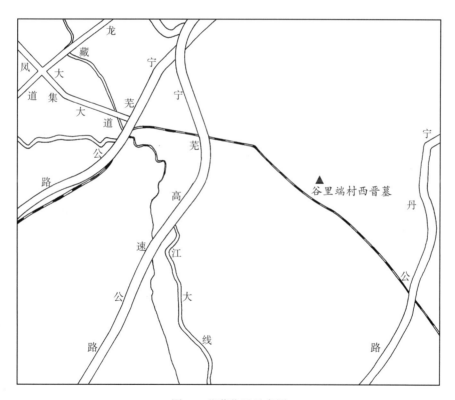

图一　墓葬位置示意图

一　墓葬形制

M1 为单室券顶墓，平面呈"凸"字形，方向185°。墓坑长 5.76、宽 2.7 米。M1 由墓道、排水沟、封门墙、甬道和墓室等部分组成（图二）。墓道北宽南窄，直壁，残长 2.2、宽 1.1 米。墓道底部东侧有砖砌排水沟，沟宽 0.34 米，其营建方法是用砖平铺为底，单砖纵向平铺为壁，中间

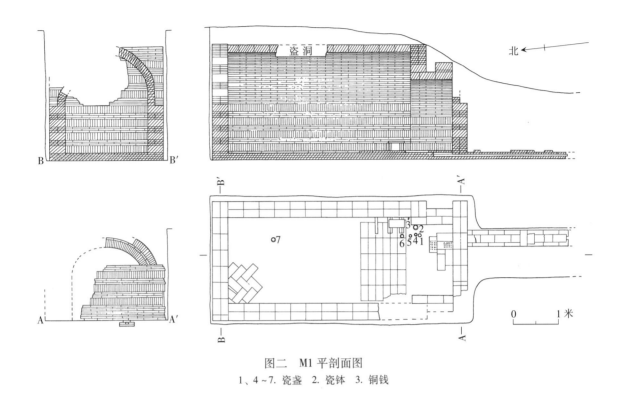

图二　M1 平剖面图
1、4～7. 瓷盏　2. 瓷钵　3. 铜钱

图三　墓砖拓片（1/6）

留有孔道，顶部用单砖纵向平铺。排水沟孔截面呈长方形，宽 6、深 9 厘米。排水口近方形，位于甬道前端，边长 10 厘米。排水口上方发现两块砖制窨井盖，砖面上分布排列规则的穿孔，共 5 排 20 个，中间的圆孔较大，均为单面钻孔，以便排水（彩版：27）。封门墙砌于甬道口，底部八层为错缝平铺，上部砌法为"三顺一丁"，宽 1.8、厚 0.3、残高 1.1 米。甬道券顶，长 0.9、宽 1.5 米。墓室内长 4、宽 1.8 米，其西南角被扰至底，底部为"人"字形铺地砖，共三层。墓室前部有砖砌祭台，长 1.68、宽 0.96 米。祭台为单砖平铺而成，与东壁相接处有三排丁砖，间距为 0.16 米。墓壁为"三顺一丁"砌砖，自墓底 1.4 米处起券，单砖券顶，墓顶高 2.3 米。券顶后部发现有长 1、宽 0.9 米的盗洞。

墓砖以长方形青砖为主，偶见红褐色砖，火候高，质地较细，有素面和花纹砖两种，以花纹砖为主。砖的规格为长32～36、宽16、厚4.5～5.5厘米。花纹砖纹饰有绳纹、钱纹加斜线纹和双十字线加斜线纹三类，皆为两面拍印，侧面带有文字和花纹，有"元康五年九月立"、"☒王"以及"☒"纹，还有少量砖顶面模印有"☒"纹（图三）。

二 出土器物

墓葬早年遭盗掘，随葬器物主要出于祭台附近。有瓷器6件，均为青瓷器；铜钱8枚，含五铢钱4枚、大泉五百2枚，另有2枚锈蚀严重。此外，在墓室填土中出土玉管1件。

瓷盏 5件。分2型。

A型 3件。侈口，圆唇，弧腹，平底内凹。口沿下饰一周凹弦纹。灰白胎。器表施青黄色釉，釉不及底，器里满釉，釉面剥落严重。M1:1，口径14.8、底径10、高5厘米（图四:1）。M1:4，器内壁有轮制痕迹。口径14.6、底径9.6、高5.2厘米（图四:2）。M1:6，口径12、底径8、高4.4厘米（图四:3）。

B型 2件。直口，圆唇，斜弧腹，平底。口沿下饰两周凹弦纹，内底有明显的刮痕。灰白胎。器表施青黄色釉，釉不及底，器里满釉，釉面剥落严重。M1:5，口径11.2、底径6.4、高4厘米（图四:5）。M1:7，口径11.4、底径5.6、高4.2厘米（图四:6）。

瓷钵 1件（M1:2）。口微敛，尖圆唇，鼓肩，弧腹，平底内凹。口沿下饰两周凹弦纹，上腹部饰两周凹弦纹，中间上饰一周圆圈放射线纹，下饰菱形网格纹。器表施青绿色釉，釉不及底，器里满釉。口径19、底径11.6、高9厘米（图四:4；彩版:28）。

五铢钱 4枚。含有郭五铢2枚、剪郭五铢2枚。M1:3-1，有郭五铢，外观锈蚀，钱文清

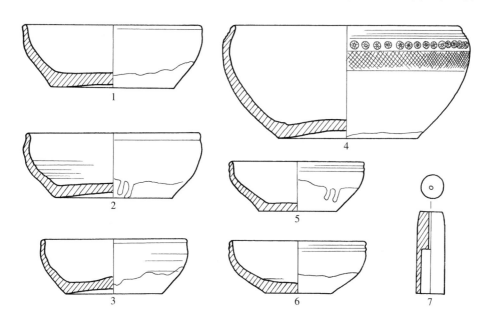

图四 出土器物

1~3.A型瓷盏（M1:1、4、6） 4.瓷钵（M1:2） 5、6.B型瓷盏（M1:5、7） 7.玉管（M1:01） （7为2/3，余为1/3）

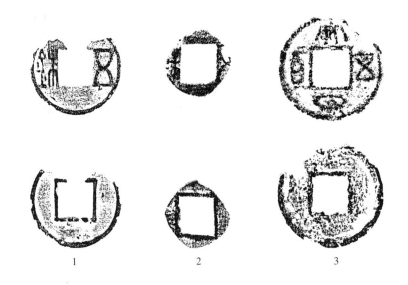

图五　铜钱拓片

1. 有郭五铢（M1：3 - 1）　　2. 剪郭五珠（M1：3 - 2）　　3. 大泉五百（M1：3 - 3）　　（均为原大）

晰，钱面上部残损，面无内郭，背有内外郭。钱径 2.5、穿宽 0.9 厘米（图五：1）。M1：3 - 2，剪郭五铢，面无内郭，背有内郭。钱径 1.8、穿宽 1 厘米（图五：2）。

大泉五百　2 枚。M1：3 - 3，钱文笔画较粗。钱径 2.8、穿宽 1、郭宽 0.1 厘米（图五：3）。

玉管　1 件（M1：01）。灰白色。圆柱状，顶面略小，中间有穿孔，上部孔较小，下部孔变大。长 3.3、直径 1.2 厘米（图四：7）。

三　结　语

M1 墓砖侧面多模印有阳文隶书"元康五年九月立"，这为判断墓葬年代提供了直接的纪年材料。以"元康"为年号的有西汉宣帝刘询和西晋惠帝司马衷，而 M1 无论在墓葬形制结构还是在出土器物上均显示出强烈的西晋时代特征。从目前已发掘的考古材料来看，南京地区两晋之际的墓葬多以带短甬道的单室砖室结构为主，其特征包括墓底有铺地砖、墓室前部多设祭台、墓外设有排水系统等。M1 为单室券顶砖室墓，平面呈"凸"字形，墓壁采用六朝时期流行"三顺一丁"砌法，墓室前部设有砖砌祭台，在甬道前端有一方形的泄水孔。M1 出土器物多以生活用具为主，器形有盏、钵等，器表多饰弦纹、网格纹、水波纹、圆圈纹等，特别是墓内出土的 B 型青瓷盏下腹内折斜收至底，具有典型的西晋时代风格。综上所述，M1 的年代应为西晋惠帝元康时期，墓砖铭文明确为"九月立"，故此纪年亦是墓葬的修建年代，即西晋元康五年（295 年）。

西晋惠帝司马衷在位十七年（290～306 年）正是"八王之乱"时期，其间年号更换频繁，高达 11 次之多。20 世纪 50 年代至今，南京及其周边地区相继发现了一批晋惠帝时期的纪年墓，如吴县狮子山元康三年（293 年）、元康五年墓[1]，镇江元康四年（294 年）墓[2]，宜兴元康七年（297 年）墓[3]，南京江宁张家山元康七年墓[4]，南京六合瓜埠元康九年（299 年）墓[5]，南京板桥镇石闸湖永宁二年（302 年）墓[6]，南京江宁殷巷永兴二年（305 年）墓[7] 等。这些墓葬多为平面呈"吕"字形的双室墓，规模超过 7 米。其中仅有六合瓜埠元康九年墓和此次清理的元康五年墓在形制和规模上较相似，均为单室结构，总长 5 米左右。值得注意的是，六合瓜埠墓葬的墓顶为"四隅券进式"穹隆顶，而 M1 墓顶却为券顶。此外，M1 排水孔上覆盖以青砖制成的窨井盖，在南京地区同时期墓葬中较为少见。

本次发掘的谷里端村 M1 形制结构较完整，并有明确的纪年材料出土，随葬器物时代特征明显，为南京地区西晋墓葬断代分期研究提供了新材料。

发　掘：周保华　陈钦龙

绘　图：董补顺

拓　片：李永忠

执　笔：陈钦龙　周保华

注　释

［1］　吴县文物管理委员会《江苏吴县狮子山西晋墓清理简报》，《文物资料丛刊》3，文物出版社，1980 年。

［2］　南波《江苏句容西晋元康四年墓》，《考古》1976 年第 6 期。

［3］　南京博物院《江苏宜兴晋墓发掘报告》，《考古学报》1957 年第 4 期。

［4］　南京博物院《江苏江宁县张家山西晋墓》，《考古》1985 年第 10 期。

［5］　吴文讯《江苏六合瓜埠西晋墓清理简报》，《考古》1973 年第 2 期。

［6］　南京市文物保管委员会《南京板桥镇石闸湖晋墓清理简报》，《文物》1965 年第 6 期。

［7］　南京市博物馆《南京殷巷西晋纪年墓》，《文物》2002 年第 7 期。

南京江宁冯村西晋墓

南 京 市 博 物 馆

南 京 市 江 宁 区 博 物 馆

2007 年 10 月，为配合南京南郊绕城高速公路建设项目，南京市博物馆和江宁区博物馆组成的联合考古队对冯村标段考古调查时发现的一座砖室墓（编号 08NJFM1，以下简称 M1）进行了发掘。现将发掘情况简报如下。

一 墓葬形制

M1 位于南京市南郊江宁区东善桥街道冯村东部一座山丘的缓坡处（图一），山丘为南北向，系牛首山西侧的支脉。墓葬北侧 1.5 公里处为明宏觉寺遗址，2 公里处为南唐二陵埋藏区，南侧 1 公里处为北宋徐的家族墓地。

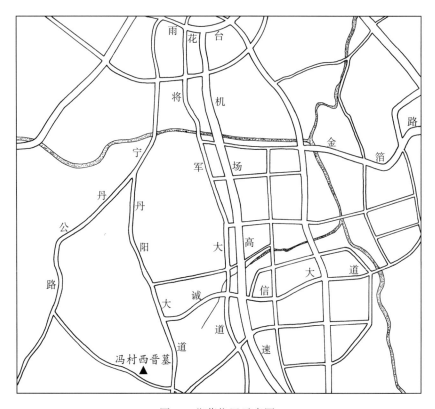

图一 墓葬位置示意图

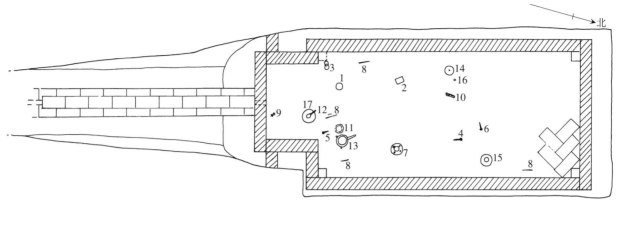

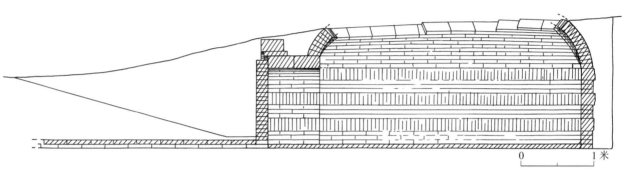

图二　M1 平、剖面图

1. 青瓷盏　2. 石黛板　3. 青瓷狮形插器　4～6. 铜棺钉　7. 青瓷鸡首壶　8. 铁棺钉　9. 铜三子钗　10. 铁剑　11. 铁釜　12. 青瓷洗
13. 铜镶斗　14. 铜镜　15. 青瓷四系罐　16. 铜钱　17. 铜勺

　　M1 距表土层 0.85 米，早年因盗掘，墓顶已塌陷，墓室内堆满积土。M1 为土坑竖穴砖筑结构，方向 165°，由墓圹、墓道、排水沟和砖室组成（图二）。墓圹平面呈刀形，前窄后宽，至东侧甬道中部处开始向内折收，长 5.2、后部宽 2.2、前部宽 1.6 米。

　　墓道位于墓圹南部，平面呈梯形，斜坡状，坡度 15°，近封门墙处较平，残长 3.3、宽 0.85～1.6 米。底部表面有一层青灰色踩踏面，土质坚硬，厚 0.5～1 厘米。墓道两壁表面较为粗糙，向内斜收。

　　排水沟起于甬道口底部的中央位置，穿过封门墙，一直向南延伸，为砖砌结构，上部填土为棕黄色，土质坚硬，未见行夯痕迹。排水沟南部被施工机械破坏，残长 3.3、宽 0.36 米。封门墙内的排水口为一长方形的泄水孔，长 6、深 10 厘米，与墓室外的排水沟相通。墓室外排水沟以用砖位置的不同可分上下两层：下层直接铺在生土面上，为两块墓砖纵向平铺，中部留有一个 5 厘米的方形泄水孔；上层由一块墓砖平砌覆盖。这种墓葬前部的砖砌排水沟结构，迥异于南京地区发现的六朝墓葬同类设施。

　　砖室由封门墙、挡土墙、甬道和墓室组成，全长 4.62 米。封门墙位于甬道口外部，由单砖平砌而成，宽 1.32、高 1.22、厚 0.15 米。挡土墙位于甬道口外部两侧，东侧宽 0.2、西侧宽 0.22、厚 0.15 米，为单砖平砌。挡土墙上用两层砖叠压发券至甬道口顶部，下层平砌，上层侧立。两层砖依次向外伸出形成一半环形的门楣。甬道券顶，平面呈长方形，长 0.7、宽 1、高 1 米。甬道两壁先以两组"三顺一丁"砌筑成一段裙墙，上部在用砖平砌至顶。墓室平面呈长方形，内长 3.6、

图三　铭文砖拓片
（1/4）

宽 1.68、残高 1.53 米。墓室先以三组"三顺一丁"砌筑墓壁，壁厚 0.15 米，其上平砌至顶。墓室内发券高度为 1.05 米。墓室顶部虽大部分因早年盗掘而倒塌，但从残存的结构看应为"四边券进式"穹隆顶。墓室四隅距铺地砖 0.98 米处各伸出一长、宽均 12 厘米的半砖用作灯台，其中前部西侧的灯台已破坏。墓底铺地砖为斜"人"字形平铺，墓底中部稍高，四周略低。在墓葬发券的墓砖间夹缝处，发现有以孙吴时期的小型陶片和青瓷碎片填塞的现象。

墓砖为青灰色，以素面为主，长 32、宽 15、厚 4.5 厘米。少量铺地砖长侧面上有模印的钱纹放射状组合纹饰，墓壁砖的长侧面上发现有阳文凸起的砖铭"彡康八年八月廿三日二"（图三）。

二　出土器物

墓葬虽经盗掘，但仍出土有青瓷、铜、铁和石器，现分述如下。

1. 青瓷器　5 件。

狮形插器　1 件（M1：3）。狮形，蹲踞状，昂首，阔鼻，瞠目，张口，龇牙，下有蓬松的发须下垂至胸部。自头部至颈部中间有分披两边的鬃毛，耳部下端有三组螺旋状卷发，腹部两边有小飞翼，腿部关节处有卷曲的毛发，尾呈蕉叶状。腿部上肢肌肉粗壮，下肢短小，脚有五趾。背部近头处伸出一圆形插孔。灰白胎。器表施青釉，釉不及底，露有氧化的红色。长 13.6、宽 5.8、高 8.8 厘米（图四：3；彩版：29）。

鸡首壶　1 件（M1：7）。浅盘口，圆唇，束直颈，鼓腹，平底内凹。盘口外侧有凹弦纹一周，肩部有三组压印的纹饰带，上、下条带为圈点纹，中部条带为斜方格纹，每组条带间以凹弦纹间隔。条带处附两个对称的泥条式竖系。肩部前后贴塑鸡首和鸡尾。鸡首头顶高冠，喙部短尖，杏仁眼，耳部后贴颈部；尾部下垂，尖细短小。米黄色胎，胎质较粗。器表施青黄色薄釉，釉不及底。口径 10、底径 8、高 18 厘米（图四：1；彩版：30）。

盏　1 件（M1：1）。直口，圆唇，折腹，下腹斜收，平底内凹。内底有一周凹弦纹，其外有一周六个支烧痕迹。灰白胎。器表施青绿釉，釉不及底。口径 10、底径 5.2、高 3.6 厘米。

洗　1 件（M1：12）。敞口，圆唇外侈，上腹部内折，斜收至底，平底内凹，内底下凹。口外部有一周凹弦纹，上腹有一周压印的斜"田"字方格纹条带，条带下饰有两组凹弦纹。灰白胎。剥釉现象严重，局部残留少量青黄色薄釉，釉不及底。口径 21.6、底径 12.8、高 8 厘米（图四：4）。

四系罐　1 件（M1：15）。直口，圆唇，折颈，鼓腹，下腹斜收，平底内凹。口至颈部有两周凹弦纹，肩部贴塑有四个对称等分的泥条式横系，系下压印有一周网格纹饰带。灰白胎。器表施青釉，釉不及底。口径 9.6、底径 7.2、高 12 厘米（图四：2）。

2. 铜器　6 件。

鐎斗　1 件（M1：13）。敞口，折腰，直腹，侧接一扁圆形弯曲的龙形长柄，圜底，下附三个对称分布的扁三角形足。口径 15.6、高 10.6、柄长 14.6 厘米（图五：5）。

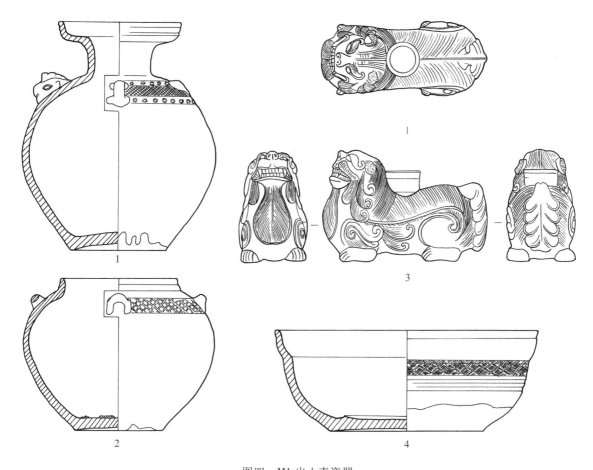

图四 M1 出土青瓷器

1. 鸡首壶（M1：7） 2. 四系罐（M1：15） 3. 狮形插器（M1：3） 4. 洗（M1：12） （均为1/3）

勺 1件（M1：17）。长17、宽5.8、深2.7厘米（图五：2）。

三子钗 1件（M1：9）。残缺严重，中部有一个六边形镂孔。残长6.3、残宽3厘米（图五：1）。

镜 1件（M1：14）。圆形，圆纽，镜背平整光滑。镜身纹饰采用高浮雕技法，图案根据界格分为五段，每段间用凸棱分割。第一段位于最上端，中间正面端坐一神人，左右两边并列有朱雀；第二段有四个神人，中间以直铭"君高官"分割，两两对峙，有中间两神人正坐，两侧神人侧坐；第三段有四个神人，两两对峙，两侧两神人低于中间两神人；第四段为两个神人，中间有直铭"宜子孙"；第五段最下端为一正面端坐的神人，两侧环绕有玄武。神仙像周边有朱雀、玄武、青龙、白虎配置在镜四端。青龙、白虎身躯较大，跨越镜内区数段。缘外翘，缘部外圈有一周圆圈纹，内有阳刻铭文"吾作明竟，□周□宫，□帝□皇，白牙单琴，皇帝服凶，朱鸟玄武，白虎青龙，□□□竟，□□□"。直径14.4、缘宽0.8、厚0.7厘米（图六；彩版：31）。

铜钱 数枚（M1：16）。均锈蚀粉化严重，粘接在一起，少量钱文可释读，均为"五铢"。

棺钉 5件。由钉帽和钉身组成。钉帽呈方形覆斗状，钉身为扁长条锥状，连接钉帽的一端头较宽大，另一端头窄小。其中两件钉身因封棺垂击时已向一侧弯曲变形。M1：4，通长22、钉帽宽2、钉身宽0.4~1.2厘米（图五：3）。M1：5，通长28、钉帽宽3.2、钉身宽0.6~1.6厘米（图五：4）。

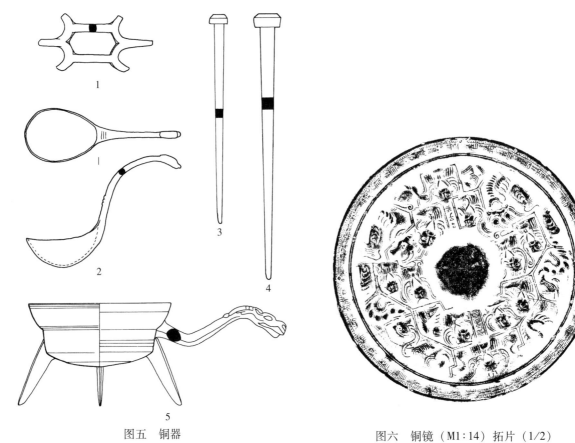

图五　铜器

1. 三子钗（M1∶9）　2. 勺（M1∶17）　3、4. 棺钉（M1∶4、5）
5. 镳斗（M1∶13）　（1 为 1/2，余为 1/4）

图六　铜镜（M1∶14）拓片（1/2）

3. 铁器　5 件。

剑　1 件（M1∶10）。残缺严重，仅有剑身，断裂为数小段，每段呈扁长条状，器身氧化、锈蚀较甚。

釜　1 件（M1∶11）。锈蚀严重，仅存器腹及圈底的部分碎片。

棺钉　3 件（M1∶8）。锈蚀严重。扁长条状。M1∶8－1，残长 23.6 厘米。

4. 石黛板　1 件（M1∶2）。灰黑色。扁长条形。一面平整光滑，似经过精磨，另一面坑洼不平。长 15.4、宽 10.8、厚 0.4 厘米。

三　结　语

M1 为带短甬道的单室砖室墓，墓顶为"四边券进式"穹隆顶，墓壁四隅各伸出有四块半砖作为灯台，这些墓葬结构多见于孙吴至西晋时期。M1 出土的青瓷器多饰有吴晋时期流行的方格纹和圈点纹，器形具有典型的西晋风格。例如：青瓷盏，直口，腹部内折，平底内凹；鸡首壶肩部附饰的尾巴不似东晋之后变为鋬手与口沿相连的样式；狮形插器的造型特点与南京江宁张家山"元康七年（297 年）"西晋墓出土的一件相同[1]。同时，墓砖上模印"彡康八年八月廿三日二"纪年铭文，为墓葬年代判定提供了可靠依据。西晋时期以"康"作为年号的有"太康"、"元康"

和"永康"三个。"永康"使用时期仅为两年，而"太康"和"元康"年号使用长达十年和九年之久，均符合砖铭"囗康八年"的可能性。因此，墓葬的绝对年代应为太康八年（287年）或元康八年（298年）。从文字砖的铭文字体上看，西晋时期出土的墓砖、地券和墓志上的铭刻文字多为隶意，书写工整，而此墓出土的砖铭文字结构毫无章法，布局疏松，书写随意，大部分文字的笔画脱离、漏刻和缺失现象严重，特别以"康"、"月"、"日"为最，铭文中的"彡"字应也是这种情况。据金文和小篆中书写结构来看，"彡"与"元"字最为接近，应缺失竖折笔画。综上所述，M1的年代极有可能为西晋元康八年。

M1砖室长4.62米，其规模属于六朝中小型墓葬范畴，迥异于以宜兴周墓墩西晋平西将军周处墓[2]和南京板桥石闸湖西晋大中大夫、高平太守侯府君墓[3]为代表的大中型墓葬。M1所采用的"四边券进式"穹隆顶是东汉以来的传统墓顶结构，多出现在孙吴至西晋时期的中小型墓葬中，"为一种传统的民间墓葬建筑类型，多用于较低等级的一般贵族和普通民众"[4]。而此时期的中大型墓葬中的墓顶多采用"四隅券进式"穹隆顶结构，"代表着一种官式墓葬建筑类型，流行于较高等级的宗室和贵族"[5]。因此，M1的墓主身份应为低等级士大夫阶层。

墓内出土的铜镜以神兽和仙人为主题，镜身有铭文，与湖北鄂州出土的"建安六年（201年）"神兽铜镜相似[6]。据出土资料可知，这种边缘铭文多有"吾作明竟"的神兽铜镜，多有纪年，尤以建安纪年铭最多，有学者把其称为"建安式"重列神兽镜。冯村西晋墓出土的这件重列式神兽铜镜，虽未发现纪年铭文，作镜工匠名字处因锈蚀无法释读，但其高超的浮雕技法、繁缛的主题纹饰、丰富的文化内涵对研究铜镜的制作和发展具有重要价值。

发　掘：陈大海　徐　华
　　　　　马　涛　王海平

摄　影：王　泉

修　复：祝军辉　雷　雨

绘　图：董补顺　马　涛

拓　片：熊其亮

执　笔：马　涛　徐　华

注　释

[1]　南京博物院《江苏江宁县张家山西晋墓》，《考古》1985年第10期。

[2]　罗宗真《江苏宜兴晋墓发掘报告》，《考古学报》1957年第4期。

[3]　南京文物保管委员会《南京板桥镇石闸湖晋墓清理简报》，《文物》1965年第6期。

[4]　王志高、王俊《马鞍山孙吴朱然家族墓时代及墓主身份的分析》，《马鞍山六朝墓葬发掘与研究》，科学出版社，2008年。

[5]　同[4]。

[6]　孔祥星《中国铜镜图典》，第426页，文物出版社，1992年。

南京栖霞甘家巷东晋纪年墓

南 京 市 博 物 馆

南京市栖霞区文化广播电视局

2009 年 12 月，为配合基建工程，南京市博物馆和栖霞区文化广播电视局在南京市栖霞区甘家巷地块杨家边村旁的小山坡下（图一）发掘了一座砖室墓（编号 2009NGM1，以下简称 M1），现将发掘情况简报如下。

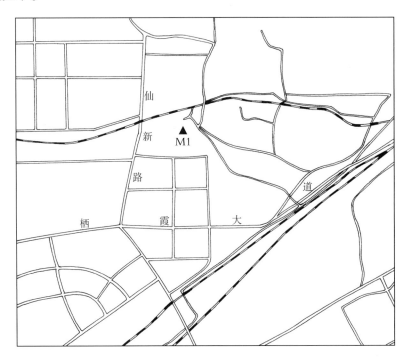

图一 墓葬位置示意图

一 墓葬形制

M1 为长方形单室券顶砖室墓，平面呈"凸"字形，方向 130°，由封门墙、甬道、墓室组成（图二）。封门墙砌法为"三顺一丁"。甬道长 1.3、宽 0.78 米，甬道前、封门墙外有砖砌排水沟。墓室内长 4.4、宽 1.5、高 2.6 米。墓室后部设棺床，为斜"人"字形平铺，长 3.4、高 0.18 米。棺床前用砖砌出祭台，长 1、宽 0.64、高 0.18 米。墓底铺地砖为平铺。墓壁砌法为"三顺一丁"。墓室东、西、北三壁各砌一"凸"字形小龛，东、西两龛距南壁 0.7、距墓底 1.1 米，北龛位于北壁中间，高 1.3 米，龛宽 14、高 24、深 14 厘米。北龛下部砌出直棂假窗。

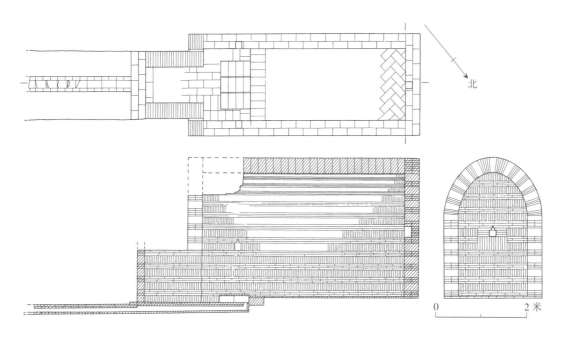

图二　M1 平、剖面图

图三　M1 出土铭文砖拓片（1/4）

　　M1 棺床的铺地砖出土三块铭文砖，其中可看出"晋□熙十一年"、"十一月廿六日毕"、"任奴伍之"字样（图三），由于晋代带"熙"且使用超过十年的年号只有"义熙"，因此 M1 纪年可定为义熙十一年（415 年）。此外，墓顶所用楔形砖的小头大多模印有莲花纹和树纹（图四），这种组合用砖在本地区尚属首次发现。

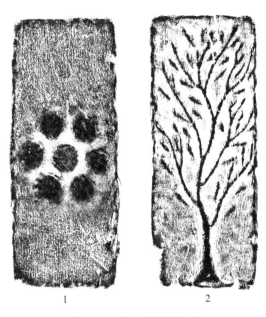

图四　M1 出土花纹砖拓片
1. 莲花纹　2. 树纹　（均为2/3）

二　出土器物

M1 出土器物共 17 件，有青瓷器、陶器、滑石器。

青瓷盘口壶　3 件。M1：1，盘口，束颈，弧肩，鼓腹下收，平底。肩部贴有对称的四个泥条横系。口沿外有一周凹弦纹，肩部饰两周凹弦纹，下腹有六周轮制痕。灰白胎。器表施青绿釉，釉不及底，局部脱落。口径 14、底径 12、高 25.2 厘米（图五：1）。M1：2，浅盘口，矮束颈，弧肩，鼓腹下收，平底微凹。肩部贴有对称的四个泥条横系。口沿外有两周凹弦纹，下腹饰四周凹弦纹。灰白胎。器表施青黄釉，釉不及底，有挂釉现象。口径 15.2、底径 12.8、高 27.8 厘米（图五：2；彩版：32）。M1：3，盘口，高束颈，弧肩，鼓腹下收，平底微凹。肩部饰三周凹弦纹，并贴有对称的四个双竖系，腹部饰两周凹弦纹。灰白胎。器表施青绿釉，釉不及底。口径 13.6、底径 13.2、高 29.2 厘米（图五：3）。

青瓷盏　2 件。M1：8，近直口，圆唇，弧腹下收，饼足，平底。口沿外有一周凹弦纹。内底凸起，有三个支烧痕。灰白胎。器表施青绿釉，外釉不及底，有挂釉现象。口径 8、底径 4.4、高 4 厘米（图五：4）。M1：9，近直口，圆唇，弧腹下收，平底略内凹。口沿外有一周凹弦纹。内底有一周凹弦纹，并有七个支烧痕。灰白胎。器表施青绿釉，外釉不及底，有挂釉现象。口径 10.8、底径 6.4、高 4.4 厘米（图五：5）。

青瓷钵　1 件（M1：10）。近直口，圆唇，弧腹，平底略内凹。口沿外有一周凹弦纹，并有一圈点彩。内底有七个支烧痕。灰白胎。器表施青绿釉，外壁半釉，有挂釉现象。口径 17.2、底径 11.2、高 6.2 厘米（图五：6；彩版：33）。

陶果盒　1 件（M1：11）。泥质灰陶。圆形，子母口，圈足，底内凹，内分内圈、外圈两格。

口径 18.4、底径 21.4、高 4 厘米（图五：10）。

陶钵　1 件（M1：12）。泥质灰陶。直口，方唇，弧腹，平底。口沿外有一周凹弦纹。口径 15、底径 10、高 5.2 厘米（图五：11）。

陶耳杯　1 件（M1：13）。泥质红陶。平底。残长 7、残宽 3.2、高 4.2 厘米。

陶盘　3 件。泥质灰陶。敞口，尖唇，浅盘，平底。内底有两周凹弦纹。M1：15，口径 16.8、底径 14.4、高 2 厘米（图五：7）。M1：16，口径 16.4、底径 14.4、高 2 厘米（图五：8）。M1：17，

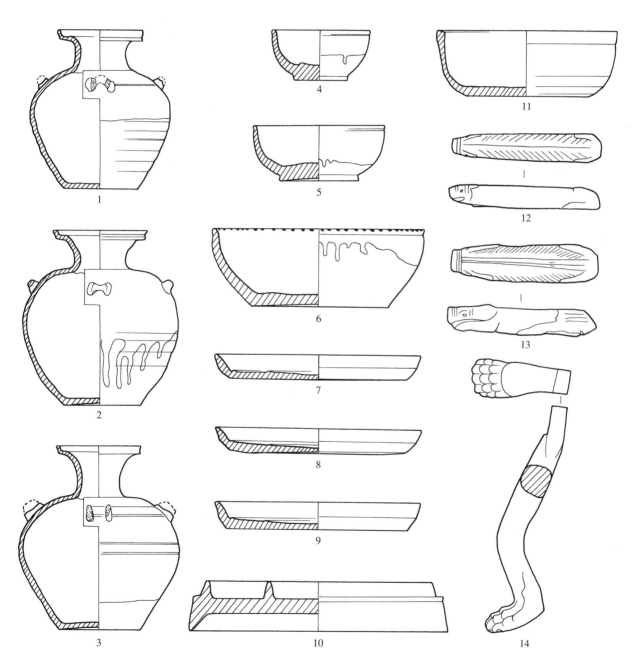

图五　M1 出土器物

1～3. 青瓷盘口壶（M1：1～3）　4、5. 青瓷盏（M1：8、9）　6. 青瓷钵（M1：10）　7～9. 陶盘（M1：15～17）　10. 陶果盒（M1：11）
11. 陶钵（M1：12）　12、13. 滑石猪（M1：4、6）　14. 陶凭几（M1：14）　（1～3 为 1/6，12、13 为 2/3，余为 1/3）

口径 16.8、底径 14.8、高 2.2 厘米（图五：9）。

陶凭几　1 件（M1:14）。泥质灰陶。仅存兽足。高 18 厘米（图五：14）。

滑石猪　4 件。两件为一组。M1:4，体形细长，雕刻略简，背部有一道长线条。长 6.1、宽 1.1、高 0.9 厘米（图五：12）。M1:6，体形略大，雕刻生动，背部毛较细密并有三道长线条。长 6.1、宽 1.6、高 1.1 厘米（图五：13；彩版：34）。

三　结　语

M1 历史上被盗扰，但从出土的两组滑石猪来看，此墓应为夫妻合葬墓。东晋纪年墓中很少出土莲花纹砖，树纹砖也极少发现，此墓出土的莲花纹砖与树纹砖为研究花纹砖的发展、演变提供了实物资料。另外，M1 的纪年砖发现于棺床上，这种现象在六朝墓中极少出现。砖上铭文的刻法较为随意，可能是造墓工匠所刻，其日期应是造墓完工的日期。

执　笔：姜林海

南京卡子门东晋墓

南京市博物馆

2010年5月，南京市博物馆考古部配合基本建设，对位于南京城南的养回红村158地块进行了考古勘探与发掘，清理孙吴至明清时期墓葬12座、宋代灰坑1个。其中卡子门M12为"吕"字形砖室墓，出土器物具有典型的东晋风格，是南京地区较少见的一座东晋双室墓。现将M12的发掘情况简报如下。

一 墓葬概况

M12位于南京市地下文物重点埋藏区之一的雨花台范围内，行政隶属于雨花台区卡子门街道养回红村，其东侧为卡子门大街，南侧为紫荆花路，西、北侧为江苏省新闻出版学校（图一）。墓葬地处一坡地的东北部，地表现为水泥路面、房基，地理坐标为北纬31°59′39″，东经118°47′16″，海拔23米。

M12墓坑开口于近现代层下，被4座清代早期土坑墓（编号M8～11）打破。

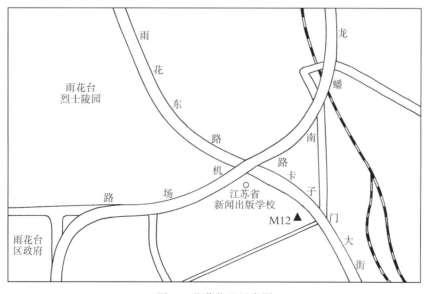

图一 墓葬位置示意图

二 墓葬形制

M12为双室穹隆顶砖室墓，方向34°，由墓道、墓坑、排水沟及砖室组成（图二；彩版：35）。

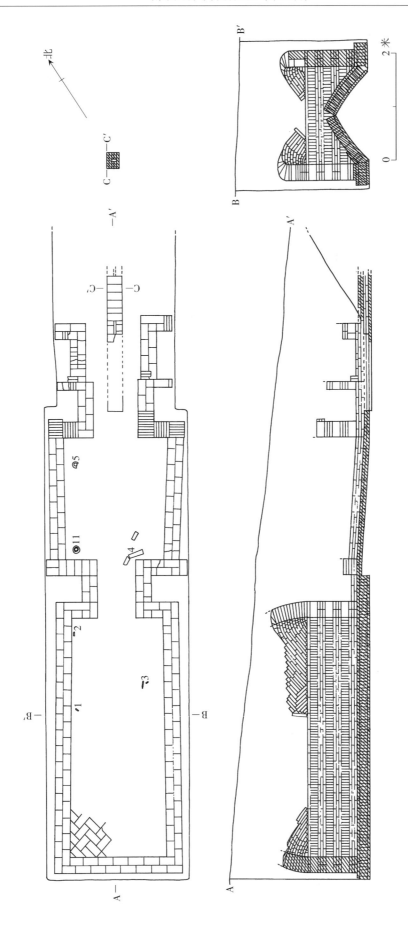

图二　M12 平、剖面图

1，2. 滑石猪　3. 铜棺钉　4. 陶灯柱　5. 青瓷碗　11. 青瓷盘口壶　（其余器物均出土于填土中）

  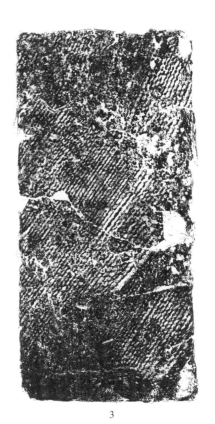

图三　墓砖拓片
1. 楔形砖　2、3. 长方形砖　（均为1/3）

墓道被严重扰乱，残存部分平面呈长方形，斜坡状，坡度32°。墓道内填土为黄褐色黏土，土质较致密，内含少量碎砖块。残长1.6、宽2.38米。墓坑平面呈"凸"字形，打破黄褐色生土，坑内填土与墓道相同。坑壁垂直，较为规整，未见明显的加工痕迹。长10.6、宽2.3~2.8、深1.56~2.7米。排水沟为五层长方形砖砌筑：底部为一层砖铺底；其上两侧砌两层砖，中间形成排水孔；上部以两层砖错缝覆盖。排水口位于甬道后部。排水沟残长2.54、宽0.3、高0.25米，排水孔宽4、高10厘米。

砖室由甬道、前室、过道及后室组成。砖室前部严重被扰，封门墙不存。前室、过道及后室的铺地砖变形严重，中部隆起。甬道平面呈长方形，分为前后两部分。两壁残存底部一组顺砖，墓底设两层铺地砖，下层铺设呈席纹，上层铺设呈"人"字形。前甬道长1.1~1.2、宽1.08、残高0.1~0.15米。后甬道长1.05~1.1、宽0.88、残高0.15~0.3米。前室平面近方形，长2.3、宽2.03、残高0.15~0.9米。前壁残存两组"三顺一丁"结构，上部及顶部残。地砖铺法与甬道相同。过道平面呈长方形，长1.1、宽0.74、残高0.15~0.2米。两壁仅存两层顺砖，余残。底部设三层铺地砖，下层铺设呈席纹，其上以侧砖砌成"人"字形，上层平铺一层"人"字形地砖。后室平面呈长方形，长4.5、宽1.8~1.9、残高0.95米。墓壁以三组"三顺一丁"组砖起基，其上砌筑"四隅券进"穹隆顶，北壁中部设直棂假窗，其余各壁残损严重。铺地砖砌法与过道相同。后室底部较过道底部低0.15米。

墓砖均为青灰色，侧面多饰细绳纹，少量饰钱纹放射线纹，形状分为楔形砖和长方形砖两种。其中，楔形砖用于砌筑后室穹隆顶，亦发现于前室填土内，长29、宽8~14.7、厚4.6厘米（图三：1）；长方形砖用于砌筑砖室各个部位，长29.6~29.8、宽14.8、厚4.6~4.8厘米（图三：2、3）。

三　出土器物

M12出土器物有青瓷器、陶器、铁器等，其中青瓷器有盘口壶、碗等，陶器有熏炉、凭几足、灯柱等。由于墓葬被盗扰严重，多数器物发现于填土内，墓室底部仅清理出滑石猪、青瓷碗、青瓷盘口壶、陶灯柱及铜棺钉等。

1. 青瓷器　4件。灰白胎。多施青黄色釉。

盘口壶　1件（M12：11）。盘口，圆唇，弧颈，弧肩，鼓腹，饼底。肩部残存横系的痕迹。盘口处饰四个对称的褐斑点彩。口径8.4、底径7.6、高12.1厘米（图四：4）。

碗　2件。M12：5，口微敛，圆唇，鼓腹，饼底。口外饰一周凹弦纹。口径9.9、底径5.9、高4.6厘米（图四：1）。M12：14，上部残。鼓腹，平底微内凹。器内外均施青绿釉。底径10.4、残高2.8厘米（图四：2）。

器底　1件（M12：12）。上部残。鼓腹，平底。腹部饰一周凹弦纹。底径9.6、残高5.4厘米（图四：3）。

2. 陶器　6件。

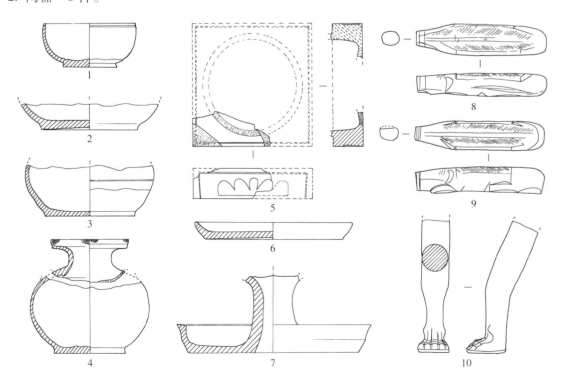

图四　出土器物

1、2. 青瓷碗（M12：5、14）　3. 青瓷器底（M12：12）　4. 青瓷盘口壶（M12：11）　5. 陶器座（M12：8）　6. 陶盘（M12：13）　7. 陶熏炉（M12：6）　8、9. 滑石猪（M12：1、2）　10. 陶凭几足（M12：7）　（5为1/6，8、9为1/2，余为1/4）

熏炉 1件（M12:6）。残碎，无法复原。主要有盖、承柱、承盘三部分。盖呈圆锥形，表面堆塑山形纹，有镂孔。承柱较直，截面呈圆形，中空。承盘为方唇，斜腹，平底。底径18.6、残高8.2厘米（图四:7）。

凭几足 1件（M12:7）。五趾，腿部截面呈圆形。残长14.1厘米（图四:10）。

灯柱 2件。圆柱形，上细下粗，内中空。素面。M12:4，长65.8、直径5~6.6厘米。

器座 1件（M12:8）。方形，上部残。直壁，平底。侧面压印花瓣纹。边长19.6、残高4.9厘米（图四:5）。

盘 1件（M12:13）。圆唇，斜腹，平底微内凹。内底饰凸弦纹。口径17.2、底径15.2、高1.8厘米（图四:6）。

3. 其他 5件。

滑石猪 2件。形制、大小相似。整体细长，平吻，大耳，四肢蜷伏。背部饰以细小鬃毛，耳部填以朱砂。M12:1，长7、宽0.7~1.7、高1.2厘米（图四:8）。M12:2，长7、宽0.7~1.5、高1.4厘米（图四:9）。

铁器 1件（M12:9）。长方形，单面刃。残长8、宽5.3、厚0.7厘米。

铜棺钉 2件。长方形，尖首，直柄，后部残。M12:3，残长10.2、宽0.7~0.95、厚0.1~0.4厘米。

四 结 语

卡子门M12虽未出土有确切纪年的器物，但墓葬形制、随葬器物均具有明显的时代特征。

M12的后室为"四隅券进"式穹隆顶、北壁残存直棂假窗结构，甬道以木门分为前后两部分，这些结构为判断墓葬相对年代提供了重要依据。南京地区的穹隆顶结构常见于孙吴至东晋早期的砖室墓，至东晋中期甚为少见；直棂假窗结构出现于两晋之交的砖室墓中，西晋时期的墓例相对较少，主要有上湖西晋墓[1]、杨家山西晋墓[2]，但至东晋已成为大中型砖室墓的常见结构；甬道分为前后两段的结构亦常见于东晋及南朝时期的大中型砖室墓。

M12前室底部清理出的青瓷碗（M12:5）器腹较深，饼足，口沿外饰凹弦纹，与南京象坊村东晋大兴二年（319年）墓[3]、戚家山太宁元年（323年）墓[4]和象山升平二年（358年）王闽之墓[5]所出同类器相似；青瓷盘口壶器形较矮胖，饼足，口沿处饰褐斑点彩，与鄂州麻家垴冷轧（80）M4内盘口壶（M2160:3）[6]相似，其相对年代为东晋时期。综上所述，M12的相对年代应为东晋早中期。

南京地区以往发现的"吕"字形砖室墓均为孙吴至西晋时期，东晋以降的"吕"字形砖室墓基本消失。但在京畿之地的京口地区，这种结构一直延续到东晋晚期，以镇江龙山咸和八年（333年）墓、阳彭山M2、乌龟山M2[7]及畜牧场隆安二年（398年）墓[8]为代表。卡子门M12是南京地区首次发现的东晋时期"吕"字形砖室墓，将南京地区这种砖室墓类型的沿用时间推至东晋早中期。

领　队：岳　涌

发　掘：岳　涌　杨永军　杨秀生

绘　图：董补顺　张拴堂

拓　片：雷　雨

执　笔：岳　涌

注　释

［1］　南京市博物馆等《南京江宁上湖孙吴、西晋墓》,《文物》2007 年第 1 期。

［2］　南京市博物馆等《江苏南京市板桥镇杨家山西晋双室墓》,《考古》1998 年第 8 期。

［3］　江苏省文物管理委员会《南京象坊村发现东晋和唐墓》,《考古》1966 年第 5 期。

［4］　南京市文物保管委员会《南京戚家山东晋谢鲲墓简报》,《文物》1965 年第 6 期。

［5］　南京市博物馆《南京象山 5 号、6 号、7 号墓清理简报》,《文物》1972 年第 11 期。

［6］　南京大学历史系考古专业等《鄂城六朝墓》,第 168 页,科学出版社,2007 年。

［7］　镇江市博物馆、刘建国《镇江东晋墓》,《文物资料丛刊》8,文物出版社,1983 年。

［8］　镇江市博物馆《镇江东晋画像砖墓》,《文物》1973 年第 4 期。

南京江宁高盖村东晋墓发掘简报

南 京 市 博 物 馆

南 京 市 江 宁 区 博 物 馆

2008 年 6 月，南京市江宁区麒麟门京沪高速铁路高盖村段在施工过程中发现六朝时期的砖室墓 10 座（编号为 08NJGM1 ~ 10），南京市博物馆与江宁区博物馆随后对墓葬进行了抢救性考古发掘。墓地位于高盖村西北的小土山南麓（图一），墓葬早年均有不同程度的盗扰，且由于建设取土，墓地周围地貌已严重改变，大部分墓葬的墓顶及墓壁、排水沟亦遭到破坏。其中，M2、M3 形制保存基本完整，相距较近，均面向东南，出土器物最为丰富。现将这两座墓的发掘情况简报如下。

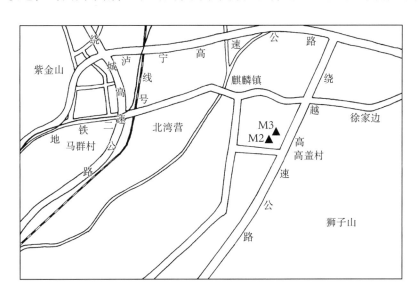

图一　墓葬位置示意图

一　M2

（一）墓葬形制

M2 位置偏南，为"凸"字形单室券顶砖室墓，方向 162°（图二）。墓葬由墓道、排水沟、砖室组成。墓道为斜坡状，近封门墙处较平，残长 2.52、宽约 1.7 米。排水沟位于墓道中部，系在斜坡墓道底部开挖沟槽，宽约 0.7 米。排水沟内用 5 层砖砌筑排水孔道：上、下各用一层砖纵向平铺，中间则用两排两层砖纵向平铺，正中留有宽 4、高 8 厘米的排水孔，最上面用半块砖压缝。排水沟一直向前延伸，发掘时仅清理了封门墙前的一段。砖室内的排水沟砌筑于铺地砖下，有方

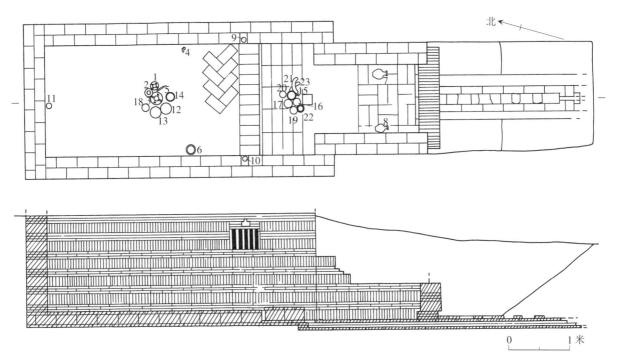

图二　M2 平、剖面图

1、3. 青瓷鸡首壶　2. 铜唾壶　4. 滑石器　5. 银钗　6. 青瓷砚　7、8. 青瓷盘口壶　9～11. 青瓷碗　12、13、16、17、19、20. 陶盘
14. 陶砚　15. 陶魁　18. 铁镜　21、23. 陶凭几　22. 陶熏炉

形窖井与之相通，窖井位于墓室内的祭台之前，边长 0.16 米。

　　砖室由封门墙、甬道、墓室组成，全长 6.84、宽 2.42、残高 1.7 米。发掘前已遭破坏，券顶不存，墓壁及甬道破坏严重，墓内积满淤土及碎砖块。

　　封门墙以"三顺一丁"组砖砌筑于甬道口外侧，宽 1.6 米。

　　甬道平面呈长方形，长 1.7、内宽 1.08 米。两侧壁砌法为"三顺一丁"，铺地砖为两层，上层用砖平铺呈席纹，下层错缝平铺。

　　墓室平面呈长方形，内长 4.43、宽 1.76 米，两侧壁及后壁以"三顺一丁"组砖砌筑，用楔形砖起券。两侧壁距墓底 0.96 米处各设有一个直棂假窗，窗上有"凸"字形灯龛，龛内置一件青瓷碗。墓室前有砖砌祭台，祭台下用 12 块砖分 6 组侧立作为支撑，上面则分 5 组放置 20 块砖。祭台与墓室等宽，长 0.7 米，比棺床高一层砖。墓室后部有砖砌棺床，长 3.58 米，与墓室等宽。棺床为 3 层砖铺成，最下层砖平铺，中间砖侧立砌，最上层砖斜铺呈"人"字形。棺床前用一排砖纵向平铺锁口。棺床下的铺地砖为两层。墓内葬具、人骨无存。

　　墓砖多为青灰色素面砖，有长方形和楔形两大类。长方形砖用于砌筑墓壁、排水沟、铺地等，长 32、宽 17～17.5、厚 4 厘米。楔形砖发现于墓室填土中，应用于起券，长 32、宽端宽 17.5、窄端宽 12.5、厚 4 厘米。

　　（二）出土器物

　　墓内出土青瓷、陶、铜、银、铁、滑石等质地的各类器物 23 件。

　　1. 青瓷器　8 件。器形有鸡首壶、盘口壶、砚、碗等。

　　鸡首壶　2 件。M2：1，盘口微侈，圆唇，束颈，溜肩，鼓腹内收，平底微内凹。肩部饰两周凹弦纹，并附鸡首、鋬及两个对置的桥形系。鸡首微抬，圆孔状喙，立冠，圆目。鋬呈弧状，截面呈圆形，一端附于口沿上，略高于盘口。灰白胎。器表施青灰色釉，釉不及底，釉层较薄，局部剥落。口径7.2、底径8.8、高17.2厘米（图三：7；彩版：36）。M2：3，盘口微侈，圆唇，束颈，溜肩，鼓腹内收，平底内凹。肩部饰两周凹弦纹，并附鸡首、鋬及两个对置的桥形系。鸡首微抬，圆孔状喙，立冠，圆目，喉侧有一对肉垂。鋬呈弧状，截面呈圆形，一端附于口沿上，略高于盘口。灰白胎。釉层局部剥落。口径9.6、底径14.4、高27.6厘米（图三：8）。

盘口壶　2件。浅盘口，粗短颈，鼓腹，平底。肩部附四个对称的泥条横系。M2：7，肩部饰弦纹。青灰色釉略泛黄色，下腹部无釉。口径14.4、底径13.6、高28.4厘米（图三：1）。M2：8，颈部及腹部饰弦纹。灰白胎。青灰釉略泛黄色，下腹部无釉，釉层大部分脱落。口径16.4、底径14.4、高30.4厘米（图三：2）。

砚　1件（M2：6）。砚面圆形，子母口，圆唇，平底微内凹，底部附三兽蹄形足。内底有数个支烧痕，尚残留有墨迹。灰胎，局部为红褐色。器表施青绿釉，釉层均匀，有光泽。口径16、高5.4厘米（图三：3；彩版：37）。

碗　3件。器形基本相同。敞口，弧腹，平底。口沿饰褐色点彩，其下有一周凹弦纹。灰白胎。器表施青黄釉，釉不及底，釉层剥落严重。M2：9，底微内凹。口径12.8、底径7、高5.4厘米（图三：4）。M2：10，口径11.6、底径7、高4.4厘米（图三：5）。M2：11，口径11.8、底径

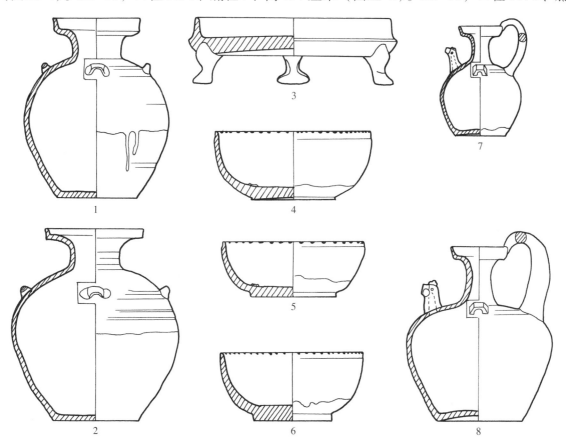

图三　M2出土青瓷器

1、2.盘口壶（M2：7、8）　3.砚（M2：6）　4~6.碗（M2：9~11）　7、8.鸡首壶（M2：1、3）　（3~6为1/3，余为1/6）

6.4、高5.4厘米（图三∶6）。

2. 陶器　11件。均为泥质黑陶，器表施一层黑衣，器形有盘、凭几、砚、熏炉等。

盘　6件。形制、大小基本相同。敞口，斜腹，平底。内底有一周凸弦纹。M2∶12，口径17.8、底径16、高2.2厘米（图四∶4）。

凭几　2件。M2∶21，几面为半环形，背面有三长方形插孔，下插几腿。几腿中部有折，兽蹄形足，足端分五趾。素面。几面长42.8、宽7.2、高19.2厘米（图四∶3）。

砚　1件（M2∶14）。砚面圆形，子母口，圆唇，平底微凸，尚残留有墨迹，底部附三兽蹄形足。口径14.4、高5.2厘米（图四∶5）。

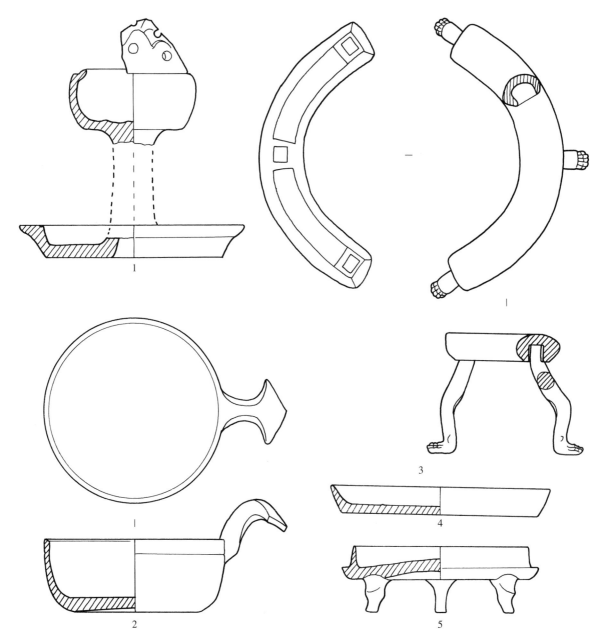

图四　M2出土陶器

1. 熏炉（M2∶22）　2. 魁（M2∶15）　3. 凭几（M2∶21）　4. 盘（M2∶12）　5. 砚（M2∶14）　（3为1/6，余为1/3）

熏炉 1件（M2:22）。由炉盖、炉身和托盘三部分组成，托柄已不存。盖作博山式，已残，上有片状山峰，交错排列，重叠环绕，中间镂孔。炉身为子母口，弧腹。浅托盘，敞口，平沿，平底，中间有空心托柄。口径7.6、底径15厘米（图四:1）。

魁 1件（M2:15）。圆形，直口，尖唇，一侧附弯柄，柄首呈菱形，斜弧腹，平底微内凹。口沿下有一周凹弦纹。口径15、底径10、高5.8厘米（图四:2）。

3. 其他 4件。

铜唾壶 1件（M2:2）。器形矮胖，浅盘口，矮束颈，斜肩，鼓腹，假圈足。锈蚀，器表有铜绿。口径11.8、底径14、高11.2厘米（图五:2；彩版:38）。

银钗 1件（M2:5）。整体呈U形，尖首，直杆，截面呈圆形。长20.4厘米（图五:3）。

铁镜 1件（M2:18）。圆形。锈蚀严重。直径15.4厘米。

滑石器 1件（M2:4）。已残。应为滑石弩机的构件。长2.5、宽2.5、厚1.2厘米（图五:1）。

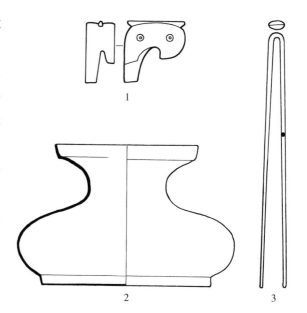

图五 M2出土器物

1. 滑石器（M2:4） 2. 铜唾壶（M2:2） 3. 银钗（M2:5）（1为2/3，余为1/3）

二 M3

（一）墓葬形制

M3位置偏北，南距M2约20米，为"凸"字形单室砖室墓，方向167°（图六）。墓葬由墓道、排水沟、砖室组成。墓道为斜坡状，残长2.64、宽1.44米。排水沟位于墓道中部，系在墓道底部开挖沟槽，宽约0.62米。沟槽内部用5层砖砌筑排水孔道：上下各用一层砖纵向平铺，中间则用两排两层砖纵向平铺，正中留有长4、高8厘米的排水孔，最上面则用半块砖压缝。排水沟一直向前延伸，发掘时仅清理了封门墙前面一段。砖室内的排水沟砌筑于铺地砖之下，有方形窨井与之相通，窨井位于墓室内祭台之下，边长0.16米。

砖室由封门墙、甬道、墓室组成，全长6.28、宽2.08、残高0.6米。发掘前已遭破坏，墓顶已不存，墓壁及甬道被挤压变形，破坏严重，墓内积满淤土及碎砖块。

封门墙以一层平砖顺砌于甬道口外，长1.2米，略宽于甬道。

甬道平面呈长方形，长1.5、宽0.8米。两侧壁砌法为"三顺一丁"，铺地砖为两层，上层用砖平铺呈席纹，下层错缝平铺。

墓室平面呈长方形，内长4.3、内宽1.44米。两侧壁及后壁以"三顺一丁"组砖砌筑。墓室前有砖砌祭台，祭台下用10块砖分5组侧立作为支撑，上面分4组放置16块砖。祭台与墓室等

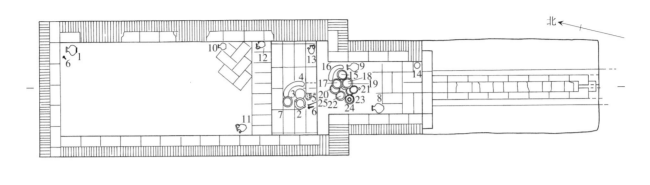

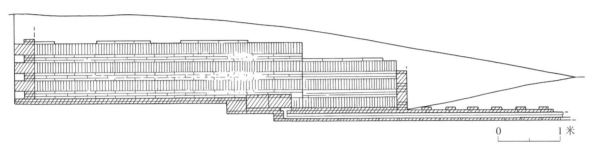

图六　M3 平、剖面图

1、10. 青瓷唾壶　2. 青瓷附錾带流罐　3、15、17～20、22、23. 陶盘　4、16. 陶凭几　5. 铁镜　6. 铜棺钉　7. 陶砚　8、9. 青瓷
盘口壶　11～13. 青瓷鸡首壶　14. 青瓷钵　21. 陶魁　24. 陶果盒　25. 铁棺钉

宽，长 0.7 米，比棺床高一层砖。墓室后部有砖砌棺床，长 3.38 米，与墓室等宽。棺床为两层砖铺成，下层砖平铺，上层砖斜铺呈"人"字形。棺床前面用一排砖纵向平铺锁口。棺床下的墓底铺地砖亦为两层。墓内葬具、人骨无存，仅发现一些锈蚀的铜、铁棺钉。

墓砖多为青灰色素面砖，以长方形为主，用于砌筑墓壁、排水沟、铺地等，长 32～33、宽 16～17、厚 4 厘米。

（二）出土器物

墓内出土青瓷、陶、铜、铁等各类器物 27 件，集中放置于祭台及甬道内。

1. 青瓷器　9 件。器形有鸡首壶、盘口壶、唾壶、附錾带流罐、钵等。

鸡首壶　3 件。分 2 型。

A 型　1 件（M3∶13）。盘口微侈，圆唇，束颈，溜肩，鼓腹，假圈足。肩部附鸡首、龙形錾及两个对置的桥形系。鸡首微抬，圆孔状喙，立冠，鼓目。龙形錾呈弧状，截面呈圆形，一端作龙首状咬合于口沿上，略高于盘口，龙首环眼，有冠。器表施青黄釉，釉不及底，釉层局部剥落。口径 10.4、底径 11.2、高 21.2 厘米（图七∶7；彩版∶39）。

B 型　2 件。盘口微侈，圆唇，束颈，溜肩，鼓腹斜收，底内凹。肩部附双鸡首、龙形錾及两个对置的桥形系。双鸡首修长，内部为实心，与壶体不相通。圆形喙，高立冠，圆目较小。龙形錾为双股，弧状，截面呈圆形，一端作龙首状咬合于口沿上，略高于盘口。胎质略呈红色，局部为红褐色。通体施青绿釉，器底无釉。M3∶11，口径 9.6、底径 12、高 24.8 厘米（图七∶8）。M3∶12，口径 9.2、底径 12、高 24.4 厘米（图七∶5；彩版∶40）。

盘口壶　2 件。M3∶8，浅盘口微敞，粗短颈，鼓腹，下腹斜收，平底略内凹。肩部有两个对称的泥条竖系。青灰色胎，局部发红，尚存化妆土的痕迹。器表施青绿釉，釉不及底。口径18、底径12.4、高36.8厘米（图七：3）。M3：9，浅盘口，粗短颈，鼓腹，下腹斜收，平底略内凹。肩部有四个对称的泥条横系。肩部及腹部饰数周弦纹。青灰色釉略泛黄色，下腹部无釉。口径14.8、底径13、高29.6厘米（图七：2；彩版：41）。

唾壶　2件。形制基本相同。盘口，束颈，溜肩，扁鼓腹，假圈足。M3：1，盘口较深。通体施青黄色釉，器底有一圈支烧点痕迹。口径11.2、底径12、高16.2厘米（图七：1；彩版：42）。

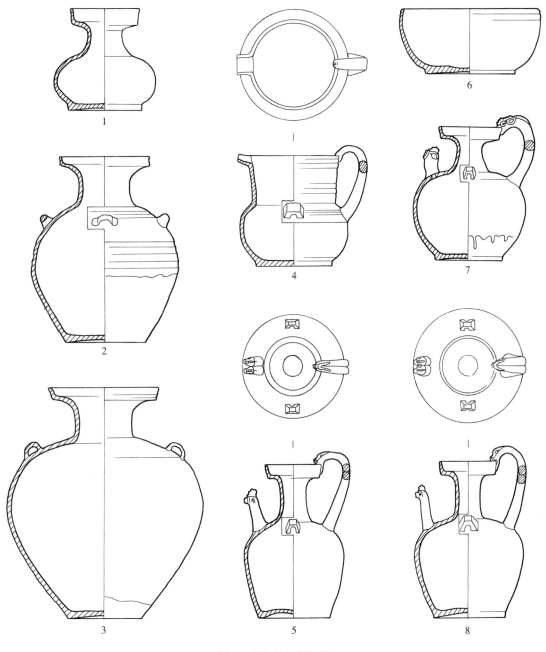

图七　M3 出土青瓷器

1. 唾壶（M3：1）　2、3. 盘口壶（M3：9、8）　4. 附錾带流罐（M3：2）　5、8. B 型鸡首壶（M3：12、11）　6. 钵（M3：14）
7. A 型鸡首壶（M3：13）（均为 1/6）

附鋬带流罐　1件（M3:2）。口微侈，直颈较高，鼓腹，假圈足。前设有短流，后兽足弧形鋬连接器口和腹部。颈部及腹部饰弦纹，腹部有两个对称的桥形系。通体施青黄釉，器底有一圈支烧点痕迹。口径14.8、底径12.4、高17.6厘米（图七:4；彩版:43）。

钵　1件（M3:14）。口微敛，弧腹，假圈足。口沿外饰两周凹弦纹。灰白胎。器表施茶黄色釉，器底无釉。口径22.4、底径14.8、高10.4厘米（图七:6）。

2. 陶器　13件。均为泥质黑陶，器表施黑衣，器形有盘、凭几、砚、果盒等。

盘　8件。形制、大小基本相同。敞口，斜腹，平底。内底有两周凸弦纹。M3:3，口径16.6、底径15.6、高2厘米。

凭几　2件。形制基本相同。M3:4，几面为半环形，背面有三长方形插孔，几腿已失。素面。几面长39、宽6.6厘米（图八:5）。

砚　1件（M3:7）。砚面圆形，子母口，砚堂浅而平，底部附三兽蹄形足。口径15.2、高3.6厘米（图八:3）。

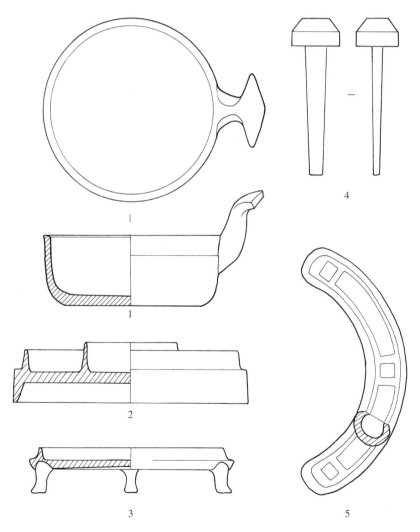

图八　M3 出土器物

1. 陶魁（M3:21）　2. 陶果盒（M3:24）　3. 陶砚（M3:7）　4. 铜棺钉（M3:6-1）　5. 陶凭几（M3:4）

（5为1/6，余为1/3）

果盒　1件（M3：24）。圆形，子母口，近直壁，高圈足，内分内圈、外圈两格。内口径7.8、外口径17.6、底径19.4、高4.8厘米（图八：2）。

魁　1件（M3：21）。器身圆形，直口，一侧附弯柄，柄首呈菱形，斜弧腹，平底。口沿下有一周弦纹。口径14.6、底径11.2、高5.6厘米（图八：1）。

3. 其他　5件。

铜棺钉　2件。M3：6－1，覆斗形钉帽，长条形钉身，截面呈长方形，上面尚存棺木残片。已锈蚀。长14.2、宽1.2～1.8、厚0.5～0.8厘米（图八：4）。

铁棺钉　2件。M3：25－1，覆斗形钉帽，长条形钉身，截面呈正方形。已锈蚀。长28、截面边长1.6厘米。

铁镜　1件（M3：5）。锈蚀严重。圆形，器表有红色漆状物残留。直径17厘米。

三　结　语

M2、M3由南向北毗邻排列，方向基本一致，结构大体相同，祭台的砌法、排水沟在墓道中的位置及砌法也较为相似。因此，可以认为这两座墓属于同一家族墓地。M3出土的青瓷器较M2出土的青瓷器更为修长，故M3的年代可能比M2略晚。

这两座墓葬均未出土纪年材料，但墓葬形制及出土器物都具有明显的时代特征。两座墓均为带甬道的"凸"字形单室墓，墓室后部砌有棺床，棺床前砌有祭台，祭台上摆放随葬器物。从保存较好的M2看，墓壁砌法为"三顺一丁"，侧壁设有直棂假窗和"凸"字形灯龛。墓顶虽已不存，但根据墓壁的砌筑方法推测，甬道和墓室应为券顶结构。以上均为南京地区东晋晚期中小型墓葬的形制特点。从出土器物来看，两座墓出土的青瓷器以盘口壶、鸡首壶、唾壶、钵等为主，是东晋晚期墓葬较为典型的组合；出土的少量铜器以及铜棺钉、铁镜等器物，也为东晋中晚期中型墓所常见。青瓷盘口壶、鸡首壶，各部位比例协调、适中，线条柔和，造型丰满、稳重，为东晋晚期较为流行的风格。特别是鸡首壶，鸡首双目圆睁，鸡口圆张，鸡颈直而长，鋬作圆股形，与盘口的连接处为龙首，肩部附有桥形系，具有东晋晚期的典型特点。类似的鸡首壶在东晋晚期的南京司家山谢球与王德光夫妇合葬墓[1]、刘宋初的谢珫墓[2]中亦有出土。部分鸡首壶鋬与盘口的连接处为龙首，或作双首、双鋬，也是东晋晚期才出现的造型特征。综上所述，我们认为这两座墓葬的年代应为东晋晚期。

值得注意的是，M3共出土了3件青瓷鸡首壶，其中有2件双首双鋬鸡首壶，其鋬均作龙形。这种器形在南京地区的东晋墓中比较少见，而与南京临近的镇江地区却常有发现。如镇江东晋墓中出土的Ⅵ式鸡首壶[3]、镇江谏壁砖瓦厂M24出土的鸡首壶[4]，均为双首、双鋬的造型。此外，M3出土了一件青瓷附鋬带流罐，镇江象山M3亦出土了相似的器物[5]。附鋬带流罐在南京地区的东晋墓中极为罕见，而在南朝墓葬中较为常见，但均为陶质，且器形较小。以上现象或与东晋末年京口的快速发展和崛起有关，特别是北府军势力的兴起，南朝宋、齐、梁三朝皇室皆起家于此。

附记：此次发掘领队为姜林海，参加发掘的人员有南京市博物馆骆鹏、李翔、刘云亮及江宁区博物馆周维林、许长生，摄影王泉，器物修复雷雨、陈川伟，绘图董补顺。

执　笔：骆　鹏

注　释

［1］　南京市博物馆等《南京司家山东晋、南朝谢氏家族墓》，《文物》2000 年第 7 期。

［2］　南京市博物馆等《南京南郊六朝谢珫墓》，《文物》1998 年第 5 期。

［3］　镇江博物馆《镇江东晋墓》，《文物资料丛刊》8，文物出版社，1983 年。

［4］　镇江博物馆《江苏镇江谏壁砖瓦厂东晋墓》，《考古》1988 年第 7 期。

［5］　同［3］，此文中称此类器物为带流尊。

南京华为软件园东晋太元十八年墓

南京市博物馆

南京华为软件园位于南京市雨花台区北部，南京城的南郊，东至花神大道，西达安德门大街，南临软件大道，北接雨花功德园。在这片区域内，分布有3条南北向低矮的小山脉。2006年8月至2007年2月，南京市博物馆对这一区域进行了系统的勘探和发掘工作，共清理六朝砖室墓近70座，其中一处家族墓地由排列整齐的4座墓葬组成（编号为06NYHM101、102、103、105）。现将墓地发掘情况简报如下。

一　墓地概况

4座墓葬位于软件园中部山脉一小山丘的半腰，墓门均朝向东南低洼的水塘，呈南北向"一"字排列（图一）。墓葬间距较小，其中M101位于墓地最北侧，与M102相距约5米，M102与M103相距9米，M103与墓地最南侧的M105相距约5米。除M105为并列双室砖室墓外，其余3座墓葬均为平面呈"凸"字形的土坑竖穴砖室墓，营建方法及所用墓砖极为相似。

M101为墓地中最大的一座，保存较好且发现有纪年砖。M102虽规模较小，但形制基本完整。另外两座墓葬盗扰最为严重，均未出土任何随葬器物。其中，M103为平面呈"凸"字形的单室墓，

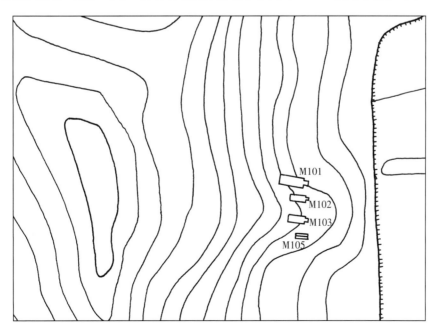

图一　墓葬位置示意图

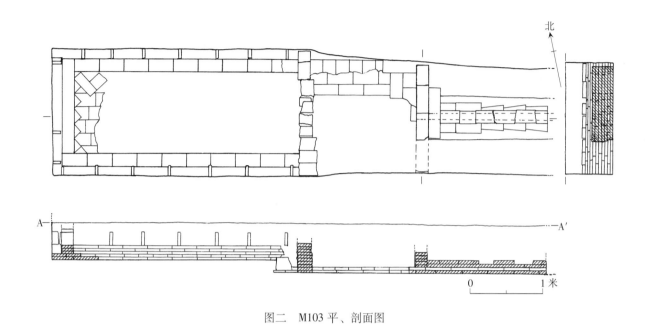

图二　M103 平、剖面图

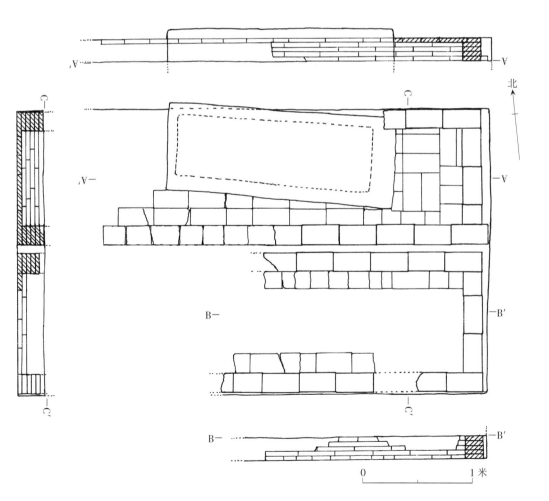

图三　M105 平、剖面图

方向 100°，砖室全长 5.3、宽 1.7 米（图二）。墓室前部有一道残砖垒砌的砖墙较为特别。M105 平面为两个并列的长方形墓室，方向 95°，残长 3.5、南室宽 1.26、北室宽 1.2 米（图三）。

二 M101

（一）墓葬形制

M101 平面呈"凸"字形，方向 120°。早期被盗扰，墓道被两座清代土坑墓打破，前甬道顶部和墓室顶部已坍塌。墓坑开挖于生土层，下部与砖室等宽，上部尺寸略大。墓道为斜坡状，发掘长度 2 米。排水沟开挖于墓道内，内以墓砖垒砌排水孔。排水沟宽 0.7、砖砌结构宽 0.4 米，共 5 层砖，底部横铺一层，中间两排纵向两层，上部横砖封口，最上部多用残砖压缝，排水孔宽 6、高 8 厘米。排水沟由甬道下部正中出封门后即偏向墓道右侧，残存 2 米余。

墓葬砖室部分由封门墙、前甬道、木门、后甬道及长方形墓室组成，全长 7.28、宽 2.56、残高 2 米（图四；彩版：44）。

封门墙以侧砖叠砌，残存 4 层，多半在甬道内，小半在甬道口外。前甬道上部残缺，两侧壁的砌法为"三顺一丁"，长 1.16、宽 1.1 米。后甬道以"三顺一丁"砌法起基，然后以楔形砖起券，长 0.8、宽 0.78、高 1.56 米。在前、后甬道结合处，原设一道木门，门已腐朽，仅于甬道两壁底部各有一矩形门槽。后甬道外两侧与墓坑间各有一道挡土墙。

墓室内长 4.66、宽 1.84 米，后壁残存最高 2 米。墓壁砌法均为"三顺一丁"，后壁残存 8 组，两壁基墙各残存 4 组。券顶以"四顺一丁"或"五顺一丁"起券，所用丁砖为楔形。墓室中后部为砖砌棺床，其下为生土台。棺床以两层砖铺砌，下层纵横平铺，上层斜向平铺呈"人"字形，棺床前端以一排顺砖平铺锁口，长 3.82 米，高出墓底铺地砖 0.21 米。墓室两侧壁前部和后壁各有一个直棂假窗和"凸"字形灯龛。后壁直棂假窗居中，为 13 块立砖错落砌成直棂状，上搭平砖

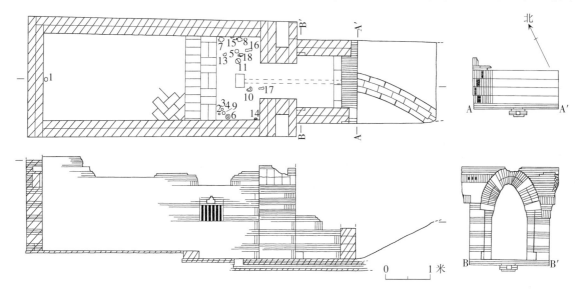

图四 M101 平、剖面图

1~5. 青瓷盏 6~8. 青瓷盘口壶 9~11. 陶盘 13. 陶碗 14~17. 陶俑 18. 陶灶 （12 缺，19 铜棺钉出于棺床上部，未标）

图五　铭文砖拓片（2/3）

一层微出檐，宽0.55、距棺床1.3米。假窗之上为"凸"字形灯龛，与三层平砖等高，宽14、深17厘米。两侧壁假窗和灯龛与后壁形制相同，距墓底0.8米。铺地砖为两层，均纵横平铺呈席纹。墓室前部中间地砖开有一个长方形下水孔，铺地砖下砌排水沟与封门外的排水沟相连。

墓顶塌落的墓砖中有一些为端侧有纪年的铭文砖，模印阳文反书"太元十八年"（图五）。外封门用砖中见少量长侧和端侧模印菱形几何纹饰。内封门及墓室内壁用砖的长侧和端侧多见模印有☒形纹，甬道处少量砖端侧有"三"记号。墓砖分为两种，长方形砖长34、宽17、厚4厘米；楔形砖长34、宽10～16、厚4厘米。

（二）出土器物

出土器物主要为青瓷器和陶器，除一件青瓷盏位于棺床后部和铜棺钉在棺床上外，其余皆位于棺床前的墓室或后甬道内。分类介绍如下。

1. 青瓷器　8件。器形有盏和盘口壶。

青瓷盏　5件。分2型。

A型　3件。尖唇，腹内壁弧形，腹外壁上部弧形，下腹斜收，平底，底部有明显制作刮痕。口部有一周凹弦纹。M101:1，灰白胎。釉层已脱落殆尽，由残存痕迹来看，内外施釉，外部釉不及底，且有流釉现象。口径9、底径5.6、高3厘米（图六:1）。M101:4，下腹斜收明显。灰白胎。青釉脱落严重。口径11.3、底径6.4、高3.5厘米（图六:6）。M101:5，口径9.2、底径5.2、高3.4厘米（图六:2）。

B型　2件。圆唇，斜直腹，平底。口部有一周凹弦纹。灰白胎。青绿色釉，皆脱落殆尽。M101:2，深腹，器壁较厚。口径8.4、底径6、高3.5厘米（图六:3）。M101:3，口径8.8、底径6、高3.5厘米（图六:4）。

盘口壶　3件。整体器形相似，较矮胖，盘口处有褐斑彩，但釉色略不相同。M101:6，浅盘口，盘口略外敞，矮直颈，溜肩，鼓腹，最大腹径靠上，平底略内凹。肩部饰凹弦纹，并贴有对称的双复系。盘口处有四对对称分布的褐斑彩。青绿色釉，局部泛黄，釉不及底，胎釉结合致密，无脱釉现象。口径16.4、腹径27.2、底径12.8、高33.2厘米（图六:5）。M101:7，浅盘口，矮束颈，微斜肩，鼓腹，矮足平底。肩部贴有对称的双复系和单横系。盘口外壁和肩部饰凹弦纹。盘口和系部有褐斑彩。青绿色釉，釉厚处泛绿，釉薄处泛黄，腹部脱釉严重，底部不施釉。口径10.8、腹径22.5、底径12.9、高20.3厘米（图六:8）。M101:8，盘口略深，唇外翻，矮束颈，圆鼓腹，平底。肩部贴有对称的双复系。盘口处均匀分布8处褐斑彩。胎质较粗。浅青灰色釉，釉不及底。口径10、腹径18.5、底径11.5、高17.5厘米（图六:7；彩版:47）。

2. 陶器　9件。皆为泥质灰陶，器形有盘、碗、灶、俑等。

盘　3件。形制相同，大小略有不同。尖唇，斜直壁，盘壁中间较厚，盘底略上凸。M101:9，口径16.8、底径14.8、高2.2厘米（图七:3）。M101:10，内底有两周凸弦纹。口径19.6、底径16.6、高2.3厘米（图七:1）。M101:11，内底有两周凸弦纹。口径18.2、底径15.6、高2厘米（图七:2）。

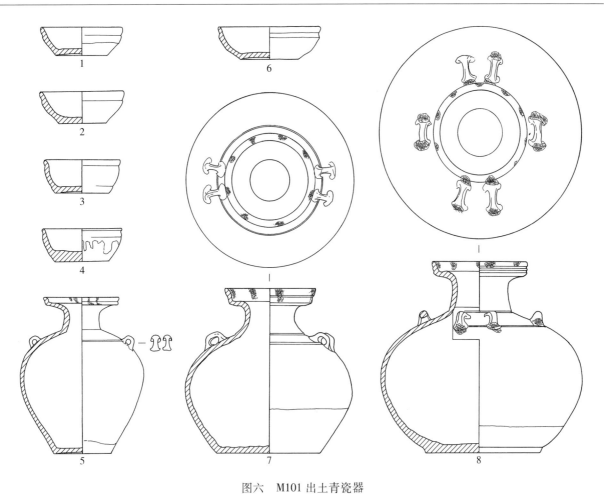

图六　M101 出土青瓷器

1、2、6. A 型盏（M101：1、5、4）　3、4. B 型盏（M101：2、3）　5、7、8. 盘口壶（M101：6、8、7）　（5 为 1/8，余为 1/4）

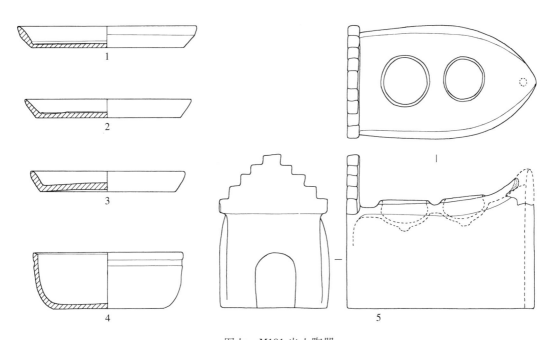

图七　M101 出土陶器

1~3. 盘（M101：10、11、9）　4. 碗（M101：13）　5. 灶（M101：18）　（均为 1/4）

图八　M101 出土陶俑
1、2. 男立俑（M101：15、14）　3、4. 女立俑（M101：16、17）　（均为 1/4）

碗　1件（M101：13）。局部泛浅黄色。平唇，直腹，平底。口部有一周粗凹弦纹。口径 16.4、底径 12、高 6 厘米（图七：4）。

灶　1件（M101：18）。整体似船形，上设两个灶眼，各置一釜，与灶身连为一体。"山"字形挡火墙，倒 U 形火门，后部上翘部分可见圆形出烟孔。灶身长 21、宽 12、高 16.3 厘米（图七：5）。

俑　4件。包括男立俑、女立俑。

男立俑　2件。俑身中空。M101：14，头戴圆顶小帽，帽沿处饰两周凹弦纹，帽上原装饰残缺。面部残缺，仅见左边大耳。身着长袍，上身紧附，下身宽大，窄袖束口，袍下露双脚。高25.7厘米（图八：2）。M101：15，头戴小帽，帽前刻画有一条针脚痕迹。面部五官清晰，凸眼，高鼻，尖嘴，双耳逼真。两臂前屈平放于腹部。身着长袍，上身紧附，下身略宽大，窄袖，袍下露双脚。高31.4厘米（图八：1；彩版：45）。

女立俑　2件。俑身中空。形制基本相同。M101：16，发髻两侧下垂及颌，头顶发饰复原为带状发饰呈中束半圆形，发饰残缺。面部五官清晰，丰颐，高眉，眯眼，直鼻，小嘴。削肩，两臂前屈平放于腹部。身着长袍，上身略紧，衣衽脱落，下身较宽大，窄袖，由脱落痕迹可判断为长袍右衽。高33.6厘米（图八：3；彩版：46）。M101：17，上身略残，高38厘米（图八：4）。

3. 铜棺钉　1件（M101：19）。共3截，断面呈长方形，钉身略弯曲变形。通体呈浅绿色。M101：19－1，长8.7、宽0.85～1.1、厚0.5厘米。

三　M102

（一）墓葬形制

M102平面呈“凸”字形，方向100°（图九）。墓道为斜坡状，扰乱严重，仅底部排水沟残存1.6米。墓葬顶部已不存，残存高度1.1米。砖室由封门墙、短甬道和长方形墓室组成，全长5.2、宽1.56米。封门墙砌于甬道外，单层砖错缝平砌，宽1米。甬道略窄于墓室，长0.6、宽0.84米，两侧与墓坑壁之间夹塞一块砖起挡土作用。墓室内长4.3、宽1.04米，侧壁及后壁砌法均为“三顺一丁”，残存3组。墓室后部有砖砌棺床，长3.3米，高出墓室前铺地砖0.16米，其下为生土台。棺床以一层砖平铺呈“人”字形，前端一排丁砖锁口。棺床前侧立5块青砖，为祭台的残留结构。墓室前部和甬道底部铺砖均为两层，紧靠封门处有两个方形下水孔。

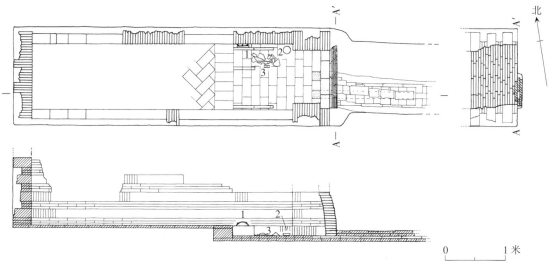

图九　M102平、剖面图
1. 青瓷砚　2. 陶盘　3. 陶瓷井盖

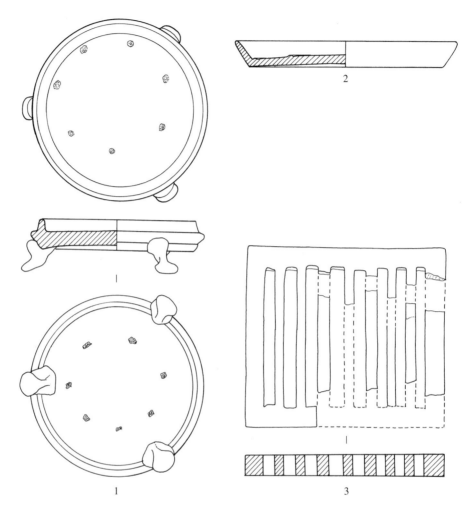

图一〇　M102 出土器物

1. 青瓷砚（M102:1）　2. 陶盘（M102:2）　3. 陶窨井盖（M102:3）　（均为1/3）

墓砖为青灰色长方形砖，个别侧边模印✕形纹和"三"记号，长32、宽16、厚4厘米。

（二）出土器物

青瓷砚　1件（M102:1）。砚面圆形，直口，圆唇，底部中央微上凸，下附三足。内、外底各有一周7个支烧痕。灰白胎，胎质坚硬。外施青绿色釉，胎釉致密，内底未施釉。口径13、高4.2厘米（图一〇:1）。

陶盘　1件（M102:2）。泥质灰陶。敞口，尖唇，斜腹，平底略内凹。内底有两周凸弦纹。口径18、底径15.7、高2.1厘米（图一〇:2）。

陶窨井盖　1件（M102:3）。泥质灰陶。长方形，有8个长条形下水孔，边框较粗。长16.2、宽14.4、厚1.7~1.8厘米（图一〇:3）。

四　结　语

这4座墓葬呈"一"字整齐排列，间距较小，是东晋家族墓常见的排葬规律。M101 规格较高且有铭文纪年砖，对墓葬的断代具有重要价值。

一般而言，铭文砖的纪年只能提供墓葬时代的上限，而墓葬的建造年份也即同年或稍后。本次发现的铭文砖，虽首字不清晰，但前、后甬道设有木门的墓葬特点多见于南京地区东晋墓，同时代有十八年之久的年号仅晋孝武帝时的"太元"。因此，M101 应建于太元十八年（393 年）或稍后。东晋时期的墓葬常以甬道中设置木门表明墓主身份等级较高，而少数几座设置两道木门的甚或被推测为帝陵。而以 M101 为代表的，带木门但甬道分为不等宽的前、后两段的形制，在南京地区也多有发现，例如幕府山 M4[1]、中山门外苜蓿园二号墓[2]、铁心桥尹西村 M2 和 M3[3]等。其中苜蓿园二号墓有"太元九年（384 年）"铭文砖，其墓葬形制、规格及出土男、女陶俑等特征与 M101 几无二致。这些纪年墓为此类型墓葬的准确断代提供了重要资料。

值得注意的是，东晋同期至南朝的少数墓葬，或许受到这种墓葬形制的影响，即使没有安装木门的明确迹象，甬道也仍然分段。例如江苏溧阳果园东晋纪年墓[4]，简报称甬道和封门之间为狭小的前室，实际应为前、后甬道的结构；武汉地区出土齐永明三年（485 年）买地券墓[5]，未见木门，却明显分成前、后两段；南京景家村 10 号墓[6]，甬道长达 3 米，分为前、中、后三段。

M102 是东晋至南朝时期典型的小型单室墓。由于墓葬规模较小，甬道仅略窄于墓室，区别不甚明显。墓砖上模印纹饰与 M101 相同，年代上应与其相当，为东晋晚期。

M103 和 M105 均未见遗物，仅能从残存的形制上分析其所属时代。M103 为平面呈"凸"字形的小型单室墓，M105 为并列双室墓，都属于南京地区东晋至南朝时期多见的墓葬形制。但两墓的墓砖侧面不见纹饰，不同于南京地区南朝中晚期墓砖多模印莲花纹图案的现象，可能属于东晋晚期至南朝早期。此外，M103 墓室中似较为随意垒砌的一道砖墙，属于六朝墓中罕见的现象，与湖北鄂城六朝墓 M2142[7]有相似之处。

附记：本次发掘由祁海宁主持，参加发掘人员有陈大海、骆鹏、孙辰、郜建生、薛春明、刘云亮、常守帅等，室内整理董补顺、李永忠、熊其亮等。墓地发掘工作得到雨花台区文化广播电视局和华为技术有限公司的大力支持，在此一并致谢。

执　笔：陈大海

注　释

[1]　南京市博物馆《南京幕府山东晋墓》，《文物》1990 年第 8 期。

[2]　南京博物院《南京中山门外苜蓿园东晋墓清理简报》，《考古》1958 年第 4 期。

[3]　南京市博物馆等《南京尹西村六朝墓发掘报告》，《南京文物考古新发现：南京历史文化新探二》，江苏人民出版社，2006 年。

[4]　南京博物院《江苏溧阳果园东晋墓》，《考古》1973 年第 4 期。

[5]　湖北省博物馆《湖北地区四座南朝纪年墓》，《考古》1965 年第 4 期。

[6]　南京市博物馆等《南京南郊景家村六朝墓葬》，《南京文物考古新发现：南京历史文化新探二》，江苏人民出版社，2006 年。

[7]　南京大学历史系考古专业等《鄂城六朝墓》，第 59 页，科学出版社，2007 年。

南京雨花台尹家巷东晋画像砖墓

南京市博物馆

2006 年 11 月初，为配合沈阳东软软件公司南京软件园的建设，南京市博物馆在其建设范围内进行了勘探和发掘工作，共发掘墓葬 3 座，其中一座为东晋画像砖墓（编号 2006NYYM3，以下简称 M3）（图一）。现将发掘情况简报如下。

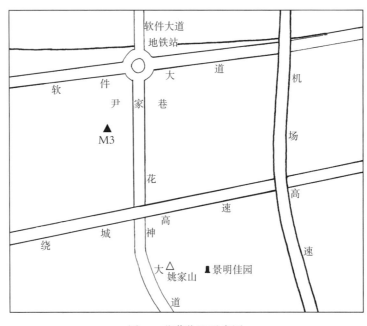

图一　墓葬位置示意图

一　墓葬形制

M3 早年被严重盗掘，近期又遭施工机械破坏，保存情况较差。砖室平面呈"凸"字形，方向 135°，由封门墙、长甬道和墓室组成，全长 7.3、外宽 2.02、残高 1.4 米（图二）。

封门墙残存一层丁砖，向外弧凸。甬道长 2、内宽 1 米。墓室呈长方形，残长 4.9、内宽 1.34米。墓室后部为棺床，高出墓底 0.24 米。棺床由三层砖垒砌，其中上层以砖斜铺呈"人"字形，中层砖平铺呈席纹，下层砖侧立，前端锁口砖顺向平铺。墓室前部及甬道铺地砖均呈席纹。墓室和甬道两壁砌法为"三顺一丁"，厚 0.34 米。墓顶不存，但可以推断为券顶。

墓室前部地面正中留有方形下水孔，边长 16 厘米。甬道的铺地砖下开挖有排水沟，内以砖垒砌排水孔通向封门外。

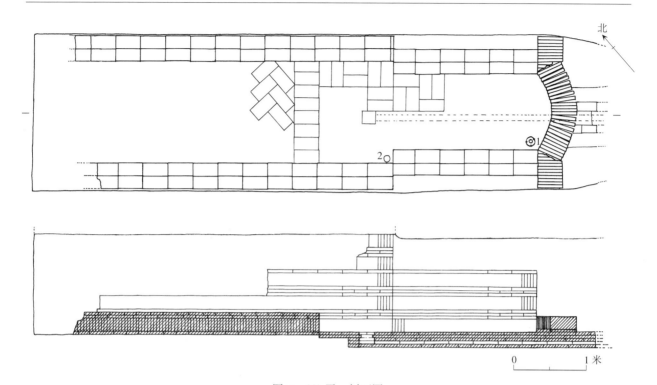

图二　M3 平、剖面图
1. 青瓷盘口壶　2. 青瓷盏　（其余器物出土于填土中）

二　出土器物

由于被盗，随葬器物多已不存，仅出土两件较完整的青瓷器及一些陶瓷残片。

青瓷盘口壶　2 件。M3：1，盘口略外敞，细长颈，斜直腹，平底。肩部对称贴有四个桥形系。系部有两周凹弦纹。灰白胎。青绿色釉，胎釉结合紧密。釉层有小开片，施釉不及底，腹部局部施釉较薄，微泛黄。口径 7.2、底径 9.2、高 18.2 厘米（图三：1）。M3：3，仅存颈部以上。盘口略外敞，圆唇，颈较直。盘口下部有一周凹弦纹。灰褐色胎。青黄色釉。口径 15.8、残高 10.4 厘米（图三：3）。

青瓷盏　1 件（M3：2）。圆唇，上腹鼓凸，下腹斜收，平底内凹。唇部有一周凹弦纹，内底有一周凹弦纹。红褐色夹砂胎。青黄色釉，唇部、下腹和底部均不施釉。口径 7.6、底径 5.6、高 3.4 厘米（图三：4）。

陶盘　1 件（M3：4）。泥质灰陶。尖唇，斜直壁，平底略内凹。盘底一周凸弦纹。口径 16.8、底径 15.2、高 2 厘米（图三：2）。

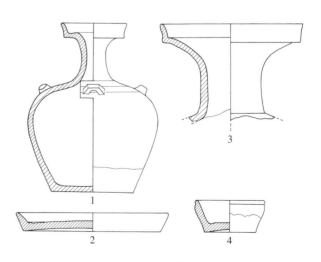

图三　出土器物
1、3. 青瓷盘口壶（M3：1、3）　2. 陶盘（M3：4）　4. 青瓷盏（M3：2）　（均为 1/4）

三　画像砖

M3 用砖除塌落的碎砖中可见楔形砖外，其余为规格一致的长方形砖，砖面均有压印的三块细麻布纹，砖长 34、宽 17、厚 4 厘米。墓室前部和甬道残留的部分墙壁上，可见有画像砖。画像为模印，均位于砖的长侧和端侧，分为两类：一类两端侧各模印侍女和"十"字圆弧纹，两长侧模印龙（图四:1）；另一类仅一端侧模印侍男，余面皆同前类（图四:2）。这种画像砖使用于甬道处，皆以男、女人物朝向墓内，而使用于墓室处，皆以长侧即模印有龙的一侧朝向墓内。

另见一种纹饰模印于砖之端侧，为带圆圈的"卐"字图案（图五）。

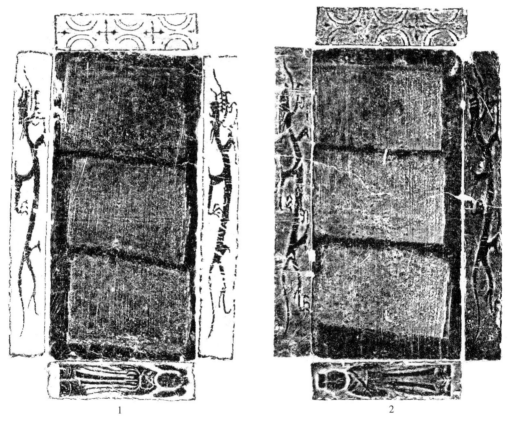

1　　　　　　　　　　　　　　2

图四　画像砖拓片
1. 侍女画像砖　2. 侍男画像砖　（均为 1/4）

四　结　语

尹家巷 M3 全长 7 米余，砖室砌筑考究，墓壁还以模印人物、龙等的画像砖砌筑，为六朝时期中型规模且特色鲜明的墓葬。此墓甬道较长、封门墙弧形外凸、使用画像砖等特征在南京六朝墓中并不多见，仅与姚家山东晋墓相似[1]，特别是姚家山 M3 画像砖也模印有人物和龙的形象。尹家巷 M3 距姚家山不过千米，极有可能与姚家山东晋墓有密切关系。此墓出土的青瓷器具有明显的时代特征，如盘口壶的桥形系、盏唇部有一周凹弦纹，均与姚家山墓东晋晚期的断代相符，因此，墓葬年代应为东晋晚期。而较姚家山墓而言，尹家巷 M3 规模略小、甬道内也不设木门，说明墓主身份地位略低或为家族旁支。

图五　"卐"字图案画像砖
拓片（1/2）

　　尹家巷 M3 墓砖上模印的"卐"字图案，一般认为是佛教中吉祥的标志，为释迦牟尼三十二相之一。佛教经典《华严经》卷六五《入法界品》就有释迦牟尼"胸标卐字，七处平满"。但此图案早在佛教产生之前就在不同地区、不同文化中出现了，如我国新石器时代马家窑文化彩陶上就已出现"卐"字符号。所以，关于这种图案的象征和来源也一直存有争议。魏晋之际是佛教开始在中国广为流行的一个时代，佛教典籍的传译、石窟造像的开凿、佛像画像的涌现都表明佛教的迅速普及。尹家巷 M3 东晋晚期墓葬中出现的这个图案，若为佛教"卐"字，当是佛教标志较早出现在墓葬中的实例，对中国佛教考古具有重要价值。而 M3 画像砖上"卐"字图案外缘还有一圈"火轮"，有可能是太阳的象征，或其他宗教、图腾的标志。总之，这类模印图案对我们进一步认识"卐"字符号提供了实物资料。

　　附记：本次发掘工作由祁海宁主持，参加发掘的人员有陈大海、王宏、刘云亮等，绘图、拓片为董补顺、刘云亮、张栓堂、熊其亮。

执　笔：陈大海

注　释

［1］　南京市博物馆等《南京市雨花台区姚家山东晋墓》，《考古》2008 年第 6 期。

南京西善桥两座六朝墓发掘简报

南 京 市 博 物 馆

南京市雨花台区文化局

2009 年 11 月至 2010 年 1 月，南京市博物馆对位于南京市雨花台区西善桥街道贾东一二组地块进行考古勘探时发现多座墓葬。该地块为丘陵地带，南临绕城公路，北靠宁芜铁路（图一）。2010 年 3 ~ 8 月，南京市博物馆对这一地区进行了考古发掘，共发掘六朝至明清时期墓葬 34 座，其中编号为 2010NYJM23、2010NYJM24（以下简称 M23、M24）的两座墓葬位于同一座山坡，位置相邻，疑似家族墓葬。现将其发掘情况简报如下。

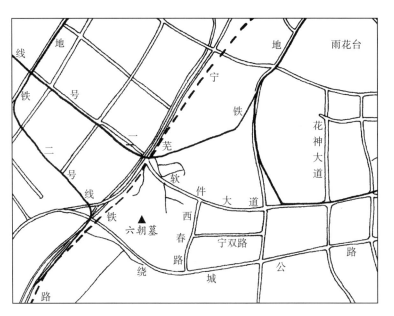

图一　墓葬位置示意图

一　M23

（一）墓葬形制

M23 为券顶砖室墓，由土圹、墓道和砖室三部分组成，方向 162°（图二）。墓葬早期已遭盗掘，在墓室前部及后部均发现有盗洞。土圹平面略呈梯形，系在生土上开掘而成，长 11.7、宽 1.4 ~ 2.6、深 3 ~ 4.2 米。圹壁平滑陡直，底部较平坦。墓道呈斜坡状，因晚期破坏较大，残余部

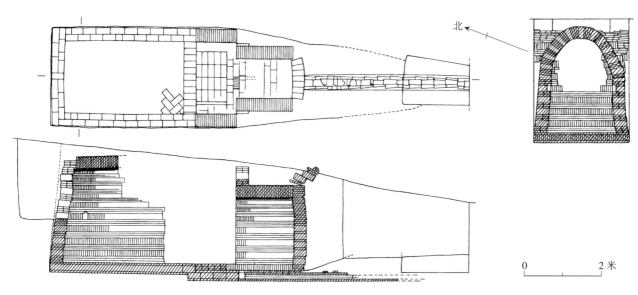

图二 M23 平、剖面图

分长 1、宽 1.8 米。排水沟系在墓道中部开凿而成，残长 4.2 米。砖砌五层：底部为一层横排砖，再上两层竖砌砖，中间留有排水孔，宽 0.06 米，上为一层横砖封顶，再上一层青砖压缝。

砖室平面呈"凸"字形，全长 6.36 米，由封门墙、甬道、墓室等部分组成。

封门墙宽 1、厚 0.32、高 2.12 米。中部略向外凸出。砌法为底部平砖顺砌三层，再上五组"一丁一顺"砖，再上为横砖平砌直至封口。

封门墙后即为甬道。甬道长 1.46、内宽 0.98、内高 1.72、壁厚 0.32 米。以"一丁三顺"砖起砌四组，后用楔形砖起券，再上为三层平砖，再砌楔形砖，如此直至封顶，封顶处为四层平砖。甬道券顶上与封门墙相接的地方有砖砌挡土墙，残存两层竖砌丁砖及一层平砖。

墓室平面呈长方形，内长 4.4、宽 1.8、高 2.38～2.44 米。左右两壁以"三顺一丁"起砌四组后用楔形砖起券，再上三层平砖，如此五组。其上为一层楔形砖加四层平砖至封顶处，封顶为楔形砖，平砖均为两排。后壁为"三顺一丁"砌法，残存四组，其后连接外部挡土墙。棺床位于墓室后部，长 3.44 米，与墓室等宽。棺床砌砖为三层：上层为"人"字形平铺，中层砖侧立砌，下层为横砖平砌；前部以一层砖顺向平铺锁口。墓室左右两壁距棺床 1.08 米处，各有一"凸"字形壁龛，壁龛底宽 0.13、高 0.21、深 0.1 米。棺床前有长方形祭台，长 1.28、宽 0.8、高 0.15 米，砌法为横砖齐缝平砌三层，横向四排，竖向五排。祭台前入甬道处留有排水孔以连接外部排水沟，长 0.16、宽 0.1 米。祭台及甬道部分地面低于棺床 0.12 米。铺地砖为三层，底部横砌平砖一层，中间为侧立砌砖，并在中部留有排水孔，再上为横砖错缝平砌。

墓葬所用墓砖均为素面青砖，分为两种：长方形砖，长 32、宽 16、厚 5 厘米，用于墓葬主体部分；楔形砖，长 32、宽 11～16、厚 5 厘米，主要用于墓葬起券部分。

（二）出土器物

由于墓葬遭到盗扰，出土器物分布凌乱，棺床、祭台、甬道部分均有发现。计有瓷、陶、滑石等各类器物 32 件。

1. 瓷器　14 件。有碗、唾壶、鸡首壶、盘口壶。

碗　5件。敞口，圆唇，弧腹，平底。口沿下有一周凹弦纹。内底有支烧痕，外底有切割痕。灰白胎，施青黄釉，釉面冰裂，釉不及底，釉层大部分已脱落。根据口部不同，分2型。

A型　2件。口部有一周褐色点彩。M23：6，口径11.6、底径7.1、高5.2厘米（图三：6）。M23：25，口径12.2、底径6.7、高5厘米（图三：7；彩版：48）。

B型　3件。口部无褐色点彩。M23：2，口径12.3、底径7、高5.4厘米（图三：9）。M23：16，口径15、底径9.2、高5.6厘米（图三：10）。M23：24，口径9.5、底径5.7、高3.8厘米（图三：8）。

唾壶　2件。形制基本相同。盘口微敞，圆唇，弧肩，鼓腹，平底，假圈足，底部有切割痕。青灰色胎，施青黄釉，釉面冰裂，施釉不均，盘后折处及足壁有积釉。M23：1，短束颈，足壁内收。口径8.6、底径10.1、高9.8厘米（图三：3；彩版：49）。M23：7，长束颈，垂腹，平底微内凹。口径13.2、底径17.1、高15.1厘米（图三：1）。

鸡首壶　1件（M23：3）。敞口，圆唇，束颈，弧肩，鼓腹，圈足，足壁外撇。颈部下有一周凹弦纹，足内底有一周凹弦纹。肩部附有鸡首、鋬及两个对置的桥形系。鸡首为圆孔状喙，立冠，圆目，直颈，喉侧有肉垂。鋬呈弧状，截面圆形，一端附于口沿上，高于盘口，另一端附于肩部。灰白胎，施青黄釉，釉层有冰裂纹，部分脱落，有积釉现象。口径7.4、最大腹径14、底径9.4、高13.5厘米（图三：5）。

盘口壶　6件。敞口，圆唇，束颈，平底。分2型。

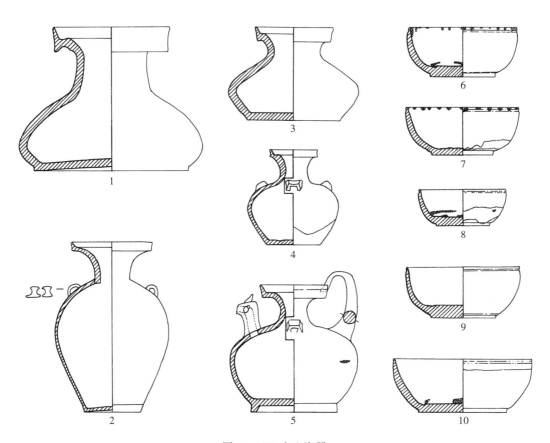

图三　M23出土瓷器

1、3. 唾壶（M23：7、1）　2. B型盘口壶（M23：21）　4. A型盘口壶（M23：8）　5. 鸡首壶（M23：3）　6、7. A型碗（M23：6、25）　8~10. B型碗（M23：24、2、16）　（2、4为1/8，余为1/4）

A 型　1 件（M23:8）。弧肩，鼓腹，下腹斜收。肩部下方有两周凹弦纹，弦纹上对称附有四个桥形系。黄白胎，施青黄釉，釉层大部分脱落，口沿下部有积釉。口径 10、最大腹径 19、底径 11.4、高 20 厘米（图三:4）。

B 型　5 件。弧腹下收。肩部对称附有双复系。青灰胎，施青绿釉，施釉均匀。M23:21，口径 17.9、最大腹径 25、底径 12.4、高 35.8 厘米（图三:2）。

2. 陶器　13 件。有盘、砚、凭几、耳杯。

盘　8 件。泥质灰陶。敞口，尖唇，斜壁下收，平底。内底有一周凸弦纹。M23:11，口径 16.3、底径 14.8、高 1.8 厘米（图四:7）。

砚　1 件（M23:13）。泥质灰陶。子母口内敛，圆唇，平底，下附三足，足部外撇。口径 14.2、高 4.2 厘米（图四:6）。

凭几　2 件。泥质灰陶。整体呈圆弧状，截面呈∩形。背面有三个方形凹槽，三足插于槽内。足作兽蹄状，中部有折，足端分五趾。M23:5，长 45.5、宽 8、高 19.4 厘米（图四:1）。

耳杯　2 件。泥质灰陶。平面呈椭圆形，敞口，圆唇，弧腹，平底，假圈足，口沿外侧附有两个弧状耳。耳杯两端微上翘。M23:4，长口径 19.5、短口径 10.3、长底径 10.8、短底径 5.8、高 5.7~6.6 厘米（图四:3）。M23:9，长口径 11.6、短口径 6、长底径 6.7、短底径 3、高 3.7~4.1 厘米（图四:5）。

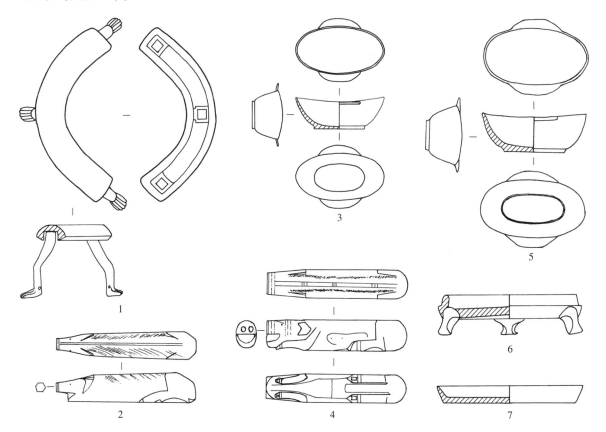

图四　M23 出土器物

1. 陶凭几（M23:5）　2. A 型滑石猪（M23:10）　3、5. 陶耳杯（M23:4、9）　4. B 型滑石猪（M23:20）　6. 陶砚（M23:13）　7. 陶盘（M23:11）　（1 为 1/10，2、4 为 1/2，3 为 1/8，余为 1/4）

3. 其他　5件。有滑石猪、铁棺钉。

滑石猪　4件。双耳直立，后腿弯曲呈俯卧状。背部刻划双线，双线两侧斜划线表示猪毛。根据形状不同，分2型。

A型　2件。灰白色。刻划简单。吻部较长，前腿部仅简单勾勒。吻前部用双环线表示鼻子，圆眼，耳廓较小。头部低于背部。M23:10，长7.65、宽1.4、高1.6厘米（图四:2）。

B型　2件。灰褐色。刻划较精细。头部、背部向平。短吻，圆眼，圆鼻孔，半圆形鼻子上部有三周弦纹，耳廓较深。四肢刻划明显，均用弦纹表示出蹄状，腹部刻划有半封闭椭圆形弦纹。M23:20，长7.7、宽1.5、高1.6厘米（图四:4）。

铁棺钉　1件。锈蚀严重。方形钉帽，长21、钉帽边长3.8厘米。

二　M24

（一）墓葬形制

M24位于M23西侧10米处，为券顶单室墓，由土圹、墓道和砖室组成，方向164°（图五）。墓葬在发掘前已遭盗扰，墓顶坍塌，墓室后壁有椭圆形盗洞。土圹平面近梯形，系在生土上开掘而成，长11、宽1.6～2.6、深4米。墓道平面近U形，斜坡状，两壁弧状内收，长3.6、宽约1.6米。排水沟位于在墓道中部，为长条状砖砌暗沟，残长4.06米，分五层砌筑：底部为一层顺砖平铺，上为两层顺转平砌，中间留有排水孔，宽0.06米，再上为一层横砖平铺封顶，最上一层以砖顺铺。

砖室平面呈"凸"字形，全长7.14米，由封门墙、甬道、墓室组成。

封门墙位于墓道的北部，已破坏，残宽1.5、残高1.6米。砌法为底部两排平砖横砌，其上以

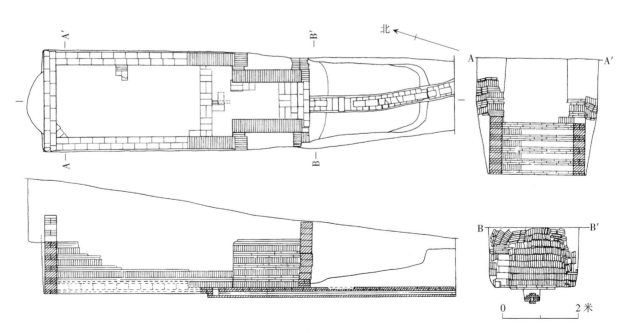

图五　M24平、剖面图

丁砖依次砌起，残存九层，再上为横砖平砌直至封口。

封门墙后即为甬道。甬道平面呈长方形，顶已不存，长 1.85、内宽 0.96 米。铺地砖因挤压变形翘起，砌法为"二横二顺"平铺。两壁以"三顺一丁"砖起砌四组，后用楔形砖起券，大部不存。甬道券顶上与封门墙相接的地方残存有砖砌挡土墙，竖砌两层丁砖及两层平砖。

墓室平面呈长方形，顶已不存，内长 4.76、宽 1.84 米。左右两壁以"三顺一丁"起砌，残存五组。后壁为"三顺一丁"砌法，残高 2 米。棺床位于墓室后部，长 3.54 米，与墓室等宽，高于墓底 0.16 米。棺床砌砖大多被毁坏，从残存部分看为四层砖砌：上层平铺呈"人"字形，中间一层砖侧立砌，下部两层为横砖平砌。棺床前中部留有排水孔以连接外部排水沟，孔长 0.16、宽 0.06 米，其上装有窨井盖。棺床前铺地砖为"二横二顺"平铺三层，过排水孔后改为五层，第二层下中部留有排水道。墓室内葬具、人骨均已腐烂不存，仅存部分棺钉。

墓葬所用墓砖均为素面青砖，分为两种：长方形砖，长 32、宽 16、厚 5 厘米，用于砌筑墓葬主体部分；楔形砖，长 32、宽 11~16、厚 5 厘米，主要用于墓葬起券部分。

（二）出土器物

由于墓葬遭到盗扰，出土器物分布凌乱，主要发现于甬道，计有瓷、陶、滑石等各类器物 19 件。

1. 瓷器　7 件。有鸡首壶、盘口壶、六系罐。

鸡首壶　1 件（M24：12）。浅盘口，圆唇，束颈，溜肩，鼓腹，平底。肩部有一周凹弦纹，并附有鋬及两个对置的近桥形系，鸡首残缺。鋬呈弧状，截面为圆形，一端附于口沿上，高于盘口，另一端附于肩部。灰白胎，施青黄釉，大部分脱落。口径 6.8、底径 8.8、高 12.6 厘米（图六：3）。

盘口壶　5 件。盘口外撇，圆唇，束颈，溜肩，弧腹下收。肩部附有对称的双复系。施青黄釉，釉层均匀，施釉不及底。器物内部有泥条盘筑痕迹。根据胎质不同，分 2 型。

A 型　1 件（M24：11）。盘口较深，底微凹。砖红色胎。口径 17.9、底径 13、高 38.8 厘米（图六：1）。

B 型　4 件。浅盘口，平底。青灰色胎。M24：2，口径 16.8、底径 12.7、高 34.8 厘米（图六：2；彩版：50）。

六系罐　1 件（M24：19）。口沿残缺，平肩，鼓腹，斜直壁内收，平底内凹。肩部附有对称的六个横条形系。上腹部有两周凹弦纹。青灰色胎，施青黄釉，釉层脱落，釉不及底。腹径 34、底径 16、残高 29.4 厘米（图六：5）。

2. 陶器　11 件。有盘、钵、砚、凭几、耳杯、窨井盖。

盘　3 件。泥质灰陶。敞口，圆唇，弧腹，平底，内底有一周凸弦纹。M24：6，口径 16.9、底径 15.6、高 2 厘米（图六：10）。

钵　1 件（M24：13）。泥质灰陶。子母口，圆唇，弧腹内收，平底。口径 11.4、底径 9.6、高 5.4 厘米（图六：4）。

砚　1 件（M24：3）。泥质灰陶。子母口，圆唇，弧腹，底部凸起，下附三足。口径 13.7、底径 15.6、高 5 厘米（图六：11）。

凭几　3 件。泥质灰陶。整体呈圆弧状，截面呈∩形。背面有三个方形凹槽，三足插于槽内。

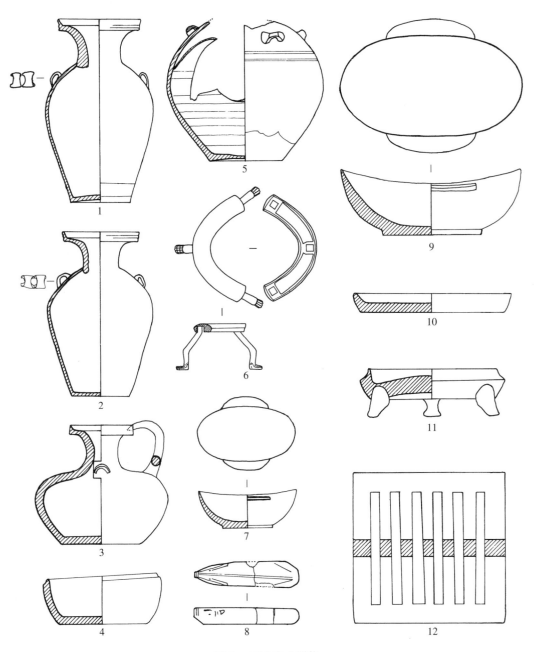

图六　M24 出土器物

1. A 型瓷盘口壶（M24：11）　2. B 型瓷盘口壶（M24：2）　3. 瓷鸡首壶（M24：12）　4. 陶钵（M24：13）　5. 瓷六系罐（M24：19）
6. 陶凭几（M24：10）　7、9. 陶耳杯（M24：4、8）　8. 滑石猪（M24：1）　10. 陶盘（M24：6）　11. 陶砚（M24：3）　12. 陶
窖井盖（M24：9）　（1、2、5 为 1/8，6 为 1/16，8 为 1/2，余为 1/4）

足作兽蹄状，中部有折，足端分五趾。M24：10，长 45.4、宽 8、高 19.5 厘米（图六：6）。

　　耳杯　2 件。泥质灰陶。平面呈椭圆形，两端微上翘。敞口，圆唇，弧腹，假圈足。口沿外侧附有两个弧状耳。M24：4，长口径 10.5、短口径 5.9、长底径 5.4、短底径 3、高 3.5～4 厘米（图六：7）。M24：8，长口径 19.8、短口径 10.5、长底径 10.7、短底径 5.7、高 5.5～7 厘米（图六：9）。

　　窖井盖　1 件（M24：9）。泥质灰陶。略呈方形，边框较厚，内为栅栏形。边长 16～16.4、厚 1.8 厘米（图六：12）。

3. 滑石猪　1件（M24:1）。灰白色。后腿弯曲呈俯卧状。背部刻划双线，双线两侧斜划线表示猪毛。吻部较长，前部用双环线表示鼻子，圆眼，耳廓较小。头、背相平。M24:1，长5.8、宽1.4、高0.9厘米（图六:8）。

三　结　语

从墓葬形制看，M23、M24均为"凸"字形单室砖室墓，甬道较长，有砖砌排水沟、棺床和祭台，符合东晋中晚期至南朝时期的墓葬形制特征。从出土器物看，两座墓葬中出土的瓷器多施青黄釉；唾壶腹大且扁圆；盘口壶较高者，盘口大且外敞，颈部较长，上腹圆鼓，下腹长且斜直内收，平底较小，较矮者腹部平圆，鼓腹略偏上，平底；碗口沿上有褐色点彩。这些特征均为东晋中晚期至南朝时期典型器物特征。另外，M23出土的陶耳杯、瓷盘口壶与汽轮电机厂大墓[1]出土的同类器相似，滑石猪与娘娘山M1[2]出土的同类器相似，瓷唾壶与象山8号墓[3]出土的同类器相似；M24出土的陶耳杯与象山8号墓及司家山2号墓[4]出土耳杯相似，而这些墓葬的年代均为东晋晚期到南朝早期。因此，本次发掘的M23、M24的年代应为东晋晚期至南朝早期。

发　掘：周保华　范　伟

摄　影：周保华

绘　图：范　伟　张栓堂　董补顺

执　笔：周保华

注　释

[1]　南京市博物馆《南京北郊东晋墓发掘简报》，《考古》1983年第4期。

[2]　南京市博物馆《南京郊区三座东晋墓》，《考古》1983年第4期。

[3]　南京市博物馆《南京象山8号、9号、10号墓发掘简报》，《文物》2000年第7期。

[4]　南京市博物馆《南京司家山东晋、南朝谢氏家族墓》，《文物》2000年第7期。

南京浦口龙山茶厂南朝墓发掘简报

南 京 市 博 物 馆

南 京 市 浦 口 区 文 化 局

2011 年 3 月 7 日，南京市浦口区沿江街道龙山茶厂发生古墓葬被盗事件，南京市博物馆接报后迅速前往处理，并于 3 月 8 ~ 30 日，对现场发现的两座南朝砖室墓进行了清理（编号 2011NPLM1、M2，以下简称 M1、M2）。此处地势北高南低，两墓形制相仿，均坐北朝南，并排位于山丘南侧缓坡（图一）。其中 M1 发现刘宋"元嘉"纪年砖，具有较重要的学术价值。现将墓葬发掘情况简报如下。

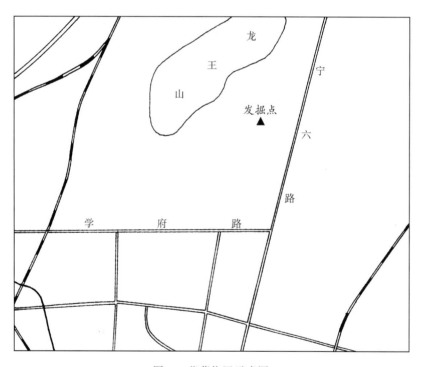

图一　墓葬位置示意图

一　1 号墓

（一）墓葬形制

M1 由墓道、排水沟、砖室组成，方向 170°（图二）。墓葬早年曾遭盗掘，墓顶及部分墓壁已不存，现代盗洞位于墓室前部，未至墓底。

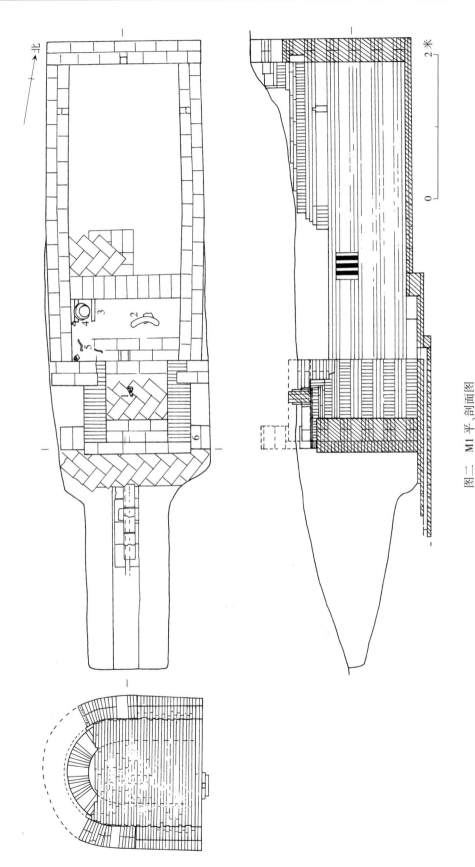

图二　M1 平、剖面图

1、5. 陶俑　2. 陶凭几　3. 陶盘　4. 陶果盒　6. 纪年砖

墓道平面呈长方形，斜坡状，坡度12°，残长3.2、宽1.2米。墓道近封门处呈水平状，底部平铺一层"人"字形组砖，与甬道内铺地砖相连。墓道内填土呈红褐色，土质致密，较纯净。墓道斜坡为熟土面，包含大量碎砖块，经踩踏形成硬结面。

排水沟起于墓室前部，经甬道、墓道向外延伸，发掘长度1.2米。砌筑方法系先开挖沟槽，宽0.38米，沟槽底部用三层砖砌筑排水孔道：底为一层横向平铺砖，中为一层纵向平铺砖，其上加盖一层横砖；砖室内部分，其上所盖即为墓室及甬道铺地砖。排水沟中间留有宽7、高5厘米的排水孔道。

砖室平面呈"凸"字形，由封门、甬道、墓室组成，全长5.76米。砖室内发现早期盗洞两处：一处位于墓室前方，两侧墓壁破坏较严重；另一处位于甬道前部，甬道顶局部被破坏。

此墓有内、外两重封门。外封门砌于墓门外，紧贴甬道口，为单砖错缝平砌而成，宽1.57、残高1.45、厚0.16米；内封门紧贴外封门砖砌于甬道内，由"三顺一丁"组砖砌成，宽0.9、残高1.5、厚0.32米。

甬道位于墓室前部，平面呈长方形，长1.14、内宽0.9米。甬道两侧壁以丁砖起砌，其上为"三顺一丁"组砖，于距甬道底部1.25米处起券，券顶所用为刀形砖及楔形砖。券顶厚0.32米，内侧距甬道铺地砖1.55米。甬道底部铺地砖分两层，上层为"人"字形组砖，下层为席纹组砖。

墓室平面近长方形，两侧壁略向外弧，内长4.16、宽1.54~1.64米。墓室后部有砖砌棺床，长3.28米，与墓室等宽，高出墓室底部0.16米。棺床铺砖分两层，上层为"人"字形组砖，下层为席纹组砖，前部为丁砖锁口。墓室两侧壁及后壁砌砖均为"三顺一丁"，墓壁厚0.32米。墓顶大部已不存，高度不详，根据墓室后部发现部分起券砖，可知墓顶厚0.32米，于距棺床铺地砖1.45米处起券。墓室西壁和后壁各有一"凸"字形小龛，形制、大小相同，宽8、高22、进深12厘米。东壁相对应位置墓壁已不存，推测其原应有小龛与西壁对称。两侧壁中部各有一直棂假窗，形制相同，宽38、高32厘米。墓室前部铺地砖砌法与棺床同。墓室西南有两块丁砖并列而立，间距0.18米，此处出土陶盘及陶果盒，推测其应为墓室内的祭台。墓室内积满淤土，填土呈黄褐色夹灰色，土质较致密，包含大量残碎墓砖块。葬具、人骨、棺钉均已不存。

M1所用墓砖有长方形、刀形、楔形三种。长方形砖用于砌筑墓室、封门、排水沟和铺地等，长32、宽16、厚5厘米，其中在内封门墙的一块长方形砖砖面中间发现有宽3厘米的纵向凹槽。刀形砖目前所见均用于砌筑甬道券顶，其规格有长32、宽16、厚3.5~4.7厘米和长32、宽16、厚4.5~5.5厘米两种。楔形砖发现于甬道券顶及墓室后部起券部分，长31.2~32、宽11.7~16、厚4.5厘米。墓砖砖面发现有拍印绳纹痕迹，未有其他纹饰出现。部分刀形砖侧面发现模印纪年铭文，均为反书阳文，择其较完整者，铭文内容为"宋元嘉五年（428年）十一月杨"。另于部分楔形砖窄断面，发现阳文"▨"、"▨"。

（二）出土器物

出土器物共6件（组），发现于墓室前部。

陶俑　2件。一男一女，紧贴墓壁立于墓室前部。M1：1，男俑。泥质灰陶。头戴帽，面部清晰，双手环于腹，腰以下残缺不存。残高17.2厘米（图三：1；彩版：51）。M1：5，女俑。泥质红陶，黑色陶衣。扇形发髻，面部清晰，含笑意，双手环于腹，腰以下残缺不存。残高16.8厘米

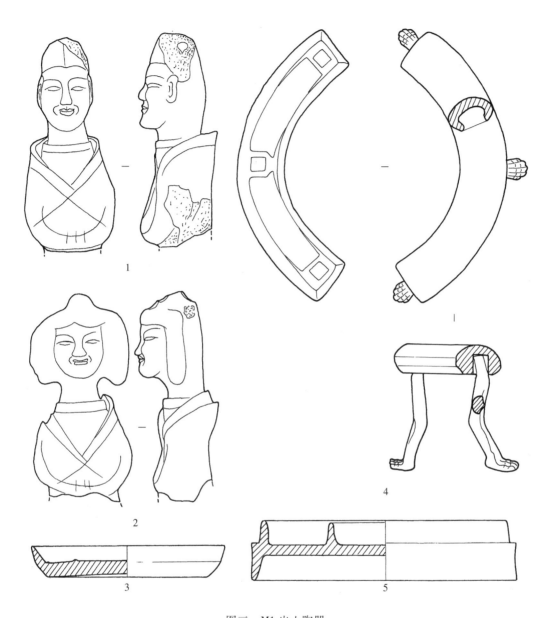

图三　M1 出土陶器

1、2. 俑（M1∶1、5）　3. 盘（M1∶3）　4. 凭几（M1∶2）　5. 果盒（M1∶4）　（4 为 1/6，余为 1/3）

（图三∶2；彩版∶52）。

陶凭几　1 件（M1∶2）。泥质灰陶。圆弧状，截面呈∩形，背面有三个方形凹槽，三足插于槽内，足作兽蹄形，足端分五趾。长 43.8、宽 7.6、高 20 厘米（图三∶4）。

陶盘　1 件（M1∶3）。侈口，尖圆唇，折腹，平底微内凹。内底饰一周凸弦纹。口径 15.6、底径 13.2、高 2.5 厘米（图三∶3）。

陶果盒　1 件（M1∶4）。子口，直壁，高圈足。内底有一周高凸起，将其分为内、外两层。口径 20、圈足径 21.6、高 4.8 厘米（图三∶5）。

纪年砖　6 块（M1∶6）。均为刀形砖，砌筑于甬道券顶部分。砖面拍印绳纹，侧面模印反书阳文，文字内容相同，为"宋元嘉五年十一月杨"。长 32、宽 16、厚 3.8~4.7 厘米（图四）。

图四　纪年砖（M1:6）拓片（1/3）

二　2号墓

（一）墓葬形制

M2 位于 M1 东侧约 6 米处，原开口应高于 M1，两墓墓室底部高差约 1.7 米。墓葬由墓道、排水沟、砖室组成，方向 165°（图五）。此墓早年曾遭盗掘，仅于近后壁处残留部分墓顶，墓顶大部及部分墓壁遭破坏已不存。

墓道平面近长方形，斜坡状，坡度 21°，残长 3.1、宽 1.3～1.4 米。墓道近封门处呈水平状，底部平铺一层"人"字形组砖，与甬道内铺地砖相连。墓道内填土呈红褐色，土质致密，包含零星碎砖块。墓道斜坡为熟土面，含有零星砖块，经踩踏形成硬结面。

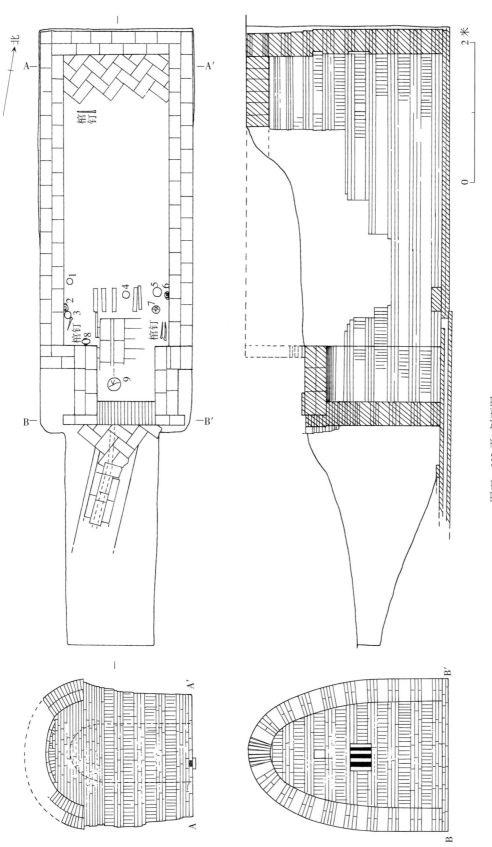

图五　M2平、剖面图

1、3、4、7.瓷盏　2、6.陶俑　5.陶盘　8.陶耳杯　9.陶果盒

排水沟起于墓室前部，经甬道、墓道向西南延伸。系先开挖沟槽，宽 0.6 米，沟槽底部用四层纵向平铺砖砌筑排水孔道，孔道宽 7、高 5 厘米。

砖室平面近长方形，由封门、甬道、墓室组成，全长 5.68 米。砖室中部发现早年盗洞一处，致使墓顶及两侧墓壁遭严重破坏。

封门砌于甬道内，向外伸出约 15 厘米，伸出部分与挡土墙混砌为一体。封门下部为"三顺一丁"组砖，上部为平砖顺砌。挡土墙砌于甬道前部，为顺、丁砖混砌，宽 2.06、残高 2 米，上端原为两层券顶，已毁，仅存甬道两侧部分，顶部所用均为刀形砖。甬道长 1、内宽 0.84 米。两侧壁为"三顺一丁"组砖，于距甬道底部 1.42 米处开始起券，券顶为楔形砖与刀形砖混砌，部分已坍塌，厚 0.32、内侧距甬道铺地砖 1.64 米。铺地砖分两层，上层为"人"字形组砖，下层为席纹组砖。

墓室平面呈长方形，内长 4.2、宽 1.55 米。墓顶为券顶，内侧距铺地砖 2.46 米。券顶大部及两侧壁局部被毁，券顶仅存墓室后壁 1 米左右。墓室两侧壁及后壁砌砖均为"三顺一丁"，厚 0.32 米。两侧壁后部及后壁上部均有一长方形壁龛，形制相同，宽 12、高 16、进深 5 厘米。后壁中部，有一长方形直棂假窗，由七块丁砖纵立砌成"三凹四凸"状，宽 40、高 32、深约 1 厘米。墓室前部正中位置，残留六块丁砖，其中四块为刀形砖，宽面朝下，窄面朝上，应为墓内祭台设施。墓室铺地砖分两层，上层为"人"字形组砖，下层为席纹组砖。墓室内积满淤土，填土呈黄褐色夹杂灰色斑点，土质较致密，包含大量残碎墓砖块。棺木、人骨均不存。

M2 所用墓砖有长方形、刀形、楔形三种。长方形砖用于砌筑墓壁、铺地、封门、排水沟等，长 32、宽 16、厚 5 厘米。刀形砖用于起券及砌筑墓室内祭台，其规格有长 32.5、宽 15.5、厚 5.5～7.5 厘米和长 32.5、宽 15.5、厚 3.5～5.5 厘米两种。楔形砖用于甬道及墓室顶部，长 32、宽 11～15.5、厚 5 厘米。墓砖砖面发现有拍印绳纹痕迹，未有其他纹饰出现。

（二）出土器物

出土器物共 9 件，散置于墓室前部及甬道内，分为陶、瓷器两种，器形包括俑、盘、果盒、耳杯、盏等。

陶俑　2 件。均残，紧贴墓壁分列于墓室前部。M2:2，泥质红陶，黑色陶衣。头部已不存，双手环于腹，筒状裙，双足凸出。残高 17.6 厘米（图六:6）。M2:6，泥质红陶，黑色陶衣。面部清晰，双手环于腹，筒状裙。残高 22.2 厘米（图六:9）。

陶耳杯　1 件（M2:8）。敞口，尖唇，弧腹，假圈足，口沿外附两个弧状条形耳。素面。口长 9.6、宽 6、底长 5、宽 3.2、高 5 厘米（图六:2）。

陶盘　1 件（M2:5）。敞口，尖唇，斜腹，平底微内凹。内底饰两周凸弦纹。口径 15、底径 13.6、高 2 厘米（图六:7）。

陶果盒　1 件（M2:9）。圆形。子口，直壁，高圈足。内底有一周高凸起，将其分为内、外两层。口径 17.4、底径 19.6、高 4.4 厘米（图六:8）。

瓷盏　4 件。灰白胎，施青黄釉，部分器物釉层已剥落。根据底部不同，分 2 型。

A 型　1 件（M2:1）。敞口，圆唇，斜弧腹，平底。口沿外侧饰一周凹弦纹。口径 8.2、底径 5.8、高 4.2 厘米（图六:1）。

图六　M2 出土器物

1. A 型瓷盏（M2∶1）　2. 陶耳杯（M2∶8）　3～5. B 型瓷盏（M2∶3、4、7）　6、9. 陶俑（M2∶2、6）　7. 陶盘（M2∶5）　8. 陶果盒（M2∶9）　（均为 2/5）

　　B 型　3 件。敞口，圆唇，弧腹，饼底。腹部饰一周细凸弦纹。M2∶3，口径 8.4、底径 5、高 4 厘米（图六∶3）。M2∶4，口径 8.2、底径 4.6、高 4.2 厘米（图六∶4）。M2∶7，口径 8.6、底径 4.4、高 3.6 厘米（图六∶5）。

　　另外，墓内还发现铁棺钉 4 件，锈蚀严重，断面呈圆形，残长 5～9 厘米。

三　结　语

两座墓葬早年曾遭盗扰，墓葬结构及随葬器物均遭不同程度的毁坏。从现存情况看，其平面均呈"凸"字形，为长方形单室券顶砖室墓，墓室前部由丁砖纵立砌成祭台，墓壁有壁龛及直棂假窗，墓室底部铺地砖分两层且向前延伸至封门之外，砌墓所用墓砖尺寸、形状基本一致，表明M1与M2时代应相差无几；同时，两座墓葬方向一致，相距较近，排列有序，应为同一家族墓葬。

M1出现大量纪年铭文砖，为判定墓葬时代提供了重要证据。"元嘉"作为年号曾两次出现，分别为东汉桓帝及南朝宋文帝时期，其中汉桓帝元嘉纪年至三年为止，故此处应为南朝宋文帝时期无疑，元嘉五年即公元428年。由于砖铭内容相对简单，难以确定此纪年为造砖纪年或砌墓纪年，而一般来说，这两种纪年时间相差不大，因此，M1时代应与此同时或略偏后，M2时代与M1相近，均为南朝早期。

浦口区沿江街道位于长江北岸，这一地区六朝时期墓葬发现较少，龙山茶厂两座南朝纪年墓，时代清晰，排列有序，对研究六朝时期墓葬在江北的分布及南京地区六朝墓葬的分期断代等问题具有重要的参考意义。

领　队：王光明
发　掘：许志强　徐　华
　　　　符　莹　薛春明
摄　影：王　泉　许志强
修　复：雷　雨
绘　图：董补顺
拓　片：雷　雨
执　笔：许志强

南京栖霞刘宋升明二年墓发掘简报

南 京 市 博 物 馆

南 京 市 栖 霞 区 文 化 局

　　南京栖霞区新尧新城"中学用地"地块位于南京市栖霞区金尧路以北，公园东路以东。2010年6～7月，为配合工程建设，南京市博物馆对地块内进行了考古勘探，并对地块东部相对较高处发现的一座砖室墓（编号2010NQYM1，以下简称M1）进行了发掘（图一），在墓室南侧壁直棂假窗上部发现一块有"昇（升）明二年（478年）"的纪年铭文砖。现将墓葬发掘情况简报如下。

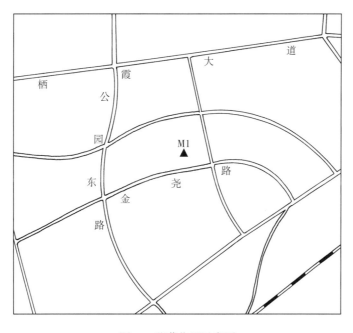

图一　墓葬位置示意图

一　墓葬形制

　　M1开口距地表0.5米，为石圹砖室墓，开凿山岩为圹，圹壁毛糙。墓葬平面呈"凸"字形，墓门向东，方向65°，由墓道、排水沟、封门墙、甬道、墓室组成（图二）。墓葬保存较差，顶部已毁，墓室、甬道仅存墓底和部分侧墙。

　　墓道为斜坡状，正中开槽通排水沟，仅清理近门处1.2米。排水沟清理长度1.8米，砌法为底铺平砖一层，上砌两层平行竖砖，再上为一层平砖，形成宽10、高8厘米的排水孔道，最上部为一层竖砖。排水口位于墓室前部地面，水道伸至棺床下。

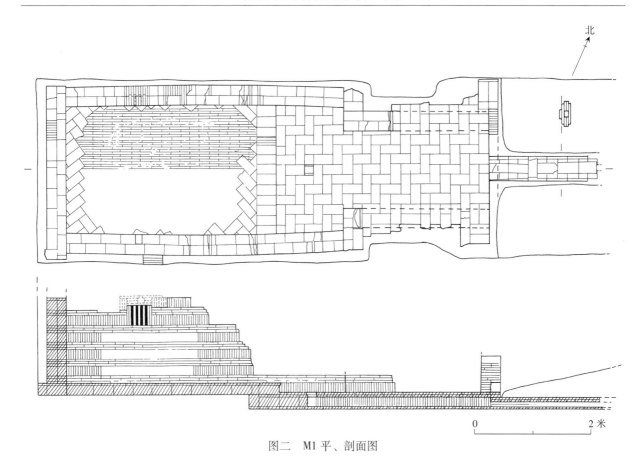

图二　M1 平、剖面图

封门墙仅存北部一段，横砖平砌，残存 12 层。残长 0.9、残高 0.65 米。

甬道长 2.35、内宽 1.36 米。顶及南侧壁无存，北侧仅存地砖及残墙，为一层竖砖上平铺两层砖。

墓室平面呈长方形，内长 4.92、宽 2.1 米。四壁均以"三顺一丁"为基础墙。墙残存砖 4～23 层，残高 0.32～1.65 米。两侧壁于三组"三顺一丁"砖之上，在距后壁 1.04、距墓底 0.96 米处各作一直棂假窗，宽 45、高 34 厘米。其上作一"凸"字形龛，龛高 12 厘米。龛上还残存加固墓室券顶的残墙，有三组砖，为横面竖砌。墓室后部为棺床，分为两层，下层砌一层立砖，上层铺一层平砖呈"人"字形，长 3.78、高 0.16 米。墓室前部铺地砖为"人"字形平铺，中部留有一正方形排水口，边长 16 厘米，可放置窨井盖。墓内葬具、人骨不存。

墓砖为泥质青灰色，质地坚硬，长 34、宽 16.5、厚 4.5 厘米。大部分为素面，其中部分墓砖侧面有模印铭文，均为阳文（图三）。铭文砖中以"雅"字砖最多，约 300 块，部分字体已模糊不清，此外还有"大万（方）"字砖 6 块、"大矫"字砖 15 块、"矫小" 2 块、"小"字砖 3 块。另在墓室南侧壁"凸"字形龛上发现纪年铭文砖 1 块，文字系在土坯上刻划，后烧成砖，为手写体，书"昇（升）明二年七月廿□日作甓□好也"。

二　出土器物

墓葬曾经被盗，毁坏严重，仅存墓底。出土器物有瓷盘口壶、盏，陶盘、囷、灯及滑石猪，另有铜钱若干。

图三 铭文砖（部分）拓片（1/2）

瓷盘口壶 1件（M1：7）。盘口微侈，圆唇，束颈，广肩，鼓腹，平底微凹。肩有四系，两两相对，均残，从残面上看应为方系。腹部饰9周凹弦纹。灰白胎，施青黄釉，釉不及底。口径12.6、底径14.8、高27.6厘米（图四：7）。

瓷盏 2件。均残。口微敛，圆唇，饼足，盏心下凹。施青釉，底不施釉。M1：1，口径8.6、底径4、高4.4厘米（图四：1）。M1：10，口径8.6、底径3.8、高4.2厘米（图四：2）。

陶盘 3件。灰陶，其中2件为泥质陶，1件为夹砂陶。敞口，平底。内底有两周凸棱。M1：6，口径14.2、底径13.2、高2厘米（图四：6）。

陶囷 1件（M1：8）。灰陶。口径9.2，高8.2厘米（图四：3）。

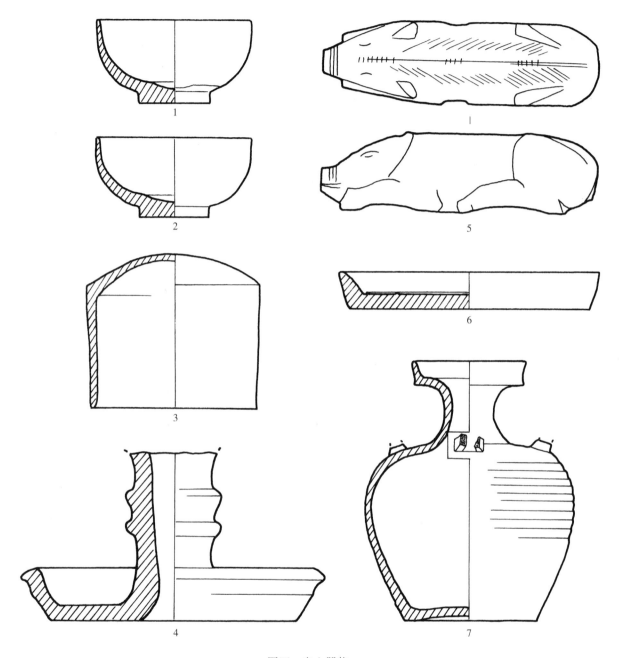

图四　出土器物

1、2. 瓷盏（M1：1、10）　3. 陶囷（M1：8）　4. 陶灯（M1：4）　5. 滑石猪（M1：11）　6. 陶盘（M1：6）　7. 瓷盘口壶（M1：7）
（5 为 1/1，7 为 1/4，余为 1/2）

　　陶灯　1 件（M1：4）。仅存部分灯柱和底部托盘，灯柱有两周凸棱。托盘口径 16.8、底径 13.6、残高 9 厘米（图四：4）。

　　滑石猪　1 件（M1：11）。刻划较精细，猪四脚匍匐在地，头置两前足上，猪背脊上划一道线，两侧刻划出猪鬃。长 7.5、宽 2.1、高 2.1 厘米（图四：5）。

　　另外，墓室内还出土铜钱 70 余枚。包括"大泉五十" 7 枚、"半两" 2 枚、"五铢" 9 枚、"货泉" 2 枚、"太平百钱" 1 枚、"直百五铢" 1 枚、"□布" 1 枚，其余铜钱磨损较甚，钱文无法辨识（图五）。

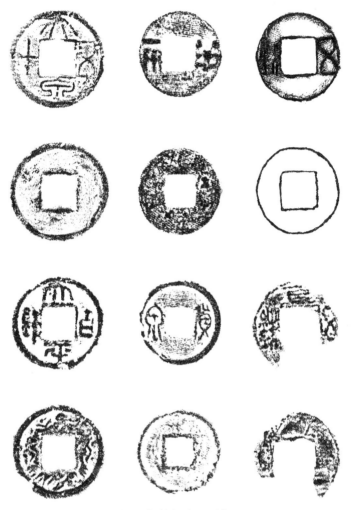

图五　铜钱拓片（原大）

三　结　语

M1出土了"昇（升）明二年"纪年铭文砖，为判定墓葬年代提供了证据。六朝时期的考古学分期，刘宋或宋齐之际经常被认为是由中期向晚期过渡的关键阶段，"昇（升）明"是南朝刘宋的最后一个年号，正处于宋齐之际。升明二年墓的发现为南京南朝墓葬年代序列的研究提供了实物资料。

墓葬为"凸"字形砖室墓，保存较差，墓室结构破坏严重。从残存情况推断墓顶为券顶，墓室内有砖砌棺床，两侧壁砌有直棂假窗和"凸"字形小龛。出土器物较少，其中瓷盘口壶有四横方系，束颈，鼓腹，盘口径小于最大腹径，保留了较多东晋时期盘口壶的特征。

墓葬用砖均为素面，部分墓砖侧面模印铭文，其中"雅"（或通"鸭"）字砖数量最多，"大万（方）"、"小"两种砖铭在以往也有较多发现，而"大矫"、"矫小"则较为少见。从已发表的材料看，铭文砖的文字与砖的尺寸、砖面纹饰或有着一定的对应关系，如南京梁桂阳王肖融墓[1]、南京尧化门南朝梁墓[2]，而此次发现的 5 种铭文砖的形状、尺寸基本相同，没有明显差别，其意义有待进一步研究。

发　掘：陈大海　李　翔
　　　　韩光存　王　宏
摄　影：王　泉
绘　图：董补顺　韩光存
拓　片：李永忠　熊其亮
　　　　雷　雨
执　笔：王　宏　王光明

注　释

[1]　南京市博物馆阮国林《南京梁桂阳王肖融夫妇合葬墓》，《文物》1981 年第 12 期。
[2]　南京博物院《南京尧化门南朝梁墓发掘简报》，《文物》1981 年第 12 期。

南京卫校晓庄校区三座六朝墓发掘简报

南京市博物馆

南京卫校建设信息综合大楼时发现一座砖室墓，南京市博物馆于2008年11月对此墓及周边勘探发现的3座同时期墓葬进行了抢救性发掘（编号2008NQWM1～2008NQWM3）。现将发掘收获简报如下。

一 墓地概况

墓地位于南京市栖霞区晓庄广场西北侧，行知园南侧，北靠幕府山东段劳山，西南距中央门约5公里。墓地所在地原为较高的丘陵，M1于工程建设平整地面时发现，顶部完好，部分被机械触碰坍塌。三座墓葬排列整齐，均朝向东北，间距较小，应是家族墓地（图一）。其中M1未遭盗掘，形制完整，随葬器物位置明确；另外两座墓葬除顶部坍塌外，形制基本完整。

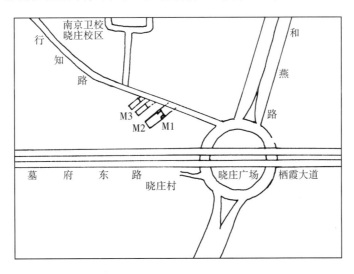

图一 墓葬位置示意图

二 墓葬形制

M1 带斜坡墓道的竖穴土坑砖室墓，方向63°（图二；彩版：53）。墓坑略呈长方形，甬道部分微收窄，长6.46、宽2.3～2.5、残深2.9米。墓道前部被院墙及公路叠压，仅清理长度2.8米，由封门向前逐渐收窄，底部于封门外0.2米即起约30°斜坡，水平长度1.6米后变平缓。墓道底部正中有排水沟，由4层砖垒砌，直通甬道底部，排水孔为方形，边长8厘米。墓坑内填土为红褐色花土，有些层位含碎砖块；排水沟内填土为近生土的黄褐色花土，几无包含物。

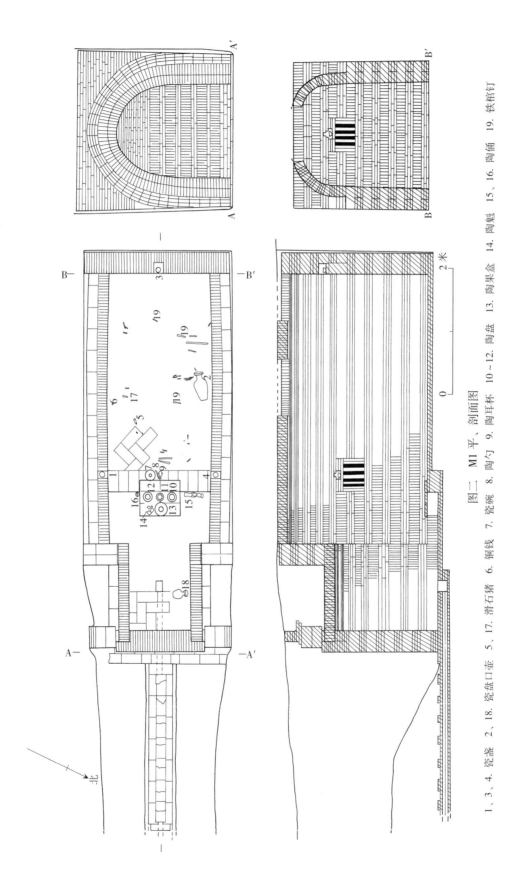

图二　M1 平、剖面图

1、3、4. 瓷盏　2、18. 瓷盘口壶　5、17. 滑石猪　6. 铜钱　7. 瓷碗　8. 陶勺　9. 陶耳杯　10～12. 陶盘　13. 陶果盒　14. 陶魁　15、16. 陶俑　19. 铁棺钉

砖室平面呈"凸"字形，由挡土墙、封门墙、甬道和墓室等部分构成，全长6.4、宽2.42、高2.9米。

挡土墙垒砌于甬道口两侧和上部，出檐0.1米。先于甬道口外部伏券一层，由内至外为"两券四伏"，再以平砖顺砌直抵墓坑壁。封门墙一半在甬道内，下部为"两顺一丁"或"一顺一丁"砌法，上部券顶处以平砖顺砌。

甬道长1.56、内宽1.06、内高1.7米，底有长方形下水孔，内嵌半截砖为盖。墓室中部稍宽，两端略窄，内长4.3、宽1.68～1.8、高2.48米。甬道和墓室墙壁及券顶均为"三顺一丁"砌法。墓室前、后壁厚0.34米，其余墙壁顺砖皆为单层，丁砖多为半截残砖，间隔4块左右再置2块完整砖。后壁正中和两侧壁前部各有直棂假窗和"凸"字形灯龛。直棂假窗均由12块砖竖立前后交错构成，长0.55米。左、右灯龛相同，宽0.12、高0.12、深0.17米；后灯龛略大，宽0.18、高0.16、深0.18米。龛内各放置瓷盏1件。券顶以特制楔形小砖单层起券。墓室内设棺床和砖砌长方形祭台。棺床位于墓室中后部，长3.46、高出墓室前地面0.18米，上铺2层砖，下层纵横错缝平铺，上层平铺呈"人"字形，前端一排顺砖锁口。祭台面铺3排6块砖，一排砖搭置棺床前端，另两排下以3排丁砖支撑，长0.68、宽0.58米。随葬器物主要放置于祭台上或周围，此外，甬道出土瓷盘口壶1件，棺床上出土瓷盘口壶1件、滑石猪2件及铜钱1枚。

砖室用砖较为统一，长方形砖素面，长34、宽17、厚4厘米；楔形小砖长17、宽5～10、厚4厘米。

M2　带短甬道的竖穴土坑砖室墓，方向60°（图三）。墓道为竖穴，底部开挖有排水沟。砖室全长4.72、宽1.62、残高1.2米。封门墙砌于甬道内，以砖侧立叠砌5层，券顶部分平砖顺砌。甬道较短，略窄于墓室，长0.54、宽0.8米。墓室呈长方形，内长3.74、宽0.94米。墓室铺地砖呈"人"字形。墓壁砌法均为"三顺一丁"。北侧壁前部有一个方形壁龛。后部棺床为一层砖横向错缝平铺而成。随葬器物仅在甬道内发现瓷盘口壶1件。

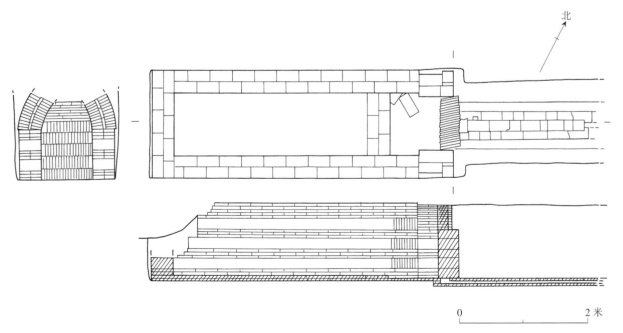

图三　M2平、剖面图

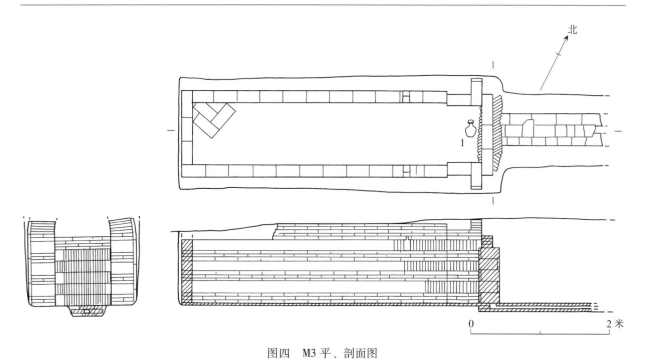

图四　M3 平、剖面图
1. 瓷盘口壶

M3　形制与 M2 基本相同，方向 65°，全长 4.7、宽 1.26、残高 1.2 米（图四）。墓室内无棺床，仅有一层"人"字形铺地砖。两侧壁前部各有一"凸"字形灯龛。甬道内出土瓷盘口壶 1 件。

三　随葬器物

随葬器物以瓷、陶器为主，另有滑石猪、铜钱、铁棺钉等。分类介绍如下。

（一）瓷器

8 件，有盘口壶、盏、碗。

盘口壶　4 件。分 2 型。

A 型　3 件。形制、大小基本一致。直盘口，矮颈，溜肩，鼓腹，平底。肩部对称贴附四个横系，系均缺落。腹部可见明显的泥条盘筑痕迹。灰白胎，施青黄釉，下腹部和底部不施釉。M1:18，口径 14.4、腹径 23.2、底径 12.4、高 27.2 厘米（图五:1）。M2:1，口径 15.6、腹径 26、底径 14、高 28.8 厘米（图五:2）。M3:1，口径 15.6、腹径 23.2、底径 12.8、高 28.4 厘米（图五:3）。

B 型　1 件（M1:2）。器形修长，大盘口微敞，高直颈，斜直腹，平底。肩部对称贴附双复系。红褐色胎，施青黄釉，仅底部不施釉。口径 16.8、腹径 22.4、底径 12、高 43.2 厘米（图五:4；彩版:54）。

盏　3 件。M1:1，弧腹，假圈足。施青黄釉。口径 8.8、底径 4.8、高 4 厘米（图五:9）。M1:3，鼓腹，略起底。唇部饰一周凹弦纹。釉面已全部脱落。口径 8、底径 5、高 4.4 厘米（图五:10）。M1:4，圆唇，斜弧腹，略起底。唇部饰一周凹弦纹。施青黄釉，釉不及底。口径 8、底径 6、高 3

厘米（图五：8）。

碗 1件（M1:7）。尖唇，弧腹，假圈足。唇部及外底各饰一周凹弦纹。施青釉，釉不及底。口径15.2、底径6.8、高7.4厘米（图五：5）。

（二）陶器

9件，皆为泥质灰陶，器形有耳杯、魁、果盒、盘、俑等。

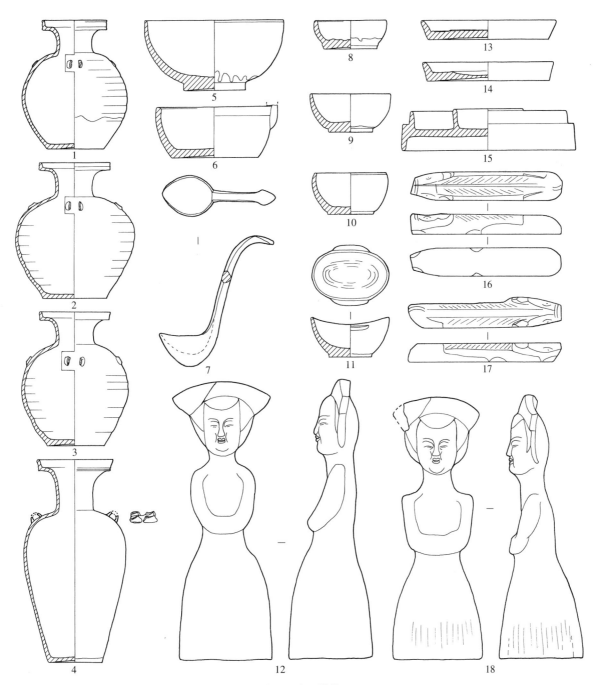

图五 出土器物

1～3.A型瓷盘口壶（M1:18、M2:1、M3:1） 4.B型瓷盘口壶（M1:2） 5.瓷碗（M1:7） 6.陶魁（M1:14） 7.陶勺（M1:8）
8～10.瓷盏（M1:4、1、3） 11.陶耳环（M1:9） 12、18.陶俑（M1:15、16） 13、14.陶盘（M1:10、12） 15.陶果盒
（M1:13） 16、17.滑石猪（M1:5、17） （1～4为1/8，16、17为1/2，余为1/4）

耳杯　1件（M1:9）。平面呈椭圆形，方唇，斜弧腹，平底。口部两端上翘，双耳略低于口沿。长 8.6、宽 5.4、高 4.2 厘米（图五:11）。

勺　1件（M1:8）。平面呈椭圆形，勺底较厚。勺柄弯曲，有 5 个刮削面，断面略呈不规则菱形，柄端为三角形。长 6.2、宽 4.4、高 14 厘米（图五:7）。

魁　1件（M1:14）。方唇，鼓腹，平底，柄不存。唇部饰一周凹弦纹。口径 12.8、底径 9.6、高 5.4 厘米（图五:6）。

果盒　1件（M1:13）。圆形，子口，直壁，中部同心圆略高，圈足底。直径 19.2、高 4.3 厘米（图五:15）。

盘　3件。形制相同，大小略有区别。斜直腹，平底略内凹，内底饰一周凸弦纹。M1:10，口径 15、高 2 厘米（图五:13）。M1:12，口径 14.4、高 2 厘米（图五:14）。

俑　2件。均为女性，形制基本相同。躯体中空。扇形髻，额发呈半月形，长面丰颐，上身较细，双手交拢于腹部，下袍宽大。M1:15，溜肩，高 29.6 厘米（图五:12；彩版:55）。M1:16，平肩，下袍以刻划纹表现出褶皱。高 27.8 厘米（图五:18）。

（三）其他

有滑石猪、铜钱和铁棺钉。

滑石猪　2件。长条形，头部刻划有口、鼻、眼、耳，背部刻划有鬃毛，尾部圆弧，四肢蹲伏。M1:5，长 8.4、宽 1.5、高 1.1 厘米（图五:16）。M1:17，一侧腹部残缺，长 8.5、宽 1.6、高 1 厘米（图五:17）。

铜钱　1枚（M1:6）。五铢钱。无外郭，穿内还残有铜渣。钱径 2.1、穿宽 1 厘米。

另有铁棺钉若干件，多分布于棺床左侧。均锈蚀。M1:19-1，断面呈矩形，长 24.2、厚 0.6～1.1 厘米。

四　结　语

这处墓地由 3 座砖室墓组成，其中保存完整的 M1 为我们认识这类六朝中小型砖室墓提供了重要资料。归纳有如下几点认识。

（一）M1 的墓壁和券顶均为南京六朝墓惯用的"三顺一丁"砌法，但厚度为单层砖。其中墙壁丁砖多用残砖，隔 4 块左右才用 2 块完整砖，这种现象屡见于六朝中小型墓。对于这种砌造方法，有人认为可节省砖料，又可使墓室与填土更加咬合，起到加固作用。但 M1 券顶部分以特制楔形小砖起券，与以往发现使用残砖的现象相比更加规范。这种建造方法可能代表着墓葬的一种规格，应与墓主的身份等级有关。

（二）M1 棺床上一侧有铁棺钉 2 排，基本可以推测为单人葬，这也与棺床上仅发现 2 枚滑石猪的情形相合。因此，这座墓中的随葬器物应为中小型墓单人葬的组合标准之一。除瓷盘口壶因墓内积水移位外，其余器物位置都很明确，即：瓷盘口壶 2 件，瓷碗 1 件，碗内置陶勺，旁有陶魁和陶耳杯；祭台上整齐摆列陶果盒和陶盘 3 件；陶俑 2 件，均为女性，相向分立于祭台两侧，这与分列于甬道两侧的情形又有所不同。

墓中不见牛车、铜镜等象征士大夫舆服的明器，也不见较为常见的凭几，仅随葬日常饮食器，或可知墓主身份地位较低。

（三）与 M1 墓葬形制和器物组合均相似的墓例发现较多，如南京虎踞关、曹后村两座东晋墓[1]及南京马群六朝墓[2]。但这种带有直棂假窗和壁龛的"凸"字形墓从东晋中晚期一直流行至南朝时期，器物组合延续时间也较长，因此难以准确判定墓葬的时代。M1 随葬器物中陶俑和瓷盘口壶时代特征相对明显。陶俑均为扇形髻，这类俑几乎流行于整个南朝时期。而 M1 出土的两件瓷盘口壶造型殊异，其中 A 型直盘口、圆鼓腹的造型颇具东晋中晚期风格，而 B 型大盘口、高直颈、器形修长的特点又属于南朝早期的特点。故综合分析，推测 M1 的时代应为南朝早期。

M2、M3 出土的瓷盘口壶与 M1 出土的 A 型瓷盘口壶相同，两墓时代相当，约为东晋晚期至南朝早期。

发　　掘：陈大海　徐　华　王海平

摄　　影：王　泉

绘　　图：王海平　董补顺

整　　理：陈大海

执　　笔：徐　华　陈大海

注　释

[1]　南京市博物馆《南京虎踞关、曹后村两座东晋墓》，《文物》1988 年第 1 期。

[2]　南京市博物馆《南京马群六朝墓》，《考古》1985 年第 11 期。

南京侯家塘唐墓

南京市博物馆

2010年1月，为配合南京市东郊的侯家塘原南京骨胶厂厂区拆迁工程，南京市博物馆在其厂区内发掘了2座砖室墓（图一）。其中一座墓被盗，无出土器物，现将保存较好的1号墓（编号2010NHM1，以下简称M1）的发掘情况简报如下。

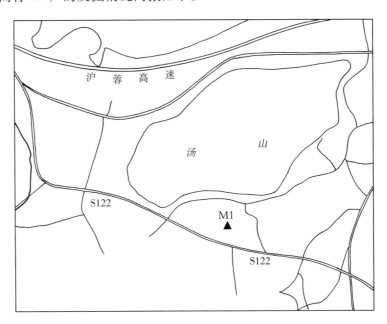

图一　墓葬位置示意图

一　墓葬形制

墓葬为长方形单室墓，内长3.3、宽0.9米（图二）。叠涩顶，顶已坍塌，墓室铺地砖只在左、右壁及封门墙边各砌一排砖。后壁呈弧形。墓壁砌法为"四顺一丁"，左、右及后壁各砌3个壁龛，壁龛等距分布，龛宽7.5、高27、深5厘米。墓室前砌有排水沟，排水沟底层为一层平砖，其上铺有半圆形陶制排水管。

墓砖尺寸为长28、宽13.5、厚3.5厘米。

二　出土器物

出土器物有瓷器、银器、铜钱及墓志等，介绍如下。

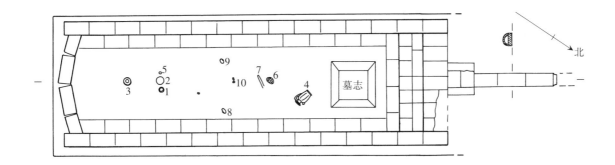

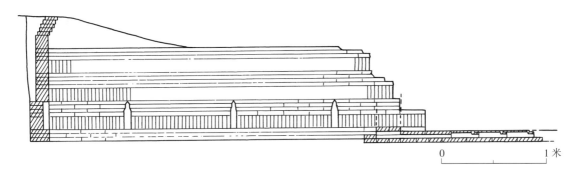

图二　M1 平、剖面图

1、2. 瓷盒　3. 瓷罐　4. 瓷执壶　5. 银戒指　6. 银饰　7. 银钗　8、9. 银镯　10. 铜钱

瓷盒　2 件。M1:1，无盖。圆形，子口，平底。灰白胎，施青绿釉，口及下腹未施釉。口径4.8、底径3.8、高2.1 厘米（图三:5）。M1:2，由盖和盒组成。盖为圆形上鼓；盒为圆形，子口，平底。灰白胎，施青绿釉，口及下腹未施釉。盖口径8.8、盒口径8、底径6.6、通高4.9 厘米（图三:2；彩版:56）。

瓷罐　1 件（M1:3）。敛口，鼓腹，下腹斜收，饼底，底有线割痕。上口饰一周凹弦纹，并饰3 处褐色花瓣。灰白胎，施青黄釉，釉不及底，胎釉结合较差，局部脱釉。口径3、底径4、高5.1 厘米（图三:1）。

瓷执壶　1 件（M1:4）。敞口，卷沿，束颈，壶体呈瓜瓣形，圈足。短直流，呈十面柱形，把手稍低于口沿。颈部饰4 周凹弦纹，流下方贴塑双鱼图案。灰白胎，施青黄釉，釉不及底。口径6、底径9.8、高17.8 厘米（图三:3）。

银戒指　1 件（M1:5）。圆形，外侧两边各有一周凹弦纹，中间有一周凸弦纹将戒指分成上下两个纹带，对称刻有4 朵花卉图案，间饰麻点纹。直径2、宽1.2、厚0.1 厘米（图三:7）。

银饰　1 件（M1:6）。残，略呈椭圆形，镂空。图案中间为一葫芦形瓶，上插一束仙草灵芝，两侧各有一只相向的凤凰，作振翅欲飞状，其余为花卉图案，推测为头饰。残长9.4 厘米（图三:4）。

银镯　2 件。形制相同。M1:8，椭圆形，镯身有凸弦纹，两端有圆孔。最大径5.6、宽2.5、厚0.1 厘米（图三:6）。

银钗　1 件（M1:7）。双股，呈 U 形，顶端作云朵状。长15.9、断面直径0.1 厘米（图三:8）。

铜钱　1 组（M1:10）。锈蚀，可辨钱文均为"开元通宝"。

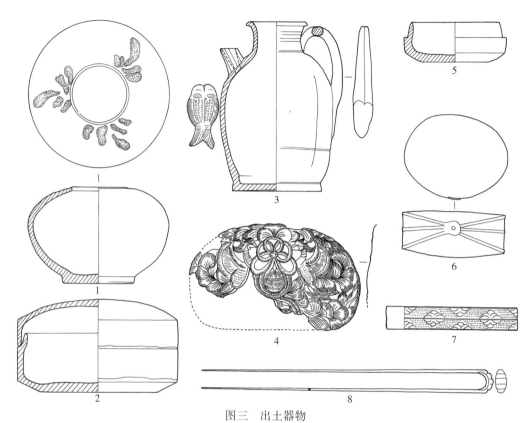

图三　出土器物

1. 瓷罐（M1：3）　2、5. 瓷盒（M1：2、1）　3. 瓷执壶（M1：4）　4. 银饰（M1：6）　6. 银镯（M1：8）
7. 银戒指（M1：5）　8. 银钗（M1：7）　（3 为 1/4，余为 1/2）

墓志　有盖，正方形，边长 50 厘米。录文如下（图四）。

　　唐上谷郡侯处士宝妻王氏墓志铭并序」范阳卢崇本撰」夫人琅琊王氏远祖导公因官至此
遂居润州金陵之数世□」失其谱系不果累书曾祖庄祖渊孝鹏育男三人女四人夫」人即第四女
也早怀温雅令淑雍和得曹氏之余风传班家之」轨轨诗云淑女君子好仇修内则而无遗以外彰于
九族育男二人女」一人男长曰昶次曰平并孤摞迥秀仁孝两全乡党钦崇寔门风□」不坠女一人
在室谦和自然雅志冰洁女工之妙巧判难过夫人享年」不永以会昌五载九月廿四日遇疾终于私
室时年六十有五总过□」顺之秋处士侯君痛齐眉之独往嗟龙钏之一沉见鸾镜而增悲□」行云
而哽咽男女崩□□呲粉身思闺训之□闻叹倚门之永□」宗亲泣涕咸伤花萼之襄妯娌含悲叹连
枝而一析□息哀恸□」里咨嗟生死路殊所居□异以会昌六祀岁在景寅□」月癸卯朔四日丙午
窆于上元县宣义乡宣德里□□东」云穴山南原壬首礼也虑桑田变易坟树改移见请斯文或刊
贞石□」诗云淑女君子好仇懿哉令德嘉仪□□」温容玉映峻节松楸鳏夫泣涕泉路长□」男女
哽咽亲姻泪流不刻贞石何记千□

三　结　语

据出土墓志可知，这座墓葬的墓主王氏为东晋士家大族琅琊王氏王导的后代，墓主因病卒于

图四　墓志拓片（约1/3）

唐会昌五年（845 年），第二年下葬，应属唐代晚期。

　　一般墓志文均为从右到左的格式，这座唐墓的墓志文却为从左到右的格式，较为很少见。

　　此外值得注意的是，这座墓的墓室中有 9 个小龛，而南京地区唐墓虽然发掘的不多，但已发掘的唐墓中多数都有这种多龛形制，应该说这是南京地区唐墓流行的一种形式。

执　　笔：姜林海

南京石子岗宋墓出土吉州窑梅瓶

龚巨平

　　2010 年 6～12 月，南京市博物馆考古部工作人员在南京市雨花台区雨花软件园 A1 地块发掘了数十座墓葬。墓地位于 A1 地块东侧、山体西麓，西北距石子冈约 1500 米（图一）。其中编号为 M1 的墓葬中出土了一件吉州窑黑釉梅瓶，造型俊挺、釉色沉郁、装饰灵动，为吉州窑瓷器精品。

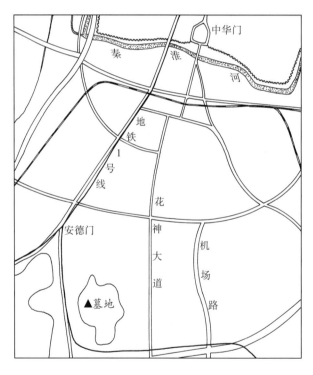

图一　墓地位置示意图

一　墓葬形制及出土器物

　　M1 为竖穴土坑墓，方向38°，南端被破坏，残长 2、宽 0.8、残深 0.5 米（图二）。墓坑内棺木及人骨均腐朽，仅底部残存有一层黑色板灰，残长 1.6、宽 0.6 厘米。在棺木北侧有黑釉梅瓶 1 件，黑色板灰上有散置的铜钱。

　　黑釉梅瓶　1 件（M1：1）。轮制拉坯制成。小口，卷沿，矮颈，丰肩，腹部斜下收，圈足，底部中心内凹。灰白胎，胎质细腻。器表外施黑釉，内壁呈土黄色。底部圈足经刮削，露出灰白胎。外底施黑釉，并有两处粗砂颗粒黏结。口沿饰一周不规则圆形白釉点彩，边缘呈色与口部内壁较为一致。器身自底部至颈，有规律地饰白色点彩，其装饰方法为：从底部开始点彩，每一组呈螺旋线形上升至颈。口径 5.6、最大腹径 16.4、底径 10.4、高 28.4 厘米（图三；彩版:58）。

铜钱　64 枚（M1:2）。均为宋钱，有"太平通宝"、"景德元宝"、"咸平元宝"、"崇宁通宝"等。

根据墓葬出土铜钱的钱文可推定墓葬年代不早于北宋晚期，应为南宋早期的墓葬。

二　吉州窑梅瓶赏析

从出土黑釉梅瓶的造型、釉色等观察，此器为南宋吉州窑产品。

吉州窑位于江西省吉安县永和镇，因隋至宋代吉安称为吉州，故名。吉州窑是我国南方著名的综合性窑场，其中心窑址有永和窑和临江窑，创烧于唐代晚期，经五代时期的发展，至两宋臻于鼎盛，元代逐渐衰落而终烧，具有数百年的烧瓷历史，民间有"先有永和，后有景德"之说。

吉州窑瓷器可分为青釉瓷、乳白釉瓷、黑釉瓷、白釉彩绘瓷、绿釉瓷和瓷塑等几大类，其中黑釉瓷最具地方艺术风格和特色。同北方紫定、南方建窑等窑器一样，吉州黑釉瓷在宋代特别发达。吉州窑黑釉料的主要呈色剂是氧化铁，其釉色成分有着明显的特点。在器表施薄釉时，烧成后呈赭色或暗褐

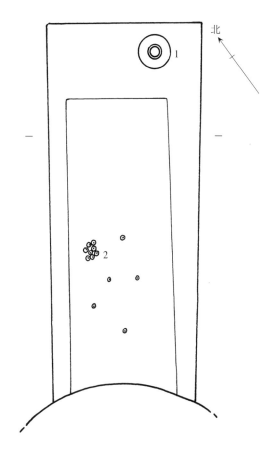

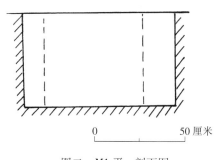

图二　M1 平、剖面图
1. 瓷梅瓶　2. 铜钱

色等；在施厚釉时，器物颜色变浓，釉色就呈黑色或黑褐色。除釉的厚薄与釉的成分外，器物的呈色与窑温也有一定关系，容易产生窑变。总之，吉州窑的工匠们通过独特的生产技艺和装饰手法，烧造出品类繁多、风采独具的黑釉器，有素天目、木叶纹、鹧鸪斑、玳瑁斑、虎皮纹、油滴纹、兔毫纹、洒釉、剪纸贴花和剔花加彩、点彩等品类。

现在学界习称的"梅瓶"，器形为小口、矮颈、弧肩、深长腹、小底，质地有陶、瓷之分。目前考古发现的这类实物始见于宋辽时期。尽管宋代的一些诗文中已有"梅瓶"一词出现，但很难将其与这种器物直接联系起来。倒是宋代出现的"酒经"在造型上与今天习称的"梅瓶"比较契合。宋代赵令畤在《侯鲭录》卷三载："陶人为器。有酒经焉，晋安人盛酒以瓦壶。其制小颈，环口，修腹，受一斗，可以盛酒，凡馈人牲兼以酒。"置书云："酒一经，或二经至五经焉。他境

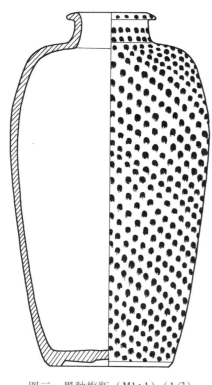

图三　黑釉梅瓶（M1:1）（1/3）

人有游于是邦，不达其义，闻五经至焉，束带迎于门，所知是酒五瓶，为五经焉。"可知，酒经是一种酒器。袁文《瓮牖闲评》卷六："今人盛酒大瓶，谓之京瓶，乃用京师之'京'字，意谓此瓶出自京师，误也。京字当用经籍之'经'，普安人以比壶小颈、环口、修腹、受一斗，可以盛酒者，名曰经。则知经瓶者，当用此经字也。"赵彦卫《云麓漫钞》卷三载："今人呼劝酒瓶为酒京……盖自晋安语，相传及今。"宿白在《白沙宋墓》一书中最早考订这类出土器物为盛酒之器，在白沙宋墓壁画所见人物形象中持瓶人头巾上有墨书"书上崔大郎酒"一语。宿先生根据上述文献和众多宋代的图像及实物材料互相印证得出梅瓶在宋代称"经瓶"是为盛酒之器的结论，并为学术界所认可。

据统计，在两宋时期生产梅瓶的窑系有北方的磁州窑系、定窑系、耀州窑系、钧窑系以及南方的龙泉窑系、景德镇青白窑系、瓯窑、德化窑等。北宋时期的北方窑系生产的梅瓶是宋代梅瓶的主流，随着政治、经济和文化中心的南移，南宋时期南方梅瓶渐次兴盛起来。南宋吉州窑生产的梅瓶就是在借鉴北宋窑产梅瓶的基础上，融入自己的独特艺术风格而产生的。

首先，从整体造型看，器物高度、最大腹径、底径的尺寸最能反映出器物的尺度。尺度的比例适中，会给人视觉上美的享受，所谓"增一分则高，减一分则矮"。梅瓶小口、短颈、丰肩、深腹的造型，决定了其修长的轮廓线。就北方梅瓶的轮廓线而言，无论是耀州窑、定窑，还是磁州窑，均以小口、短颈、丰肩、鼓腹、敛胫、细足为主要特征，特别是在胫足的处理上，往往呈现略向内收束并向外撇的形象，从而给人峻拔硬朗、端庄文秀的视觉感受。而本次发掘出土的这件吉州窑梅瓶，不再是北方那种圆中带方、曲中藏直、内收外撇的胫足，而是顺肩部的弧线走势及腹部逐渐向下略为外鼓收结至底，因而底部相对于北方梅瓶而言，其尺度也要大一些，从而在总体感觉上体态比例更为适中，饱满而不肥硕，简练质朴，厚实沉稳，这是宋代南北方梅瓶的一个比较直观的变化。

吉州窑瓷器的瓷胎以灰白胎为主，陶土较细腻，从露胎处可见胎质紧密并留有制作痕迹。因烧制时窑温较高，故胎体极为坚硬，扣之声音清脆。其釉质肥厚莹润，黑釉有的透着红、紫色，纯黑色的较为少见。吉州窑的施釉多不规整，胎脚和圈足多露胎，露胎处可见不工整的修胎痕迹，刀法遒劲，显示出生硬的棱角。这些特点在此次出土的梅瓶上有突出的表现。这件梅瓶的施釉也极具特色，在吉州窑产品中较为少见。它运用点彩的装饰手法，在先施的黑色釉面上，用黄釉有规律的点出圆形星状纹饰。在吉州窑的图谱中，这种点彩的装饰手法在碗和瓶上有运用，一般呈水平圆周规律分布。而出土的这件采用螺旋形有规律的分布，相对于水平的装饰手法，更显得灵动，在视觉上给人上升的感觉，从而更加突出器形的高大挺秀，在吉州窑瓷器中独树一帜。

　　南京地区宋代墓葬的考古发现相对于六朝和明代墓葬来说，总量要少很多，墓葬等级也较低。而在数量有限的宋墓中，以吉州窑瓷器作为随葬品的墓葬更是少之又少，而多以影青瓷器为主。与此同时，南京城区遗址的考古发掘中，在宋代地层中吉州窑瓷器却特别多，尤以秦淮河两岸更甚，器形以黑釉盏、罐、壶、杯等生活用器为主。如2006年中华门工地出土的吉州窑鹤鹿纹执壶就是具有典型意义的精品。一方面，从遗址出土的吉州窑瓷器数量来说，宋代的南京是吉州窑瓷器的重要销售区，其产品涉及生活的各个方面；另一方面，在墓葬文化上，当时的人们对随葬品的选择更倾向于影青瓷器。这个奇特的文化现象，反映了当时南京人的生活习俗和丧葬习俗。

南京南郊余家凹明延安侯太夫人施氏墓发掘简报

南 京 市 博 物 馆

南京雨花区文化局

2004 年 9 月，南京市博物馆对位于南京南郊铁心桥镇东余家凹原春兰汽车制造厂厂区中部偏北处发现的一座砖砌墓葬（编号04NJTYM1，以下简称 M1）进行了考古发掘（图一）。据出土墓志可知，此墓墓主为明延安侯太夫人施氏。现将发掘情况简报如下。

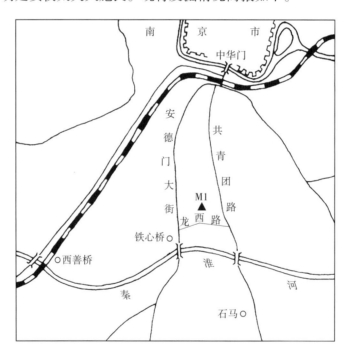

图一　墓葬位置示意图

一　墓葬形制

M1 背靠一缓坡，墓门朝西南，方向250°。上部封土仅剩约 1 米，西侧顶部有多处盗洞。墓内填土较多，积水严重。

M1 为前后室券顶砖室墓（图二）。外墙涂抹大量白石灰，墓室主体内侧全长 7.4 米，均未铺设地砖。前室为横长方形，长 2.52、宽 4.64、高 3.54 米，起券处高 2.2 米。前室靠西壁前部发现墓志一合。前室前设一道双扇石门，门高 1.82、宽 2 米。石门内侧中间竖砌一道柱砖，宽 0.46、高 1.82、厚 0.5 米。石门上部压有一道石门额，长 2.9、宽 0.88、厚 0.38 米。石门下部垫有一道高 0.1 米的石门槛。前室后部距两侧壁 0.32 米处各砌一道过道，过道宽 0.6、高 0.9 米。西侧过道长 1.4 米，与后室相连。东侧过道后仅纵砌两道宽 0.46 米的挡土砖墙。后室平面呈长方形，长 3.5、宽 2.48、高 3.24 米，起券处高 1.74 米。后室两侧壁及后壁均砌有一个拱形壁龛。其中，两侧壁龛距墓底 0.26、距后壁内侧 1.3 米，位置对称，大小相似，宽 0.54、高 0.8、深 0.5 米；后壁壁龛位于后壁正中，距墓底 0.65、宽 0.58、高 0.55、深 0.45 米。后室东壁后侧距后壁 0.22、距墓底 0.1 米处设有一过道，宽 0.63 米、高 0.8，贯通东壁。后室内零星散布少量漆片及铁环残片。

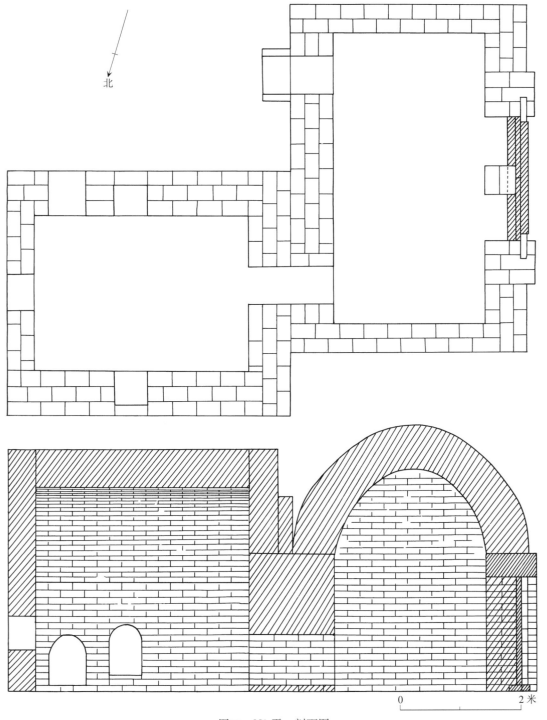

图二　M1 平、剖面图

二　出土器物

由于此墓早年遭到盗掘，出土器物不多。可分为金器、铜器、锡器及墓志四类。

1. 金器　8件。

饰件　3件。均出土于后室后部。作六瓣牡丹花形，中间有螺旋状凸起的小纽。直径2.75、厚0.7厘米（图三:4；彩版:57）。

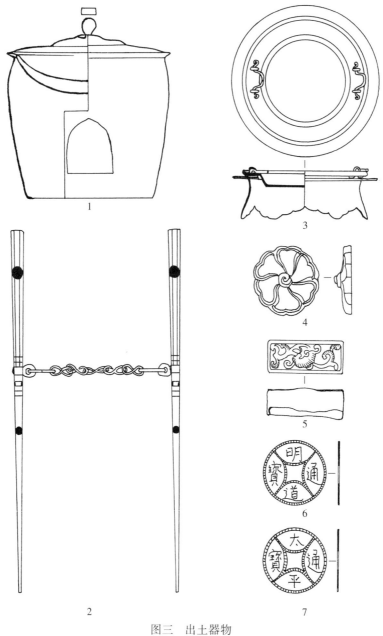

图三　出土器物

1. 铜灶具　2. 铜火筷　3. 铜火盆　4. 金饰件　5. 金辅弼　6、7. 金冥钱　（3为1/3，余为2/3）

辅弼　1件。出土于后室中部。长方形，面铸缠枝纹。长3.1、宽1.3厘米（图三：5；彩版：59）。

冥钱　4枚。均出土于后室前部。有"明道通宝"2枚，"太平通宝"2枚。钱径2.6厘米（图三：6、7；彩版：60）。

2. 铜器　14件。出土于后室前部。

火筷　1副。尾部较粗，断面呈六棱形，由一条铜链相连。长14.4、直径0.5厘米（图三：2）。

火盆　1件。由盆、箍、底座构成，口沿两侧各有一系。直径12、残高4.2厘米（图三：3）。

灶具　1套。由盖、大小两锅、灶构成。盖顶中间有纽，灶壁靠下部有火门。通高7.2厘米（图三：1）。

铜钱　11枚。均锈蚀。有"洪武通宝"2枚，"开元通宝"3枚，"元丰通宝"1枚，"皇宋通宝"2枚。另3枚锈蚀严重，钱文不可辨。

3. 锡盘　3件。已锈蚀不可分。

4. 墓志　1合。墓志为正方形，边长76、厚8厘米。志盖阴刻篆书3行10字，书"大明延安侯太夫人之墓"，边饰云纹（图四）。志文阴刻楷书，共18行，满行17字，由于墓志风化严重，部分字迹漫漶难辨，目前可见129字（图五），录文如下：

……施氏圹志」

□□姓施，□□□施□一之长女也。早遵母」□□□里人唐成。会元季大乱，列郡骚然。乙」□夫人之夫成□渡江入金陵。壬寅夏四月」丙子朔，夫没。后子胜宗从征有功，封延安侯。」□□以子功赠荣禄大夫□□大都督府事」……封侯太夫人。」夫人居孀二……不坠，训子有」方。其子胜宗……」国之勋臣。张……晚岁克享」□寿。斯亦盛……有二月戊子」□□终于处……四人，长曰」……即延安侯。」……长适封广威将」……原庆以丁卯」……山之阳呜」……者完，谨志。」……五日。

三　结　语

据墓志所载，墓主为明延安侯太夫人施氏。施氏为家中长女，卒于"丁卯"年，即洪武二十年（1387年）。其夫唐成，参与了朱元璋起义，卒于"壬寅夏四月丙子朔"（1362年）。其子唐胜宗，屡立功勋，"封延安侯"。

唐胜宗，《明史》有传，安徽凤阳人。十八岁追随明太祖朱元璋起义。屡立战功，先后被封为中翼元帅、骠骑卫指挥同知、安丰卫指挥使、都督府同知。洪武三年（1370年），更是被封为延安侯、赐世券。后因"擅驰驿骑"，爵位被削。不久，因为平叛有功，恢复爵位。洪武十五年（1382年）"巡视陕西，督屯田，简军士。明年镇辽东"七年。之后"帅师讨平贵州蛮"。洪武二十三年（1390年），"坐胡惟庸党诛，爵除"[1]。依明律，"公侯伯、皆得推恩三代。其封赠各从本爵"[2]。因此，施氏墓的级别是按照延安侯的级别建造的，其等级极高。

此墓应有的两个后室，但只建成西后室，东后室未及建成，此现象在南京地区属首次发现。此墓墓门内侧竖砌的砖柱，在南京地区过去发掘的明代墓葬中极其罕见，应该是用来分担石门额的重量，起到加固作用。此外，在墓葬后室发现的金辅弼在以往发掘的明代早期功臣家眷墓中

图四　墓志盖拓片（1/5）

也较为少见。

　　施氏墓属于前后室券顶墓，又区别于传统的长方形前后室墓，如靖海侯吴祯墓[3]，江阴侯吴良墓[4]，安庆侯仇成墓[5]，虢国夫人墓[6]，南安侯俞通源墓[7]，靖海侯吴忠墓[8]，浙江都指挥佥事张云墓[9]，长兴侯耿炳文夫人陈氏墓[10]，西宁侯宋晟夫人丁氏墓、叶氏墓、许氏墓[11]及驸马都尉赵辉墓[12]等。此墓的形制与多室券顶墓的形制较为接近，如黔国公沐昌祚、沐睿墓[13]和驸马都尉西宁侯宋瑛及妻咸宁公主朱智明的合葬墓[14]等。此类墓葬形制主要为黔宁王沐英及其后世子孙所用。从洪武年开始到明亡，沐氏家族长期为朱明王朝镇守云南，独特的墓葬形制反映出沐氏家族在明代拥有特殊的政治地位和丧葬待遇。而施氏墓墓主为延安侯唐胜宗的生母，亦采用了此种墓葬形制，值得深究。《大明会典》记，"（洪武）二十六年（1393年）诏，自今凡功臣故，不建宗堂。其坟茔葬具，皆令自备"。墓主施氏卒于洪武二十年，此时唐胜宗正在镇辽东，因此此墓不

图五　墓志拓片（1/5）

太可能是唐胜宗自己建造，应属工部督造。而工部使用此类墓制，由此可见，唐胜宗在当时的政治地位是相当高的。

　　此墓于横前室后壁东侧及后室东壁均预留过道，应该是为了日后营建东后室之用。依明代风俗，"妻故在前，并造夫圹。夫故在前，并造妻圹"。墓主之夫唐成，于元至正二十四年卒，却未能入葬于此，其原因可能为唐成死后葬于其他地方，等合适时机再迁来此地下葬，但洪武二十三年，唐胜宗"坐胡惟庸党诛，爵除"，此事也就再也不能实现了。

　　明延安侯太夫人施氏墓的发现，为研究明代早期功臣墓的建造方式及丧葬制度提供了重要资料。

发　掘：李　翔　马　涛　熊其亮
　　　　　孙　辰　邰建胜
摄　影：王　泉　李　翔
绘　图：董朴顺　李永忠
执　笔：李　翔　徐　华

注　释

［1］　《明史》卷一三一《唐胜宗传》，第3849、3850页，中华书局，1974年。

［2］　（明）李东阳等《大明会典》卷六《功臣推封》，第112页，（台北）新文丰出版公司印行，1976年。

［3］　南京市博物馆《南京明代吴祯墓发掘简报》，《文物》1986年第9期。

［4］　南京市博物馆《南京太平门外岗子村明墓》，《考古》1983年第6期。

［5］　贺云翱《江苏明代墓葬的发现及类型学分析》，《南方文物》2001年第2期。

［6］　南京市博物馆《江苏南京市戚家山明墓发掘简报》，《考古》1983年第6期。

［7］　同［6］。

［8］　同［4］。

［9］　南京市博物馆《江苏南京市唐家凹明代张云墓》，《考古》1999年第10期。

［10］　南京市博物馆《江苏南京市南郊两座大型明墓的清理》，《考古》1999年第10期。

［11］　南京市博物馆《南京中华门外明墓清理简报》，《考古》1962年第9期。

［12］　同［10］。

［13］　南京市博物馆《江苏南京市明黔国公沐昌祚、沐睿墓》，《考古》1999年第10期。

［14］　李徒《乌山驸马墓》，《南京史志》1986年第6期。

南京明代通济门瓮城遗址发掘简报

南京市博物馆

通济门系朱元璋于洪武十九年（1386 年）十二月乙酉下令由中军都督府督罪囚建造，门垣共四重。在城门内，左右各有瓮洞若干，即所谓藏兵洞。渐次往北，尚有 3 座内瓮城，其城门皆为拱券砌筑，与主城门呈南北直线。城门上建有闸楼和城楼，内瓮城上也建有闸楼，主城门内东西两侧各有上城马道、步道一条。通济门瓮城平面略呈舟形，为明代南京京城 13 座城门中占地面积最广的一座，形制比较特殊。其地面部分已于 20 世纪 50～60 年代被悉数拆毁，但其地下基础部分尚存。为配合基本建设，南京市博物馆考古部从 2002 年开始，在通济门遗址区域开展了数次考古发掘，积累了一些关于通济门瓮城的考古资料。2009 年 3～5 月，南京市博物馆再次对地处通济门翁城遗址范围内的施工区域进行了抢救性考古发掘。发掘区位于龙蟠中路西侧，内秦淮河东水关北，紧靠东城水岸小区。根据前期现场勘查的结果，布 5 米×20 米的探沟 3 条，发掘面积约 300 平方米。

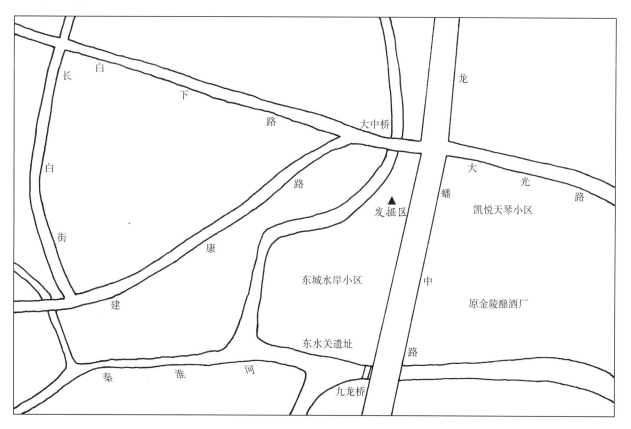

图一　发掘区位置示意图

一　地层堆积

通济门瓮城遗址地层简单，堆积大致可分为2层，以东西向城垣南侧的地层为例介绍如下。

第①层：近期垃圾层，厚0.65~0.8米。结构松散，包含物有各种建筑垃圾、煤灰、明城砖以及明清至现代的瓷片、生活垃圾等废弃物。

第②层：清代至民国地层，距地表0.65~0.8米，厚0.2~0.25米。灰黑色土，土质较致密，夹杂有螺蛳壳，并发现有瓦片、砖块、青花瓷片等。

第②层下为通济门遗址。

二　城门遗址

此次考古发掘揭露条石砌筑的城垣基础2条，编号分别为Q1、Q2。两条墙基大致呈垂直状态，连接处已被破坏，墙基地面部分大多只残存1~2层条石。此外还发现了一条贯穿Q1的排水沟，保存尚好，编号为G1（图二；彩版:61）。

（一）Q1

Q1位于发掘区中部，大体为东西走向，墙体略呈弧形，以条石包砌。墙体距地表约0.5米，约东西长19.05、南北宽5.6、残高0.55米。

Q1的建筑方式为平地起筑，即用条石直接砌在基础之上。现存土衬石及条石各1层。土衬石为地面建筑之基础，半埋于夯土中。根据现场发掘情况，土衬石为长0.64~0.71、宽0.12~0.27、高约0.2米的长条形石块，打磨毛糙，不甚规整，其与条石的接触面也不光滑，上面有石灰残留。土衬石比墙体略宽，宽出部分宽度并不规则，长0.08~0.2米。

土衬石之上用长0.18~1.15、宽0.21~0.5、高0.3~0.34米的条石包砌，砌筑方法为"一顺一丁"，在墙体内部形成犬牙交错状。条石凿制较为规整，条石外侧及条石之间的咬合面皆修琢平整，深入墙体一面则呈不规则状，以利用墙体内部相互间的拉接，增强其强度。条石内部分区域以大小不等的石块、砖块拌和石灰浆混浇贴筑，使得条石与墙体内部之间形成一道防护层，以增强墙体的一体性和坚固程度。城墙内芯填充大量大小不一、形状不规则的石块以及少量砖块，部分石块残留有雕琢痕迹，还有一些是废弃的建筑构件和生活用具，如石柱础、石磨等。石块与石块之间则用黄土和石灰交浆嵌筑夯实。从条石上石灰浆浇筑的痕迹可见上层条石内收2~3厘米，从而形成剖面呈梯形的墙体。

以上为墙基结构，墙基下有夯土垫层。根据对Q1下垫层局部解剖的结果，可知夯土垫层厚约3.3米，分为7组14层，每组由一层纯净黄土与一层碎砖瓦、石块构成，厚薄不一。以第1组为例，黄土层厚约0.4米，以纯净的胶质黄土夯实而成，土质坚硬细密；碎砖瓦、石块层厚约0.25米，其中几乎不掺杂黄土，偶见少量石灰，所有碎砖瓦、石块均被人为敲碎，大小、直径基本相同。黄土层与碎砖瓦、石块层交错夯筑，实为整个瓮城建筑的基础。碎砖瓦、石块层中出土有少量碎瓷片，均为龙泉窑青瓷，釉层肥厚，胎质厚重，胎足显赭红色，器形有盘、碗等。从它们的器

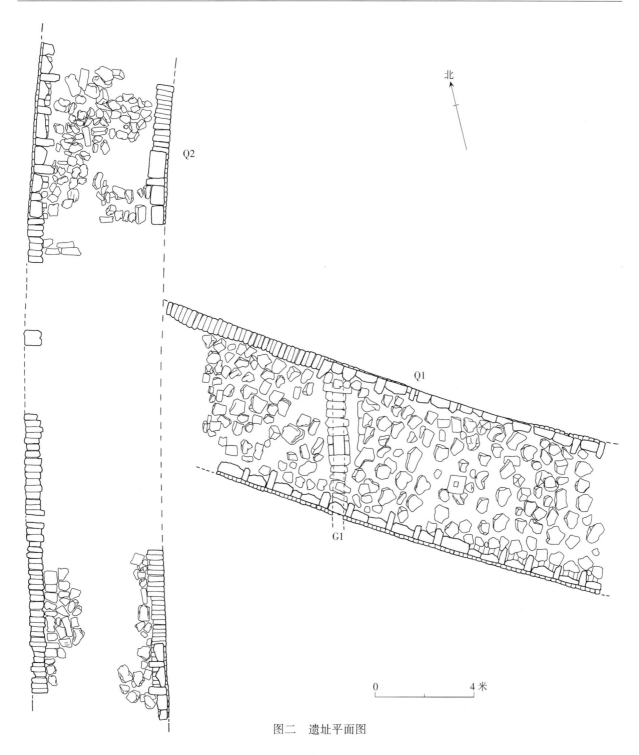

图二　遗址平面图

形、胎质、釉色等看，均为元末明初之物。夯土垫层以下为纯净的浅黄色土层，含砂较多，即为生土层。

（二）Q2

Q2 大体为南北走向，距地表0.2～0.7米，约南北长25、东西宽5.45、残高0.5米。Q2 保存状况相对较差，墙体南部和北部尚存土衬石及条石各1层，中部及与Q1连接处已被现代建筑破坏殆尽，两条墙体的连接方式已不能得知。

Q2 的砌筑方式与 Q1 基本相同。土衬石长 0.25～0.74、宽 0.1～0.3、高约 0.2 米，打磨毛糙，不甚规整，与条石的接触面有石灰残留。土衬石比墙体略宽，宽出部分宽度并不规则，长 0.08～0.2 米。Q2 的土衬石排列比之 Q1 稍显杂乱。

土衬石之上亦用长短不一、高 0.3～0.34 米的条石包砌，砌筑方法为"一顺一丁"，在墙体内部形成犬牙交错状。条石的凿制也与 Q1 完全一致。条石内部分区域填充大量大小不一、形状不规则的石块和少量砖块，以及废弃的建筑构件和生活用具等。石块与石块之间用黄土或石灰交浆嵌筑夯实。与 Q1 不同的是，Q2 的南段内芯填充石块排列整齐有序，其间填以黄土而未见石灰。从条石上石灰浆浇筑的痕迹可见上层条石内收 2～3 厘米，从而形成剖面呈梯形的墙体。

Q2 的夯土垫层也与 Q1 完全相同，二者应是共用一个夯土垫层。从对 Q2 夯土垫层的横向解剖得知，夯土垫层向西延伸约 6.6 米。

（三）G1

在 Q1 中部偏西发现条石砌筑的暗沟 1 条，编号 G1。G1 由南向北贯穿 Q1，距离 Q2 约 6.5 米。G1 长 6.3、宽 0.42、深 0.45 米，底部横铺一层凿制较为光滑的条石，其上用一层整齐的条石砌筑，开口与土衬石齐平，上用不规整的长方形条石覆盖。G1 南部中间、墙基条石之下，立有一高 45、宽 7 厘米的柱状石块，应作栅栏石之用，以防止较大的物体进入堵塞沟渠。G1 北部被两块不规则石块堵塞，仅留有细小的出水口。

发掘时 G1 已完全堵塞，其中淤积了大量黑色淤土，土质松软，含有细砂及有腐殖质，并夹杂细小的碎砖瓦块。G1 向南有一条等宽的土沟与之相连，土沟较浅，内含较多碎砖瓦块。由于发掘面积限制，土沟只发掘了很短的一段，并未弄清其全部构造、走向。G1 北面的地层已被近代建筑破坏，未发现有与之相连的沟渠。

三　结　语

在以往南京地区的考古工作中，并未对明京城城门抑或瓮城城门进行过系统的发掘。可以说，对明代通济门瓮城遗址进行考古发掘是一项填补南京明城墙研究空白的工作。此次考古发掘，为研究通济门瓮城的范围、结构、建造方法提供了翔实的材料，并丰富了学术界对明代城垣基础结构复杂性的认识，也为今后明城墙、城门的考古工作提供了标尺，具有重要意义。结合历次对通济门瓮城遗址考古发掘的结果，作出以下推论及认识。

（一）对此次发现遗迹性质的认识

对明代通济门瓮城遗址的历次考古发掘，大致是以现今龙蟠中路为中轴线、在其左右展开的。发掘结果亦表明，通济门瓮城确实分布在龙蟠中路左右。如龙蟠中路东面凯悦天琴楼盘工地发现了瓮城东侧城垣内壁遗迹，龙蟠中路上发现了第二、三重瓮城的门墩遗迹[1]。综合历次考古发现，辅以 20 世纪 50 年代南京市建设局勘察测量大队测绘的通济门瓮城平面图[2]，大致可以推断此次考古发掘发现的 Q1 应为通济门瓮城第二重城垣西部的遗存，Q2 应为通济门瓮城西侧城垣。在此基础上进一步分析，可知通济门瓮城主体在龙蟠中路上，南北长约 100、东西宽约 120 米，北距九龙桥 100、南距大光路约 70、西距秦淮河约 50 米。

横贯 Q1 的 G1 应为瓮城内的排水沟渠，用于收集瓮城内的雨水并排出瓮城外。此前南京曾多次发现明代城墙的排水系统，而发现瓮城的排水道尚属首次。通过对 G1 的发掘得知，瓮城内并未有明显的明渠与之相连，另外，G1 内的条石亦无明显的水流冲刷痕迹。所以可以推测该排水沟并不实用，很有可能在建城之初就已经淤塞了。

（二）明代通济门瓮城墙基的砌筑方法

考古发掘表明，通济门瓮城城垣的起筑方式基本为平地建城，即条石砌在地面以上。其做法是在夯土上放土衬石，土衬石通常与地面取平或略高于地面，其上再砌筑条石。土衬石之上的条石则可算为城垣的台基，其砌筑方法为"一顺一丁"，在墙体内部形成犬牙交错状。局部区域条石内还以大小不等的块石、砖块拌和石灰浆混浇贴筑，使得条石与墙体内部之间形成一道防护层，以增强墙体的一体性及坚固程度。防护层内的城墙内芯填充大量大小不一、形状不规则的石块以及少量砖块。石块与石块之前则用黄土和石灰交浆嵌筑夯实。条石逐层内收，形成梯形的墙体。数层条石之上仍用城砖砌筑至顶。

通济门瓮城夯土垫层亦有其特殊之处。夯土垫层以厚薄不一的纯净黄土与碎砖瓦相间，层层交错夯筑，深度超过 3 米，夯土垫层分布范围极广，而不仅仅局限于门墩及城垣地下，甚至延伸至城垣外 6.6 米处。由此可见，通济门瓮城并没有采用在城垣地下深挖基槽的普通做法，而是采取了大型建筑的地基做法，即在通济门瓮城整个区域挖坑至 3 米左右，然后填充黄土与碎砖瓦、石灰等相间的夯土，层层交错夯筑而成。这种做法，在明代通常用在大型官方建筑中，如在南京明故宫文华殿及武英殿、明孝陵东配殿、明东陵享殿、明皇城西安门南垣、明代静海寺等遗址的发掘中，亦发现了此类基础结构[3]。这也从侧面佐证了明代通济门地理位置的重要性。

2002 年在对龙蟠中路东面凯悦天琴楼盘工地的考古发掘过程中，发现了通济门瓮城东侧城垣内壁遗迹，发掘者称瓮城东侧城垣宽约 12 米，其结果是根据东侧城垣内壁条石至最东面夯土垫层的距离估算出来的[4]，这与瓮城西侧城垣 5.5 米的宽度相距甚远，不符合中国古代建筑所追求的左右均衡对称格局。以此次发掘所发现的夯土垫层宽出地上建筑约 6.6 米的布局来看，瓮城东侧城垣宽约 12 米的结果应为误判，实际上要减去 6.6 米，即通济门瓮城东侧城垣的宽度与西侧城垣的宽度大致是相等的。

（三）明代通济门瓮城与南唐江宁府城的关系

明代南京京城城墙西、南两面以杨吴时期开凿的外秦淮河为护城河。从位置上看，这两面城墙与南唐江宁府城重叠，故长期以来，旧方志及不少学者都认为这两面明代城墙是利用了南唐旧城墙身拓宽、加高并延伸的[5]。要揭示明代南京京城城墙西、南两面是否利用南唐旧城墙的事实，仍要从考古发掘入手。从通济门瓮城遗址已进行的历次考古发掘来看，城墙的墙基夯土层或直接打破南朝地层，或直接打破生土层，而且夯土层中也未见晚唐五代时期的遗物。可见明代通济门瓮城并无利用南唐旧城的墙身或墙基增建，进一步可得出通济门瓮城应属明初新筑之结论。当然，这一结论需要今后更多的考古发现来充实和验证。

摄　影：骆　鹏
绘　图：董补顺
执　笔：骆　鹏

注　释

［1］　凯悦天琴楼盘工地和龙蟠中路工地的考古发掘资料，以及对所发现遗迹性质的推断见邵磊《明代通济门瓮城基址的考古发现与初步认识》，《但留形胜壮山河——城墙科学保护论坛论文集》，凤凰出版社，2008 年。

［2］　南京市建设局勘察测量大队测绘的通济门瓮城平面图现存于南京市城建档案馆，其上有"秘密编号 012"的标记，左下角印有"1959 年 7 月采用平板仪操作测图、1959 年 10 月复查修正"字样。以考古发掘所得瓮城数据对比此平面图之数据，平面图所画的通济门瓮城城垣的尺寸略小，大致可推断该平面图在测绘时是以城顶为标准的，而明代南京城墙具有逐层内收、横剖面明显呈梯形的特点，在利用此图作为考古发掘指南或作通济门复原工作时须注意。

［3］　明孝陵东配殿与明东陵享殿的考古资料，可参见中山陵园管理局等编《明孝陵志新编》，黑龙江人民出版社，2002 年；南京明故宫文华殿及武英殿、明皇城西安门南垣的考古资料，参见杨新华主编《南京明故宫》，南京出版社，2009 年；明代静海寺遗址的考古资料，现存南京市博物馆。

［4］　同［1］。

［5］　蒋赞初《南京史话》，江苏人民出版社，1980 年；张泉《明初南京城的规划与建设》，《中国古都研究》第二辑，浙江人民出版社，1986 年；季士家《明都南京城垣略论》，《故宫博物院院刊》1984 年第 2 期。

南京水西门东广场明代三山门瓮城基址发掘简报

南京市博物馆

2009 年末，由南京市秦淮区建设局负责实施的内外秦淮河沟通工程在水西门东广场展开施工，由于施工现场位于南京市地下文物重点保护区——内秦淮河两岸十朝遗存区，并且考虑到施工过程中可能会涉及明代三山门段城墙或瓮城的基础部分，南京市博物馆遂于 2010 年 1 月 18 日～5 月 6 日对施工区域进行了考古发掘。发掘区位于城西干道东侧、内秦淮河西水关以北（图一）。发掘工作揭示出该地点有丰富的地层堆积，并清理出墙基遗迹一处，出土较多建筑构件、瓷片等器物。现将发掘情况简报如下。

一 地层堆积

根据水西门东广场的施工范围与实际进展状况，本次考古发掘先沿城西干道以正南北方向布一个 10 米×10 米的探方（编号 10NST1，简称 T1），发掘工作开展不久，即发现有条石与青砖结合砌筑的古代墙体的基础部分，为了将出露的遗迹尽可能的全面揭示出来，又沿 T1 南壁与东壁扩方继续发掘，发掘面积共计 150 平方米。发掘地点的地层堆积可分为 8 层，下面以 T1 北壁为例介绍如下。

第①层：厚 1～2 米。呈深灰褐色，土质松散，包含大量植物根系、煤渣、碎砖瓦、水泥混凝土块、钢筋、玻璃片及少量子弹壳与明晚期至清代、民国时期的陶、瓷片等。

第②层：厚 1～2 米。呈浅灰褐色，土质松散，包含植物根系及宋代至明清以降的瓷片、紫砂器残片、明城砖、日用料器残片、骨制麻将牌、骰子、炮弹壳、子弹壳、子弹头等。

第③层：土质稍疏松，夹杂有大小不一的石子、贝壳、兽骨、木条、木桩与挡水木板等，自西向东呈斜坡状，属河岸护坡堆积。可分 a、b 两层。

第③a 层：厚约 1 米。呈黑色，包含物可辨器形有灰陶罐、韩瓶、酱黄釉瓷钵、青瓷碗、青瓷盅、青瓷盘口壶、青瓷子母口坛、影青瓷碗、铁秤砣及唐早期"开元通宝"和会昌"开元通宝"等。

第③b 层：厚约 1.5 米。呈黑灰色，色调较第③a 层浅，包含物的种类、形制诸方面与第③a 层相近，但所出青瓷盘不见于第③a 层。

第④层：厚约 1.7 米，自西向东呈斜坡状堆积。呈黑灰色，色调较第③b 层略浅，土质较致密，夹杂有大小不一的石子、贝壳、兽骨、木条、木桩与挡水木板等物，但相对第③层要少一些，仍属河岸护坡堆积。包含物可辨器形有青瓷碗、青瓷钵、黑瓷钵、青瓷四系罐、青瓷盘口壶、青瓷

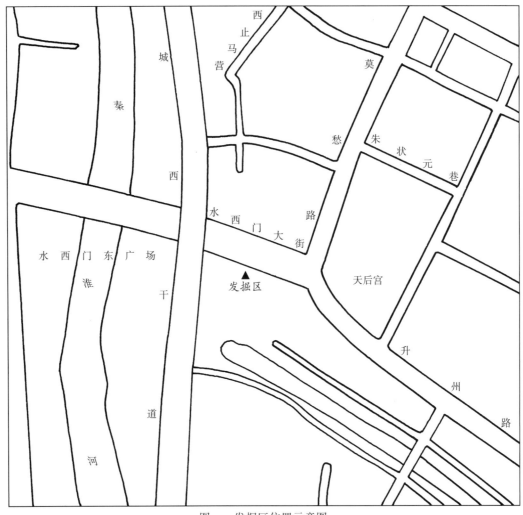

图一　发掘区位置示意图

执壶、酱黄釉瓷盅、青瓷高足盘以及三彩陶片等，其余尚多见铁钩、铁刀、唐早期"开元通宝"
与晚唐时期杂以铅铁且钱文漫漶平夷的"开元通宝"等。

　　第⑤层：厚约0.9米，自西向东呈斜坡状。呈浅黑灰色，土质较紧密，夹杂有少量大石块、
贝壳、兽骨等。仍属河岸护坡堆积。包含物丰富，但种类单一，如陶瓷器以青瓷碗居多，另有青
瓷辟雍砚、内底浅浮雕莲瓣纹的青瓷盘、布纹瓦片等；铁器也明显增多，有刀、钩、矛、器足等，
尤以刀数量最多。

　　第⑥层：厚约1米，自西向东略有抬升，但总体走势较为平缓。呈浅灰褐色，土质细腻致密，
除贝壳、木屑之外，罕见有其他夹杂物，属河道堆积。包含物丰富，陶瓷器中以表面光素无纹以
及外周刻划莲瓣纹的青瓷碗居多，其中尤以口沿下装饰北朝末至隋代盛极一时的连珠徽章纹样的
青瓷碗最为引人瞩目，另有青瓷三足砚、青瓷仰覆莲划花纹细颈瓶、青瓷子母口坛、青瓷双复系
罐及布纹瓦片等；铁器有刀、钩、钉、叉、五铢钱等，以刀、钉最多。

　　第⑦层：厚约0.7米，自西向东略有抬升，但总体走势较为平缓。呈浅灰色，略微泛黄，土
质细腻致密，夹杂有少量贝壳、鹿角、木屑，属河道堆积。包含物丰富，陶瓷器中以青瓷碗居多
（有典型南朝假圈足碗，也有东晋样式的平底碗，口沿有装饰细密的釉下褐点彩），另有青瓷器盖、

青瓷罐（有竖向双复系和横系两种，系皆为泥条贴附）、青瓷盘口壶、青瓷盘、青瓷三足砚以及褐釉印纹硬陶片、布纹瓦片、彩色染料等，铁器有刀、钩、钉等。

第⑧层：厚约 0.8 米，自西向东略呈水平状走向。呈青灰色，土质细腻致密，夹杂有少量贝壳、木屑，属河道堆积。包含物丰富，陶瓷器中以青瓷碗居多，另有青瓷器盖、青瓷罐、青瓷盘口壶、青瓷盘、青瓷三足砚、未施釉的瓷腰鼓形器，以及套菱纹砖、布纹瓦片、锥形木器等，铁器有刀、钩、钉等。

第⑧层以下为纯净的淤沙，未发现人工遗物。

综上所述，第①层为近数十年来形成的表土层；第②层出土部分子弹壳中发现有二战时期意大利出产的标识，当属抗战爆发前后所形成的近现代堆积层；第③层出土器物较为庞杂，既有较多六朝时期的青瓷片，也有不少唐宋时期的遗物，初步推断其大致形成于唐宋之际；第④层约形成于晚唐时期；第⑤层出土器物多见南朝至隋及唐初的青瓷，但仍有第④层常见的酱黄釉瓷器，故推测其形成年代稍早于第④层；第⑥层出土的青瓷器多装饰莲瓣纹，出土青瓷双复系罐为桥形系，并有在口沿下装饰北朝末至隋代盛极一时的连珠徽章纹的青瓷碗，推断其大致形成于南朝中晚期，下限或至隋及唐初；第⑦层出土青瓷碗既有典型的南朝假圈足碗，也有口沿装饰细密的釉下褐点彩的东晋样式的平底碗，青瓷罐的竖向双复系和横系皆为泥条贴附，推断其大致形成于南朝早期，上限可能至东晋晚期；第⑧层出土青瓷碗几乎全为东晋样式的平底碗，青瓷罐的竖向双复系和横系皆为泥条贴附，套菱纹砖多见于两晋时期，故推断其至迟形成于东晋中晚期。

二　遗　迹

在 T1 中部偏北距地表 2 米处，即表土层与近现代堆积层下，发现了一处以条石与明代城砖以及黄色夯土混砌的墙体（图二）。墙体为东西向，大致与覆盖在集庆门与水西门一线明京城城垣原址上的城西干道垂直。墙体下部洞穿了唐宋时期累叠形成的河岸护坡堆积，并打破了六朝时期的河道淤积层。从该墙体所在位置与走向以及所在层位，可以判断其当属于明代三山门瓮城南垣的基址部分，具体位置则介于三山门主城门与第一重瓮城之间。

新发现瓮城南垣基址从 T1 西壁向东延伸，残长约 11 米，其纵剖面呈上窄下宽的梯形，上宽 4.3、下宽 5.3、高 9.3 米。其南侧（即瓮城外侧）用长 0.6 ~ 1.1、宽 0.4、厚 0.3 米的条石包砌而成（彩版：62）。条石共砌 28 层，自下向上逐层内收，最上部一层反向向外凸出于第 2 层条石 0.15 米，当属瓮城墙体的土衬石。条石外部及条石之间的咬合面皆修琢平整，并可见有明显的石灰浆浇筑的痕迹。其北侧（即瓮城内侧）用不甚规则的窄薄青砖夹杂少量石块包砌，自下向上渐次内收，越靠近东部收分越明显。其东端采用略欠规则的条石与窄薄青砖封砌，自上而下反向内收，直接搭建在第③层亦即唐宋之际形成的驳岸护坡上。在南侧条石、北侧窄薄青砖以及东端略欠规则的砖石面环绕包夹的墙基中心部位，采用大小不一的石块、断砖与黄土混砌充填，并用石灰浆灌注其间，其上则用完整的城墙砖错缝平铺，共砌 4 层，在第 4 层城砖上铺一层青石板，与墙基南侧最顶端的土衬石在同一平面上。

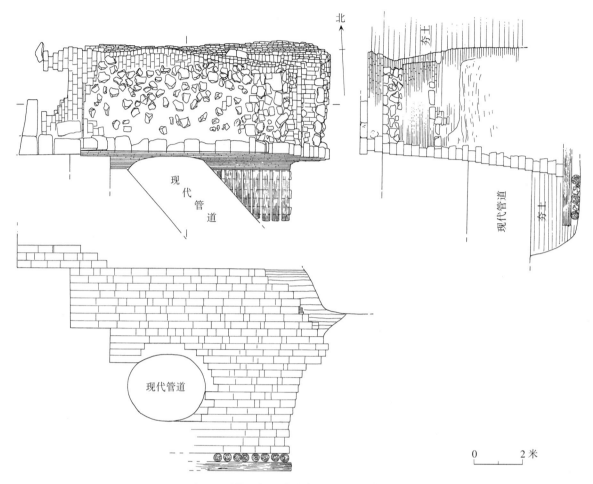

图二　明代三门山瓮城南垣基础平、剖面图

在条石、青砖、黄土与石灰浆混砌的墙基以下，以圆木呈"井"字形上下交错垫铺2层，圆木直径平均为0.32米。其中，上层圆木铺成南北向而略偏西，平面大致与瓮城墙基走向垂直，伸出墙基西端之外约2米，彼此排列甚为密集，间隙很小，仅7厘米左右；下层圆木铺成东西向而略偏南，与瓮城墙基走向基本一致，所见有3根出露于瓮城墙基之外，彼此排列较为疏松，间距分别为0.35米和0.38米。

勘探发掘过程中，在瓮城南垣基址东端以外的第③层，即唐宋之际形成的驳岸护坡上，还发现有夯筑层次不明显且断断续续向东、向北延伸的黄土层。该黄土层厚薄不一，但纵宽大致与已确认的瓮城南垣墙基相当，内部极为纯净，除了片石之外，未发现有任何其他包含物，推测应即是与砖石混砌的瓮城墙基相连、直接构筑在外秦淮河驳岸护坡上的瓮城南垣基础。

三　出土器物

此次考古发掘出土器物较为丰富，但大体限定于六朝与唐这两个大的时段，以瓷、铁等质地的生活用具为主。在资料整理过程中，因合并地层与部分遗迹单位，对拣选的标本重新进行了编号。以下按时代、器形举例说明。

（一）六朝时期出土器物

1. 瓷器　器形有碗、坛、器盖、罐、盘、砚、尊、觚形器等。

碗　分3式。

Ⅰ式　敛口，圆唇，器壁上部较直，下部呈斜弧状内收，大平底。釉色绿中泛黄，多有脱落，唇部饰一周细密的褐点彩纹。T1⑦:1，口径19.6、底径13.2、高6.6厘米（图三:1）。

Ⅱ式　侈口，圆唇，弧腹或斜腹，圆饼形假圈足。外口沿下或有一周较细的凹弦纹。部分器物外壁采用浅浮雕技法饰莲瓣纹。施黄绿色釉，多不及底。T1⑦:2，口径15.6、底径6.6、高7.2厘米（图三:2）。T1⑥:1，口径16、底径6.6、高8.6厘米（图三:3）。

Ⅲ式　直口，尖圆唇，深弧腹或半球形腹，圆饼形假圈足，足根较高，足底微内凹或在足心部位挖一周圆圈。灰白色胎，内外施半釉，釉色绿中泛黄，釉层较厚，有垂釉现象，玻璃质感强，胎釉结合较好。部分器物外壁采用连续徽章式样构图的莲瓣纹作为装饰，釉色为淡青绿色。T1⑦:3，口径11、底径4、高7厘米（图三:5）。T1⑤:1，底径5.8厘米、残高9.4厘米（图三:4）。

坛　内口较高，作直壁；外口较低，作向外侈出的弧壁。圆鼓腹，平底。肩部贴附对称的竖向双复系。通体施酱绿色釉，釉色不均，且多脱落。T1⑦:4，外口径14.8、内口径9、底径12.4、高29.6厘米（图三:17）。

器盖　覆盘式盖，半环状盖纽。外部施青绿釉，釉层不平整。T1⑦:5，直径9、高2.5厘米（图三:6）。

罐　分2式。

Ⅰ式　侈口，尖圆唇，腹部以下残缺，肩部贴附对称的横系和竖向双复系，均为泥条形系。T1⑦:6，口径17.6、残高5厘米（图三:15）。

Ⅱ式　侈口，圆唇，腹部以下残缺，肩部贴附对称的竖向桥形双复系。T1⑥:2，口径12、残高6.6厘米（图三:16）。

盘　分3式。

Ⅰ式　圆唇或尖唇，斜壁较短，并稍向外弧，平底微内凹，底径较大。外壁施青绿釉不及底，釉层大都剥落，内底可见支钉痕。T1⑧:1，口径13.6、底径11.6、高2.4厘米（图三:8）。

Ⅱ式　尖唇，弧壁较长，平底。内底刻划八瓣莲纹，外壁施青绿釉。T1⑦:7，口径16、底径7.2、高2.6厘米（图三:9）。

Ⅲ式　圆唇或尖唇，斜弧壁的弧度较大，并具有规整的假圈足，有的圈足外底尚可见有三个支钉，内底刻划有五瓣或六瓣莲纹，有的在花心或花瓣上还表现出数量不等的莲实，外壁施黄绿色釉。T1⑦:8，口径15.6、底径8、高3.8厘米（图三:10）。

砚　分3式。

Ⅰ式　砚墙较高，与砚座外壁略呈凹弧形，尚存子母口遗痕，砚面隆起甚高，中心部位高出砚墙，下承三蹄形足。釉色青绿，胎釉结合较好。T1⑦:9，口径14、底径11.6、高4厘米（图三:12）。

Ⅱ式　砚墙较高，砚面平坦，下承三足。褐红色胎，表面有烧结形成的龟裂纹，施青绿釉，釉色深沉，并有窑变形成的大片白斑，胎釉结合较好。T1⑧:2，口径14.8、底径13.6、残高4厘米（图三:13）。

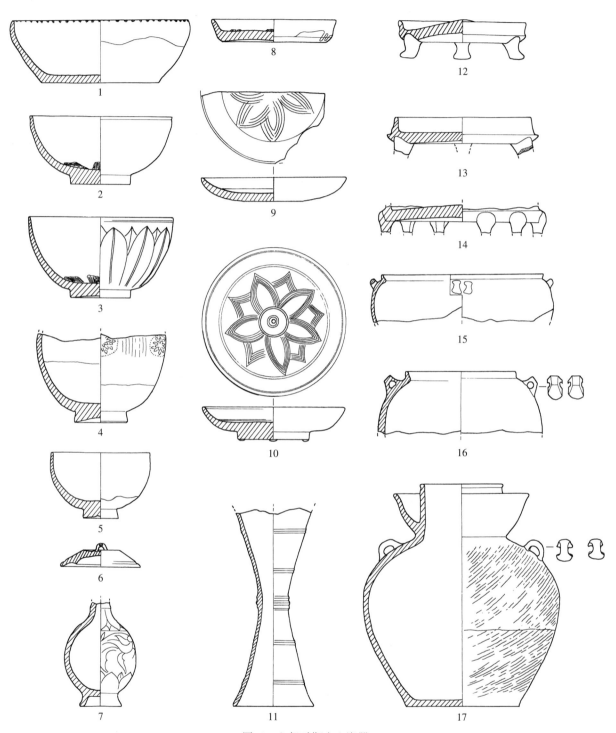

图三　六朝时期出土瓷器

1. Ⅰ式碗（T1⑦:1）　　2、3. Ⅱ式碗（T1⑦:2、T1⑥:1）　　4、5. Ⅲ式碗（T1⑤:1、T1⑦:3）　6. 器盖（T1⑦:5）　7. 尊（T1⑥:3）
8. Ⅰ式盘（T1⑧:1）　9. Ⅱ式盘（T1⑦:7）　10. Ⅲ式盘（T1⑦:8）　11. 瓠形器（T1⑧:3）　12. Ⅰ式砚（T1⑦:9）　13. Ⅱ式砚
（T1⑧:2）　14. Ⅲ式砚（T1⑤:2）　15. Ⅰ式罐（T1⑦:6）　16. Ⅱ式罐（T1⑥:2）　17. 坛（T1⑦:4）　（11、14 为 1/8，余为 1/4）

　　Ⅲ式　砚墙较高，砚面隆起甚高，下承六蹄形足。施草绿色釉，胎釉结合较好。T1⑤:2，底
径 33.6、残高 5.4 厘米（图三:14）。

尊　1 件（T1⑥：3）。口部残缺，细长颈，球形腹，圈足外撇。颈、腹之间刻划三组纹饰，其上下分别为仰、覆莲瓣纹，其间刻划缠枝花卉和莲纹。灰白色胎，施草绿色釉，釉色淡雅，凹刻花处釉水沉积，尤显青翠莹润。底径 4.8、残高 11 厘米（图三：7）。

瓠形器　1 件（T1⑧：3）。形似腰鼓，形体瘦削，自上而下有五组凸棱。胎质细密，呈灰白色，通体无釉。底径 18、残高 42 厘米（图三：11）。

2. 铁器　器形有刀、钩、钉等。

刀　刀身略厚，双面刃，锈蚀严重。分 2 式。

Ⅰ式　刀身较短。T1⑥：4，长 24、宽 3.1、刀背厚 0.4 厘米（图四：1）。

Ⅱ式　刀身较长。T1⑥：5，长 40、宽 3.6、刀背厚 0.35 厘米（图四：2）。

钩　1 件（T1⑦：10）。钩身折扭为前后平行的两段，出钩平缓，锈蚀严重。长 31.4 厘米（图四：6）。

钉　1 件（T1⑦：11）。钉帽为圆拱形，钉身横截面为方柱状。长 22.2 厘米（图四：5）。

器足　1 件（T1⑥：6）。横截面近椭圆形。残高 9.4、宽 4、厚 0.4 厘米。

五铢　1 件（T1⑤：3）。方孔圆钱，面背皆有肉好周郭，外观呈黑褐色。面文"五铢"二字，其中，"铢"字"朱"部右侧与内郭并笔。背有四决纹。钱径 2.05、穿宽 0.7、厚 0.25 厘米。

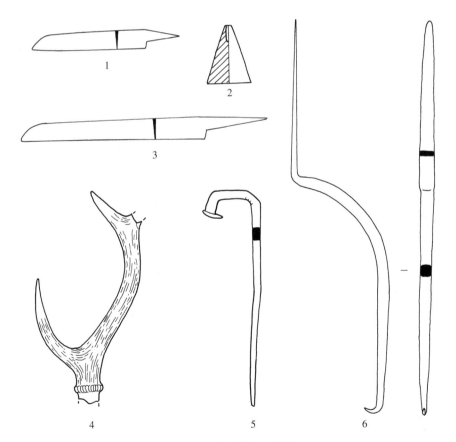

图四　六朝时期出土器物

1. Ⅰ式铁刀（T1⑥：4）　2. 锥形木器（T1⑧：4）　3. Ⅱ式铁刀（T1⑥：5）　4. 鹿角（T1⑦：12）　5. 铁钉（T1⑦：11）　6. 铁钩（T1⑦：10）　（1、3、4 为 1/6，余为 1/3）

3. 其他

鹿角　1件（T1⑦：12）。表面似有人为加工痕迹。残高34厘米（图四：4）。

木锥形器　1件（T1⑧：4）。外观呈圆锥形，锥尖部开有凹槽。底部直径3.6、高4.6厘米（图四：2）。

砖　1件（T1⑧：5）。侧面模印菱形几何纹。残长8.4、残宽5.6、厚6.4厘米。

（二）唐代出土器物

1. 瓷器　器形有钵、盘、碗、盏、盅、盘口壶、执壶、高足盘等。

钵　分2式。

Ⅰ式　直口微撇，圆唇，折腹斜收，平底。青灰色胎，内外施青釉，釉不及底，内底有支钉痕。T1③：1，口径18、底径9、高5.8厘米（图五：1）。

Ⅱ式　直口，圆唇，直腹，平底微内凹。青灰色胎，内外施酱绿色釉，釉不及底。T1④：1，口径16.8、底径8.4、高5.4厘米（图五：2）。

盘　分4式。

Ⅰ式　侈口，尖唇，浅直腹，平底微内凹。内外施绿釉，釉不及底。T1③：5，内底阴刻"大记"二字。口径13.4、底径5.2、高4.5厘米（图五：5）。

Ⅱ式　侈口，圆唇，浅腹，平底微内凹。内外施绿釉或酱黄釉，釉不及底。T1③：6，口径16、底径7.6、高3.8厘米（图五：6）。T1③：7，口径15.6、底径8、高2.8厘米（图五：7）。

Ⅲ式　侈口略外翻，圆唇，斜弧腹，厚平底。内外施酱黄釉，釉不及底。T1④：3，口径12.4、底径4.8、高4厘米（图五：10）。

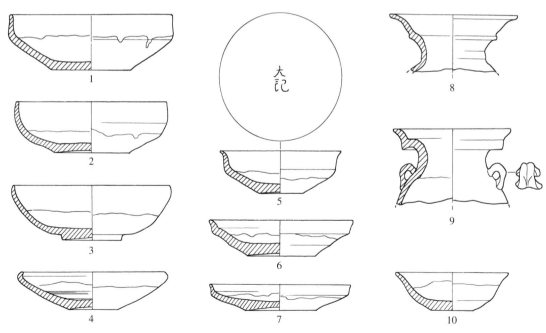

图五　唐代出土瓷器

1. Ⅰ式钵（T1③：1）　2. Ⅱ式钵（T1④：1）　3. 碗（T1③：4）　4. Ⅳ式盘（T1④：4）　5. Ⅰ式盘（T1③：5）　6、7. Ⅱ式盘（T1③：6、7）　8. Ⅰ式盘口壶（T1④：7）　9. Ⅱ式盘口壶（T1③：8）　10. Ⅲ式盘（T1④：3）　（均为1/4）

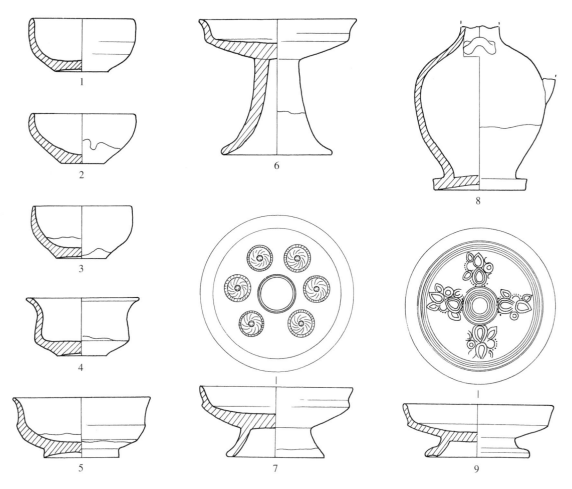

图六　唐代出土瓷器

1. I式盏（T1③:2）　　2. II式盏（T1③:3）　　3. III式盏（T1④:2）　　4. I式盅（T1④:5）　　5. II式盅（T1④:6）　　6. I式高足盘
（T1④:9）　　7、9. II式高足盘（T1④:10、11）　　8. 执壶（T1④:8）　　（均为1/3）

　　Ⅳ式　敛口，折沿，圆唇，浅腹，平底微内凹。内外施绿釉，釉不及底。T1④:4，口径
15.6、底径5.6、高4厘米（图五:4）。

　　碗　1件（T1③:4）。敛口，圆唇，弧腹，圆饼状假圈足，底心微内凹。内外施青釉，釉不及
底。口径17.4、底径6.6、高5.8厘米（图五:3）。

　　盏　分3式。

　　Ⅰ式　直口，圆唇，直腹斜收，平底微内凹。内外施酱黄色釉，釉不及底，釉色透亮。T1③:2，
口径8.4、底径4.4、高4.2厘米（图六:1）。

　　Ⅱ式　直口微敛，圆唇，浅腹，平底。内外施酱黄釉，釉不及底。T1③:3，口径8.6、底径
3.6、高4厘米（图六:2）。

　　Ⅲ式　直口微敛，尖唇，弧腹内收，平底微内凹。青灰色胎，内外施酱黄色釉不及底。T1④:2，
口径8.4、底径4、高4.2厘米（图六:3）。

　　盅　分2式。

　　Ⅰ式　侈口外翻，尖唇，深直腹微垂，平底微内凹。内外施青绿釉，釉色晶莹透亮。T1④:5，

口径9.2、底径4、高4.6厘米（图六：4）。

Ⅱ式　侈口外翻，尖唇，直腹微垂，圆饼状假圈足，底心内凹。内外施酱黄釉，釉色晶莹透亮。T1④：6，口径11.4、底径6.2、高4.8厘米（图六：5）。

盘口壶　分2式。

Ⅰ式　深盘口外敞，圆唇，束颈，颈部饰一窄一宽的两周凸弦纹，以下部位残失。器表施青绿釉。T1④：7，口径14、残高6厘米（图五：8）。

Ⅱ式　盘口外敞，尖圆唇，束颈，溜肩，肩部对称贴附两个竖系，以下部位残失。器表施青绿釉，釉色晶莹透亮。T1③：8，口径12.8、残高8厘米（图五：9）。

执壶　1件（T1④：8）。颈部以上及流皆残损无存，鼓腹内收，平底内凹，肩部对称贴附两个泥条横系。通体施青绿釉，釉色晶莹透亮。底径7.6、残高13厘米（图六：8）。

高足盘　分2式。

Ⅰ式　盘口外敞，高圈足。盘内外施淡草绿色釉，圈足无釉。T1④：9，口径12.8、足径9、高10.8厘米（图六：6）。

Ⅱ式　盘口斜直，矮圈足。T1④：10，盘心刻划同心圆纹，围绕同心圆纹刻划圆菊纹。盘内外施淡绿色釉，略泛黄，圈足无釉。口径12.4、足径8、高5.6厘米（图六：7）。T1④：11，盘心同心圆纹四周刻划宝相花图案。盘内外施豆青釉。口径12.4、足径8.6、高4.2厘米（图六：9）。

2. 铁器　器形有刀、钩、权等。

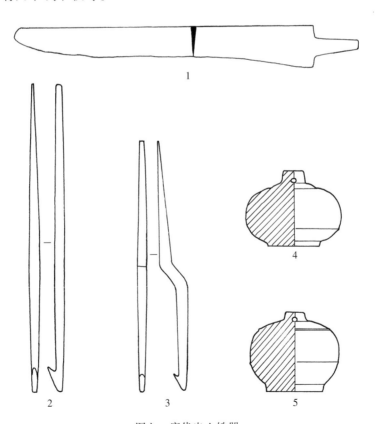

图七　唐代出土铁器
1. 刀（T1④：13）　2、3. 钩（T1④：15、14）　4、5. 权（T1③：9、10）　（均为1/3）

刀　1件（T1④：13）。刀身窄薄，双面刃，锈蚀严重。长28.2、宽3.4、刀背厚0.2厘米（图七：1）。

钩　出钩短而急，锈蚀严重。T1④：14，钩身折扭为前后平行的两段，长20厘米（图七：3）。T1④：15，钩身长而直，长24.6厘米（图七：2）。

权　2件。椭圆球形权身，方形纽，纽中部有圆形穿，底部为饼形实心圆足，足底平坦。T1③：9，权径7.8、足径4.2、高6厘米（图七：4）。T1③：10，权径7.2、足径4.6、高6.4厘米（图七：5）。

3. 其他

图八　"官"字板瓦（T1④：12）拓片（1/2）

"官"字板瓦　1件（T1④：12）。"官"字为阴文，系以枝条小棒一类硬物在柔软的瓦坯背上刻划再入窑烧制而成。残长10.2、残宽9.4厘米（图八）。

三彩器　已残损为碎片，不辨器形。

铜钱　均为"开元通宝"，分2式。

Ⅰ式　数量较多，分布范围也较广，轮廓规整，铜质纯净，铸造精良。钱文清晰，"开"字布白均匀；"元"字首笔为一短横，次笔长横左挑；"通"字"走"部前三撇各不相连，"甬"上笔处留白较多；"宝"字"贝"内两短横不与左右两竖相连。钱文字形端庄稳重，整齐划一，皆属唐初武德年间铸行的开元钱。

Ⅱ式　数量较少，锈蚀较甚，轮廓亦不规整。钱文"开"字较宽，"元"字首横加长；"通"字形体瘦长，"走"部前三撇呈似连非连的顿折，"宝"字笔画纤细，上部"尔"下呈三竖道，"贝"内两横加长与左右两竖相连。钱背或铸有月牙形标记。属唐代晚期铸行的开元钱。

四　结　语

此次在水西门东广场进行的考古工作，发掘并确认了明代三山门瓮城南垣的一段墙基，尽管因发掘面积有限，难以揭示出遗迹的完整面貌，但仍然是非常重要的收获。围绕新发现的这一段明代瓮城墙基，并结合明代三山门及其瓮城遭拆毁前留下的测绘资料，不仅可以大致恢复三山门及其瓮城的分布范围，还可揭示出发掘地点地形、地貌的变迁及与之密切相关的明代三山门瓮城基础的建造，不仅极大拓展、完善了关于明城墙相关学术问题研究的既有认识，也为今后明城墙的考古工作提供了借鉴，具有重要价值。

明代南京京城城墙，是在明太祖朱元璋"高筑墙"的战略思想指导下，从军事防御角度出发，并针对南京地理形势，利用旧有部分城垣建成的。明代南京京城城墙规模恢宏，气势雄伟，总长30余公里，更有13座形制各异、结构复杂的城门，城西的三山门则是其中的代表。明人顾起元《客座赘语》即有云："南都城围九十里，高坚甲于海内。自通济门起至三山门止一段，尤为屹然。"[1]

三山门原址为南唐都城与宋、元金陵城的龙光门，因内秦淮河水在此西出，故也称作水西门或下水门，也称龙西门。洪武十九年（1386 年）十二月，明太祖朱元璋下令由中军都督府督罪囚重新建造[2]，定名为三山门，但民间仍俗称为水西门，并沿袭至今。三山门地处繁华的内秦淮河下游，作为南京城西出口要道，既是交通枢纽与木材集散地，同时又是佳景荟萃之地，著名的赏心亭、折柳亭、白鹭亭、二水亭、孙楚酒楼，都分布于此。三山门门垣共四重，主城门宽 4.7、高 5、进深 8.7 米，城门两侧各有 7 米的突出墙体而在平面呈现为"凸"字形。渐次往东，尚有三座内瓮城，其门道皆为拱券砌筑，与主城门呈东、西直线贯通。城门上建有闸楼和城楼，内瓮城上也建有闸楼，主城门内东西两侧各有上城马道、步道一条。瓮城平均高 8、顶部宽约 5.5、总长 690 米[3]。瓮城平面略呈舟形，其形制与通济门瓮城极为相似，而与现存的明代聚宝门（即今中华门）稍有不同。在三山门内，左右各有瓮洞若干，民间俗称"藏兵洞"，当系《南都察院志》所谓"本门冲繁……门里左边内守备更衣厅三间，右边魏国公更衣厅三间，右边把总厅三间。三层券内左右军器库房六间。头层券内左边，外守备更衣厅三间。门外左右更衣厅六间，盘诘官厅六间"[4]。城下南侧建有水关一座，即西水关，为内外秦淮河沟通的津梁。水关共 3 层，每层 11 券洞，总计 33 券洞，以下层中间券洞最大，船只装载货物，可由此直抵龙江关、草鞋峡口出长江。

20 世纪 50 年代末，在南京兴起的拆城热潮中，三山门及内瓮城因被发现有多处险情，危及居民与行人的生命安全，经南京市政府有关部门实地勘察决定予以拆除。从此，屹立了近 600 年的三山门瓮城消失在人们的视野中。综合各方面资料来看，针对此次发掘的三山门瓮城南垣基础及其所在环境，有以下几点认识。

第一，六朝时期，今三山门地段是内秦淮河唯一的出江口，长江中游与下游的商贸活动皆取道于此，人烟辐辏，商旅云集，此次考古发掘所揭示出六朝时期河道的丰富堆积，当即是这一状况的生动反映。值得一提的是，在六朝时期河道堆积中出土的东晋瓷瓠形器，尚未见于东晋墓葬中，其性质与用途还有待探究。至于南北朝时期装饰连珠徽章纹样的青瓷碗，带有异域特征，在该时期中国南方尚属罕见的纹样，也反映出由丝绸之路延展而来的南北文化交流乃至中外文化交流的活跃。

从地层堆积的变迁来看，位于三山门外的古秦淮入江故道原本极为宽阔，其东侧至少涵括今水西门东广场，直至后世再三淤填河道修筑驳岸，以及明初建造规模宏大的京城三山门段城垣，逐一至于斯。查诸史载，隋平陈后，杨吴、南唐建都南京之际，曾数次修筑城垣，而明代三山门正当彼时所建之龙光门，此后历至南宋、元代皆不乏缮葺之举，此次发掘区内的第③～⑤层堆积，悉属驳岸护坡性质，其形成亦在唐宋之际，应当正是上述拓城浚壕的见证。其中，在第⑤层内出土了 10 余件规格不一的铁刀，其数量之多，极不寻常，可能即是杨吴时期最初填河筑城之际，为了加工用于护坡挡水并修筑驳岸的众多木板、木桩等设施的遗存。

第二，20 世纪 50 年代，南京市建设局勘察测量大队对部分明代南京京城城垣和城门进行了测绘，其中也包括拆除前的明代三山门及其瓮城遗址，并绘制有一张比例为 1∶500 的平面图（图九），此图现仍保存于南京市城建档案馆。但由于当时测绘工作并无统一标准，测量

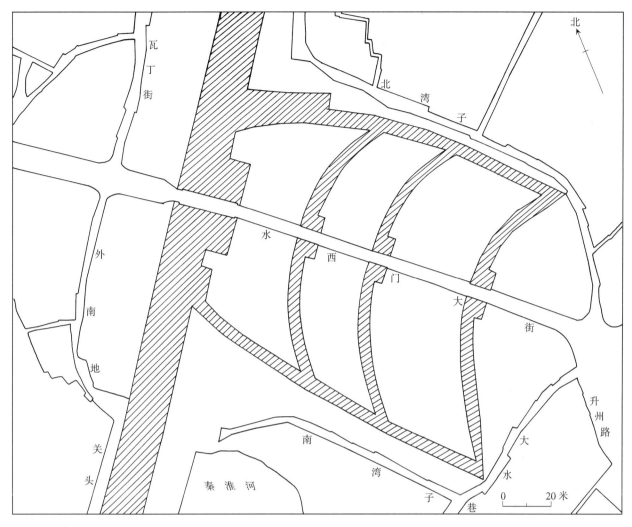

图九　明代三门山及其瓮城平面图（南京市建设局勘察测量大队 1952 年测绘）

点也不尽相同，故其准确性还有待校正。就水西门东广场新发掘出的三山门第一重瓮城南垣基础而言，根据考古遗迹的实测，瓮城地基残宽为 4.3 米，如果将城基北端已佚土衬石的金边，参照南端土衬石凸出的 0.15 米金边计算在内，则瓮城城垣地基的复原宽度将达到 4.45 米，而南京市建设局 1952 年测制的三山门及其瓮城的平面图显示，同一地段的测绘宽度为 4.5 米，这一结果与据考古发现复原推算出的数据基本符合，由此可见，南京市建设局 1952 年对三山门及其瓮城的测绘工作，是以城基作为标准的，并且相当精确，这对于验证乃至复原已经荡然无存的三山门及其瓮城，无疑是非常重要的依据。

　　第三，长期以来，由于明代城垣考古不受重视，加之工作开展的还不够全面，不少专业人士对于明代南京京城城垣的墙基构造，都还普遍存在着认识上的误区。如一味强调明城垣墙基的牢固，谓明城垣基础必以大量条石垒砌云云，以致我馆 2005 年发掘的明皇城西安门段基址、2002 年和 2006 年发掘的明代通济门瓮城基址都仅仅因为揭示出的城垣墙基均系黄土杂以碎砖石的夯层[5]，还一度被个别明城垣研究专家指斥为"草率"，并推断为系近代太平天国政权所为。诚然，全长 30 余公里的明代南京京城城垣夙以"高坚甲于海内"著称，但鉴于南京地区复杂的地形、地貌，在建造过程中也可能存在量力而行的可能，从而在砌建方式上体现出因地制宜的特点。从此次考古发掘情况看，同为明初砌建的三山门瓮城与通济门瓮城平面结构虽如出一辙，但三山门瓮城南垣基础部分的构筑却显得更为复杂：其西端外侧双层圆木架上的 28 层条石基础，是迄今明城垣考古发现中仅见的，可谓固若金汤，但稍往东的墙基则应之以夯层尚不明显的浅薄黄土。这近在咫尺的同一段城垣基础，何以会有如此大的差别？结合发掘区内的地层堆积以及我馆此前在集庆路段明城垣的考古发现分析，不难发现，三山门瓮城南垣西端以至更西端包括门楼在内的三山门段城垣，皆构筑在外秦淮河的河道中，故基础需以多层条石结合木架结构予以加固，至于瓮城南垣东端的基础，则完全利用了杨吴、南唐以降"收淮水于城内"而筑的驳岸，并在其上直接或仅铺垫了一层夯土便起建了瓮城城垣。因此，三山门及其瓮城基础构造的复杂多样性，归根结底，仍是明城垣设计者充分利用自然环境、因地制宜的结果。

有意味的是，20 世纪 50 年代南京市工务局审堪科曾多次派员对三山门及其瓮城进行调查，共发现险情 22 处，直接威胁人身安全的有 6 处，其险情数量之多、之甚，在南京明代京城的 13 座城门中皆无出其右，其中，凡墙面凸肚鼓胀、墙体开裂渗水乃至倒塌并伤及民众等尤为严重的险情，都无一例外地集中分布在第一至第三重瓮城范围之间[6]。反之，在第一重瓮城以西至三山门门楼之间，却未闻有重大险情出现。显然，这与各段城垣自身基础的坚固程度有关。由此可见，将高大的三山门瓮城直接构筑在杨吴、南唐以降形成的驳岸上，虽属因地制宜之创，却终究不是长久之计。

第四，明代南京京城城墙西、南两面以杨吴时期开凿的外秦淮河为城壕。从位置上看，这两面城墙与南唐江宁府城重叠，故长期以来，旧方志及不少学者都认为这两面明代城墙是利用了南唐旧城墙身拓宽、加高并延伸的[7]。记载明代通济门瓮城与南唐江宁府城的关系的文献颇多，但皆语焉不详，比较有代表性的为前引顾起元《客座赘语》卷九《石城》："自通济门起至三山门止一段，尤为屹然……陆游《老学庵笔记》言：'建康城李景所作，其高三丈，因江山为险固，其受敌惟东北两面，而壕堑重复，皆可坚守。至绍兴间已二百余年，所损不及十之一。'按《志》云，国初拓都城，自通济门东转北，而西至定淮门，皆新筑。通济门以西至清凉门，皆仍旧址。然则前所言坚固巨石者，当犹是景之遗植也。"推究其文义，顾氏认为明代南京京城城墙西、南两面全部或部分沿用了南唐江宁府城城垣。甘熙《白下琐言》卷二则进一步认为："明初建立都城凡十三门，钟阜、清凉、金川俱闭。往来通衢，三山、通济之外，以聚宝为最盛……《客座赘语》据陆游《老学庵笔记》谓'自通济至三山一段为李景所作'，府志亦谓'明建都城，其南门、大西、水西三门因宋元之旧而更其名'，语皆未明晰。盖三山、聚宝、通济三门，杨吴始行创筑，收淮水于城内，逮明初开拓城基，周围四十余里，惟此三门因其旧址而重建之耳。"[8]甘氏强调三山、聚宝、通济三门是因旧址而重建，并未得出利用南唐旧城之结论。从此次考古揭示出的遗迹现象来看，三山门瓮城南垣之一部洞穿了晚唐以来陆续形成的驳岸护坡堆积，直接构架于六朝时期的河道里，另一部则搭建在晚唐以来的驳岸上，并不存在利用南唐旧城增建的迹象，显属明初新筑无疑。

执　笔：邵　磊　阮国林

注　释

［1］　（明）顾起元撰，张惠荣校点《客座赘语》卷九《石城》，第 328 页，凤凰出版社，2005 年。

［2］　《明太祖实录》卷一七九，"洪武十九年十二月乙酉"条载："诏中军都督府督造通济、聚宝、三山、洪武等门……新筑后湖城、及中山王、岐阳王、黔国公坟茔，六部围墙并廊房街道。并以罪人输'作。"（台北）"中央研究院"历史语言研究所校勘本，1962 年。

［3］　此处所引三山门及其瓮城的相关数据，据杨国庆、王志高著《南京城墙志》，第 210 页引，凤凰出版社，2008 年。

［4］　据王志高《〈南京都察院志〉之明代南京城墙资料汇注》引，《南京史志》2010 年第 2 期。

［5］　邵磊《明代通济门瓮城基址的考古发现与初步认识》，《但留形胜壮山河——城墙科学保护论坛论文集》，凤凰出版社，2008 年。

［6］　参见南京市城建档案馆藏档案资料《签报协商委员对水西门三处危险城墙的处理意见请指示由》（1955），据《南京城墙志》，第 375 页引。

［7］　蒋赞初《南京史话》，江苏人民出版社，1980 年；张泉《明初南京城的规划与建设》，《中国古都研究》第二辑，浙江人民出版社，1986 年；季士家《明都南京城垣略论》，《故宫博物院院刊》1984 年第 2 期。

［8］　（清）甘熙《白下琐言》卷二，江宁甘氏重刊本，民国丙寅（1926 年）。

南京颜料坊工地发现的明代古井

南 京 市 博 物 馆
南京市秦淮区文化局

　　颜料坊工地位于南京市中山南路西侧、秦淮河东侧、新桥以北、上浮桥以南，面积约 11 万平方米。2009 年 7 月至 2010 年 8 月，南京市博物馆在此工地进行了考古发掘，发掘面积约 3000 平方米。在发掘过程中发现并清理了一口明代古井（图一），编号 09NZYT5J7（以下简称 J7）。现将 J7 清理情况简报如下。

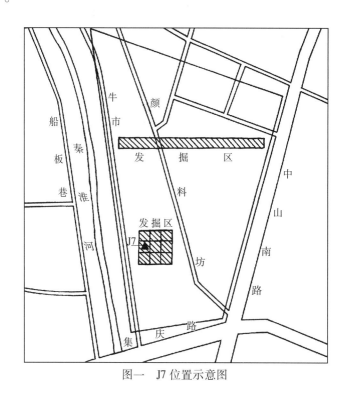

图一　J7 位置示意图

一　形状与结构

　　J7 的井口已被破坏，原始开口层位不详，向下打破第⑤a、⑤b、⑤c、⑥a、⑦层及生土。J7 平面为圆形，井壁为竖穴直壁砖砌，现存井口距地表 5 米（图二）。井坑直径 2 米，井口内径 1.02、外径 1.7、深 7.26 米。井壁的砌筑方法为井内上部 2.3 米以上用青砖以"三顺一丁"方法砌筑而成，砖长 34、宽 17、厚 4 厘米；井内中部 2.3~5.6 米之间用半块的青砖错缝平铺而成，砖残长 26、宽 13、厚 4 厘米；井内下部 5.6～6.27 米之间用青砖错缝竖砌而成，砖长 34、宽 17、厚 4 厘米；井内 6.27 米以下至井底用半块青砖错缝平铺砌筑，砖残长 27、宽 13、厚 4 厘米，砖与砖之间用黏土粘接。井底为平底状，铺有一层木板，木板为南北向平铺，宽 57、厚 6～8 厘米。井内填土不分层，为灰褐色土，土质疏松，内含瓦砾、碎砖等。

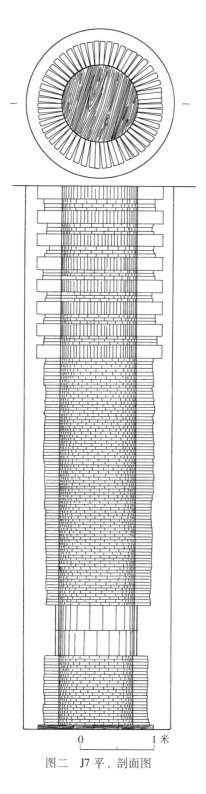

0　　　　　1 米

图二　J7 平、剖面图

二　出土器物

井内出土器物全部集中在井的下部，有陶器、釉陶器、泥塑像、瓷器、铁器等。

1. 陶器　主要有香炉、坩埚、灯。

香炉　7件。泥质灰陶。直口，平沿，方唇，束颈，鼓腹。分2型。

A型　6件。圜底，三棱形足，底内壁有刮痕。J7：1，颈部饰一周蔓草纹，腹下部饰一周凹弦纹。口径12、高11.2厘米（图三：1；彩版：63）。J7：3，一足残。颈部饰戳印花纹。口径8.4、高7.8厘米（图三：2）。J7：4，足残。颈部饰一周卷草纹。口径8.4、残高6.6厘米（图三：7）。J7：5，一足残。颈部饰戳印花纹。口径8.8、高8.4厘米（图三：5）。J7：14，一足残。颈部饰一周卷草纹。口径8.6、高9.2厘米（图三：3）。J7：18，一足残。颈部饰一周"回"字形方格纹，肩部饰一周旋涡纹和一周凹弦纹。口径13.2、高11.2厘米（图三：4）。

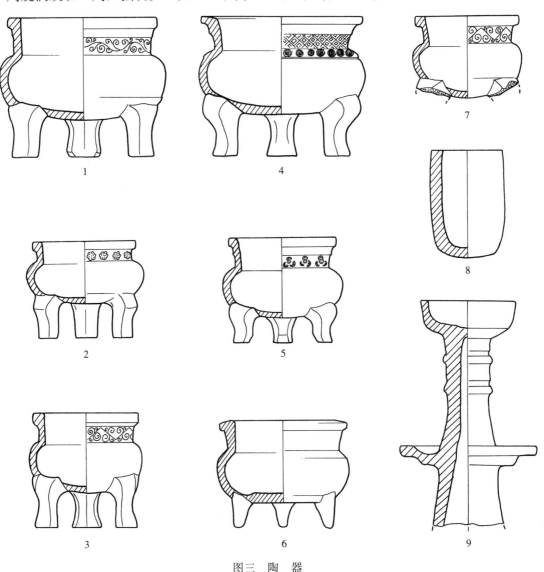

图三　陶器

1～5、7. A型香炉（J7：1、3、14、18、5、4）　6. B型香炉（J7：2）　8. 坩埚（J7：15）　9. 灯（J7：51）　（均为1/3）

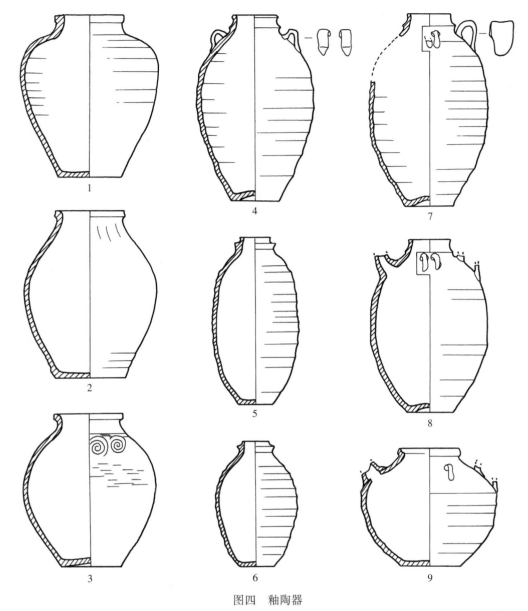

图四　釉陶器

1~3. A 型罐（J7：28~30）　4. B 型罐（J7：32）　5、6. 韩瓶（J7：33、34）　7~9. 壶（J7：36、31、37）　　（均为 1/6）

　　B 型　1 件（J7：2）。平底，下附三个锥形足。口径 10.4、高 8.6 厘米（图三：6）。

　　坩埚　1 件（J7：15）。夹砂灰陶。直口，平沿，深直腹，圜底。口径 5.8、高 8.6 厘米（图三：8）。

　　灯　1 件（J7：51）。泥质灰陶。灯盏近直口，圆唇，弧腹，内底微凹。承柱为圆柱形，底部略粗，上部饰两周凸棱。承盘敞口，平沿，浅斜腹，平底，外沿下饰一周凹弦纹。承盘下喇叭形承座残。灯盏口径 7.4、承盘口径 11.2、残高 18 厘米（图三：9）。

　　2. 釉陶器　主要有罐、韩瓶、壶。

　　罐　4 件。灰胎，通体施酱黄釉。分 2 型。

　　A 型　3 件。侈口，平沿，方圆唇，短束颈，弧肩，鼓腹内收，平底或平底微内凹。J7：28，口径 11.2、底径 10.4、高 26 厘米（图四：1）。J7：29，口径 11.2、底径 11.8、高 26.8 厘米（图四：2）。J7：30，肩部有旋涡纹。口径 11.2、底径 10、高 24.4 厘米（图四：3）。

B型　1件（J7：32）。直口，卷沿外翻，弧肩，鼓腹，平底内凹。肩部贴有对称的双复系，腹部饰瓦棱纹。口径7.2、底径8、高29.6厘米（图四：4）。

韩瓶　3件。直口，平沿，重沿外敞，弧肩，深鼓腹。器表饰瓦棱纹。褐色胎，通体施酱釉。J7：33，平底。口径5.2、底径5.6、高26.8厘米（图四：5）。J7：34，平底。口径4.4、底径5.6、高20厘米（图四：6）。J7：35，平底内凹。口径4.4、底径4.8、高18厘米。

壶　3件。肩部两侧贴有对称的双复系，另两侧一侧有宽柄，一侧为曲流，器表饰瓦棱纹。通体饰施酱黄釉。J7：31，直口，方唇，弧肩，鼓腹，平底内凹。唇部有一周凹弦纹。柄、流均残。红胎。口径6.8、底径7.6、高27.6厘米（图四：8）。J7：36，直口，方唇，弧肩，鼓腹，平底内凹。流残。红胎。口径7、底径8、高30.8厘米（图四：7）。J7：37，盘口，尖圆唇，弧肩，折腹，平底。柄、流均残。灰胎。口径10、底径10、高18.8厘米（图四：9）。

3. 泥塑像　泥质灰陶，底座内涂红色颜料。分2型。

A型　1件（J7：6）。头部残，坐势，平膝。身穿长袍，交领，胸前饰一朵莲花，束袖，束腰，腰部束一腰带。左手执一物放于腰部，右手高举。底座内凹，并有一长方形插孔。残高11.4、宽6.8厘米（图五：1；彩版：67）。

1

2

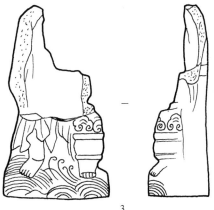

3

图五　泥塑像
1.A型（J7：6）　2、3.B型
（J7：16、17）（均为1/2）

B 型　2 件。均为站势，足踏波浪。底座内凹，并有一圆形插孔，座外饰波浪纹。J7：16，头部残。身穿长袍，交领，胸前挂一近方形令牌，令牌上模印"勅"字，宽袖，束腰，腰部系一腰带。左手下垂，右手紧握放于腰部。残高 10.2、宽 5.8 厘米（图五：2；彩版：68）。J7：17，头部、腹部及手均残。左腿膝部置一花篮。残高 10.2、宽 5.8 厘米（图五：3）。

4. 瓷器　主要有青花瓷、青瓷、青白瓷、白瓷和黑瓷器，器形主要有碗、盘、碟等。

青花瓷碗　15 件。圈足。灰白胎，通体施白釉，足底无釉，露胎。分 4 型。

A 型　2 件。敞口，口沿外撇，方唇，弧腹。J7：7，足部有冰裂纹，口沿无釉。内沿饰一周弦纹，内底饰一周弦纹并有叠烧痕。外壁饰云气纹，其下饰三周弦纹。口径 13.4、底径 5.6、高 6.6 厘米（图六：1）。J7：8，内沿下部饰一周符号纹，内底弦纹内饰梅花。外壁饰松、竹、梅及花草。口径 16.8、底径 7.2、高 7.6 厘米（图六：4；彩版：64）。

B 型　2 件。敞口，口沿外撇，圆唇，弧腹。J7：9，内沿下部饰一周梵文，内底弦纹内饰梅花。外沿下部饰一周回纹，外壁饰云气纹。口径 12、底径 4.4 厘米、高 6.2 厘米（图六：2）。J7：10，内沿下部饰一周弦纹，内底两周弦纹内饰"福"字。外沿下部饰一周弦纹，外壁饰缠枝花卉纹，其下饰两周弦纹，外底未施釉。口径 12、底径 4.8、高 6 厘米（图六：8）。

C 型　5 件。敞口，圆唇，斜弧腹。J7：42，内壁饰花草纹，内底饰螺旋纹。外壁饰缠枝花卉纹。口径 15.6、底径 6、高 6.2 厘米（图六：5）。J7：43，内底饰兰草纹，外壁饰云气纹。口径 14.4、底径 5.6、高 6.4 厘米（图六：7）。J7：44，内沿饰一周符号纹，内壁饰缠枝花卉和梵文，内底饰螺旋纹。外壁饰缠枝莲纹。口径 15.6、底径 6、高 7.2 厘米（图六：6）。J7：47，内沿饰一周符号纹，内壁饰缠枝石榴花纹，内底饰螺旋纹。外壁饰缠枝花卉纹。口径 14、底径 5.6、高 6.4 厘米（图六：9）。J7：48，内底两周弦纹内饰鱼和海藻纹。口径 13.4、底径 5.4、高 6 厘米（图六：3）。

D 型　6 件。侈口，圆唇，弧腹。J7：40，内底饰海螺波浪纹。外壁饰花卉纹，近圈足处饰变形符号纹。口径 12.6、底径 5.6、高 6.8 厘米（图七：2）。J7：41，内底饰变形花卉纹。外壁饰缠枝花卉纹。口径 14.8、底径 6、高 6.6 厘米（图七：1）。J7：45，内底饰变形云龙纹。外壁饰花果纹。口径 15、底径 6、高 6.6 厘米（图七：6）。J7：46，内沿饰符号纹，内底两周弦纹内饰鱼藻纹。外沿饰变形符号纹，外壁饰草叶纹。口径 14.6、底径 5.6、高 6.6 厘米（图七：3）。J7：49，内沿饰梵文，内壁饰缠枝莲托梵文，内底饰梵文。外壁饰缠枝花卉纹，下饰莲瓣。口径 15.2、底径 5.6、高 7 厘米（图七：4）。J7：50，内沿及内壁下部饰两周弦纹，内底饰草纹。外壁两周弦纹内饰松、鹤、鹿及花草纹。口径 13.6、底径 7.2、高 5.8 厘米（图七：5）。

青花瓷盘　3 件。敞口，圈足。灰白胎，内外施白釉，足底无釉。分 2 型。

A 型　1 件（J7：12）。口沿外撇，尖圆唇，斜腹。釉面内外有冰裂纹，口沿无釉。内沿饰一周弦纹，内底两周弦纹内饰麒麟和云气。口径 18.8、底径 10.4、高 3.6 厘米（图八：1；彩版：66）。

图六　青花瓷碗

1、4. A 型（J7：7、8）　　2、8. B 型（J7：9、10）　　3、5~7、9. C 型（J7：48、42、44、43、47）　　（均为1/3）

图七　D 型青花瓷碗

1. J7：41　2. J7：40　3. J7：46　4. J7：49　5. J7：50　6. J7：45　（均为1/3）

　　B 型　2 件。圆唇，斜弧腹。J7：52，内壁和内底分别饰两组缠枝菊花纹。外壁两周弦纹内饰缠枝菊花纹。口径 19.2、底径 12、高 3.6 厘米（图八：2）。J7：53，内沿饰两周弦纹，内底弦纹内饰狮子戏绣球。外壁两周弦纹内饰狮子戏绣球。口径 17、底径 10、高 3.6 厘米（图八：3）。

　　青瓷碗　6 件。圈足。灰胎，内外施青釉，足底未施釉，露胎。分 2 型。

　　A 型　2 件。敞口，口沿外撇，圆唇，深弧腹。釉面有冰裂纹。J7：11，豆青釉。口径 12、底径 5.2、高 6.9 厘米（图九：1）。J7：57，口径 17、底径 6.4、高 8 厘米（图九：2）。

图八　青花瓷盘
1. A 型（J7∶12）　　2、3. B 型（J7∶52、53）　　（均为 1/3）

B 型　4 件。敞口，口沿外撇，圆唇，弧腹。J7∶19，内壁饰莲花纹，外壁有冰裂纹。口径 15.2、底径 6.8、高 7.6 厘米（图九∶5；彩版∶65）。J7∶22，内底有叠烧痕。口径 16.4 厘米、底径 6.4 厘米、高 7.6 厘米（图九∶4）。J7∶56，内底釉下模印花卉纹。口径 18.4、底径 8.8、高 8.8 厘米（图九∶3）。J7∶58，口径 14.4、底径 5.8、高 7.2 厘米（图九∶6）。

青瓷碟　1 件（J7∶61）。敞口，圆唇，斜腹，矮圈足。底微凸，外底有刮刀痕。灰胎，内外施青釉，足底无釉，露胎。口径 11.2、底径 4.4、高 2.4 厘米（图一○∶1）。

青白瓷碗　1 件（J7∶20）。敞口，口沿外撇，圆唇，弧腹，圈足。灰白胎，通体施釉，外底未施釉。内壁饰放射线纹。口径 14.2、底径 5.6、高 7.2 厘米（图一○∶3）。

白瓷碗　2 件。敞口，尖圆唇，弧腹，圈足。灰白胎，内外施白釉，足底未施釉，露胎。J7∶59，口径 12.4、底径 5.2、高 5.6 厘米（图一○∶2）。J7∶60，釉面有冰裂纹。内壁模印菊瓣纹，外底有刮刀痕。口径 15.8、底径 5.8、高 7.4 厘米（图一○∶4）。

黑瓷碗　1 件（J7∶21）。敛口，圆唇，弧腹，假圈足内凹。灰胎，口沿施酱釉，通体施黑釉，假圈足未施釉，内底有叠烧痕。口径 7.2、底径 3.2、高 4.2 厘米（图一○∶5）。

5. 铁器　主要有钩、箍、杆等。

钩　3 件。分 2 型。

A 型　2 件。柄部拧成麻花状，头部弯曲成一小圆环并衔接一大圆环，另一端分三股向上弯曲呈铁爪状。J7∶24，长 12、圆环直径 2.8 厘米（图一一∶1）。J7∶55，长 12.2、圆环直径 3.8 厘米（图一一∶2）。

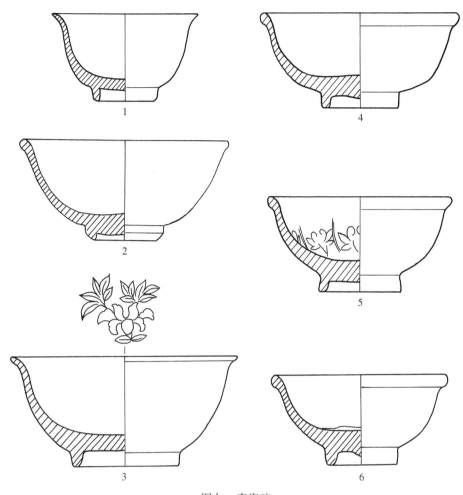

图九 青瓷碗

1、2. A 型（J7：11、57） 3～6. B 型（J7：56、22、19、58） （均为1/3）

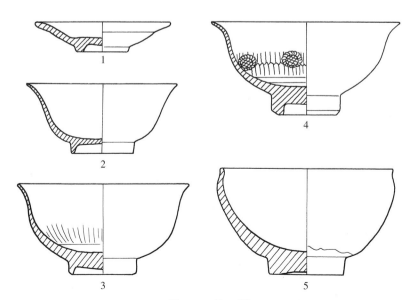

图一〇 瓷 器

1. 青瓷碟（J7：61） 2、4. 白瓷碗（J7：59、60） 3. 青白瓷碗（J7：20） 5. 黑瓷碗（J7：21） （5 为2/3，余为1/3）

　　B 型　1 件（J7∶25）。中部有转轴圆环分别与两端铁钩相连，铁钩断面呈方形。圆环直径 3、钩长 10、钩径 0.8、通长 22.6 厘米（图一一∶5）。

　　箍　1 件（J7∶26）。圆形，断面呈半圆形。直径 25、宽 0.8、厚 0.3 厘米。

　　杆　1 件（J7∶27）。长条形，断面呈方形。一端弯曲，大环连接一小环，环杆连接处拧成螺旋状。另一端呈尖圆状。长 34、直径 0.6 厘米（图一一∶6）。

　　6. 其他　主要有玻璃瓶、木瓢、石器、鹿角、铜钱等。

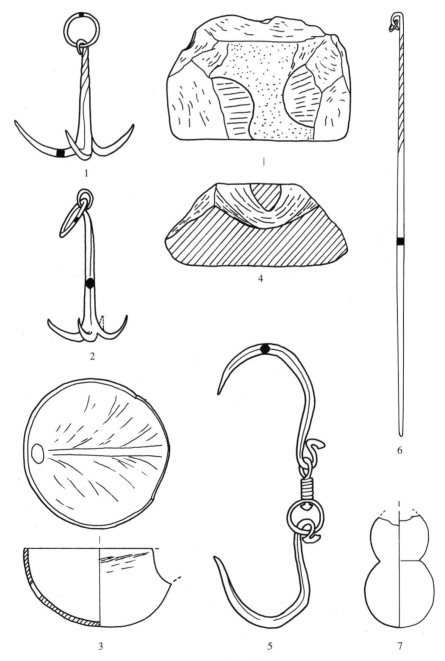

1　　　　　　　　　　　　　　　　　　　　　　　　　　　6

2

3　　　　　　　　　　　　5　　　　　　　　　　7

图一一　出土器物

1、2. A 型铁钩（J7∶24、55）　3. 木瓢（J7∶38）　4. 石器（J7∶39）　5. B 型铁钩（J7∶25）　6. 铁杆（J7∶27）　7. 玻璃瓶（J7∶23）
（4 为 1/6，7 为 2/3，余为 1/3）

玻璃瓶　1件（J7：23）。葫芦形，瓶身上小下大，球形腹，黄褐色，上部残损。上腹径2.4、下腹径2.8、残高4.5厘米（图一一：7）。

图一二　铜钱（J7：13）拓片（原大）

木瓢　1件（J7：38）。口部残，椭圆形，圆弧腹较深，腹内壁有壁槽，壁槽两侧有对称的纹理。近口沿处有一圆孔。壁槽宽0.4、孔径1.6、高6.4、口部残长12.2厘米（图一一：3）。

石器　1件（J7：39）。灰质砂岩。近似长方形，正面凿有一束腰形提梁，提梁断面呈三角形，背面较平微凹。长30、宽20、高13厘米（图一一：4）。

鹿角　1件（J7：54）。树杈形。长25.4、断面直径1.8厘米。

铜钱　1枚（J7：13）。圆形，内方孔。钱文为楷书"至和通宝"，为北宋仁宗时期铜钱。钱径2.2、穿宽0.7厘米（图一二）。

三　结　语

此井在发掘过程中虽然出土一枚北宋铜钱"至和通宝"，但并不能以此判定水井的时代。从此井的建造形制及使用的井砖尺寸来看，时代应为明代，而井中出土的青花瓷、青瓷、釉陶器等虽然都属民窑产品，器底也无年号款识，但根据器物的釉色、器形、纹饰及胎釉特点，按照中国硅酸盐学会所编《中国陶瓷史》以及张浦生先生撰《明代民窑青花瓷器的鉴定》的分类标准，这批出土器物具有明显的明代特征。其中A型和B型青花瓷碗、A型青花瓷盘、青瓷碗、青白瓷碗、白瓷碗及青瓷碟等均具有明代早期特征，C、D型青花瓷碗与B型青花瓷盘具有明代中期特征，由于井的使用具有延续性，因此我们认为这口水井的建造和使用时代应为明代早、中期。

井内出土的陶香炉、陶坩埚、泥塑像等器物均与佛教或道教有关。据《金陵玄观志》卷四载："在都城内中城新桥，有小庙炳灵公庙，地去所领洞神宫三里，天顺七年建，《搜神记》谓炳灵公，乃东岳第三子。小庙殿堂有山门一座，炳灵殿三楹，道院一房，基址叁亩。"炳灵公是东岳大帝的第三子，又被称为"泰山三郎"。泰山神有子，始见于《魏书》。后渐有五子、七子之说，诸子中以三郎最著名，其夫人为永泰公主。《旧五代史》载，后唐长兴四年（933年）七月，一位泰山僧人为明宗治病，僧人说曾遇泰山岳神，托为其第三子求个爵位，明宗遂封泰山三郎为威雄大将军。《宋史·礼志》记载，大中祥符元年（1008年），封禅毕，宋真宗加封泰山三郎为炳灵公。后有泰山五子即五显神之说，其中三子炳灵王，即《南游记》中华光天王，亦即《三教搜神大全》中灵官马元帅，俱为火神。新桥是一座老桥，《景定建康志》、《至大金陵新志》、《大清一统志》等文献对它均有记载。三国孙吴时所建，称新桥，南朝梁时称万岁桥，后改名饮虹桥，宋代复称新桥。南宋乾道五年（1169年），留守史正志重建，覆大屋数十楹，因木桥不耐风雨侵蚀，于是建造桥屋，保护桥身；开禧元年（1205年），丘崇重建；宝祐四年（1256年）马光祖重修。此桥至今已有一千多年的历史，虽屡加修建，但位置一直未变，对判断炳灵公庙的位置具有极高的参考价值。这口水井的位置在今天新桥的东北面，距离约80米，井的使用年代与炳灵公庙的建造时间相当。因此，我们认为这口水井的位置应该位于炳灵公庙之内或是紧靠炳灵公庙。

发　掘：张九文　贾维勇　祝乃军

摄　影：王　泉　祝乃军

修　复：祝乃军

绘　图：董补顺

执　笔：贾维勇　张九文

南京西善桥刘家村明航海侯张赫家族墓

南 京 市 博 物 馆

南京市雨花台区文化局

2007 年 2～4 月，南京市博物馆在雨花台区西善桥街道刘家村抢救性发掘了两座古代墓葬（编号 M1、M2），其中 M1 为砖室墓，根据出土墓志可知，墓主为明初航海侯张赫；M2 为西汉土坑墓。2010 年 8～12 月，为配合基本建设，对 M1、M2 周围进行考古勘探并发掘了两座明初砖室墓（编号 M3、M4）。发掘情况表明，三座明代砖室墓方向相近，结构保存完整，出土器物排列有序，对研究明初功臣墓丧葬制度有重要学术价值。现将明代墓葬发掘的主要收获简报如下。

一　墓葬概况

建设项目北侧为龙西路、东侧为福润雅居小区、南侧为外秦淮河、西侧为梅兴路，原地表为刘家村现代民居区及水泥路等。三座明墓发现于刘家村内一坡地西南部，坡地平面呈弧形（图一）。坡地中部地表可见两件明代石马，马头相对，西侧石马直立，东侧石马倒卧于草地中。对两件石刻北侧进行的考古勘探与发掘表明，表土层下即为生土，未发现与石刻同时期的墓葬，推测这两件石刻可能是从异地迁移而来[1]。

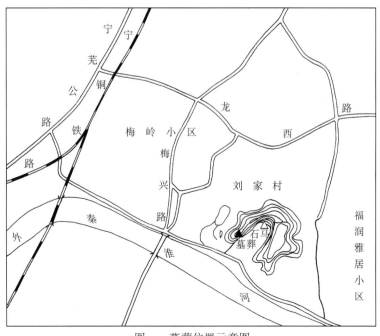

图一　墓葬位置示意图

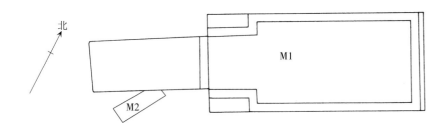

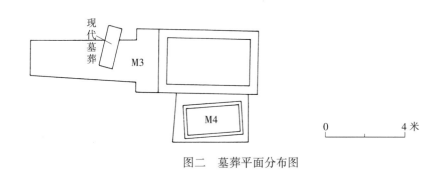

图二 墓葬平面分布图

三座明墓均开口于表土层下，距地表较浅（图二）。M1 墓室顶部有两处盗洞，其余结构保存完好；M3 未遭扰乱；M4 墓室东部有一处盗洞。

二 M1

M1 开口距地表 0.2～0.4 米。墓坑北后侧地理坐标为北纬 31°56.539′，东经 118°43.293′，海拔 36 米。前、后室顶部各有一个盗洞，盗洞以碎砖填塞，墓内有近 2 米深的积水，墓室底部有一层淤土，厚约 0.15 米。

（一）墓葬结构

M1 为前后室券顶砖室墓，方向 242°，主要由墓道、墓坑及砖室构成（彩版：69）。

墓道 平面近长方形，底部为斜坡式，坡度 26°。两侧坑壁较规整，斜坡近封门处有 4 个台阶。墓道内填以黄褐色黏土，土质紧密。墓道西部为现代民居水沟打破，残长 5.88、宽 2.4～2.6、深 0.4～2.8 米（图三）。

墓坑 平面近长方形，前部略宽于后部。墓坑内填土与墓道内相同，坑壁有拍打、抹平的痕迹。墓坑长 9.62、宽 4.64～4.78、深 3.98～4.22 米。

砖室 由封门墙、甬道、石门、前室与后室构成，内壁砖缝填以白石灰，全长 10.42、宽 4.66～4.78、深 4.3 米（图四）。

封门墙　砌于甬道外，双砖并铺，错缝平砌18层，顶部两层逐层内收，下部砌筑一个火焰形壁龛，火焰部分为青灰砖雕刻而成，壁龛宽0.52、高0.6、深0.42米。封门墙外立置一合墓志，两侧以长方形砖平砌加固，墓志与砖下方以花土垫高。封门墙宽2.06~2.46、高2.04、厚0.46米（图五）。

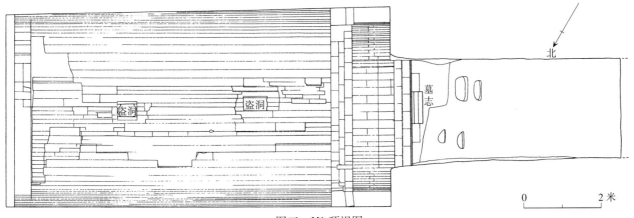

图三　M1顶视图

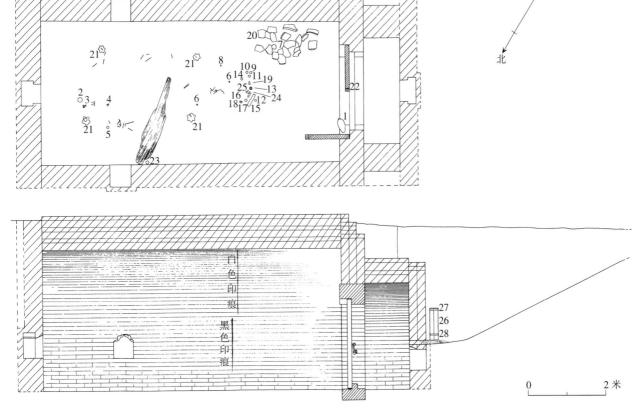

图四　M1平、剖面图

1. 釉陶罐　2. 银碗　3. 银高足杯　4. 金饰件　5. 釉陶碗　6. 金冥钱　7. 铅锡合金碗　8. 玉带片　9. 铜支架　10. 铜灶　11. 铜釜　12. 铜盖　13. 铁平底器　14. 铁罐　15、22. 铁锁　16~19. 锡器　20. 釉陶缸　21. 铁棺环　23. 青花瓷碗（扰）　24. 残铁器　25. 铜钵　26. 墓志　27、28. 铁块

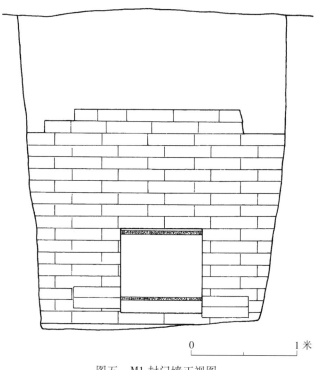

0　　　　　　　1 米

图五　M1 封门墙正视图

　　甬道　平面呈长方形，内长 1.14、宽 2.58、高 2.6 米。两壁以砖错缝平砌 13 层，其上起券，顶部为"两券两伏"结构，底部未铺地砖。

　　石门　位于甬道与墓室之间，由门槛、门柱、门扇、门额与封顶砖构成（图六；彩版：70）。门槛由整块石凿成，上部有条状凸起及圆形门臼，门槛两端向甬道墙壁外延伸，可见长度为 2.58、宽 0.6、厚 0.4 米，主体部分置于墓底基槽内。门柱宽 1.38～1.5、高 2.08、厚 0.6 米，以砖错缝平砌 20 层。门扇长方形，宽 1.14、高 2.4、厚 0.13 米，中部有圆形穿孔，附以铁铺首，铺首下部圆环以铁锁相扣，门扇内外两面涂有朱砂，发掘前右侧门扇已被盗扰时开启，铁锁垂于左侧门扇上。门额横梁式，长方形，长 4.06、宽 0.66、高 0.5 米，两侧置于门柱上，下部凿有两个圆形门臼。封顶砖砌筑于门额上，错缝平砌，顶部高度不一，长 4.1、宽 0.6、高 1.22～1.72 米。

　　墓室　近长方形，两壁以 12 层砖错缝平砌，其上起券，券顶为"三券三伏"结构，底部未铺地砖。墓室中部原设木门一道，木将墓室分为前后两室。木门已朽，仅存朽痕，墓壁中部残存黑色及灰白色痕迹各一道，墓底发现一件附铺首铁锁。前室内长 2.3、宽 3.5、高 3.46 米，出土釉陶缸、罐及铜灶具、锡器及铁锁等器物。后室内长 5.15、宽 3.5、高 3.46 米。后壁以砖错缝平砌至顶，侧壁及后壁均设一个壁龛，形制与封门墙下壁龛近同（图七）。后壁壁龛下叠置 3 块平砖，并发现墓主部分股骨，后室出土金饰件、金冥钱、银碗、银高足杯、玉带片、铁棺环、铁钉等。

　　墓砖为长方形，青灰色，长 43、宽 21、厚 11～13 厘米。大多数墓砖为素面，少量墓砖侧面有长条状压印痕及文字，外有边框，铭文为"抚州府崇仁县"（图八）、"总甲杨荣甲首陈来保小甲阳叔六」窑匠刘福　造砖人夏胜"（图九）。

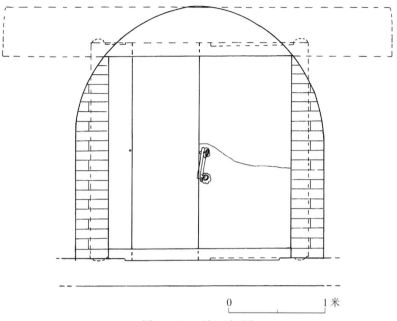

图六　M1 石门正视图

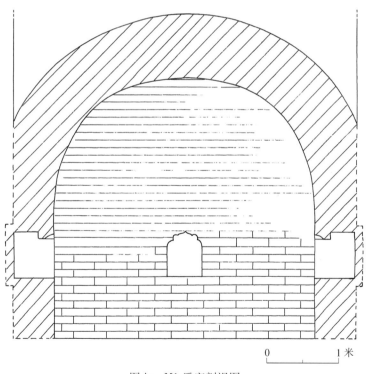

图七　M1 后室剖视图

（二）出土器物

M1 内清理出各类器物 29 件（套），主要有釉陶器、银器、铜器、金器等。

1. 釉陶器　3 件。褐色硬陶胎，器表施酱釉。

罐　1 件（M1:1）。侈口，圆唇，束颈，圆肩，弧腹，平底。胎夹粗砂。外底刻划"大"字。

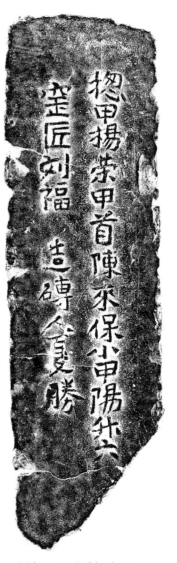

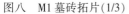
图八　M1墓砖拓片(1/3)　　　　　图九　M1墓砖拓片(1/3)

口径6.8、底径10、高30.4厘米（图一〇：1）。

碗　1件（M1：5）。敞口，圆唇，弧腹，平底内凹。口径9.6、底径3.2、高3.8厘米（图一〇：4）。

缸　1件（M1：20）。敛口，圆唇，弧腹，下腹斜收，平底微内凹。胎夹粗砂。口径67.2、底径27.2、高65.6厘米（图一〇：3）。

2. 铜器　2件（套）。

灶具　1套4件（M1：9～12）。支架，宽平沿，圆唇，弧腹，圜底，沿下附三个曲形条状支足。口径6、高2.4厘米。灶，侈口，圆唇，弧肩，弧腹，无底，腹部有一个火焰形投料孔。口径6.2、底径4.6、高6.4。釜，直口，圆唇，鼓腹，圜底。口径5.8、高2.6厘米。盖，盖面整体呈弧形，顶部附一圆形纽。直径6、高1.9厘米。灶具通高10.2厘米（图一〇：2）。

钵　1件（M1：25）。直口，圆唇，弧腹，平底，一侧饰两圆孔。口径6.1、底径4.8、高1.3厘米（图一〇：6）。

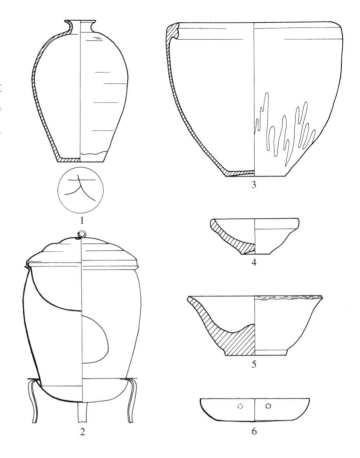

图一〇　M1 出土器物

1. 釉陶罐（M1：1）　2. 铜灶具（M1：9～12）　3. 釉陶缸（M1：20）　4. 釉陶碗（M1：5）　5. 铅锡合金碗（M1：7）　6. 铜钵（M1：25）（1 为 1/8，3 为 1/16，4、5 为 1/4，余为 1/2）

3. 银器　2 件。

碗　1 件（M1：2）。口微侈，圆唇，圆腹，平底。素面。口径 12.4、底径 7.8、高 3.8 厘米（图一一：4）。

高足杯　1 件（M1：3）。口部被挤压变形，侈口，圆唇，鼓腹，束柄，喇叭形器足。柄部饰凸弦纹。底径 4.6、高 7.6 厘米（图一一：1）。

4. 铁器　11 件。

平底器　1 件（M1：13）。宽平沿，直腹，平底，圈足。表面锈蚀严重。口径 7.2、底径 5.4、高 1.8 厘米（图一一：3）。

罐　1 件（M1：14）。敞口，宽沿，弧腹，平底。口径 10、底径 3、高 5.6 厘米（图一一：2）。

锁　2 件。形制、大小相似。由锁及两件铺首构成。锁平面呈长方形，右侧有方形锁孔。铺首形制相近，呈六边形，中部有圆凸，曲形铁条穿于圆凸中并形成两孔，锁穿于铁条上孔，圆环穿于铁条下孔。M1：22，长 28.4、宽 5.8、厚 2 厘米（图一二：1）。

残铁器　1 件（M1：24）。锈蚀残碎，碎片可辨呈叠加状的条形薄片。

棺环　4 件（M1：21）。形制、大小相似。呈六边形，中部有圆凸，正面附一圆形铁环，并以环首铁条穿于圆凸中，铁条端处分别向上下两侧弯折。直径 18.8、环径 9.6 厘米（图一二：2）。

铁块　2 件。形制、大小相似。楔形，扁平刃，端部呈方形。出土时楔于墓志与铁条间。M1：27，长 11.2、宽 2.8～4.4、厚 2.4 厘米（图一二：4）。

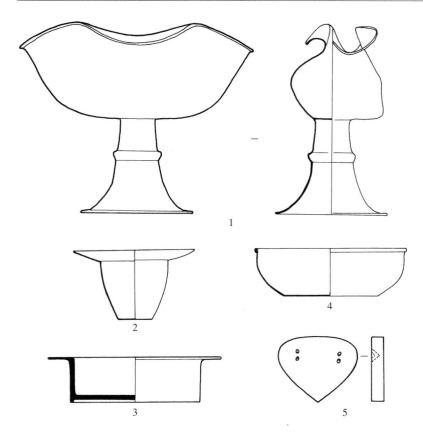

图一一　M1 出土器物

1. 银高足杯（M1：3）　　2. 铁罐（M1：14）
3. 铁平底器（M1：13）　　4. 银碗（M1：2）
5. 玉带片（M1：8）（2、4 为 1/3，余为 2/3）

5. 其他　11 件。

金饰件　1 件（M1：4）。缠枝牡丹纹。宽 3.2、高 2.55、厚 0.05 厘米（图一二：3）。

金冥钱　3 枚（M1：6）。方孔圆钱，两面刻划边郭及四出纹。直径 2.5、孔径 0.5、厚 0.1 厘米（图一二：5）。

玉带片　1 件（M1：8）。乳白色，片状，平面呈桃形，背面有两组斜向穿孔，一组穿孔内有断面呈白色的金属丝，金属丝直径 0.05 ~ 0.07 厘米。长 3.2、宽 2.6、厚 0.5 厘米（图一一：5）。

铅锡合金碗　1 件（M1：7）。侈口，方唇，弧腹，平底，内底凸起。表面锈蚀。口径 14.8、底径 6.8、高 6.4 厘米（图一〇：5）。

锡器　4 件。锈蚀残碎，器形不可辨，碎片局部呈器物颈部状。质软，易碎。器表呈灰白色，胎呈深褐色。

墓志　1 合（M1：26）。由志盖与志石两部分组成，平面呈正方形，以两道铁条箍紧，并以铁块加固。志盖与志石尺寸相同，边长 78、厚 10.5 厘米。志盖阴刻篆书"故开国辅运推诚宣力武臣柱国航海侯追封恩国公谥庄简张公之墓"，共 28 字（图一三）。志文阴刻楷书，19 行，满行 18 字（图一四），录文如下。

　　开国辅运推诚宣力武臣柱国航海侯张公，讳｜赫，凤阳临淮人也。当元之季，四海鼎沸，公奋身｜田里，招集士旅，慨然来附，即授以千户，命之征｜讨。首取濠、泗、滁、和等州，升为万户。乙未，渡江取｜太平、采石，升为总管。继又取镇江及建康诸郡。｜丁酉，取常州，阶进定远将军。甲辰，克武昌，平苏、｜湖等州，授福州卫指挥副使，阶进明威将军。庚｜戌，升指挥同知，阶进怀远将军。巡海捕倭，杀获」甚多。戊午，赴京，升为大都督府佥事。己未，命督」辽东漕运，有功，锡以侯爵，食禄二千石，仍令子」孙世袭。至庚午八月初五日以疾终，赠恩国公，」谥庄简，享年六十七岁。夫人高氏，子三人，长曰」荣，次曰政、敏。将以洪武二十三年十月十二日」葬于安德乡下保魏家库官山之原，请志纳于」圹中。呜呼，昔天下大乱，豪杰并兴，公能集士旅」以归于」朝廷，屡立战功。及天下已定，复效勤劳，监督漕运，生」则封侯、死则封公，荣及前人，福延后嗣，公可谓」烈丈夫矣。千万年后，非理者开，知理者完。谨志。

三　M3

M3 位于 M1 南侧约 9.5 米处，开口距地表约 0.6 米，墓坑北后侧地理坐标为北纬 31°56.542′，东经 118°43.286′，海拔 34 米。墓道北部被一座现代土坑墓打破，M3 南部打破 M4。

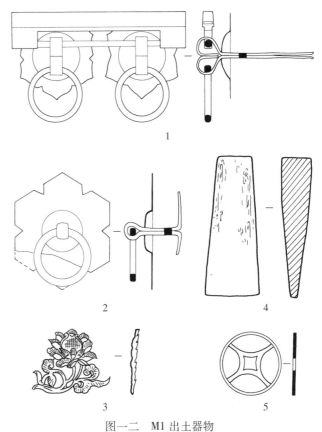

图一二　M1 出土器物
1. 铁锁（M1:22）　2. 铁棺环（M1:21）　3. 金饰件（M1:4）
4. 铁块（M1:27）　5. 金冥钱（M1:6）　（1、2 为 1/6，4 为 1/3，余为 2/3）

图一三　M1 出土墓志盖拓片（1/8）

图一四　M1 出土墓志拓片（1/6）

（一）墓葬结构

M3 为单室券顶砖室墓，方向 244°，主要由墓道、墓坑、砖室构成（图一五、一六）。

墓道　平面呈梯形，由上至下逐渐内收，底部为阶梯状，现存 13 级台阶，阶宽 0.3～0.5、高 0.18～0.26 米，最底一层台阶距墓底 0.7 米。墓道内填以黄褐色黏土，土质较紧密。长 5.62、宽 1.7～2、深 2.7 米。

墓坑　平面近长方形，坑内填土与墓道内相同。长 6.06、宽 3.04、深 3.3 米。

砖室　由挡土墙、封门墙及墓室构成。

挡土墙　位于券顶前部及两侧，其中前者以 11 块长方形砖错缝立砌 3 层，宽 0.7～2、高 0.6、厚 0.1 米；后者以 3～4 层碎砖叠置于券顶与墓坑之间，宽 0.14～0.18、厚 0.1～0.2、高 0.2～0.3 米。

封门墙　砌于墓门内，宽 2.22、厚 0.42、高 2.4 米。以长方形砖错缝平砌至墓室内顶，距墓底 0.4 米处砌筑一个火焰形壁龛，宽 0.58、高 0.58、深 0.42 米。

墓室　长方形，内长 4.16、宽 2.22、高 2.4 米。两壁以长方形砖错缝平砌 16 层，其上起券，后壁以长方形砖错缝平砌至墓室内顶，券顶为两券两伏结构，底部未铺地砖。两壁及后壁各设一个火焰形壁龛，结构、尺寸与封门墙下壁龛近同，后壁壁龛下叠置 2 块平砖。木棺大部朽烂，墓

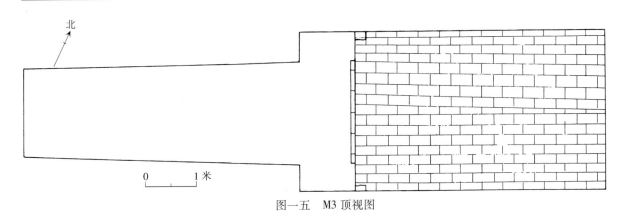

图一五　M3 顶视图

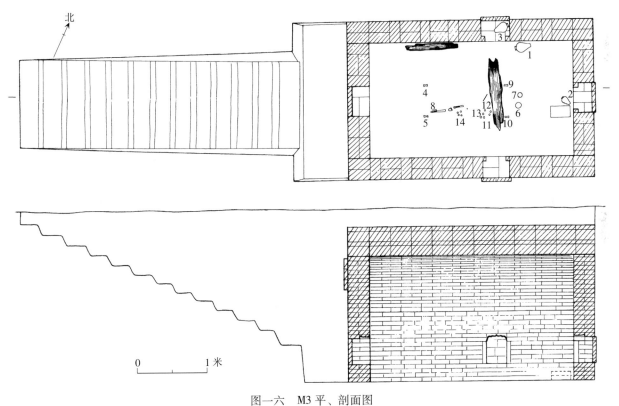

图一六　M3 平、剖面图

1. 瓷梅瓶　2. 银玉壶春瓶　3. 釉陶罐　4、5、9、10. 银片　6. 银碗　7. 银高足杯　8. 银饰件　11. 银花饰　12. 银簪
13. 银"月"字饰　14. 银冥钱

室中部发现大量棺屑及铁棺钉，棺表髹漆，漆皮呈红褐色，墓内发现银片 4 件，平面分布呈长方形，为垫置木棺四角之用，棺长 2.24、宽 0.64 米。墓主人骨仅存部分股骨，位于棺内西侧，可以判断墓主头向东。

墓砖有两种，均为青灰色，素面。一种为长方形，用于砌筑砖室各处，长 42、宽 22、厚 8 厘米；另一种为楔形，砌筑于券顶处，长 40、宽 20、厚 6~8 厘米。

（二）出土器物

M3 内出土器物 46 件（枚），主要有瓷梅瓶，釉陶罐，银玉壶春瓶、碗、高足杯、簪及冥钱等。其中釉陶罐位于北壁壁龛内，瓷梅瓶位于北壁壁龛下，银玉壶春瓶位于后壁壁龛下，其余银

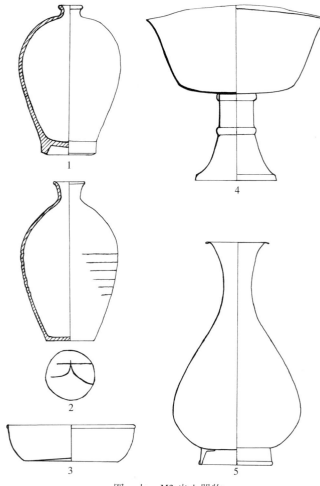

图一七　M3 出土器物

1. 瓷梅瓶（M3：1）　2. 釉陶罐（M3：3）　3. 银碗（M3：6）
4. 银高足杯（M3：7）5. 银玉壶春瓶（M3：2）（1、2 为 1/8、
4 为 1/2、余为 1/4）

器多位于棺内。

1. 瓷梅瓶　1 件（M3：1）。侈口，圆唇，束颈，圆肩，弧腹，圈足微外撇。黄白胎，器表施白釉。口径 5.4、底径 12、高 31.8 厘米（图一七：1；彩版：74）。

2. 釉陶罐　1 件（M3：3）。侈口，圆唇，束颈，弧肩，弧腹，平底。褐色硬陶胎，器表施酱釉。外底刻划"大"字。口径 6.6、底径 10.4、高 33.6 厘米（图一七：2；彩版：75）。

3. 银器　44 件（枚）。

玉壶春瓶　1 件（M3：2）。侈口，圆唇，弧颈，斜肩，鼓腹，圈足微外撇。素面。口径 6.9、底径 8.1、高 23.6 厘米（图一七：5；彩版：71）。

碗　1 件（M3：6）。口微侈，圆唇，圆腹，平底微内凹。口径 14、底径 10、高 3.8 厘米（图一七：3）。

高足杯　1 件（M3：7）。上部被挤压变形。侈口，圆唇，鼓腹，束柄，喇叭形足。柄部饰两周凸弦纹。口径 7 ～ 9.3、底径 4.3 ～ 4.5、高 8.5 ～ 9.2 厘米（图一七：4；彩版：72）。

银片　4 件。形制、大小完全相同。铤形，圆首，束腰，薄片状。素面。M3：4，长 5.65、宽 1.7 ～ 3.9、厚 0.05 厘米（图一八：1）。

饰件　1 件（M3：8）。铤形，弧首，束腰，略显细长。出土时位于墓主股骨侧。长 8.5、宽 1.9 ～ 2.82、厚 0.3 厘米（图一八：4）。

花饰　5 件（M3：11）。形制、大小完全相同。整体呈云纹形，下部附银丝，薄片状。表面饰弧形放射纹。长 3.4、宽 2.4、厚 0.02 厘米（图一八：2）。

"月"字饰　1 件（M3：13）。圆形，薄片状。表面饰一周凹弦纹，中部压印"月"字。直径 3、厚 0.02 厘米（图一八：5）。

簪　1 件（M3：12）。尖首，直柄，顶部略收，截面呈弧形。素面。长 12.8、宽 0.7、厚 0.1 厘米。

冥钱　29 枚（M3：14）。形制、大小相似。正面有内外郭，左右压印"太平"二字，四出纹两侧凿有八个小孔。钱径 2.65、穿宽 0.6、厚 0.02 厘米（图一八：3、一九）。

四　M4

M4 位于 M3 南侧，开口距地表 0.4 ~ 0.7 米。墓坑北部被 M3 打破，墓室东部发现一盗洞。盗洞呈椭圆形，下部略收，长 1.6、宽 0.8、深 1.6 米，但未扰及墓室底部的随葬器物。

（一）墓葬结构

M4 为单室砖室墓，方向 239°，主要有墓坑、砖室两部分（图二〇）。

墓坑　平面近长方形，北侧下部以生土二层台内收。长 3.82 ~ 4.02、宽 2.28 ~ 2.42、深 1.92 米。

砖室　呈长方形，内长 2.88、宽 1.22 ~ 1.25、残高 1.16 米。四壁为长方形砖错缝平砌，墓壁外侧平铺 2 层砖，墓顶不详，底部未铺地砖。南北两壁均砌筑一个火焰形壁龛，宽 0.42、高 0.28、深 0.16 米。墓底发现棺灰痕迹，长 1.64、宽 0.6 ~ 0.64 米，四角处均发现铁棺环。墓主人骨仅存部分股骨，位于棺内西侧，可以判断墓主头向东。

墓砖为长方形，青灰色，素面。长 40、宽 18、厚 10 厘米。

（二）出土器物

M4 内出土器物 72 件（枚），主要有釉陶罐、白瓷碗、银簪及铜钱等。其中釉陶罐、白瓷碗出土于墓室东部，银簪、铜钱出土于棺内。

釉陶罐　1 件（M4:1）。子母口，弧颈，弧肩，鼓腹，平底微内凹，肩附四个对称的竖系。褐色陶硬胎，器表施酱釉。口径 7、底径 8、高 24.4 厘米（图二一:3）。

白瓷碗　1 件（M4:2）。侈口，圆唇，鼓腹，圈足。灰白胎，内外施白釉。口径 17.3、底径 6.2、高 8.2 厘米（图二一:1；彩版:73）。

银簪　2 件（M4:3）。形制相似。尖首，直柄，尾部略收，顶饰花卉纹。长 12.2、直径 0.4 ~ 0.9 厘米（图二一:4）。

银饰件　1 件（M4:5）。圆形，薄片状，截面呈弧形。素面。直径 1.8、厚 0.02 厘米。

铁棺环　4 件（M4:6）。圆环状，一侧附铁条。长 9.5、环径 5 厘米（图二一:2）。

铜钱　63 枚（M4:4）。出土时呈四行排列，少数压于墓主人骨之下。包括唐"开元通宝" 3 枚；宋钱 40 枚，主要有"至道元宝" 1 枚（图二二:1）、"咸平元宝" 2 枚（图二二:2）、"景德元宝" 1 枚（图二二:3）、"祥符通宝" 2 枚（图二二:4）、"天禧通宝" 1 枚（图二二:5）、"皇宋

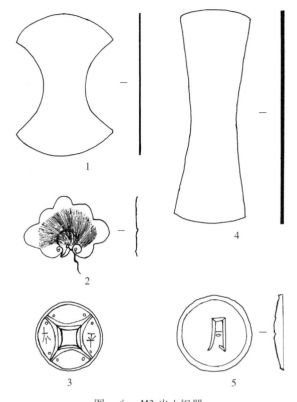

图一八　M3 出土银器

1. 银片（M3:4）　2. 花饰（M3:11）　3. 冥钱（M3:14）
4. 饰件（M3:8）　5. "月"字饰（M3:13）　（均为2/3）

图一九　M3 出土银冥钱拓片（原大）

通宝" 6 枚（图二二：6）、"圣宋元宝" 1 枚（图二二：7）、"嘉祐元宝" 1 枚（图二二：8）、"熙宁元宝" 3 枚（图二二：9）、"元丰通宝" 9 枚（图二二：10）、"元祐通宝" 7 枚（图二二：11）、"绍圣元宝" 1 枚（图二二：12）、"元符通宝" 2 枚（图二二：13）、"大观通宝" 1 枚（图二二：14）、"政和通宝" 2 枚（图二二：15）；明"洪武通宝" 12 枚，其中 2 枚内郭有四个点状压印纹（图二二：16），另 2 枚背面有"浙"等字样（图二二：17、18）；另有 8 枚钱文不可辨。部分铜钱残留有布纹，一面呈方格状纹理，另一面呈条状纹理，推测铜钱应被置于棺底织物之上。

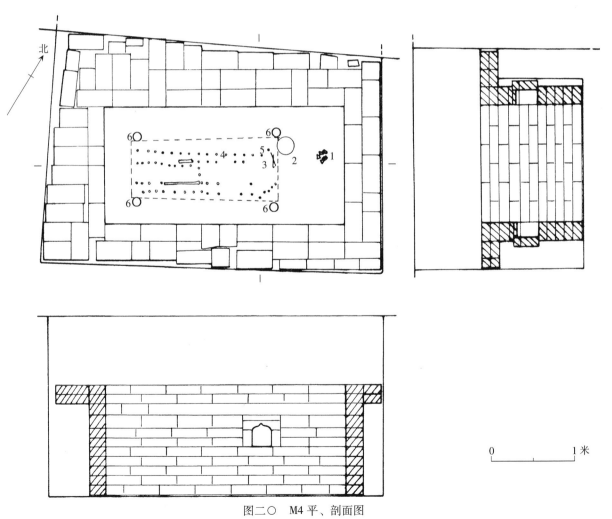

图二〇　M4 平、剖面图

1. 釉陶罐　2. 白瓷碗　3. 银簪　4. 铜钱　5. 银饰件　6. 铁棺环

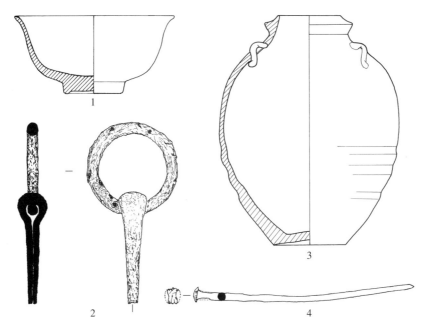

图二一　M4 出土器物

1. 白瓷碗（M4：2）　2. 铁棺环（M4：6）　3. 釉陶罐（M4：1）　4. 银簪（M4：3）　（1、3 为 1/4，余为 1/2）

图二二　M4 出土铜钱拓片

1. 至道元宝　2. 咸平元宝　3. 景德元宝　4. 祥符通宝　5. 天禧通宝　6. 皇宋通宝　7. 圣宋元宝　8. 嘉祐元宝　9. 熙宁元宝
10. 元丰通宝　11. 元祐通宝　12. 绍圣元宝　13. 元符通宝　14. 大观通宝　15. 政和通宝　16～18. 洪武通宝　（均为原大）

五　结　语

　　南京城南是明代墓葬的重要埋藏区之一，分布着众多明代开国功臣墓及其家族墓葬。西善桥刘家村发掘的明代航海侯张赫家族墓，墓主身份明确，砖室结构保存完整，出土器物排列有序，是近年南京地区明代墓葬考古的一次重要发现。墓志记载，张赫于明初在东南沿海受命捕倭，继而督辽东海运，后封航海侯，卒赠恩国公。张赫墓的发现对研究明初功臣墓葬制度、沿海抗倭及辽东海运具有重要意义，墓志全文近 400 字，所记详尽，可补证文献。下面就张赫家族墓的形制、相对年代及航海侯生平事迹略作分析。

　　（一）关于墓葬形制与相对年代

　　墓志所记张赫葬于"安德乡下保魏家库官山之原"，即在今西善桥刘家村。志文中提及"官山"一词，表明墓葬所在地为明代政府所有，此"官山"的用途推测为高等级墓葬的埋藏区。

　　张赫墓（M1）为前后室，与已发掘的江国公吴祯墓[2]、海国公吴良墓[3]、虢国公夫人于氏墓[4]、南安侯俞通源墓[5]等砖室墓结构类似，这种共性体现出墓主身份相同。《大明会典》载："公、侯、伯合用朱红椁、冥器、志石、砖、灰、人工，别无定例，审度支拨。"[6]由此看来，一方面，公、侯、伯是作为同一等级规定营葬用料，其墓葬的总体规模应基本相当；另一方面，具体墓葬的用料略有不同，在砖墓长宽、壁龛数量、石门等局部，存在明显差异。

　　本次发掘的 3 座明墓在整体规模方面的差异更加明显，如张赫墓为带甬道的前后室墓，砖室前有墓道，属明代大型砖室墓；M3 为长方形单室砖室墓，砖室前亦有墓道；M4 则为长方形单室砖室墓，墓圹为竖穴式。《大明会典》"职官坟茔"条列举了三种不同等级营葬的用砖数量，"公、侯、伯"与"都督同知佥事、指挥使"用"砖四千五百个"[7]，张赫于洪武二十年（1387 年）封航海侯，卒后追封恩国公，建墓按例合当用"砖四千五百个"，据张赫墓体量计算，其用砖当在 5000 至 6500 块之间。M3 用砖约 2500 块，高于"正副致仕千户卫镇抚"用"砖一千五百个"的标准，当属同一级阶。M4 用砖约 260 块，与"百户所镇抚"用"砖二百四十个"[8]相近。

　　张赫墓与 M3、M4 除墓葬规模不同外，三者在墓室地砖、壁龛及出土器物方面均表现出相同的时代特征。首先，墓室底部未设地砖。这一特征在明初蕲国公康茂才、东胜侯汪兴祖、海国公吴祯、江国公吴良、永国公薛显、南安侯俞通源等人的墓葬中均有反映，这些墓葬的年代从洪武三年（1370 年）直至洪武二十三年（1390 年）。而洪武二十八年（1389 年）浙江都指挥佥事张云墓开始出现铺地砖，但仅是在墓室四壁下部铺设一圈小型条砖；洪武三十五年（1401 年）的长兴侯夫人于氏墓内则以大方砖铺地，此后的明墓铺设地砖基本成为常态。其次，张赫墓与 M3、M4 均设火焰形壁龛。其中，张赫墓与 M3 壁龛设置的相对位置、大小近同，系于封门墙下部、墓室两侧及后壁共砌筑四个壁龛；M4 仅在两壁各设一个壁龛。再次，三座明墓内的出土器物在组合与类型方面基本相同。张赫墓与 M3 内均出土釉陶罐、银碗、银高足杯等，形制相同，尤以釉陶罐器形最为相仿，二者底部均有刻划反书"大"字。

　　虽然 M3、M4 未发现与墓主有关的文字材料，无法判断墓主的确切身份，但三座墓葬均位于坡地西南部，方向介于239°与244°之间，分布相对集中、排列有序。据对墓葬周围的勘探，未发现有同时期的其他墓葬，而 M3 虽紧贴于 M4 墓坑外缘，但并未对 M4 造成破坏，其方向几近相同，其相对位置应是经事先规划而成。M3、M4 的出土器物以银器为主，主要有饰件、簪等女性常用之物。有鉴于此，M3、M4 应为张赫家族墓葬。

（二）关于航海侯张赫生平事迹

张赫，《明史》卷一三〇有传，《明实录》亦有较多记载。现据文献所载，并结合墓志，对其生平事迹略作考述。

张赫，"凤阳临淮石亭村人"[9]，为明初武臣，综其军功，元末兵乱，自称千户，参与濠州起兵，"取濠、泗、滁、和"，至正十五年（1355 年），从太祖"渡江取太平、采石，升为总管"；十六年（1356 年），破陈野先，取镇江、建康等地；十七年（1357 年），从徐达克常州，为汤和毗陵翼元帅；二十三年（1363 年），从常遇春征襄阳，克武昌，平陈友谅；二十六年（1366 年），从徐达下湖州，围苏州，次年（1367 年）克苏州，定张士诚；后从汤和克庆元、温州、台州。洪武元年（1368 年），驻军福建，其后在福建沿海捕倭；十一年（1378 年），升大都督府佥事，总督辽东海运；洪武二十年九月，功封航海侯，赐号"开国辅运推诚宣力武臣、阶荣禄大夫、勋柱国"；二十三年八月卒，赠恩国公。

《明太祖实录》与墓志均载，张赫卒于洪武二十三年八月初五甲子，文献对其出生、年龄多数未载，仅《大明一统志》言其"卒年九十"[10]，而墓志称"（张赫）庚午八月初五日以疾终"，"享年六十七岁"，可推知张赫生于元英宗至治三年（1323 年）。

元末明初，张赫长期征战长江中下游，并于福建沿海捕倭，继而督辽东漕运。辽东海运是明初主要的海事活动，直接支持了明军对辽东的战事，洪武时期先后负责辽东海运的有靖海侯吴祯、航海侯张赫及舳舻侯朱寿等，而张赫督"辽东漕运"长达十二年，功不可没，后以海运功封航海侯。太祖评价张赫："东征西讨，累有战功，迩年漕运涉历风涛，厥迹尤着，朕尝封尔侯爵以报勤劳，今者因疾寿终于家，朕念相从之久，用遵彝典，追封尔为恩国公，谥庄简，尔其有知服兹宠命。"[11]

领　队：岳　涌

发　掘：岳　涌　　张九文　　陈大海

　　　　龚巨平　　常守帅　　李　强

　　　　杨永军　　邰建胜

修　复：李永忠　　雷　雨

绘　图：董补顺　　张拴堂

拓　片：李永忠　　雷　雨

执　笔：岳　涌

注　释

[1]　目前南京地区保存较完整的明初墓前石刻主要有明孝陵、魏国公徐达（赠中山王）墓、开平王常遇春墓、曹国公李文忠（赠岐阳王）墓、卫国公邓愈（赠宁河王）墓、安庆侯仇成（赠皖国公）墓、靖海侯吴祯（赠

海国公）墓、江阴侯（赠江国公）吴良墓与镇国将军李杰墓等。墓主有帝、王爵及公爵三类，安庆侯仇成与张赫具有可比性，两者爵级相同、卒年相近。仇成卒于洪武二十一年，赠皖国公，墓前石马设牵马俑，石马四足作行走状，腹下雕空，长 2.25、高 1.5 米；张赫卒于洪武二十三年，赠恩国公，刘家村石马无牵马俑，四足直立，腹下未雕空，雕饰云纹，长 2.3、高 1.5 米。相较而言，刘家村石刻的相对年代较安庆侯仇成石刻迟，应非张赫墓前石刻。

［2］　南京市博物馆《南京明代吴祯墓发掘简报》，《文物》1986 年第 9 期。

［3］　南京市文物管理委员会《南京太平门外岗子村明墓》，《考古》1983 年第 6 期。

［4］　南京市博物馆等《江苏南京市戚家山明墓发掘简报》，《考古》1999 年第 10 期。

［5］　同［3］。

［6］　《大明会典》卷一六二，《工部十六》职官坟茔条，《四库全书》本。

［7］　同［6］。

［8］　同［6］。

［9］　《明太祖实录》卷二○三，洪武二十三年八月甲子条，第 3042 页，（台北）"中央研究院"历史语言研究所校勘本，1962 年。

［10］　（明）李贤等《大明一统志》卷七，第 634 页，《四库全书》本。

［11］　同［9］，第 3043 页。

南京江宁麒麟门胥氏家族墓

龚巨平

2011年3月，南京市江宁区麒麟街道东流村村民在村东一处山坡上栽种树木时发现一合墓志。志主为明代末年胥母徐氏。为确保该处墓葬和文物安全，南京市博物馆对其周围区域进行了考古勘探和发掘，共清理土坑墓4座。根据发掘情况可知，此处为明代晚期胥氏家族墓。现将发掘情况简报如下。

一 墓葬概况及墓葬结构

墓地位于东流村下埠头东侧一处坡地北原上，距麒麟门街道约6公里（图一）。据介绍，此处山坡脚下原有石质牌坊，文化大革命期间被破坏。根据发掘结果，石牌坊即为胥氏家族墓牌坊。墓地所在之山在明代称为许山，地理位置极佳，其两侧各有一座小山呈辅弼形映带左右，后有稍高的山坡作为依靠，前有灵山在望，四象之仪颇具。

图一 墓地位置示意图

从平面位置关系看，M1、M2位于M3、M4左下，相距约20米。M1与M2并列，间隔约0.8米，从残存的封土遗迹看，两墓在同一封土堆下，属于夫妻异穴合葬墓（图二）。两墓各出土一件铜镜和一合墓志。M3、M4并列，间隔0.7米，从封土底部残痕看，M3封土打破M4封土，故M4年代稍早。

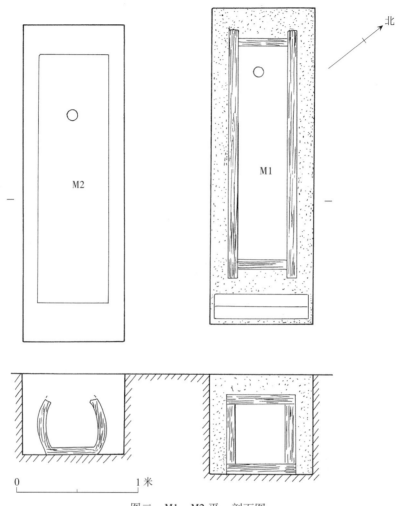

图二　M1、M2 平、剖面图

　　M1 为竖穴土坑浇浆墓，墓坑长 2.56、宽 0.84、残深 0.8 米，坑内棺木朽蚀。在棺木四周及顶部有白石灰浇合层，并残留有棺木痕迹。从棺痕看，墓坑底部未作三合土处理，棺木直接安放在生土上。棺木长 1.86、宽 0.58、深 0.64 米。人骨腐朽，头北脚南，胸部有一件铜镜，墓志置于脚端。

　　M2 为竖穴土坑墓。墓坑长 2.54、宽 0.84、残深 0.64 米。棺木朽蚀，人骨腐朽，头北脚南，胸部有一件铜镜。

　　M3 为竖穴土坑墓，墓坑长 2、宽 0.6、残深 0.4 米。棺木及人骨朽蚀，头端有一件铜镜，头部坑外有一件白瓷罐。

　　M4 为竖穴土坑墓，墓坑长 2、宽 0.6、残深 0.4 米。棺木及人骨朽蚀，墓坑外上层有一件白瓷罐。

二　出土器物

　　墓葬出土器物较少，共 9 件。

瓷罐　2件。形制、大小相同。有盖，上为圆纽。短直口，溜肩，鼓腹，圈足。器表施白釉。M3：2，口径3.5、底径4、通高7.5厘米（图三：1）。

铜镜　3件。M1：1，圆形，圆纽。素面，中间有一周凸弦纹。直径13厘米（图三：2）。M2：1，圆形，圆纽。中间有"五子登科"铭文。直径9.2厘米（图三：3、图四）。M3：1，圆形，银铤形纽。两侧有铭文带，一侧为"湖州孙家造"，另一侧锈蚀不清。直径8.8厘米（图三：4）。

银耳环　1件（M2：2）。残朽，残件呈半圆形。直径2厘米（图三：5）。

铜钱　1枚（M4：2）。钱文为"太平通宝"。

墓志　2合。M1：2，青石质，出土时上下束两道铁箍。志盖与志石子母口，边长72、厚9厘米。志盖阴刻篆书"明诰封昭武将军上轻车都尉分守蓟镇喜峰路等处参将衡宇胥公墓志铭"（图五）。志文首题"皇明诰封昭武将军上轻车都尉分守蓟镇喜峰路等处参将衡宇胥公墓志铭"（图六），录文如下：

赐进士及第通议大夫资治尹詹事府詹事兼翰林院侍读学士协理府事充实录副总裁」

经筵讲官年家眷生孔贞运顿首拜撰并篆盖书丹」

金陵，」圣祖开天首地，从龙世裔席剑业而光大者，在」神宗显皇帝时，有自武闱上第，奉」简书，典兵伍，值水火而平弗宁，控夷房而遏匪茹，屡奏肤功，师中三锡，知己早退，永保身名，」盖得衡宇胥公其人焉。公讳应征，字元卿，衡宇其别号，先世浙杭钱塘人。始祖讳成，从」高皇帝征伐，历功世授留守、昭信较尉。六传至仰山公，讳尚行，任福建都阃，是为公考，姚邢」氏，封恭人，於嘉靖乙丑六月十六日生公。骨相伟异，幼饶慧性。年届舞象，便有长风万」里志。进武簧，辛卯捷於乡，壬辰举於大司马，以第六人荐，遂得超授，」钦除淮大漕运总阅。癸巳、甲午」中都留守，节次转蓟镇车营都司，蓟镇南兵游击天津、加衔参将，管游击事，蓟

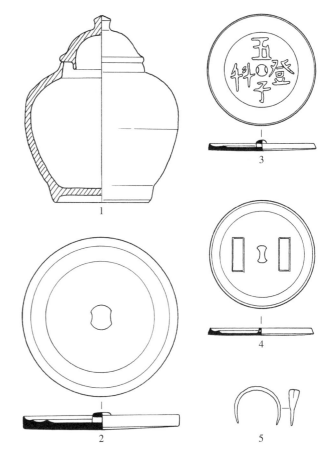

图三　出土器物

1. 瓷罐（M3：2）　2~4. 铜镜（M1：1、M2：1、M3：1）
5. 银耳环（M2：2）　（1、5为2/3，余为1/3）

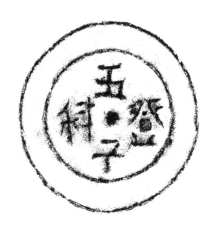

图四　铜镜（M2：1）拓片（约1/2）

镇喜峰口抚」夷参将，此俱要害重地。至丙午岁，缘革费与同事边道意左，公遂翩然思尊而赋归来。」先是考妣相继讣闻，未功令莫得终制。兹乃哭二尊人，补苫块所未足，念诸宗环处，奉」先无祠，公捐金置地，选材创构。痛季弟夫妇连故，遗子女稚弱，极意纪纲抚鞠。他如睦」族厚邻，亲仁乐善，义方启佑，身为行鹄，不屑纨绮，不喜嬉游，但至忠孝友恭、廉仁节义」事，中心好之，津津不去口。自守不忤人，人亦莫忤；寔营不多事，事亦莫侵，盖天性也。优」游林下二十五年而终，天以令名完福畀公，岂不在升沉去留外哉！公卒于崇祯庚午」十一月十五日，享年六十有六。元配邢氏，赠淑人，先公卒。久继配徐氏，封淑人，亦先公」卒。侧室孟氏。子四，女四。长必先，府庠生，娶王氏；次从先，府庠生，娶徐氏，俱徐出；次道先，」府庠生，娶王氏；次德先，娶陈氏，俱孟出。女，一适赵天赐，一适黄士良，一适郑道弘，俱徐」出；一适黄升，孟出。孙六，廷琯，娶萧氏；廷璠，娶姚氏，必先出；廷璜、廷璋、廷璸、从先出；廷玺、」道先出。曾孙一，廷琯出。公子必先等卜崇祯壬申年十一月二十日奉公枢启徐淑人」墓而合葬焉。墓在麒麟门外许山之原。余从所请志而铭之，铭曰：」席簪缨兮其泽长，荐韬钤兮其名芳，奉　简书兮其宠光，壮金汤兮其绩章，遁林泉兮」其意康，敦孝友兮其行藏，衍箕裘兮其后昌，埋玉於松僦兮其幽贲玄宫永未央。

图五　墓志（M1:2）盖拓片（约1/6）

图六　墓志（M1∶2）拓片（约 1/6）

M2∶3，近方形，盖无字，宽 63、高 61.6、厚 10 厘米。志石中间书"皇明诰封太淑人胥母徐氏之墓"，两侧书生卒葬年月及孝子名讳（图七），右为"生于隆庆壬申年七月十七日丑时，」卒于万历戊午三月初六日卯时"，左为"万历四十七年十二月十一日午时，葬于宣义」乡东流地方前面山，乙山辛向，用辛卯辛酉分金。」孝子胥　必先从先道先德先　泣血勒石"。

三　墓志考释

M1 志主胥应征，先世为浙江钱塘人。元末，始祖胥成随明太祖朱元璋征伐四方，授留守昭信校尉。昭信校尉是武散官名，金代始置，正七品；元升为正六品；明正六品初授昭信校尉。胥成六传至胥尚行，是为胥应征之父，曾任福建都阃。据《福建通志》卷二一《职官》在"都指挥佥事"条下有"胥尚行，留守卫指挥"和"万历年间任"及《闽书》卷六七"胥尚行"的记载可知，胥尚行于万历年间在福建任都指挥佥事，与此志合。胥应征生于嘉靖四十四年（1565 年），自幼伟异聪慧。志中所谓"年届舞象"指男十五岁至二十岁。"舞象"原本是古武舞名，后为成

图七　墓志（M2:3）拓片（1/6）

童的代名词。《礼记·内则》:"成童,舞象,学射御。"《疏》曰:"成童,谓十五以上;舞象,谓舞武也。熊氏云:'谓用干戈之小舞也。'""长风万里志"典出南朝刘宋宗悫。万历十九年（1591年）,胥应征于乡试武举得捷,万历二十年（1592年）中武进士,除淮大漕运总阅。后历任中都留守、蓟镇车营都司、蓟镇南兵游击、天津加衔参将、蓟镇喜峰口抚夷参将等,俱守要害之地。万历三十四年（1606年）,因与同僚相左,遂告归家乡。志中所谓"屡奏肤功,师中三锡,知己早退,永保身民",盖就此言。胥应征归乡后,捐金建胥氏宗祠以奉先人,为父母守孝尽制,抚育季弟子嗣如己子,睦族厚邻,亲仁乐善,优游林下二十五年,于崇祯三年（1630年）卒于家,享年66岁。崇祯五年（1632年）十一月在停丧两年后启徐淑人墓,二人合葬于许山之原。

关于胥应征在蓟镇的情况,《明神宗实录》有三条记载,与志文相合,唯叙事略为详备。其一,万历三十三年（1605年）四月乙巳朔。"己巳升倒马关参将王锡祉为蓟镇中路副总兵,天津海防游击胥应征为喜峰口参将。"其二,万历三十四年二月庚子朔。"壬子。董家口边外住牧属夷马嗒嗒部落达子三十余骑,乘我军出口采柴,突出赶夺,杀死军士汪真等八名,掳去军士平哲等二十一名。事闻,夺防守参将胥应征俸四月,提调守备崔士□北革职。"其三,万历三十四年十一月丙寅朔。"甲戌。黜蓟镇石门喜峰二路参将胥应征应骑回卫以关臣论列故也。"据上引三条文献可知,胥应征始任喜峰口参将时在万历三十三年四月。墓志所云"革费"之事应是指夺俸之事。朝廷认为胥应征在董家口的事件中负有领导责任,因而夺俸四月。胥氏可能在这件事上与边地官员意见不合而萌生归隐之意。万历三十四年十一月是胥应征在官方文献中所见的最后记载。墓志云胥应征"翩然思尊而赋归来"当在这一年的十一、十二月。

　　胥应征一生凡三娶，原配邢氏，先卒，未有子嗣。继配徐淑人，亦先卒，育有二子三女。侧室孟氏，育有二子一女。孙辈六人，曾孙一人。或因自身武将出身，胥应征子辈并未继续行伍，其三子从儒业，为应天府学庠生，改变了胥氏家族自明初以来的武将身份。

　　胥氏墓志撰文、篆盖、书丹均为孔贞运。孔贞运，句容人，孔子的第六十三代孙，《明史》有传。万历四十年（1612 年）乡试中举。七年后高中榜眼，授翰林编修。万历四十八年（1620 年）二月入翰林院进学。天启五年（1625 年），充任会试考试官，任经筵讲官，纂修两朝实录。天启七年（1627 年），升左春坊左谕德。庄烈帝嗣位，孔贞运进讲《皇明宝训》，称述祖宗勤政讲学之事，受到庄烈帝的嘉奖。崇祯元年（1628 年）孔贞运任国子监祭酒，不久，又升少詹事仍管国子监事。崇祯二年（1629 年）正月，庄烈帝驾临国子监，听孔贞运讲《书经》。是年冬，京城被围。孔贞运呈上御敌、城守、应援等多条建议。不久，因父母亡故，辞官回乡守孝六年。期满，被委任为南京礼部侍郎。崇祯九年（1636 年）六月，孔贞运与贺逢圣、黄士俊一同进入内阁。甲申国变，庄烈帝吊死煤山，孔贞运前往哭祭，恸绝不能起，卒，享年 69 岁，谥文忠。孔贞运撰写胥应征墓志铭时为孔氏回乡为母守孝期间，固有是请。

　　胥应征继配淑人徐氏，生于隆庆六年（1572 年），卒于万历四十六年（1618 年）三月，葬于万历四十七年（1619 年）十二月，停丧未葬达二十一个月之久。

　　关于葬地，徐氏志云"宣义乡东流地方前面山"，胥氏志云"麒麟门外许山之原"，可知前面山即许山，东流这个地名且一直沿用到今天。墓葬方向为"乙山辛向用辛卯辛酉分金"，这是堪舆中常用的表示方位的表述方式，在 277.5° 至 285° 之间，考古发掘所测得的墓葬方向正在此范围内。

　　麒麟胥氏家族墓的发现与发掘，为了解明代晚期南京地区的丧葬习俗提供了新资料，具有一定的研究价值。

南京汤山地区古人类与古文化遗存考古调查报告
——以南京人化石地点及阳山碑材为重点

南京市博物馆
南京市江宁区博物馆

一 项目缘起

汤山位于南京市东郊，隶属江宁区。汤山地区融人文景观与自然风光为一炉，是南京市著名的旅游区。汤山历史文化资源之中有两项非常突出的优势，一个是在雷公山葫芦洞发现了距今35万年的南京猿人化石；另一个是在阳山保存有世界最大的石质碑材。

南京人化石点位于江宁区汤山街道雷公山葫芦洞。1993年南京市博物馆和北京大学文博考古学院合作对葫芦洞进行了发掘，共获得2000余件代表15种脊椎动物的化石标本、2块人头骨化石以及1枚古人类牙齿化石，确定了距今35万年前的南京直立人的存在。南京人化石地点的考古发掘被评为1994年全国十大考古新发现，2006年被列为全国重点文物保护单位。2000年11月，南京博物院和南京市博物馆联合组队，对汤山猿人洞西部的驼子洞进行了抢救性考古发掘，此次考古发掘虽未发现猿人化石，但获得了古脊椎动物化石3万余件。这两次考古发掘说明汤山地区极有可能存在更多古人类活动或生活的遗迹。

阳山碑材位于南京市江宁区汤山街道西北侧阳山南坡，距离市区约23公里。阳山，又名雁门山，属青龙山支脉，在明代以前即为采石场。明永乐间，太宗朱棣为建孝陵碑刻，命斫石于阳山，留下3块未雕琢完成的碑座、碑身、碑额石材，今人习称此三石材为"阳山碑材"。阳山碑材巍峨雄伟，通高约72米，重达24000余吨，其高度、重量独步古今，堪称"世界之最"。因其具有重要的历史文化价值，1957年阳山碑材就被列入江苏省重点文物保护单位，1983年被评为"新金陵四十八景"之一。

2011年，南京市委、市政府决定依托汤山这两项历史文化资源，建设汤山国家级考古遗址公园。为配合这一项目的开展，受南京市文物局委托，南京市博物馆联合江宁区博物馆，以汤山南京人化石地点和阳山碑材为重点，对该地区的古人类和古遗存进行了一次较为全面的考古调查。调查时间为2011年8月10日至9月20日。现将相关情况汇报如下。

二 考古调查的范围和方法

调查范围以南京人化石地点和阳山碑材文物保护红线、紫线范围为中心向周边辐射，分为三个区域。

第一区域：东起汤泉东路西至候寺路、北起汤泉西路南至 122 省道的汤山山脉。

第二区域：汤山山脉之外的青龙山东麓、阳山、伏牛山西麓和安基湖周边。

第三区域：阳山碑材采石区主体范围以内，也包含采石区以外周边 1~2 公里的控制范围。

汤山溶洞及化石在 90 年代才被发现，此前未有任何文字记载，因此本次考古调查基本依靠当地原住民的协助，以实地调查探访为主。而阳山地区相关的历史文献较多，在调查走访的同时，还对相关史料进行了梳理，以获取重要的历史信息。

本次调查涉及的汤山、阳山、青龙山地貌复杂，地域范围较广，加之调查期间雨水较多，调查难度很大。汤山山脉从 90 年代开始陆续关闭一些采石场并开始封山、种植树木植被，由此开始汤山在近一二十年内现代人类活动基本停止，山上林深草茂，仅有的古道也湮没在林海中，每一趟的实地考古调查都需要花费大量时间砍树、开路。本次考古调查所走访当地知情原住民最小年龄 50 岁，最大年龄 79 岁，66 岁以下的原住民对溶洞已然不知情，大多数知情老人因年龄较大没有体力和精力做向导，考古队往往需要 2~4 天才能找到一个溶洞。以上致使目前至少还有 6 个溶洞未能找到。

三 考古调查主要收获

截至 9 月 20 日工作结束，本次调查共了解到大小溶洞 26 个（实地调查了其中的 20 个）、裂隙 1 处、石佛龛 1 处、采石场 1 处、水井 1 口、墓葬区 3 处、寺院遗址（雪浪庵）1 处、瞭望塔 2 处。对发现的溶洞和古文化遗存皆进行了测量、GPS 定位、拍照、文字记录，获得了第一手资料。

（一）溶洞与裂隙

1. 汤山山脉调查到溶洞（不包括雷公洞、葫芦洞即'南京猿人洞'）10 个、裂隙 1 处。其中实地调查溶洞 7 个（有名称的溶洞有朱砂洞、牛牛洞，其余溶洞皆无名称），未找到的溶洞 3 个（为天子耳、老虎洞和狐狸洞）。

1 号洞 位于汤山北麓雷公采石场北侧断崖下部，属于自然形成。洞口朝东南，方位 140°，呈椭圆形，宽 2.5、高 2.2 米，地理坐标为北纬 32°03.429′，东经 119°02.216′，海拔 16 米。洞顶光滑、弧形。洞内可见深度 0.7 米。洞口、洞内被碎石和泥土填满（雷公采石场位于汤山北麓，西距雷公洞约 700 米，入口为西北方向，其余三面均为采石形成的垂直断壁。其西北至东南长约 100、东北至西南长约 50、断壁高 0~50 米）。

2 号洞 位于汤山北麓雷公采石场东侧断崖中部，与 1 号洞相距约 30 米，属于自然形成。洞口朝西，呈不规则形，目测宽约 0.4、高约 0.7 米。由于位置太高，人员无法到达，洞内情况不详。

3 号洞 位于汤山北麓雷公采石场东侧断崖上部，属于自然形成。洞口朝西南，方位 240°，呈不规则形，宽约 2、高约 2 米，洞口横卧一条石，地理坐标为北纬 32°03.401′，东经 119°02.262′，海拔 29 米。洞内共有五厅、两过道，第一厅位于洞口东南侧、第二厅位于第一厅西北侧、第三厅位于第二厅东南侧地下、第四厅位于第一厅东南、第五厅位于第四厅东南。第一厅与第四厅、第四厅与第五厅之间有较小的通道连接，第四、第五厅地势较低沉积大量红褐色、黄褐色黏土，地表湿滑。

第一厅从洞口向东南延伸，呈45°斜坡深入地下，地表堆积泥土、碎石等均来自洞口。厅宽2～5.4、高2～3.5、长8米，四壁有钙板和石钟乳。第二厅位于第一厅西北方向，宽4.7、高0.4～0.6、长30米。地表黏土全部钙化，形成一层硬壳。第三厅位于第二厅后部东南，洞口呈不规则形，宽约0.6、高0.5米。厅呈陡坡状向下延伸，宽5、高1.5、长约20米，坡度50°，地表全部钙化，形成一层硬壳，四壁结满黄褐色石花。第四厅位于第一厅东南，宽约20、高4、长35米，洞内四壁有石幔、石花，地表有石笋。厅北至南堆积呈由高往低分布，从堆积成像分析，厅内堆积主要来源于厅北最高处的一处裂隙。第五厅位于第四厅东南，宽25、高2～40、长50米。根据厅内往地下塌陷程度不一，整个厅被分为四种地形。厅口位置：有一塌陷深坑，长10、宽1～3、深5米；坑南侧的断壁较为清楚地提供了厅内堆积剖面，分为灰褐色黏土、红褐色黏土、红褐色泥沙3大层；此坑导致进入第五厅的路塌陷，使进出该厅变得艰难。厅西北位置：为平地，地表为灰褐色黏土，地表有石笋、滴水坑；该位置整体垂直下降，位于第四厅下3.5米深处。厅东位置：北侧为青褐色黏土高平台，中部地表钙化并高低犬牙交错，向南侧开始呈斜坡状。厅东南位置：该区域向地下塌陷严重，地表乱石、钙板堆积杂乱、高低不平，红褐色黏土亦钙化；顶部最高，约40米，下凹最低约4米。根据第五厅下凹情况推测，厅地下还有空腔。第一厅与第四厅之间有过道，道口呈不规则形，宽约0.7、高0.5、长3米，壁上长满白色石花。第四厅与第五厅之间有过道，道口呈不规则形，宽约0.5、高2.5、长1.8米，壁上长满白色石花。

4号洞　位于汤山东南寺庄村（因山峰如驼峰又称驼子尖）半山腰，原名朱砂洞。据传因洞内产朱砂而得名，属于人工开凿形成，地理坐标为北纬32°03.091′，东经119°02.173′，海拔8米。洞口断壁前有一东西长约40、南北宽约20米的平台，平台西侧矗立一垮塌的三间两厢的清晚期房屋。朱砂洞是此次考古调查中唯一有传说、诗词描述和附属建筑的山洞。相传，开山祖师刘道士，在洞中潜心修行，偶遇通灵巨蟒。刘道士随巨蟒入洞，行七天七夜才见亮光，出洞。方知已到镇江……民国时期有称白龙山人者（王一亭）作《游朱砂洞》："百年世事几悲歌，四顾茫茫唤奈何。来到洞中无日月，冷泉流处性平波。"而另一位近代实业家周庆云在作《又游朱砂洞》诗中赞扬此处"洞天只合住仙家，朝唉松花夕吸霞"。洞口平台处的房屋，据传为朱砂洞道观，曾住过刘、王、李、马、孙等七八代道士，约有二三百年历史。逝于20世纪70年代的马道士，法号礼德，十年如一日开荒辟路、栽桃植树，给当地群众留下较深印象。朱砂洞的洞口有3个：东侧洞口似方形，方位135°，宽0.7～2、高1.7米；西侧洞口位于房屋北侧墙体下，呈不规则形，方位150°，宽1.5、高2.1米；第三洞口朝天，宽0.6～0.7、高0.5米。朱砂洞仅有一厅，厅四壁均有明显凿痕，厅内石壁呈红色，其内湿滑渗水较多。厅前有一巨石，石上遗留有香烛残灰。厅中地面遗留炭灰和未烧尽的树棍。厅西有一处据地势所砌水泥池，水深约1米，池底为红色岩石。厅北有一段据地势所凿台阶，厅东地下有一滴水形成的小水潭。

6号洞　位于黄栗墅汤山北侧山脚下，当地人称为牛牛洞，属于自然形成。洞口朝北，方位355°，呈不规则形，宽2.5、高3米，地理坐标为北纬32°03.044′，东经119°01.154′，海拔10米。洞底部被自然淤积的泥土和石块填满，深4.2米。洞东侧有一水流冲刷形成的沟，从沟进入洞内的雨水很快消失，推测此洞下部还有溶洞相连。

7号洞　位于黄栗墅汤山北侧一采石场北侧断崖下，西距6号洞约100米，属于自然形成。洞口朝南，方位210°，呈不规则形，宽5.5、高4米，地理坐标为北纬32°03.018′，东经119°01.116′，海拔10米。洞内共有两厅。第一厅从洞口往北延伸，宽约8、高约6、长5米。厅往地下延伸形成裂隙，约宽1～3、长10、深6米，裂隙内散落大量石块。第二厅从第一厅裂隙西侧往地下延伸，近圆形，直径约4.4米，厅底部被石块、碎石和黏土覆盖，四壁形成锥状石花。第一厅与第二厅之间有近方形的过道相通，宽0.66、高0.6、深约3米。

8号洞　位于张肖庄汤山北侧一采石场西北侧断崖下，属于自然形成。洞口朝南，方位155°，呈不规则形，宽2.5、高3米，地理坐标为北纬32°03.247′，东经119°01.907′，海拔15米。洞共有两厅、一过道。第一厅从洞口往北延伸，宽约10米、高0.2～5、深10.4米。从洞口进入的碎石和黏土在厅进口处形成长约5米、坡度40°的堆积层。顶弧形，北侧壁底部有黑色钙板，东侧壁有石花。厅地面堆积层为黏土，有个别石笋在地面已形成，同时地表还形成一些小水坑。第二厅洞口朝西北，宽0.5、高0.4、长0.2米。厅宽3、高0.5～2、深2.5米，厅前被一似屏风状石块挡住，厅内四壁潮湿，有褶皱状钙化物。洞口及厅底部泥土稍有钙化，过道东南端形成的堆积层均来自于该厅。过道朝东南，方位170°，宽3、高0.5～5、长5米，过道中部靠西南侧石壁有一锅底状方形塌陷泥坑，长1、宽1、深1米。

另外还有3个已获知一些情况但未寻找到的溶洞，暂未编号。

天子耳　位于汤山北麓张肖庄雷公采石场，据当地原住民介绍此洞已被采石场废弃堆积物覆盖。

狐狸洞　位于汤山南路建设大队大凹村采石场。

老虎洞　位于汤山南路建设大队大凹村，当年老百姓曾到此洞躲避日本人追杀。

裂隙　目前发现1处，位于张肖庄汤山北侧一采石场东侧断崖下，属于自然形成。宽20.5、高1～3米，地理坐标为北纬32°03.285′，东经119°01.960′，海拔15米。采集到一块动物骨块。2000年南京博物院与南京市博物馆曾在裂隙北约30米处进行过考古发掘。

2. 阳山山脉发现溶洞7个。其中，阳山碑材景区内2个、阳山山脉以北5个。

阳山碑材景区内的两个溶洞编号分别为19号和20号。

19号洞　位于阳山碑材景区通往碑材的一条小道路西侧，属于自然形成。洞口朝东南，方位150°，呈圆形，直径约0.6米，地理坐标为北纬32°03.958′，东经118°59.912′，海拔15米。洞壁较光滑，深约2米。

20号洞　位于阳山碑材景区情侣谷，属于自然形成。洞口朝西南，方位240°，呈圆形，直径约3米，地理坐标为北纬32°03.950′，东经118°59.875′，海拔15米。洞深约6米，底铺有石块路，洞后部有一出口，洞口朝天。因雨，洞后部以塌陷。

阳山山脉以北发现5个溶洞。

5号洞　位于湖山小野田采石场东北，属于自然形成。洞口朝上，呈圆形，直径约3米，地理坐标为北纬32°04.754′，东经119°02.173′，海拔27米。洞残长约5米，后部已被采石场挖掉。泥土下滑导致以洞口为圆心的地表下陷呈漏斗状，泥土顺山体下滑，形成很长的泥流。现场调查时泥土正在下滑，5 号洞还原了溶洞内堆积地层形成的过程。

13 号洞　位于阳山碑材北阳明山庄高尔夫球场一采石场北侧断崖下，属于自然形成。洞口朝西，方位 280°，呈椭圆形，宽 6.5、高 2 米，地理坐标为北纬 32°04.060′，东经 118°59.791′，海拔 9 米。洞深 2 米。

14 号洞　位于阳山碑材北阳明山庄高尔夫球场南侧采石场北侧断崖下，东距 13 号洞 30 米，属于自然形成。洞口朝西，方位 270°，呈不规则形，宽 1.2、高 3 米，地理坐标为北纬 32°04.077′，东经 118°59.843′，海拔 9 米。洞高约 0.3 ~ 20、宽 0.4 ~ 3、深约 1000 米，洞底部两侧采集到 10 余块动物骨块（包括 1 块食草类动物牙齿）。洞底部钙化严重，卵石、石灰岩以及采集到的骨块均呈黑褐色。洞内地表水比较丰富，水在洞中部时消失，推测洞下部可能还有空腔。

15 号洞　位于阳山北麓侯家塘采石场东南侧断崖下，属于自然形成。洞口朝西，方位 250°，呈圆形，直径约 0.6 米，地理坐标为北纬 32°04.575′，东经 119°00.064′，海拔 27 米。洞大部分已被采石场挖掉，残深 0.7 米。

16 号洞　位于阳山北麓侯家塘一采石场东南侧断崖下东北距 15 号洞约 10 米，属于自然形成。洞口朝西，方位 270°，呈圆形，地理坐标为北纬 32°04.573′，东经 119°00.054′，海拔 27 米。该洞在调查期间已被采石场挖掉，在洞下部采集到 2 块动物骨块。

3. 青龙山东麓发现溶洞 6 个。

9 号洞　位于青龙山东麓北侧，又称为明洞，属于自然形成，地理坐标为北纬 32°01.076′，东经 118°56.385′，海拔 10 米。洞口有 2 个，方向均朝上，呈不规则形，相距约 5 米。南侧洞口，宽 0.7、长 0.8 米；北侧洞口，宽 0.4、长 0.5 米。洞共有两厅。第一厅从洞口竖井状直下，宽 1.5、高约 5、长约 5 米，底部为石块。第二厅位于第一厅西北地下 5 米深处，洞口呈方形，宽约 0.5、高约 0.6 米。厅高约 3 ~ 10、宽 1.1 ~ 10、长约 10 米，壁光滑整洁，鲜有钙化沉积物。底部为石块和少量黏土。

10 号洞　位于青龙山东麓北侧，又称为观音洞，属于自然形成。洞口朝上，呈不规则形，宽 2.5、长 3 米，地理坐标为北纬 32°01.070′，东经 118°56.377′，海拔 10 米。洞入口为竖井状，壁光滑整洁，深约 8 米。洞沿斜坡状往东北延伸，宽约 0.8 ~ 1.7、高约 4 ~ 10、长约 4 米。洞底，堆积红褐色黏土。

11 号洞　位于青龙山东麓山谷一块巨石的东南角下，属于自然形成。洞口朝东，方位 70°，呈不规则形，宽 1.7、高 1.2 米，地理坐标为北纬 32°01.324′，东经 118°56.672′，海拔 8 米。洞被黏土淤满，可见深度约 4 米。

12 号洞　位于青龙山东麓山谷最低洼处，又称为天坑，四周山脉所有流水皆汇至于此洞，属于自然形成。洞口朝西，方位 290°，呈船形，宽 2、高 5 米，地理坐标为北纬 32°01.321′，东经 118°56.652′，海拔 6 米。洞有两厅。第一厅位于洞口下 4.7 米，宽 5、高 2.1 ~ 15、长 10 米，厅底部呈斜坡状往地下延伸至第二厅。第二厅经过一段约 4 米斜坡后到达平缓的厅底，厅底淤积较厚的黏土，厅底西北侧有两个洞口，所有流水均进入该洞消失。第二厅宽 0.9 ~ 3、高 0.5 ~ 30、长 6 米。

17 号洞　位于坟头村青龙山东北麓，又称龙耳洞，属于自然形成。洞口朝东北，方位 65°，呈不规则形，宽 1.5、高 4 米，地理坐标为北纬 32°03.580′，东经 118°59.320′，海拔 11 米。洞顶为弧形，洞宽 2~6、高 1.5~8、深 10 米。洞内堆积为红褐色黏土，已被挖掉约 0.3 米。

18 号洞　位于坟头村青龙山东北麓，又称龙眼洞，东北距 17 号洞约 40 米，属于自然形成。洞口朝北，方位 30°，呈圆形，直径 1.6 米，地理坐标为北纬 32°03.543′，东经 118°59.324′，海拔 19 米。洞宽约 0.7~4、高约 0.5~2、深约 100 米。据说该洞曾发现动物化石，2002 年 10 月被封闭，此次调查时发现洞口已被打开。洞口东侧大面积堆积了从洞内挖出的红褐色黏土。洞内采集到一片灰白色管状动物骨块。

4. 伏牛山西麓、安基湖周边调查获知有溶洞 3 个，其中伏牛山西麓调查到溶洞 2 个（天洞、槐花洞），安基湖附近调查到溶洞 1 个（美人洞）。目前皆未能实地走访，暂未编号。

槐花洞　位于伏牛山西边菱角山腰。1993 年 4 月被发现。据当地原住民介绍，菱角山周围采石造成山体垮塌，山体被当地作为危险区域封闭，长时间自然风化，洞口可能被淤土覆盖。

天洞　位于伏牛山西边菱角山腰，东距槐花洞 50 米。据当地原住民介绍，菱角山周围采石造成山体垮塌，山体被当地作为危险区域封闭，长时间自然风化，洞口可能被淤土覆盖。

美人洞位于安基湖畔，阴山北麓，因洞内发现的一些人形钟乳，貌似老人、少女、孩童，因此被称为"美人洞"。洞深 30 余米，洞内钟乳石较多，均被毁。据当地原住民介绍，长时间自然风化，洞口可能被淤土覆盖。

（二）石佛龛及凿痕

1. 石佛龛　位于青龙山东麓北侧，北距 9 号洞（即明洞）约 8 米，方位 155°，地理坐标为北纬 32°03.044′，东经 119°01.154′，海拔 10 米。左侧佛龛，高 0.88、宽 0.58、深 0.45 米，右侧佛龛未雕琢完成，高 0.6、宽 0.42、深 0.1 米，佛龛前有长方形祭台，宽 0.5、长 1.36、深 0.08 米。根据佛龛雕凿形状，判断其时代为明代。

2. 凿痕　位于石佛龛南部、西部、北部，分布较广。已观察到的凿痕长度合计高 30 米，似乎作为一种分界线。

（三）采石场

1. 阳山碑材

明代采石区内地表现存主要有阳山采石形成的遗迹和碑座、碑额、碑身等遗物。

地表可见的与明代采石相关的遗迹主要表现为山体裸露部分满布的凿痕和去石后形成的凿窝。初步观察这些凿痕和凿窝的形状、大小没有一定标准。

碑座、碑额、碑身即"阳山碑材"，此为省级文物保护单位的主体。对其尺寸、体量、材质等内容，相关文保档案材料均有记录。三石材表面满布凿痕，石材周围的山体表面上亦满布凿痕和凿窝。

2. 在明代孝陵碑座石材前的采石区，一般被称为"古采石区"，或谓六朝以来即在此采石。更有称六朝陵墓前石刻、石材来源于此。从采石形成的断壁看，此处壁面风化程度较之于明代孝陵三石材要严重，因此形成年代要早于明代。但能否早到六朝时期，从残存的凿痕尚不能判断。

（四）水井

位于今明文化村茶社门口，井口被一现代制作的茶壶锁盖住，地理坐标为北纬 32°03′52.76″，东经 118°59′49.25″，海拔 77 米。据相关资料记载，此井为 1992 年发现，境内出土有韩瓶等遗物。水井外有湖名曰"大明湖"，据传原为深坑，填采石的石屑于内。20 世纪 90 年代修建明文化村景区时，取走石屑蓄水成湖。根据水井的开口层位和井内遗物，推断此井不晚于明代。结合明代永乐时期大学士胡广的《游阳山记》（见《明文衡》卷三三）记载，此井可能为《游阳山记》中记述的古井（泉井），大明湖所在位置为石池。《游阳山记》记载："（阳山）山下草芟数百余间，以舍趋事者，樊其周围，作门二，通山之上下。入门百步，有井一方、小石池二，水甚清。出门上百步许，有井一，云其下旧有泉，因甃之以为井。井之外有深坑，平山上土石填之。举石者邪许之声相应。"若此论成立，可以以此井为坐标，对《游阳山记》中提到的诸如数百间草芟（草房子）、围墙、门道、水井、石池大体方位进行判断，从而可为下一步的勘探、发掘工作提供一定的依据。

（五）墓葬区

1. 坟头村墓葬

阳山碑材遗址区附近有村落名"坟头"，地理坐标为北纬 32°03′14.19″，东经 118°59′46.28″，海拔 35 米。据当地民众介绍，此处墓葬为乱葬或丛葬，不见葬具，墓主为阳山采石工人。因时间久远和破坏，坟头村村址地表已不见墓葬遗迹。

阳山之西有地名"锁石"，有怀疑此名与阳山碑材相关。实际上，"锁石"之名，出自"锁石溪"。宋代《景定建康志》卷一八记载锁石溪在"上元县东南四十八里，源发白石岩，北流经摄湖六十余里入大江。其源上通数里，山涧曲屈，随下奔注，不类人功开凿"。可见，"锁石"之名在宋代之前即已存在，其与明代的阳山碑材没有直接联系。

2. 宋代状元叶祖洽墓

叶祖洽，福建泰宁城关叶家窠人（当时泰宁属邵武军）人，字敦礼，生于北宋仁宗庆历六年（1046 年），卒于宋徽宗政和七年（1117 年）。宋神宗熙宁三年（1070 年）庚午科状元。叶祖洽中状元后，被任命为签书奉国军判官，判登闻检院，由国子丞知湖州，留为校书郎。元祐初（1086 年），历职方、兵部员外郎，加集贤校理，进礼部郎中。因言谈有诽谤朝廷之嫌，被弹劾出京，提点淮西刑狱。绍圣中（1094～1098 年），入为左司郎中，起居郎，中书舍人，给事中。政和七年病逝于亳州官署，被赐葬于建康府（今南京）宣义乡雁门山，即阳山。乾隆《江南通志》卷三七记载"侍郎叶祖洽墓在上元县雁门山"。

3. 袁枚家族墓

袁枚家族墓主要有袁枚妹袁机（袁素文）、袁机女、袁枚父、袁枚妾四座墓葬于阳山。袁枚（1716～1797 年），清代诗人、散文家。字子才，号简斋，晚年自号仓山居士、随园主人、随园老人。钱塘（今浙江杭州）人。乾隆四年（1739 年）进士，历任溧水、江宁等县知县，有政绩，四十岁即告归。在江宁小仓山下筑随园，吟咏其中。袁枚是乾嘉时期代表诗人之一，与赵翼、蒋士铨合称"乾隆三大家"。袁枚妹袁机，嫁与高氏，卒后，袁枚将其葬于阳山，并撰有《祭妹文》，哀婉凄切，感人至深，与韩愈《祭十二郎文》、欧阳修《泷冈阡表》一起，被称为哀祭文三篇名作。

由于年岁日久，这些墓葬仅有文献记载，地表已无踪迹可寻。

（六）雪浪庵遗址

在阳山东北有雪浪庵村，村名源于古佛庵"雪浪庵"，地理坐标为北纬32°05′02.98″，东经119°01′56.63″，海拔31米。雪浪庵位于今江南水泥厂茨山矿厂区内。庵名源于明末高僧雪浪。雪浪，幼从大报恩寺住持西林和尚出家，是明晚期南京大报恩寺一个重要的和尚，在中国佛教史上也有一席之地。雪浪的生平事迹，在明清笔记小说中多有记载。比较重要的文献有憨山德清撰写的《雪浪传》和邹迪光撰写的塔铭。嘉靖四十五年（1566年）大报恩寺遭回禄之厄，憨山和雪浪立志兴复。雪浪晚年居宝华山，荼毗后塔葬于斯，邹迪光撰写塔铭，董其昌书丹，张元春刊刻，墓塔至今犹存。雪浪庵为宝华山隆昌寺之下院，始建年代推测在清代初年，为纪念雪浪而建。庵在20世纪60年代被破坏。

（七）瞭望塔

目前发现2处。一处位于寺庄村，另一处位于建设大队大凹村，每塔6层，其中一至五层每层有窗及4个观测孔，顶层为四面敞开式全方位观测台，全塔高约26米，塔身为红砖砌筑呈圆柱体，塔底直径约4米，上层逐步缩小。瞭望塔为民国时期军事设施，是当时汤山炮兵射击场观测塔。查阅资料得知，汤山还有一处瞭望塔，位于上峰镇西北。

四 小 结

通过本次调查，我们在汤山及其周边的阳山、青龙山、伏牛山等地共发现溶洞20个、裂隙1处，另发现了6个溶洞线索。最为重要的是，在其中的14号、16号、18号溶洞及裂隙中，已经发现了动物骨块。这些溶洞的存在和相关线索，有力地证实了汤山确为南京古代适宜人类生存和活动的区域，为考古遗址公园的建设提供了可靠的资源保证。我们建议今后可以选择1~2个条件较好的溶洞，开展考古发掘，获取古人类和古生物实物资料，希望取得类似于1993年葫芦洞南京人化石这样的重大考古发现。另外在调查中发现，2002年封闭的龙眼洞已被人为打开，洞内堆积的红褐色黏土被挖掘掉0.3~1米，且洞内钟乳石毁坏严重、洞底土层被大面积翻动，建议安排人员进行合理保护，以免珍贵的古人类和动物化石资源遭到破坏。

本次调查还在阳山碑材景区内发现一口明代水井，根据明代文献记载，它具有重要的地标性意义。根据它的位置，可以大致复原出明代阳山采石场的总体布局。今后如有条件，建议进行考古发掘，以揭示古代采石场的原始面貌。另外，通过实地调查和梳理文献，我们得知，阳山区域内存在三处宋、明、清不同时代的重要的古墓葬（群），虽然目前难以确认它们的具体位置，但是为我们今后的工作指出了方向。我们建议在此次调查的基础上，可以选择重点区域进一步开展考古勘探和试掘工作，以确认这些古墓葬的位置、形制，为遗址公园的建设，提供更为可靠的依据。

此外，本次调查发现了其他一些历史文化遗存，如明代石佛龛、清代雪浪庵遗址、民国瞭望塔等，虽然与本次调查的两个重点项目关联不大，但同样具有各自的历史文化价值，可以丰富汤山地区的历史文化资源，进一步充实未来考古遗址公园的内涵。

　　附记：参加考古调查的有南京市博物馆祁海宁、王光明、龚巨平、张朋祥、常守帅，江宁区博物馆许长生、周长龙，在调查中得到南京博物院房迎三先生的指导。本次考古调查工作得到江宁区文化局、汤山新城管委会和国旅公司、汤山文化站、汤山街道的积极配合和大力帮助，特别是汤山新城管委会给予考古调查队全方位的支持与协助，特在此表示感谢！

　　　　　　　　　　　　　　　　　　　　　　　　执　　笔：王光明　龚巨平

下编 学术研究

南京定山寺相关传说考辨
——兼述定山的佛教传统

王　宏

定山寺遗址位于南京长江北岸，为市级文物保护单位。2007 年以来，为配合定山寺复建工程，南京市博物馆对定山寺遗址进行了两次考古发掘，发掘时间达十余月，发掘面积近 3800 平方米，取得了阶段性的成果[1]。定山寺遗址文化堆积丰富，有主要建筑，如山门、佛殿、塔基和地宫，以及次要建筑，如两侧房屋基址、佛殿前后的院落、水井、灶等生活设施。每一类遗迹都发现有不同时期的遗存，或叠压、或打破，说明定山寺历史上曾经过多次改扩建、重修。究其原因，首先为地理环境因素。定山寺地处一 U 形山谷中，水患较频繁，洪水对建筑破坏严重。其次，寺庙持续存在、香火旺盛为寺庙的改扩建及重修提供了可能性。地下资料反映定山寺历史积淀丰富，与之相比，出现在古代文献中的定山寺历史记载却非常少，且相当零散，反映出定山寺的历史真实相当有限，其中不乏后人附会上去的传说，诸如定山寺为梁武帝为高僧法定建立，以及禅宗始祖达摩一苇渡江后曾在定山寺驻锡，因而有了卓锡泉、达摩岩等地名。这些历史传说虽不是定山寺历史真实的反映，但也并非瞎编乱造，其中仍有部分合理内容，是定山寺历史的重要组成。本文试对定山寺相关传说进行分析，揭示传说中的合理内核，以期对定山寺历史有更深入的了解。

一　梁武帝、法定与定山寺的传说

定山寺始建年代，文献记载不甚明确。明代《万历江浦县志》中引用南宋六合知县刘昌诗所编《六峯志》中的观点"梁主为僧法定造寺，以山名为额"[2]，是第一次提及定山寺的始建年代。"梁主"这一名称虽指代模糊，但说明寺庙的始建年代为梁。清人编撰的《江浦埤乘》载："法定，武帝时僧，戒行精严，锡周南北，比老帝钦异之，特建精舍于六峰居焉。定山之名实肇之法定云。"[3]按此说法，定山寺始建于南朝梁，是梁武帝为高僧法定所建。梁武帝在中国佛教史上地位卓著，其在位期间大力弘扬佛教，曾三次舍身入寺为僧，还为佛教徒制定戒律，曾下《断酒肉文》[4]，禁断佛教徒酒肉而实行全面素食[5]，这一戒律延续至今，在中国佛教史上有着深远的影响。法定，齐时益州（今四川成都）僧人，以诵经闻名得以被《高僧传》[6]收录。《高僧传》为梁武帝时的僧人慧皎所撰，如果梁武帝为远在益州或来自益州的高僧法定造定山寺，在当时应该不是小事，即使正史中没有记载，也应在当时的佛教典籍中有所反映，然而慧皎却把法定的时代记为齐，而不是梁，说明法定和梁武帝所处时代不合。两人之间的关系，时人没有记述，梁武帝的相关史料中与稍晚出的佛教典籍中也均未见提及，这似乎不合常理。此外，这种说法是宋人首次提出的，萧梁、南宋相距七百余年，也未提及其文献依据，而现在也没有其他更早的文献支持，其说法的可信度自然大打折扣。因此，定山寺是"梁主为僧法定造寺，以山名为额"是一种传说，并不是历史真实。

二　禅宗初祖达摩与定山寺的传说

菩提达摩，简称达摩，被尊称为中国禅宗的初祖。达摩在历史上确有其人，《洛阳伽蓝记》和《续高僧传》均有载。前者说他是西域沙门，波斯胡人，来游中土，看到永宁寺塔赞叹不已[7]。后者说他是南印度人，出身婆罗门种姓，"神慧疏朗，闻皆晓悟。志存大乘，冥心虚寂，通微彻数，定学高之。初达宋境南越，末又北度至魏"[8]。说明达摩定学高深，到达中国时是刘宋时期，从南方入境，后又去了北方，进入北魏境内。早期文献中有关达摩的记载虽然简略，可信度却较大，而晚唐禅宗史籍记载的达摩生平事迹，比前述两种记载要详细得多，甚至记有达摩的言论，其中最著名的就是达摩和梁武帝的对话。达摩与梁武帝的对话，最早出现在《历代法宝记》[9]，后来《景德传灯录》[10]、《传法正宗记》[11]等禅宗史籍都有记载，内容大体相同。《历代法宝记》大约成书于唐代宗大历年间（766～779年），主要记述了印度禅法、中土禅法的世系传承，达摩就是印度、中国禅法传承的重要人物，因此信徒们会附会甚至伪造一些故事来丰富禅宗初祖的形象[12]。晚期增多的资料主要是达摩在中国南方的具体活动，是在《续高僧传》记载的"初达宋境南越，末又北度至魏"这一时空框架内，多出了许多细节：从广州入境，来到当时南方政治、经济、文化、佛教中心的金陵，有了与梁武帝的对话；由于两人机悟不合，对佛法的理解不同，达摩一苇渡江北去，在少林寺面壁九年。这主要体现了印度禅法入中土的路线，在这一时间、空间内，信徒自可大做文章。在江北有两个寺庙在这一路线上，于是佛教徒利用达摩渡江后驻地这一节点，编造出一些故事，来提高寺庙的知名度，这两个寺庙一为长芦寺，一为定山寺。两寺均在江北，前者曾有达摩祖师殿、一苇堂等，后者遗有卓锡泉、宴坐石、明代"达摩一苇渡江画像碑"，并有达摩岩的地名。在这方面，定山寺僧人的努力或许更加成功些。在北宋后期，定山寺和达摩之间的传说似乎已经渗入时人的观念中，北宋著名文学家贺铸（1052～1125年）称誉定山寺为"达磨（摩）第一道场"[13]，是禅宗的祖庭之一。到了明代还有信徒造了"达摩一苇渡江画像碑"[14]，现在还保存在定山寺遗址中。

三　传说中的合理内核及其反映的历史信息

在为数不多的定山寺历史文献记载中，以上两个传说的内容占据了重要的比例，这不仅表现在数量上，更表现在其反映出来的历史信息的重要性上。传说故事的编造需要一些要素：时空概念、基本素材及编造者的动机。要揭示传说故事中反映的历史信息，分析编造故事的动机尤其重要，有了动机，才会有故事的其他素材。这两则定山寺传说中的人物主要是梁武帝和达摩，这两位在中国佛教史都占有及其重要的地位，一位是笃信佛教的皇帝和尚，一位是被尊为禅宗初祖的达摩祖师。他们的活动时期正处在中国佛教发展的黄金时期，即南朝时期。首先，定山寺与他们之间的传说间接说明了定山寺始建于南朝时期，历史悠久。其次，定山寺是皇帝敕建，禅宗的初祖又曾在此驻锡，这足以说明佛教寺院的高规格和正统性。传说故事的编造者正是需要借助这两位佛教史上重量级的人物来提高定山寺的声望、地位。有了这样的宣传，才能吸引更多的信徒，是寺院香火旺盛的保证。

编造达摩的传说故事或许还可以隐含定山寺的一个重要历史信息——定山寺是一座禅宗寺庙。历史文献上虽没有明确指明这一点，但还是有迹可循。文献中记载定山寺的僧人较少，晚唐南京栖霞寺一位毗律师的墓志铭中提及"定山寺道兴"[15]，说明道兴是律学大师的弟子，与禅宗无涉。北宋贺铸有诗《题定山寺法远上人壁》[16]，法远上人属于什么派别，有待确认，但在宋代的一些禅宗史籍中载有定山禅僧的语录及其法脉传承。宋初时法眼宗惟素禅师住持定山[17]。临济宗僧人"真州定山方禅师"[18]，云门宗"定山文彦禅师"[19]，沩仰宗定山神瑛禅师[20]都曾住持定山。虽然属于的不同派别，但都是禅宗，说明宋代禅宗在定山寺的兴盛状况，或可证宋代定山寺为禅寺。

四 定山佛教渊源的追溯

定山寺相关传说中把寺庙始建年代追溯到南朝时期，虽然这不是历史的真实，但这种追溯并非无源之水、无本之木。因为定山寺所在的定山有着悠久的佛教积淀和传统。定山，六朝时被称为六合山[21]，其上的六合山寺在晋宋之际的译经活动中有着特殊的地位，虽偏居京师之外，但依然是一个重要译场。

东晋之世，随着佛法逐渐深入中国，人们对佛教的热情也高涨起来。晋宋之际，西行求法运动非常活跃，其中最著名的是法显西行及其游记《佛国记》。西行求法僧带回来大量佛教典籍，同时许多外籍僧人也来到中土。在当时南方的中心城市建业，译经活动非常兴盛，其中代表人物就是西来僧佛陀跋陀罗及其追随弟子，他们与法显在建业的道场寺组成译场，翻译了大量佛教经典。在译场中，凉州僧宝云在西行求法后，追随佛陀跋陀罗辗转来到建业，主要负责传译工作。"晚出诸经多云所治定。华戎兼通音训允正。云之所定众咸信服……江左译梵莫逾于云。"[22]后来，宝云来到六合山寺，其晚年的译经活动主要是在六合山寺进行的，译出了《无量寿经》、《佛所行赞》[23]等佛教经典，可见六合山寺在当时也是一个译经中心。寺院的建造时间不迟于南朝刘宋时期。六合山寺之名因宝云译经而得以流传，南朝之后文献就不见六合山寺的任何记载，或许说明其存在时间较短。至于六合山寺的兴衰原因，在此暂不作讨论和推测，但六合山寺开启了六合山上建寺的先声。虽然始建时间不晚于唐代的定山寺和南朝时期的六合山寺并无直接的传承关系，但山是同一座山，可以说定山寺延续了六合山寺的法脉。于是我们在追溯定山寺佛教渊源时，或可追溯到晋宋之际的译经运动。佛经翻译家宝云刘宋时在六合山寺的译经工作，使六合山，即定山，初染大法，而后定山寺的建立和繁荣使"六合"这个更具儒家风范的词汇与这座山的气质渐行渐远，最终"定"这个更具佛教教义精髓的词汇取代了"六合"，成了山的名额——定山。晋宋之际、译经、宝云、六合山寺、定山寺、定山这一些关键词，或可勾勒出定山寺佛教历史发展的大致轮廓。那些为定山寺编造传说的信徒们或许也了解一些定山的过去，这些隐约的史实或许正是其编造传说的素材基础。

注　释

[1]　祁海宁、王宏《南京浦口定山寺遗址考古发掘取得重要阶段性成果》，《中国文物报》2009年7月24日。

［2］　《万历江浦县志》卷五引宋刘昌诗《六峯志》，《天一阁藏明代方志选刊续编》第 7 册，上海书店，1980 年；《宋史》卷二四〇《艺文志三》载，刘昌诗《六峰志》十卷，书已佚，中华书局，1977 年。

［3］　（清）侯宗海等《江浦埤乘》卷三九《杂记上·方外传》，江苏广陵古籍刻印社，1988 年。

［4］　（唐）道宣《广弘明集》卷二六，《大正藏》第五十二册，No. 2103。

［5］　康乐《素食与中国佛教》，《礼俗与宗教》（台湾学者中国史研究论丛），中国大百科全书出版社，2005 年。

［6］　（梁）释慧皎，汤用彤校注《高僧传》卷第一二《诵经》“齐上定林寺超辩”条下，中华书局，1992 年。

［7］　（北魏）杨衒之《洛阳伽蓝记》卷一，中华书局，2010 年。

［8］　（唐）道宣《续高僧传》卷一六《菩提达摩传》，《高僧传合集》，上海古籍出版社，1991 年。

［9］　《历代法宝记》，《大正藏》第五十一册，No. 2075。

［10］　（宋）道原《景德传灯录》卷三，《大正藏》第五十一册，No. 2076。

［11］　（宋）契嵩编《传法正宗记》卷五，《大正藏》第五十一册，No. 2078。

［12］　汤用彤《汉魏两晋南北朝佛教史》，武汉大学出版社，2008 年；胡适《菩提达摩考》，《现代佛教学术丛刊》④《禅宗史实考辨》，大乘文化出版社，1977 年。

［13］　（宋）贺铸《庆湖遗老诗集》卷七，文渊阁《四库全书》本。

［14］　南京市文化广电新闻出版局（文物局）编著《南京历代碑刻集成》，第 125 页，上海书画出版社，2011 年。

［15］　（唐）刘轲《栖霞寺故大德玭律师碑》，《全唐文》卷七四二，中华书局，1985 年。

［16］　同［13］。

［17］　（宋）普济《五灯会元》卷一〇，中华书局，1984 年。在《续传灯录》卷一一（《大正藏》第五十一册，No. 2077）、《五灯严统》卷一〇（《卍新纂续藏经》第八十一册，No. 1568）、《五灯全书》卷二〇（《卍新纂续藏经》第八十一册，No. 1571）等禅宗史书中均有收录。

［18］　（宋）惟白编《建中靖国续灯录》卷七，《卍新纂续藏经》第七十八册，No. 1556。

［19］　（宋）惟白编《建中靖国续灯录》卷一八。

［20］　（宋）普济《五灯会元》卷九。

［21］　王宏《六合山方位考》，《江苏地方志》2010 年第 4 期。

［22］　（梁）释慧皎撰，汤用彤校注《高僧传》卷三《宋六合山释宝云》，第 102～103 页。

［23］　（梁）僧祐著，苏晋仁、萧鍊子点校《出三藏记集》卷一五《宝云法师传》，第 578～579 页，中华书局，1995 年。另据（梁）释慧皎撰，汤用彤校注《高僧传》卷三；《出三藏记集》卷二，第 56 页。《新无量寿经》、《佛所行赞》条下记译经时间为“宋孝武皇帝时，沙门释宝云于六合山寺译出”，但同书及《高僧传》中记宝云卒于宋文帝元嘉二十六年（449 年），因此译经时间应为“宋文帝时”。

北宋长干寺圣感塔地宫形制成因初探

祁海宁　龚巨平

一　引　言

2007～2010 年，南京市博物馆考古人员对位于南京城南古长干里地区的大报恩寺遗址进行了全面、系统的考古发掘。在此过程中，考古队发现并发掘了建于北宋大中祥符年间的长干寺圣感塔塔基与地宫。地宫未遭盗扰，出土了"佛顶真骨"、"感应舍利"、"诸圣舍利"等多份佛门圣物，以及以七宝阿育王塔为代表的一整套材质多样、工艺精湛的宋代舍利瘗藏容器，还出土了百余幅种类丰富、保存完好的宋代丝织品和大量宋代香料实物与各式香具。经初步统计，地宫中出土的各类供养器物多达 12000 余件，是继陕西扶风法门寺地宫、浙江杭州雷峰塔地宫之后，又一座举世瞩目的佛门宝库，在海内外引起了巨大反响。

圣感塔地宫出土的宋代佛教珍宝群为今后多个领域的研究提供了珍贵的实物资料。但是作为此项考古工作的亲历者，我们更想指出的是，地宫自身即是一座非常重要的文化遗存，包含了丰富而复杂的历史信息，同样需要学界给予应有的重视。该地宫深达 6.74 米，是目前国内发现的最深的舍利塔地宫。更有意思的是，它采用的形制非常独特：圆形竖穴土圹，圹室内无砖、石宫室，石函直接埋藏于圹室内的夯土和石块之中。这种形制特征和埋藏方式在宋代地宫中极为罕见，目前仅此一例，打破了我国舍利塔地宫发展的一般规律，体现出很强的原始性和特殊性，其成因值得深入探讨。

二　圣感塔地宫形制概况

由于塔基与地宫的发掘报告正在整理之中，尚未发表，因此我们首先对圣感塔的考古发掘收获进行简要的介绍。

圣感塔的塔基位于整个大报恩寺遗址的最高处，原始地名称为"宝塔顶"。塔基与地宫直接开口于表土层下。塔基平面呈正八边形，从外至内由五层结构环绕而成，除了中心处的地宫外，其余四环的平面形状皆为八边形（图一、二）。

最外环是一圈基槽。破坏较严重，目前仅正北、东北和正东三边的局部得以保存。其中正北和东北部基槽保存状况较好，分别存有 7.9 米和 6.4 米。基槽的宽度为 1.1 米，现存深度 0.8 米。基槽边壁和底部皆用石灰浆涂抹，槽内原先砌砖。在正北部基槽底部还残存数块青砖，其中完整

图一　地宫发掘前塔基平面照片

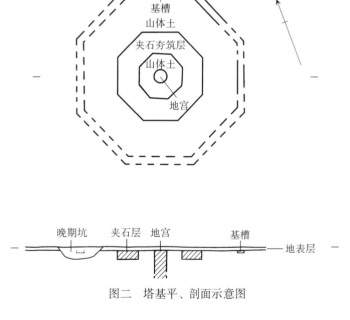

图二　塔基平、剖面示意图

的一块长 38、宽 17、厚 7 厘米。正北和东北两基槽交汇处保存完整，这是目前唯一保存的塔基最外层夹角。从地宫中心到基槽（外侧）的垂线距离为 14.7 米，到塔基外角的直线距离为 15.9 米，由此推算出每边基槽完整的长度应为 12.1 米，塔基的最大径应为 31.8 米。第二环和第四环为两圈山体土，平面宽度分别为 6 米和 2.8 米。第三环内部包含上下两层：上层以大小不等、形状不规则的石块与山体土混合夯筑而成，我们将其称为"夹石夯筑层"，深度为 1.5 米；其下为山体土层，表面经过夯打。第三环的平面宽度为 3.9 米，从该环在塔基中所处的位置及独特的内部结构判断，其功能为承重，塔身应该建造在该环之上。第五环即塔基中心，为圆形的地宫开口，直径 2.2 米。地宫表面虽遭多个晚期坑破坏，但皆未深入底部。

地宫因此未遭盗掘，保存较好。

　　地宫主体为圆形竖井式的土圹室，从山体土中垂直下挖而成。地宫之内，共有40层堆积。除了第37～39层为两层夯土中间夹一层平铺的铜钱外，其余的堆积从上至下皆以一层土、一层石块的方式有规律地填充、夯筑（图三）。在第25层下、距离地表4.28米的地宫中心部位，发现了一块0.9×0.92×0.2米的近方形覆石（图四）。与覆石近乎同深度、紧贴地宫壁，用一层青砖围砌一圈，呈箍状，砖箍下为圆形的生土二层台。覆石直接叠压在下层的方柱状石函之上。石函高1.6米，内藏铁函。石函的周围同样被以一层夯土、一层石块的方式填埋。在石函下，还有一个类似于腰坑的小型埋藏坑，其内出土白瓷碗、青瓷碗、青瓷壶各1件。地宫从现存地表开口至埋藏坑底部，深6.74米，是目前国内发现的最深的舍利塔地宫（图五）。

图三　地宫内部堆积情况

图四　地宫中心部位距离地表4.28米处出现的覆石

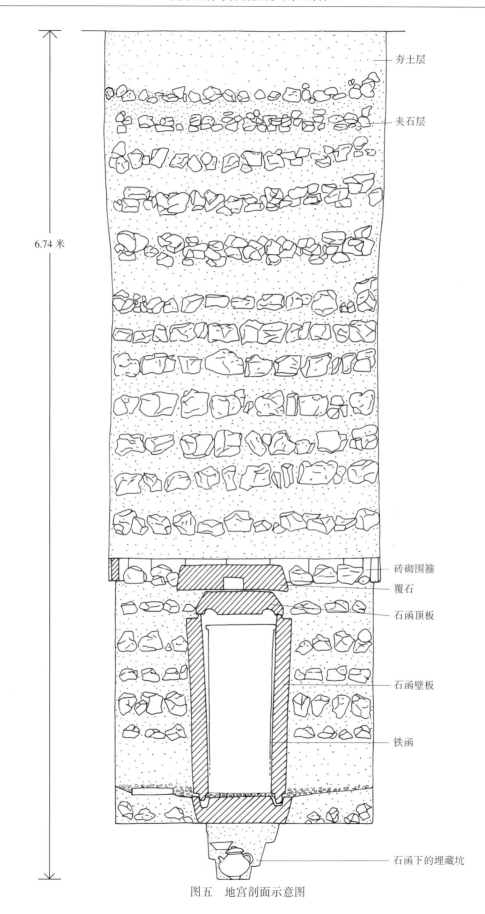

6.74米

夯土层

夹石层

砖砌围箍

覆石

石函顶板

石函壁板

铁函

石函下的埋藏坑

图五　地宫剖面示意图

地宫中绝大多数的供养品皆放置于石函内。石函由顶部盖板、底部垫板和四周四块壁板拼合而成。其中北壁石板上镌刻了题为《金陵长干寺真身塔藏舍利石函记》的长篇铭文，详细介绍了北宋大中祥符四年（1011 年），僧人可政和守滑州助教王文等人，在宋真宗的支持下，于旧址重建长干寺，并兴建高达"二百尺"的九级砖塔，在塔下瘗藏"感应舍利十颗，并佛顶真骨，洎诸圣舍利，内用金棺，周以银椁，并七宝造成阿育王塔，□以铁□□函安置"。除了石函碑文，地宫中另外还发现了多种文字材料，内容丰富、纪年准确，可以相互印证。比如在七宝阿育王塔、银椁等器物上就带有錾刻铭文，其中七宝阿育王塔上的铭文多达 20 条，共 300 余字；而出土的近百幅丝织品中，约有 20 余幅带有当年施主题写的墨书铭文。根据这些文字材料，以及地宫出土的各式供养器物的时代特征，我们非常明确地得知，该塔和地宫建于北宋真宗大中祥符初年——碑文提及的大中祥符四年是地宫基本建成的年代，考虑到建设周期，我们推测塔与地宫的始建年代应比其年稍早一至两年。该塔建成于天禧元年（1017 年），这是根据夏竦《大安塔碑铭》的记载。该铭提到：天禧元年，东京护国禅院住持尼妙善向真宗求建大安塔，真宗"特诏许之。会江宁府长干塔成，绘图来上，促召妙善于护国将赐之"[1]。这段记载不仅交代了真身塔的完工日期，而且记录了真宗将长干塔图赐给妙善，命其仿造，表明他对该塔十分满意。天禧二年（1018 年），宋真宗为该塔赐名为"圣感舍利宝塔"[2]。不过在石函碑文中，塔名为"真身塔"，而地宫出土的丝织品墨书铭文中，有的亦称其为"释迦宝塔"，说明在建塔初期塔名并未确定，后因真宗赐名，"圣感"才成为该塔的正式名称。

三 从我国舍利塔地宫发展过程看圣感塔地宫形制的原始性

新中国成立以来，全国各地陆续发现并得到不同程度清理的舍利塔地宫已达 80 余座。其建造年代上自北魏，下迄明清，涵盖了各个不同的历史时期。通过全面、系统地整理这批考古材料，就能够比较清楚地了解我国舍利塔地宫发展的基本脉络。著名考古学家徐苹芳先生是这一研究领域的奠基人，他先后撰写的"中国舍利塔基"条目和《中国舍利塔基考述》一文[3]，对我国舍利塔地宫的发展规律进行了重要探索。徐先生从塔基的角度入手，将我国舍利塔地宫的发展过程归纳为北魏、隋至初唐和唐代武则天以后三个主要阶段：第一阶段没有地宫，舍利石函直接埋入塔基夯土内；第二阶段地宫仍未出现，但是在石函外出现了砖、石护墙；第三阶段地宫正式出现，并且发展成为定式。笔者完全同意徐先生提出的三阶段论，但是对于他将舍利塔地宫的概念限定为塔基内用砖石砌筑的宫室，则持不同看法。我们认为徐先生忽略了地宫土圹的存在及其发挥的重要作用。如果按照徐先生的观点，圣感塔下发现的这一圆形竖穴土圹就不能被看作地宫，只能被看作瘗藏有石函的塔基。这一做法将塔基内瘗藏舍利的圹室与塔基的其他部分混为一谈，明显欠妥。

舍利塔地宫是以瘗藏佛舍利为目的，开挖圹室是修建地宫的第一步，也是最为关键的一步。建成圹室使塔基拥有了瘗藏舍利的基本条件，而在圹室内修建砖石宫室，只是使瘗藏条件更为完善而已，是地宫建筑的更高形态，因此，应该将塔基内圹室的建成看作地宫形成的标志，而不应以砖石宫室作为地宫存在的唯一标准。进一步而言，我国舍利塔地宫的概念应该区分为狭义和广义两种：狭义的地宫专指建筑于塔基内的砖石宫室；而广义的地宫则泛指在塔基内为瘗藏舍利而构建出的空间，它既可以是砖石宫室，也可以是其他形式。根据这一理念，我们将长干寺圣感塔下发现的这一圆形竖穴土圹确定为地宫，并从广义地宫的角度出发，在徐先生研究的基础上，对我国舍利塔地宫的发展规律进行了重新梳理。

我国目前发现的纪年明确、时代最早的舍利塔地宫出现于北魏时期，以河北定县太和五年（481 年）五层塔地宫和洛阳熙平元年（516 年）永宁寺塔地宫为代表。其中，洛阳永宁寺塔基遗址经过较细致的清理。地宫发现于塔基的中央部位，是一个方形竖穴土圹，边长 1.7 米，深度超过 5 米。圹壁平整，圹内未发现修建砖石宫室的痕迹。由于早年盗扰，地宫中瘗藏舍利的石函已不存[4]。而河北定县太和五年塔基遗址，发掘时未进行较细致的清理。从塔基的夯土层中，直接将石函取出，塔基和地宫的形制皆不明。虽然如此，从简报介绍的发掘情况分析，石函很可能同样埋置于一个竖穴土坑中，坑内没有使用砖、石[5]。从这两座地宫反映的情况可以了解到，我国早期舍利塔地宫的形制特点是：竖穴土圹，圹内无砖石砌筑的宫室建筑，石函直接放置于圹室之内。这种类型可以称为"竖穴土圹室地宫"。从它采用的技术途径来看，无疑是在模仿中国传统的竖穴土圹墓。这种地宫形制在南北朝以后极少采用，此前仅有山西长治残塔中发现的两座唐代地宫与其相似[6]。

至迟从北朝末期开始，地宫形制产生了新变化，砖石宫室开始在土圹室中逐步出现。2002年，在河北临漳县邺城遗址中发掘了一座东魏至北齐时代的舍利塔，在塔基的中心部位设有地宫，虽然早年被盗，但是地宫土圹室的底部发现了一座正方体的砖砌宫室，长、宽、高皆为 0.7 米[7]。与之形制类似的还有西安发现的隋开皇九年（589 年）清禅寺地宫（根据地宫出土的墨书铭文记载，该塔可能名为"阿育王普妙塔"）。该地宫也在土圹内用青砖砌建了长 89、宽 37、高 36.4 厘米的小型砖室，舍利瓶和其他供养器物放置于砖室中[8]。不过，这两座地宫中的砖砌宫室内部空间皆较小，而且宫室内可能都没有放置石函，是以砖室替代石函的功能。与后期的砖砌宫室相比，它们形制简单、过渡性质明显，应看作砖砌宫室地宫的滥觞。1969 年，陕西耀县发现的隋仁寿四年（604 年）神德寺地宫，形制比上述两座地宫有了明显进步。它在竖穴土圹内用青砖砌建了四壁，顶部以长条形和方形石块封护，实际上建成了一座砖石宫室，从而将石函保护于砖石宫室之内[9]。该地宫的出现标志着我国舍利塔地宫的新类型——"竖穴砖石室地宫"基本定型，其形制特点就是在竖穴土圹室中，以砖石材料修建宫室，将舍利石函保护在宫室之中。

竖穴砖石室地宫一旦出现，就发展成为了我国舍利塔地宫的一种主流形制，历代所沿用。隋代采用这种形制的地宫还有河北正定县北白店村隋大业元年（605 年）地宫[10]；唐代采用这种形制的地宫有初唐时期的陕西蓝田法池寺地宫[11]、中唐时期的江苏镇江句容行香公社唐塔地宫[12]、晚唐时期的镇江甘露寺铁塔地宫[13]，以及在黑龙江省宁安县发现的渤海国上京城唐代地宫等[14]。五代、宋、辽、金时期，佛教文化在中国的传播更为广泛和深入，全国发现的舍利塔地宫数量激增，其中有相当数量采用了这种形制。比如五代吴越国兴建的杭州雷峰塔地宫[15]、北宋时期的江西南丰大圣舍利塔地宫[16]、上海松江兴圣教寺塔地宫[17]、江苏江阴泗州大圣塔地宫[18]、南京浦口定山寺地宫[19]、南宋时期的浙江宁波天封塔地宫[20]、浙江海宁智标塔地宫[21]、辽代兴建的辽宁朝阳北塔地宫[22]、北京顺义净光塔地宫[23]、河北易县净觉寺塔地宫[24]，以及金代兴建的河北固安宝严寺塔地宫[25]、河北正定天宁寺凌霄塔地宫[26]等等。

从唐代武则天时期开始，又有一种新的地宫形制出现。这种新形制模仿当时普遍流行的横穴砖室墓，不仅在塔基土圹内修建砖石宫室，而且要为宫室开设门与甬道，有的还在甬道外设置竖穴式或斜坡式的入口。这种地宫便于反复开启，人们可以通过预先设置的通道多次进入地宫，以迎送舍利、放置供养物品。这种新形制可以称为"横穴砖石室地宫"。最早的实例有甘肃泾川县延载元年（694年）大云寺地宫和山西太原龙泉寺地宫。大云寺地宫主要用青砖在圹室内修建了平面呈方形的券顶宫室，并于南侧开门，接砖砌甬道，甬道内建有通向地面的石台阶[27]。而龙泉寺地宫在圹室内完全用石条和石块垒砌出平面为六边形的宫室和长方形的甬道。根据地宫出土的石碑记载，该地宫同样建于武周时期[28]。

横穴砖石室地宫一经出现，很快发展成为我国舍利塔地宫的另一主流形制，与竖穴砖石室地宫长期并存。唐代采用这种形制的还有河南登封嵩岳寺地宫[29]、陕西临潼庆山寺地宫[30]、甘肃天水永安寺地宫[31]等，而陕西扶风法门寺地宫无疑是该类型地宫最杰出的代表[32]。宋、辽、金时期，采用这种形制的地宫也已发现多例，如河南郑州开元寺地宫[33]、河北定县静志寺地宫[34]、定县净众院地宫[35]、江苏涟水妙通塔地宫[36]、河南邓县福胜寺地宫[37]、山东兖州兴隆塔地宫[38]、山东汶上宝相寺太子灵踪塔地宫[39]、山东长清真相院释迦舍利塔地宫[40]、山西临猗县双塔寺西塔地宫[41]、辽宁沈阳崇寿寺白塔地宫[42]、吉林农安县万金塔地宫[43]等等。

通过对已发掘地宫资料的系统整理可以看出，我国舍利塔地宫的发展过程实际上非常清晰：竖穴土圹室地宫→竖穴砖石室地宫→横穴砖石室地宫。竖穴土圹室地宫最早出现，可能是南北朝时期的主流形制，但北朝末期砖石室地宫出现以后，它很快退出了历史舞台，唐代以后几乎绝迹。唐代武则天以后，砖石室地宫化分为竖穴和横穴两大类型，且长期并存，我国舍利塔地宫的形制至此进入稳定期和定型化。

以往发掘的40余座宋代（含基本同时期的辽、金）舍利塔地宫，皆为竖穴砖石室地宫和横穴砖石室地宫，这与上述发展规律是完全契合的，是我国舍利塔地宫发展定型化之后的正常现象。而2008年7月发掘的长干寺圣感塔地宫则打破了这一局面。它采用的竖穴土圹室的形制，不仅在宋代地宫中仅此一例，也与隋以后出现的绝大多数舍利塔地宫形制有别。与其形制最为接近的，除了山西长治残塔发现的唐代地宫外，就是两座北魏时期的早期地宫。为什么在地宫形制高度成熟，砖石室地宫已然一统天下的宋代，会出现一座原始特征非常明显的竖穴土圹室地宫？圣感塔地宫的"返祖"现象是否蕴含着特殊的历史信息？这些问题需要我们深入探究，给予合理的解答。

四　从长干寺建寺、建塔史管窥圣感塔地宫形制的成因

根据地宫碑文所记，大中祥符年间，在僧人可政的请求下，宋真宗为长干寺"赐崇寺、塔"，这是北宋长干寺和圣感塔得以兴建的由来。但是长干寺建寺、建塔的历史绝非起源于北宋，而是要一直追溯至东吴时期。它与著名的建初寺一样，是佛教传播至中国南方之后，在江南地区诞生的首批寺院之一。对于长干寺早期历史的记载，李延寿所撰之《南史》最为重要。

根据《南史》卷七八《扶南国传》，长干寺最早为东吴时期比丘尼所建的一座小精舍，寺内

建有阿育王塔。但是寺、塔皆在吴末孙琳之乱中被毁。西晋平吴之后，一些僧人于旧址重建了寺院。东晋初期，长干寺有了一定程度的发展。简文帝主政期间，下令为长干寺重建阿育王塔，至孝武帝太元九年（384 年），新塔建成。

孝武帝宁康年间，长干寺发生了一起重大事件。北方离石胡人刘萨诃（慧达）为礼拜古阿育王塔来到建康。他登城见"长干里有异气"，于是"集众就掘，入一丈，得三石碑，并长六尺。中一碑有铁函，函中有银函，函中又有金函，盛三舍利及发、爪各一枚，发长数尺"。此事不仅见于《南史》，《高僧传》在记载此事时，还明确指出刘萨诃掘出舍利的地点就在简文帝所造塔之下[44]。从我们现代人的观点来看，刘萨诃应是一位对阿育王塔地下结构非常了解的人。所谓登城望气不过是故作神秘的托词，他应是事先了解到简文帝所造塔位于东吴阿育王塔原址之上，知道旧塔之下原有地宫和舍利，从而聚众发掘，最终找到了东吴时期瘗藏的佛舍利。刘萨诃在长干寺发现佛舍利和发爪之事，在我国佛教史上影响深远。唐代高僧道世在撰写《法苑珠林》时，由此将"东晋金陵长干塔"列为东土十九座舍利塔之一[45]。刘萨诃发现舍利后，在简文帝所造塔的西北部新造了一座阿育王塔，将舍利重新瘗藏于该塔之下。此塔初为一层，太元十六年（391 年）加为三层。长干寺因此出现了两座阿育王塔并峙的繁荣局面。

梁大同三年（537 年），笃信佛教的梁武帝下令改造长干寺阿育王塔，重新掘出塔下瘗藏的佛舍利和发爪。《南史》对此次发掘舍利的过程记载得颇为翔实："初穿土四尺，得龙窟及昔人所舍金银环、钏、钗、镊等诸杂宝物。可深九尺许至石磉，磉下有石函，函内有铁壶，以盛银坩，坩内有金镂罂，盛三舍利，如粟粒大，圆正光洁。函内有琉璃碗，碗内得四舍利及发爪。爪有四枚，并为沉香色。"阿育王塔的改造工程于次年结束。当年九月十五日，梁武帝在长干寺举办无碍大会。"以金罂，次玉罂，重盛舍利及爪发，内七宝塔内。又以石函盛宝塔，分入两刹刹下，及王侯妃主百姓富室所舍金银环钏等珍宝充积。"经过这次改造和重瘗，原先藏于一塔之下的佛舍利和发爪，被分别放入了两塔之下的地宫之中。

这段记录非常重要，因为它在不经意间向我们介绍了长干寺阿育王塔地宫的真实状况——这座地宫是东晋时期由刘萨诃主持修建的，是了解我国早期地宫形制极为难得的史料。根据这段记录我们可以得知，阿育王塔下垫有厚达四尺的土层，应为夯土。夯土层之下是"龙窟"的开口。窟者，圆形洞穴也。"龙窟"应是当时人们对于塔下地宫的称谓。这座地宫中没有砖石宫室，在深约九尺的地方放置了一块"石磉"，即厚重的石板，在石板下放置石函，函内再依次套置铁壶、银坩、金镂罂和琉璃碗等多重舍利容器。梁武帝改建重瘗后，又增置了七宝塔。特别值得关注的是，这段史料记录的古长干寺地宫的一些重要特点——"龙窟"、石磉、铁壶、七宝塔等，与我们在北宋圣感塔地宫中发现的一些重要特征——圆形竖穴土圹、距离地表 4.28 米的近方形覆石、铁函、七宝阿育王塔等，具有惊人的相似性。

《南史》记录了长干寺在六朝时期不断发展，最终成为南朝大刹的历史过程，可惜这一进程随着南朝的失败而中断。589 年隋灭陈之后，为了打压金陵王气，建康城邑、宫殿等重要建筑全部被夷为平地，长干寺亦毁于兵火。两塔地宫更不能幸免，先后被打开。第一次在隋开皇十二年（592 年），时晋王杨广坐镇扬州，因长安日严寺"有塔，未安舍利，乃发长干寺塔下，取之入京，埋于日严塔下"。唐武德七年（624 年），道宣师徒再发日严塔，"塔下得舍利三枚，白色光明，大如粟米；并爪一枚，少有黄色；并白发数十余；有杂宝、琉璃、古器等"[46]，正为《南史》所记长干寺旧物。1960 年，镇江考古队在发掘甘露寺铁塔地宫时，发现了《李德裕重瘗长干寺阿育王塔舍利记》石刻一合，上刻："上元县长干寺阿育王塔舍利二十一粒。缘寺久荒废，以长庆甲辰岁十一月甲子，移置建初寺。分十一粒置北固山，依长干旧制造石塔，永护城镇，与此山俱。"[47]该铭文记载了晚唐重臣李德裕在担任润州刺史期间，于长庆四年（824 年）将长干寺另一座阿育王塔地宫打开，取出舍利进行分供的经过。目前，这十枚出自长干寺古阿育王塔地宫的舍利，历尽劫波，珍藏于镇江市博物馆。长干寺到南唐时已废为营房，"庐舍杂比，汗秽蹂践，无复伽蓝绪余"[48]。宋初太祖、太宗时期，仍未有改观。

直至宋真宗时期，在僧人可政等人的努力下，长干寺得以起死回生，走向复兴。关于这一过程，政和年间李之仪所撰《天禧寺新建法堂记》叙述详细："国初营废，鞠为榛莽。久之，舍利数表见感应。祥符中，僧可政状其迹，并感应舍利投进，有诏复为寺。政即其表见之地建塔，赐号圣感舍利宝塔。"[49]地宫碑文对此记曰："乃有讲律演化大师可政，塔就蒲津，愿兴坠典，言告中贵，以事闻天。寻奉纶言，赐崇寺、塔。同将仕郎守滑州助教王文共为导首，率彼众缘，于先现光之地，选彼名匠，载建砖塔。"综合这两条记载可以发现，可政当时是以长干寺旧址舍利放光，数表见感应为理由，并将感应舍利投进，才取得宋真宗的支持，获得重建寺、塔的宝贵机会。需要重视的是，两条史料都指出，新塔所建之地即是表见感应舍利的"现先光之地"。那么在六朝长干寺的废墟中，这个神奇的"现先光之地"会是什么地方呢？我们认为，原先瘗藏舍利的旧塔塔基和地宫无疑可能性最大。

通过梳理长干寺建寺、建塔的历史，我们清理出以下几条重要线索。第一，长干寺自东吴时起就建有阿育王塔，塔下建有地宫，瘗藏舍利。到了东晋、南朝时期，长干寺建有双塔，塔下皆有地宫。第二，根据《南史》的记载，东晋、南朝时期长干寺阿育王塔地宫的形制和埋藏特点包括：圆形竖穴土圹，圹内没有砖砌宫室，有一块石磉，石磉下有石函，石函内有一重特殊的瘗藏容器——七宝塔，这些特征与考古发现的圣感塔地宫在形制、瘗藏方式上有高度的相似性。第三，"感应舍利"是宋真宗时期长干寺得以复兴的重要力量，而长干寺获得"感应舍利"的地点很可能为六朝阿育王塔的旧基。

根据上述线索，我们推测北宋圣感塔地宫之所以采用竖穴土圹室的古老形制，大概有两种可能：

其一，由于宋真宗时期在长干寺古阿育王塔旧址发生了舍利感应的情况，于是决定在旧塔原址兴建圣感塔。旧塔地宫虽然在隋唐时期被打开过，瘗藏物品几乎无存，但是地宫的基本形制和主体结构可能仍然得到一定程度的保留。因此重建圣感塔之时，虽然对旧地宫进行了一些改建，以放置新的舍利函和供养物品，但是其基本结构未做大的改动。也就是说，北宋圣感塔很可能沿用、或是部分利用了六朝长干寺两座阿育王塔地宫中的一座，从而使其旧有的形制得以保留下来。

其二，圣感塔并非建于古阿育王塔旧址之上，所谓"先现光之地"与旧塔并无关系，北宋地宫全为新建。可政等人出于对古长干寺和阿育王塔历史的尊重，在规划新塔地宫时详细参考了《南史》等史料对古地宫形制的记载，在实际建造过程中有意识地加以模仿。也就是说，圣感塔地宫原始、特殊的形制，很有可能是可政等人刻意拟古的结果。

注 释

[1] （宋）夏竦《大安塔碑铭》，《文庄集》卷二七，《四库全书》集部，别集类。

[2] （宋）周应合《景定建康志》卷四六，《南京稀见文献丛刊》，第 1120 ~ 1121 页，南京出版社，2010 年。

[3] 参见徐苹芳"中国舍利塔基"条目，《中国大百科全书·考古学》卷，中国大百科全书出版社，1986 年；徐
苹芳《中国舍利塔基考述》，《传统文化与现代化》1994 年第 4 期。

[4] 中国社会科学院考古研究所洛阳工作队《北魏永宁寺塔基发掘简报》，《考古》1981 年第 3 期。

[5] 河北省文化局文物工作队《河北定县出土北魏石函》，《考古》1966 年第 5 期。

[6] 山西省文物管理委员会等《山西长治唐代舍利棺的发现》，《考古》1961 年第 5 期。

[7] 中国社会科学院考古研究所邺城考古队等《河北临漳县邺城遗址东魏北齐佛寺塔基遗迹的发现与发掘》，
《考古》2003 年第 10 期。

[8] 郑洪春《西安东郊隋舍利墓清理简报》，《考古与文物》1988 年第 1 期。

[9] 朱捷元、秦波《陕西长安和耀县发现的波斯萨珊朝银币》，《考古》1974 年第 2 期。

[10] 赵永平等《河北省正定县出土隋代舍利石函》，《文物》1995 年第 3 期。

[11] 樊维岳《蓝田出土盝顶舍利石函》，《考古与文物》1991 年第 2 期。

[12] 刘建国、杨再年《江苏句容行香发现唐代铜棺银椁》，《考古》1985 年第 2 期。

[13] 甘露寺铁塔虽为宋代所建，但是根据地宫出土铭文记载，地宫本为李德裕担任润州刺史时，于长庆五年
（829 年）所建石塔的地宫。宋代重建时虽然在地宫中增加了不少供养物品，但是地宫本体完全沿用，因此
它是一座唐代地宫。参见江苏省文物工作队镇江分队等《江苏镇江甘露寺铁塔塔基发掘记》，《考古》1961
年第 6 期。

[14] 宁安县文物管理所等《黑龙江省宁安县出土的舍利函》，《文物资料丛刊》2，文物出版社，1978 年。

[15] 浙江省文物考古研究所《雷峰塔遗址》，文物出版社，2005 年。

[16] 南丰县博物馆《南丰大圣舍利塔地宫清理简报》，《江西文物》1989 年第 2 期。

[17] 上海博物馆《上海市松江县兴圣教寺塔地宫发掘简报》，《考古》1983 年第 12 期。

[18] 陆建方等《江苏江阴发掘北宋泗州大圣宝塔塔基》，《江阴文博》2004 年第 1 期。

[19] 2008 年由南京市博物馆发掘，目前发掘资料正在整理中。

[20] 林士民《浙江宁波天封塔地宫发掘报告》，《文物》1991 年第 6 期。

[21] 浙江省文物考古研究所等《海宁智标塔》，科学出版社，2006 年。

[22] 辽宁省文物考古研究所等《朝阳北塔考古发掘与维修工程报告》，文物出版社，2007 年。

[23] 北京市文物工作队《顺义县辽净光舍利塔基清理简报》，《文物》1964 年第 8 期。

[24] 河北省文物管理处《河北易县净觉寺舍利地宫清理记》，《文物》1986 年第 9 期。

[25] 河北省文物研究所等《河北固安于沿村金宝严寺塔基地宫出土文物》，《文物》1993 年第 4 期。

[26] 刘友恒、樊子林《河北正定天宁寺凌霄塔地宫出土文物》，《文物》1991 年第 6 期。

[27] 甘肃省文物工作队《甘肃省泾川县出土的唐代舍利石函》，《文物》1966 年第 3 期。

[28] 龙真、裴静蓉《太原晋阳古城太山龙泉寺唐塔基遗址发掘》，《2008 中国重要考古发现》，文物出版社，
2009 年。

[29] 河南省古代建筑保护研究所《登封嵩岳寺塔地宫清理简报》，《文物》1992 年第 1 期。

[30] 临潼县博物馆《临潼唐庆山寺舍利塔基精室清理记》，《文博》1985 年第 5 期。

[31] 莎柳《甘肃天水市发现唐代永安寺舍利塔地宫》，《考古与文物》1992 年第 3 期。

［32］ 陕西省法门寺考古队《扶风法门寺塔唐代地宫发掘简报》，《文物》1988 年第 10 期。

［33］ 郑州市博物馆《郑州开元寺宋代塔基清理简报》，《中原文物》1983 年第 1 期。

［34］ 定县博物馆《河北定县发现两座宋代塔基》，《文物》1972 年第 8 期。

［35］ 同［34］。

［36］ 淮安市博物馆等《江苏涟水妙通塔宋代地宫》，《文物》2008 年第 8 期。

［37］ 河南省古代建筑保护研究所等《河南邓州市福胜寺塔地宫》，《文物》1991 第 6 期。

［38］ 山东省博物馆等《兖州兴隆塔北宋地宫发掘简报》，《文物》2009 年第 11 期。

［39］ 资料尚未发表，实际探访了解。

［40］ 济南市文化局文物处等《山东长清县宋代真相院释迦舍利塔地宫》，《考古》1991 年第 3 期。

［41］ 乔正安《山西临猗双塔寺北宋塔基地宫清理简报》，《文物》1997 年第 3 期。

［42］ 胡醇、丁军《沈阳白塔地宫发掘工作》，《文物参考资料》1957 年第 8 期。

［43］ 刘振华《农安万金塔基出土文物》，《文物》1973 年第 8 期。

［44］ （梁）释慧皎《高僧传》卷一三《晋并州竺慧达》，中华书局，1992 年。

［45］ （唐）道世《法苑珠林》卷三八，《大正藏》卷五三。

［46］ （唐）道宣《集神州三宝感通录》卷上，《大正藏》卷五二。

［47］ 江苏省文物工作队镇江分队等《江苏镇江甘露寺铁塔塔基发掘记》，《考古》1961 年第 6 期。

［48］ （宋）李之仪《天禧寺新建法堂记》，《姑溪居士前集》卷三七，《四库全书》集部，别集类。

［49］ 同［48］。

本文原载《东南文化》2012 年第 1 期，此次略做修改。

《金陵长干寺真身塔藏舍利石函记》
考释及相关问题

龚巨平　祁海宁

2007 年 12 月，南京市博物馆考古队在明代大报恩寺遗址考古发掘中发现一处塔基遗迹。2008 年 7 月，考古队对该遗迹进行发掘。考古发掘证实这是北宋长干寺真身塔（后改称圣感塔）的地宫。从地宫中出土一块长方形石碑，上有题为《金陵长干寺真身塔藏舍利石函记》的长篇铭文，对于研究北宋长干寺的历史沿革和宋初修造长干寺真身塔的详细情况具有重要的史学价值。今不揣浅陋，试作考释，敬祈方家指正。

一　碑铭概况

该石碑原为地宫石函的一部分。地宫出土的石函由底座、四块壁板、顶盖共六块构件拼合组装而成，北壁板即为此碑。碑长 150、宽 72、厚 12.5 厘米，下端有榫头，两侧边框宽 12 厘米。边框未经打磨，表面略显粗糙，略低于刻辞平面。刻辞部分打磨光滑，通体涂墨，出土之初因石函内铁函锈蚀而呈土黄色。上端因铁腐蚀，有数字被磨泐不可辨。碑铭楷书，首题"金陵长干寺真身塔藏舍利石函记"，首题下空三字为撰文、书丹者名讳，题曰"法主承天院住持圆觉大师赐紫德明述并书"，正文 15 行，满行 40 字，共 621 字，兹据碑铭录文如下（图一）。

金陵长干寺真身塔藏舍利石函记□□□法主承天院住持圆觉大师赐紫德明述并书｜

我大牟尼师，嗣贤劫第四之大宝也，总法界为化封，以教理为命令，垂衣利物四十九年。大事记周，提河｜示寂，碎黄金相为设利罗，育王铸塔以缄藏耶。舍手光而分布，总有八万四千所，而我中夏得一十九焉。｜金陵长干寺塔，即第二所也。东晋出现，梁武再营。宝塔参空，群生受赐。洎平陈之日，兵火废焉。旧基空列｜于榛芜，岂级斟兴于佛事。每观藏录，空积感伤。□□□圣宋之有天下，封禅礼周，汾阴祀毕，乃有讲律演｜化大师可政，塔就蒲津，愿兴隆典，言告□□中贵，以事闻□□□天，寻奉□□□纶言，赐崇寺、塔。同将仕｜郎、守渭州助教王文，共为导首。率彼众缘，于先现光之地，选彼名匠，载建砖塔，高二百尺，八角九层，又造｜寺宇。■■进呈感应舍利十颗，并佛顶真骨洎诸圣舍利，内用金棺，周以银椁，并七宝造成阿育王塔，■｜以铁■■函安置。即以大中祥符四年太岁辛亥六月癸卯朔十八日庚申，备礼式设阇郭大斋，阆于皋｜际，庶■名数，永镇坤维。上愿□□□崇文广武仪天尊道宝应章感圣明仁孝皇帝天基永固，圣寿遐延，｜太子诸王，福昌万叶，宰辅文武，赞国忠贞，三军兆民，乐时清泰，同缘众信，利集无疆，举事诸贤，功彰不朽，｜陵迁谷变，此善长存，地久天长，斯文永振。谨记。□塔主演化大师可政。助缘管勾赐紫善来、□小师普伦。」□道首将仕郎守滑州助教王文，□妻史氏十四娘，男凝、熙、规、拯，孙男同缘、同会、三哥、四哥、五哥、七哥、八」□哥、九哥，孙女大娘、二娘、三娘、四娘、五娘、六娘，新妇蔡氏、许氏、杨氏、杨氏，出嫁一娘、三娘、亡女四娘，先考」□二郎，□妣程氏，继母陈氏，寄东京王廷旭。僧正赐紫守邈宣慧大师齐吉，赐紫文仲，僧仁相、绍之。舍舍」□利施护、守正、重航、绍赟、智悟、重霸、守愿、尼妙善、宝性。砌塔都料应承裕并男德兴、王仁规。施石函陆仁贞、仁恭。

（□表示空格，」表示换行，■表示字迹不清，□内填字为根据上下文考定）

图一　长干寺地宫出土石函碑文拓片

二　碑铭中相关词句释义

真身塔：即供奉佛祖舍利的佛塔。真身，指佛祖释迦牟尼之身。真身舍利，指佛祖之舍利。凡瘗藏佛祖舍利之塔可称真身塔。《法苑珠林》记载，真身舍利分白色的骨舍利、黑色的发舍利、红色的肉舍利等[1]。相对于真身，还有法身舍利，指佛教经典。

法主：（一）意谓佛法之主。原系对佛之敬称，后转为说法之主。《中阿含经》卷四九《大空经》载："世尊为法本，世尊为法主，法由世尊。"日本近代称各佛教宗派首领为法主（或管长、门主）。（二）南北朝时的僧官之一。一般仅管某一寺院之事务。如宋孝武帝召沙门道猷入内殿说法，敕为新安寺法主；又敕法瑗为湘宫寺法主。（三）法会之主持人[2]。碑铭中法主，应指一种官职。

承天院：位于南京城南。刘宋元嘉中，文帝建造，名报恩寺。唐会昌中废。杨吴时期改称报先院。南唐升元中，该兴慈院。宋开宝中废，太平兴国间改名承天寺，政和中改名能仁寺[3]。

德明：律师。至道中为宋太宗召见，赐御容及罗汉像以归。曾为升州法主，承天院住持。宋真宗有赐诗："精勤演律达真风，释子南禅道少同。奥旨筌蹄悟佛理，慧灯广布九围中。"[4]

嗣贤劫第四之大宝：贤劫，或称善劫，全称现在贤劫，与"过去庄严劫"、"未来星宿劫"合称三劫。据《贤劫经》、《现在贤劫千佛名经》、《千佛因缘经》等载，拘留孙、拘那含牟尼、迦叶、释迦、弥勒以下千佛，次第于贤劫中兴出。大牟尼师，即释迦牟尼，为贤劫千佛中第四佛，故称"贤劫第四之大宝"。释迦牟尼 30 岁成道，弘法 49 年。

设利罗：即舍利，或译为室利罗。

育王：即阿育王。印度孔雀王朝第三任皇帝。在位期间统一分裂的印度，后皈依佛教，并将分散在八国的佛舍利集中再分建塔瘗藏，其所造塔成为阿育王塔。

封禅礼周，汾阴祀毕：指大中祥符元年（1008 年）十月宋真宗封禅泰山事和大中祥符四年（1011 年）正月宋真宗在山西汾阳"祭祀后土"之事。

崇文广武仪天尊道宝应章感圣明仁孝皇帝：为宋真宗赵恒当时之尊号。

三　相关问题的讨论

（一）阿育王塔与宋代长干寺的历史渊源

舍利是梵文 Sarira 的音译，或称舍利罗、设利罗、室利罗，意译为体、身、身骨或遗身。最初专指佛陀之遗骨，称为佛骨、佛舍利，后亦用来指高僧死后焚烧所遗留下的坚固骨头。据《长阿含经》卷四《游行经》记述，释尊于拘尸城双树间般涅槃后，得舍利八斛四斗，其中包括一块头顶骨、两块骨、四颗牙齿、一节中指指骨舍利和众多珠状真身舍利子。这些佛舍利被分成八份，由八个国家各自起塔供养。佛灭度百年后，印度孔雀王朝的第三代国王阿育王统一了分裂的印度，他将分散在八个国家供奉的佛舍利重新收集起来，分成 84000 份，役使鬼神一夜之间在赡部提洲建塔 84000 座以供养。因塔为阿育王所建造，一般将这些塔称之为"阿育王塔"。

西晋时期安法钦译出的《阿育王传》，是中国佛教史上第一部关于阿育王传记的经典。东晋时期法显西行求法，其所著《佛国记》（即《法显传》）为人们了解阿育王的事迹提供了真实而详细的记载，其中即有阿育王建塔供奉舍利的细节。东晋以后至唐代，阿育王及佛塔舍利的记载在中国佛教典籍中的记载日趋丰富。

魏晋南北朝时期逐渐兴盛起来的舍利崇拜，让人们相信，中国是赡部提洲的一部分，故在中国境内也应该有阿育王塔和佛舍利的存在，并由此开始了最早的寻找佛舍利的"考古"活动。不同的佛教经典对中国境内发现的阿育王塔有不同的记载。唐法琳《破邪论》卷上云："有阿育王，以神力分佛舍利，使于诸鬼神造八万四千宝塔，今洛阳、彭城（今徐州）、扶风、蜀郡（今成都）、姑臧（今武威）、临淄等，皆有塔焉，并有神异也。"[5] 这里法琳明确列出六个地方有阿育王塔。唐道宣《广弘明集》卷一五，则举出鄮县塔等凡 16 塔，并以之为阿育王 84000 塔内之数[6]。唐道世《法苑珠林》卷三八更列出中国的阿育王塔地点，即西晋会稽鄮县塔、东晋金陵长干塔、石赵青州东城塔、姚秦河东蒲坂塔、周岐州岐山南塔、周瓜州城东古塔、周沙州城内大乘寺塔、周洛州故都西塔、周凉州姑臧古塔、周甘州删丹县古塔、周晋州霍山南塔、齐代州城东古塔、隋益州福感寺塔、隋益州晋源县塔、隋郑州超化寺塔、隋怀州妙乐寺塔、隋并州净明寺塔、隋并州榆杜县塔、隋魏州临黄县塔[7]。这 19 座佛塔，是按照塔中佛舍利被世人所发现的年代来列序的。所谓"东晋金陵长干塔"，即指长干塔中舍利是在东晋时期被首次发现的，出土碑铭中云"东晋出现",即指此意。

据梁代慧皎《高僧传》记载,长干寺舍利为刘萨诃(出家后法名慧达)所发现。传载刘萨诃在病中受观音大士的指点,病愈后到吴郡寻找阿育王塔像及遗迹,用以消除他的罪业。他到达建业长干寺,发现塔刹放出奇异的光芒,于是在塔下掘出佛舍利:"掘入丈许,得三石碑。中央碑覆中有一铁函,函中又有银函,银函里金函,金函里有三舍利,又有一爪甲及一发。发申长数尺,卷则成螺,光色炫耀。乃周敬王时阿育王起八万四千塔,此其一也。既道俗叹异,乃于旧塔之西,更竖一刹,施安舍利。晋太元十六年,孝武更加为三层。"[8] 及至梁大同三年(537 年),梁武帝改造长干寺塔,佛舍利再次出现。成书于唐代的《南史》卷七八《扶南国传》记载,梁武帝所改造的长干寺塔为慧达所新建的西塔。《梁书》载:初穿土四尺,得龙窟及昔人所舍金银环钏镮等诸杂宝物。可深九尺许,方至石磉,磉下有石函,函内有铁壶,一盛银坩,坩内有金镂罌,盛三舍利,如粟粒大,圆正光洁。函内又有琉璃碗,内得四舍利及发爪,爪有四枚,并为沉香色。梁武帝在发掘出舍利后,在长干寺多次设立无碍大会,迎请舍利入台城供奉。大同四年(538 年)九月,梁武帝"至寺设无碍大会,竖二刹,各以金罌,次玉罌,重盛舍利及爪发,内七宝塔内。又以石函盛宝塔,分入两刹下,及王后妃主百姓富室所舍金、银、环、钏等珍宝充积"[9]。根据这段文字可知,梁武帝对东晋塔进行了改造,并重新瘗藏舍利及爪发。梁武帝时代是长干寺一个重要的发展时期。碑铭中"梁武再营",即指梁武帝建造佛寺之举。

梁武帝重新瘗埋舍利后,过了约 60 年,长干寺塔舍利又被发掘,并被迁置在京都长安日严寺供奉。公元 589 年,隋文帝耕垦荡平建康,长干寺亦渐荒废,"洎平陈之日兵火废焉"即指此言。隋开皇十二年(592 年),时晋王杨广坐镇扬州,他在长安青龙坊西南隅修建日严寺,"京寺有塔,未安舍利,乃发长干寺塔下取之入京,埋于日严塔下"。日严寺在唐贞观六年(632 年)被废。武德七年(624 年)道宣师徒乃发掘日严塔下所瘗藏的舍利:"塔下得舍利三枚,白色光明,大如粟米;并爪一枚,少有黄色;并白发数十余;有杂宝、琉璃、古器等。总以大铜函盛之。检无螺发,又疑爪黄而小如人者。寻佛(爪)倍人爪,赤铜色,今则不尔。乃将至崇义寺佛堂塔下,依旧以大石函盛之,本铭覆上,埋于地府。余问隋初南僧,咸曰:'爪发,梁武帝时者;舍利,则有疑也。'"[10] 道宣发掘出的舍利后被供奉在长安崇义寺佛堂下。

隋代之后,长干寺舍利尚有一次被发掘,唐长庆四年(824 年),润州(今镇江)刺史李德裕打开长干寺地宫,将部分舍利瘗藏于镇江甘露寺塔下。此事不见于文献记载。1960 年镇江甘露寺铁塔考古发掘出土的碑记明载此事,始为世人知晓。《重瘗长干寺阿育王塔舍利记》云:"上元县长干寺阿育王」塔舍利二十一粒,缘寺久荒」废,以长庆甲辰岁十一月」甲子移置建初寺,分十一粒」置北固山依长干旧制造」石塔永护城镇与此山俱。"[11] 地宫中出土的舍利容器,据碑铭知乃仿长干寺旧制所造,对研究南朝舍利瘗藏方式有重要意义。

地宫出土碑铭中升州法主德明对宋代长干寺历史渊源的追溯,选取的中土 19 座阿育王塔、东晋慧达发现舍利、梁武帝改造佛寺等重大事件,其无疑来源于《梁书》、《高僧传》、《广弘明集》、《法苑珠林》等文献的记载。德明的记述,代表了宋代僧人对长干寺历史的认识和态度。而在宋代以前和宋代之后的一些史料中,对长干寺历史的记述,尚有不同的记载,这里略申于后。

长干寺得名于其所在位置长干里。"干"是江南对山陇之间平地的称谓。长干里就是南京城南众多丘陵山地中的一片相对较为平坦的区域。这里是江南地区最早的佛教传播地。早在孙吴赤乌十年（247 年），康居国僧人康僧会到达南京弘传佛法，因致如来舍利，为吴主孙权所信任，为之建塔造寺，因是江南第一座寺院，号曰"建初寺"，并名其地为"佛陀里"，由是江左大法遂兴[12]。正是在这一大的历史背景下，长干寺兴起于秦淮河畔。"吴时有尼居其地，为小精舍，孙綝寻毁除之，塔亦同泯。吴平后，诸道人复于旧处建立焉。"[13]这应是六朝时期长干寺最直接的渊源，最初为尼居的小精舍，吴末孙綝毁寺塔，西晋重建寺院。寺始名长干，时间应当在东晋时期。

宋代之后，文献逐渐将长干寺和建初寺相混淆。如明嘉靖《南畿志》明确将建初寺、长干寺、天禧寺、大报恩寺看作是一脉相承的："大报恩寺在聚宝门外，吴赤乌四年有康居国僧来会，居长干里。大帝命致佛舍利，为建塔寺，曰建初。梁天监初，改名长干。宋天禧中改名天禧，元末兵毁。"[14]而主修嘉靖《南畿志》的陈沂，则在其《报恩寺琉璃浮图记》记载："南都之南有大佛宇，孙吴时云神僧所居，南朝始有寺，因地长干，曰长干寺。赵宋改名天禧寺。"[15]万历年间南京礼部祭祀郎中葛寅亮所著《金陵梵刹志》，则采用了嘉靖《南畿志》的观点。他对大报恩寺的前身天禧寺的历史渊源做了如下的叙述："在都城外南城地，离聚宝门一里许，即古长干里。吴赤乌间，康僧会致舍利，吴大帝神其事，置建初寺及阿育王塔，实江南塔寺之始。后孙皓毁废，旋复。晋太康间，刘萨诃又掘得舍利于长干里，复建长干寺。晋简文帝咸安间，敕长干造三级塔。梁武帝大同间，诏修长干塔。南唐时废。宋天禧间，改天禧寺。祥符中，建圣感塔。政和中，建法堂。元至元间，改元兴天禧慈恩旌忠寺。至顺初，重修塔。元末毁于兵。"[16]是书《凡例》又指出："归并旧寺，惟灵谷、报恩二寺，而灵谷为多……报恩即长干寺，建初寺与长干相望，地皆名佛陀里。建初废，掌故自宜入长干，以征江南塔寺之始。"从葛寅亮的记述看，他应该知道建初寺与长干寺是两座不同的寺院，不存在继承关系。

实际上，在清代的《乾隆江宁新志》中，修志者对长干寺的历史渊源做了详细的考定，通过对文献的梳理，明确指出了长干寺和建初寺各自的渊源流变。

（二）可政与宋代长干寺的兴复

宋代初年，长干寺在僧俗两界的帮助下得到兴复。兴复之由，源于僧人可政于长干寺故址数感灵迹，并得感应舍利。宋代李之仪《新建法堂记》记载："久之，舍利数表见感应。祥符中，僧可政状其迹并感应舍利投进，有诏复为寺。政即其表见之地建塔，赐号'圣感舍利宝塔'。"[17]此记载与碑铭相合，而碑铭记述更为详细。可政通过宫廷宦官（中贵）将其所感应舍利事报告给了真宗皇帝，经过皇帝的批许，可政乃于感应到的"现光之地"新建佛塔和寺院。塔八角九层，高二百尺，碑铭称作"真身塔"，当为其原名，后被赐号"圣感舍利宝塔"，简称"圣感塔"。天禧二年（1018 年），宋真宗赐长干寺改名"天禧寺"。此塔自宋代初年建好后，一直沿用到明代，中经元文宗拨内帑修缮，一直是长干寺（天禧寺）内最重要的建筑，宋、元、明三代文人墨客凡有登临，多有咏颂，留下众多的斐采诗章。洪武十三年（1380 年），胡惟庸等乱政，明太祖朱元璋将之归结于"虎方坤位，浮图太筻之故"，即指此圣感塔太高大，影响大明朝的风水，于是下令拆除，移建于钟山之左。后经工部左侍郎黄立恭发愿修复[18]。永乐六年（1408 年），寺僧"潜于僧室放火，将寺焚毁。崇殿修廊，寸木不存，黄金之地，悉为瓦砾。浮屠煨烬，颓裂倾敝"[19]。永乐十年（1412 年），明成祖朱棣下令重造浮图，"高坚壮丽，度越前代"。永乐于长干塔旧址新建的佛塔就是名耀中外的大报恩寺琉璃塔。从考古发掘的成果看，明代大报恩寺琉璃塔即建筑在宋代长干寺"圣感舍利宝塔"旧址上[20]。

主持修塔者可政，不见于僧传记载[21]，在扬州和南京的方志中有零星记载。这次地宫出土文物中有两件丝织品上的题记与可政生平事迹有关。根据这些文献记载，可政俗姓高，生身父高洪，母禹氏十一娘，幼从南京升元寺玄月和尚出家，为律宗和尚，后得赐紫，并封号"演化大师"，为长干塔塔主，有些文献称"塔主大律师可政"。端拱元年（988 年），可政在终南山紫阁寺得玄奘顶骨舍利，带回南京，并于天圣五年（1027 年）建塔供奉于长干寺之东岗，俗称白塔。可政在建成玄奘顶骨舍利塔后，撰有《天禧寺白塔记》[22]。惜碑刻不存，文字亦不见著录，止存其目。洪武十九年（1386 年），天禧寺住持守仁等人将玄奘顶骨舍利迁葬于南岗，并建三藏塔、三藏殿。此座玄奘顶骨舍利塔在 1942 年被侵华日军发掘，后分顶骨舍利，并在南京九华山建塔供奉。景德年间可政曾在扬州大明寺建有栖灵塔，塔中亦供奉佛舍利。大中祥符年间，可政在长干寺的感应舍利，经皇帝准许，重建长干寺。重建工作得到滑州助教王文一家的帮助，南京、扬州等地的信众和各寺高僧共襄盛举，使得数年之间长干寺即建成。王文，不见于正史记载。此长干寺圣感塔稍晚的大安塔，其建造即仿照长干寺塔，襄助者中有王文之名，且题为"寿春王文"，二者应为同一人[23]。

砌塔都料应承裕及其子德兴，俱是当时名匠。1965 年咸平寺出土的宋代天圣五年舍利石棺上刻有"宣补苏州昆山镇将造塔应德兴"的铭文，出土的《释迦如来砖塔记》中亦载有"宣补苏州昆山镇□应德兴"[24]，为我们了解应氏父子之职掌提供了重要的资料。应氏所造长干塔，后来还成为开封大善塔的蓝本，应德兴亦成为大善塔的主要建造师[25]。

（三）长干寺地宫舍利的来源

据碑铭，地宫中瘗藏有感应舍利、佛顶真骨、诸圣舍利，这些实物在后续的清理中均得到验证。

1. 感应舍利

感应舍利，是指感应而得到的舍利，最早出现在康僧会的传记中。在此后的佛典中，多有感应舍利的记载。《广弘明集》卷一五、一七，《集神州三宝感通录》卷上，《法苑珠林》卷三八、四〇还收录了隋代以前、汉魏两晋南北朝时期有关舍利及舍利塔的神异事迹。特别是在《法苑珠林》卷四〇内有"舍利篇"，专门说明佛舍利的来历与价值，而在该篇的"感应缘"部分，略述隋代以前 16 则舍利感应故事。通过感应而得到的舍利，有的可能是佛舍利，有的则不是佛舍利。这些感应得到的舍利，其之所以被感应，一个重要的媒介就是舍利放射出来的舍利光。"光"在佛教里象征着一种智慧，舍利既代表佛身，自然会有神光。前述慧达就是看到地下舍利放射出来的光芒而掘得。可政得到的感应舍利，也当是在长干寺故址"现光之地"而得到。这 10 颗感应舍利，是否就是六朝长干寺遗留下来的舍利，颇值得探究。

如前述，慧达得到的舍利，经过梁武帝、隋炀帝、李德裕等多次重新瘗藏。根据文献记载，每一次重新瘗藏，瘗藏的方式和瘗藏物品均不尽相同。距大中祥符四年（1011 年）最近的一次，李德裕在打开长干寺地宫时，得舍利 21 颗，他将其中的 11 颗安置于镇江甘露寺铁塔下。根据镇江出土的碑铭记载，剩下的 10 颗，被移置建初寺供奉。这一重要记载，对长干寺而言，有两个重要意义：第一，李德裕所掘得的梁武帝时代的 21 颗舍利，经移置后，剩下的 10 颗舍利被安置在建初寺，而非留存在长干寺；第二，至唐长庆四年（824 年），始建于孙吴时期的建初寺仍然存在，长干寺与建初寺并不是先后承继的关系。可政在大中祥符四年瘗藏于长干塔地宫中的 10 颗感应舍利据此可以明确非梁代长干寺地宫遗存。

2. 佛顶骨

佛顶骨，梵文 usnisa，音译"乌率腻沙"，本指佛陀之三十二相之一佛顶肉髻，"顶骨涌起自然成髻是也"（见《无上依经》）；佛涅槃后特指顶骨舍利，"顶骨坚实，穷劫不坏"（《大般若波罗密多经》卷五三一），是"八十随形好"之七十八好。

中国佛教经典对于佛顶骨形状特征，多有记述，如《洛阳伽蓝记》卷五记载佛顶骨"方圆四寸，黄白色，下有孔"[26]；《续高僧传》卷三记载"周尺二寸，其相仰平，形如天盖"[27]；《集神州三宝感通录》卷上记载"高五寸、阔四寸许，黄紫色"[28]；《法苑珠林》卷二九记载"广二寸余，色黄白，发孔分明"[29] 等等。这些记载反映出不同尺寸大小的佛顶骨，形状、色泽也不尽相同，可见佛顶骨不止一片。

目前中国境内文献记载和考古发现所证实的佛顶骨舍利除长干寺之外，主要有河南邓州市福胜寺塔地宫[30]、银川西夏承天寺塔[31]、山东兖州兴隆寺塔[32]、山西临猗双塔寺西塔地宫[33]、河北涿州云居寺释迦佛舍利塔[34]、四川蓬溪县鹫峰寺白塔[35] 等六处。这六处佛塔都是宋辽时期所修建。这从一个侧面也反映出宋辽时期舍利崇拜之盛。这些佛顶骨舍利，除兖州兴隆塔寺有明确来源之外，其余均未详所出。南京长干寺地宫顶骨舍利是上述所发现宋辽时期年代最早的一例，其来源又是如何呢？

翻检相关文献，我们发现：宋代初年，由于太祖、太宗朝对佛教的崇信，有相当一批天竺僧人和使节来华，带来了佛舍利、梵经、贝叶经等物。其中，进贡佛顶骨舍利的记载有：太平兴国八年（983 年）沙门法遇自西天来，献佛顶舍利、贝叶梵经。至道元年（995 年），中天竺沙门迦罗扇帝来朝，进佛顶舍利、贝叶梵经[36]。这两件佛顶骨舍利最终安置于何处，文献未详，不得而知。

据碑铭，献舍利的人中有施护之名。在随后的清理过程中，我们在瘗藏佛顶骨的银椁底部发现有镌刻的铭文："大宋大中祥符四年辛亥四月八日金陵｜长干寺奉真身舍利大卿施护佛｜顶骨首座守正通悟大师重航尼宝性｜比丘绍赟各奉舍利赐紫守愿普定银｜各五两王氏银十两"（图二）。这条铭文更是明确指出顶骨舍利来源于大卿施护。在宋代，九寺长官皆称卿，即太常寺卿、宗正寺卿、光禄寺卿、卫尉寺卿、鸿胪寺卿、大理寺卿、太仆寺卿、司农寺卿、太仆寺卿。大卿，为正卿的通称[37]。又据《资治通鉴长编》卷三〇九，丁卯："译经僧官有授试光禄、鸿胪卿少者，今除阶、散已罢外，其带卿少官名实有妨碍，欲乞以授试卿者，改赐译经三藏大法师，试少卿者，改赐译经三藏法师。"[38] 据此记载，不禁让人联想起宋初来华翻译佛经的天竺僧人施护，二者是否就是同一人呢？

依《佛祖通纪》、《续高僧传》等典籍记载，施护是乌填囊国人（今阿富汗境内），太平兴国五年（980 年）与天息灾同来开封，获赐紫衣。太平兴国七年（982 年）六月，译经院建成，召入院，赐号显教大师，充译经三藏，与天息灾、法天轮替译经。雍熙二年（985 年）因新译佛经妙得翻译之体，诏除朝奉大夫、试鸿胪卿。天禧元年（1017 年）十二月卒，谥"明悟"[39]。在这些有限的记载中，并未有施护贡佛顶舍利的记载，但这并不能说明施护没有向宋廷贡佛顶舍利的可能。尤其是，银椁底部的铭文中"大卿"与施护连称，与译经施护的经历相合，可以明确肯定碑铭和银椁上记载的施护就是宋代译经大师施护。据此确知，金陵长干寺地宫中出土的佛顶骨舍利，是由宋初来华的乌填囊国僧人施护所献。至于这枚珍贵的顶骨舍利是如何被施护所得，最终传到南京并被瘗藏在长干寺地宫中的历史细节，由于史料的缺乏，暂付阙如。

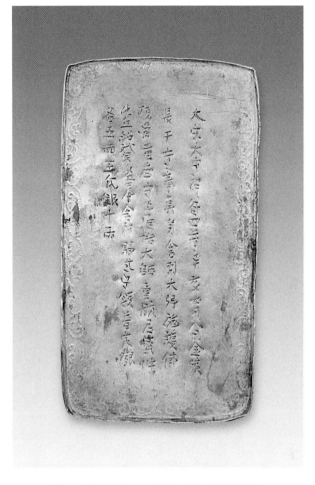

图二   长干寺地宫瘗藏佛顶骨的银椁底部

3. 诸圣舍利

诸圣舍利，当是一些高僧大德的舍利。其来源于碑铭中提到的守正、重航、绍赟、智悟、重霸、守愿、尼妙善、宝性等人。这些僧尼多不可考。夏竦《文庄集》卷二七《大安塔碑铭》中记述妙善之事迹，颇疑与碑铭中"尼妙善"为同一人。据《大安塔碑铭》所记，妙善，俗姓胡，长沙人，幼年即有志事佛，曾为楚国马氏掠为姬侍。入宋后在洛阳天女寺出家，宋太宗以其曾为马氏姬，赐以懿名，被之华服。宋真宗念其老，为建大安塔，塔仿金陵长干寺圣感塔形制，并由同一建筑师应德兴建造。妙善与宋皇室关系颇为密切，建塔得到皇室的大力支持，大安塔下瘗藏有妙善所收藏的佛骨舍利。妙善自身有极高的佛教修养，加之与皇室和当时佛教界的紧密关系，她完全有可能与可政、施护等有交往，因此在长干寺建塔之时，将自己所得的佛骨舍利的一部分瘗藏供奉于长干寺地宫内[40]。可能正是妙善在看到长干塔后，对塔的造型和建筑质量存有好感，其后在修大安塔时，亦延请应德兴主持修造。

（四）独特的瘗藏舍利方式

碑铭记载，宋代长干寺地宫内"内用金棺，周以银椁，并七宝造成阿育王塔，■以铁■■函安置"感应舍利、佛顶真骨及诸圣舍利。如前述，地宫为竖穴深井式地宫，舍利石函直接放置于地宫中，并用夯土加以封护。这种埋藏方式与考古习见的唐宋时代的构筑砖室的埋藏方式大相径庭。

目前国内考古发掘的地宫总数超过 80 座，徐苹芳、杨泓等先生对舍利塔基和舍利瘗藏等问题做过专门的研究[41]。就整体而言，将石函直接埋于土中，是中国早期佛塔瘗藏舍利的形式，"隋代开始以砖石构筑简单的墓室状建筑，不再把放置舍利的石函直接埋入土中"[42]。大量的宋、辽、金的佛塔地宫，形式多样，南北方差别明显。北方一以贯之的是仿墓室的结构，而南方则呈现出多样性。就南京宋代长干寺地宫而言，其独特的形制，应该受到两个方面的影响：第一，如前述，升州法主德明在撰写碑铭时，对寺史的记述，参考的是《梁书》、《高僧传》、《广弘明集》、《法苑珠林》等文献的记载，且一如继之的认为六朝时期长干寺塔是中土19座阿育王塔之一。因此，对于宋代新建地宫形制的选择，其更多的依据并继承梁武帝大同四年（538年）重瘗舍利的地宫建筑特点，并结合新的时代特点而略有改易。第二，南京长干寺地宫以七宝阿育王塔瘗藏舍利的做法，受到吴越国的影响。五代时期阿育王塔作为一种极具地方特色的宗教遗物，是吴越国国王钱俶崇佛的重要表现。目前发现的五代、宋代的阿育王塔实物，多出土于吴越国统辖的江浙地带[43]。宋代长干寺地宫中出土的阿育王塔，从形制、画面表现的佛教题材均与吴越国钱俶所铸造的阿育王塔如出一辙，显然受吴越的影响颇深。

注　释

［1］　（唐）道世《法苑珠林》卷四〇《舍利篇》第三七《引证部》，《大正藏》卷五三。

［2］　丁福保《佛学大辞典》之"法主"条，上海书店，1991年。

［3］　（明）葛寅亮撰，何孝荣点校《金陵梵刹志》卷三二《天竺山能仁寺》，天津人民出版社，2007年。

［4］　（明）明河《补续高僧传》卷一七《明律篇》，《高僧传合集》，上海古籍出版社，1991年；《金陵梵刹志》卷三二《天竺山能仁寺》。

［5］　（唐）法琳《破邪论》卷上，《大正藏》卷五二。

［6］　（唐）道宣《广弘明集》卷一五，《大正藏》卷五二。

［7］　（唐）道世《法苑珠林》卷三八《敬塔篇》第三五《故塔部》第六，《大正藏》卷五三。

［8］　（梁）释慧皎《高僧传》卷一三《晋并州竺慧达》，中华书局，1992年。

［9］　《梁书》卷五四《扶南国传》，中华书局，1973年。

［10］　（唐）道宣《集神州三宝感通录》卷上，《大正藏》卷五二。

［11］　江苏省文物工作队镇江分队等《江苏镇江甘露寺铁塔塔基发掘记》，《考古》1961年第6期。

［12］　《高僧传》卷一《魏吴建业建初寺康僧会》。

［13］　同［9］。

［14］　（明）闻人诠修、陈沂纂《南畿志》卷七《郡县志·方外》，《北京图书馆古籍珍本丛刊》第24册，书目文献出版社，1995年。

［15］　（明）陈沂《报恩寺琉璃浮图记》，收于《金陵梵刹志》卷三一《聚宝山报恩寺》。

［16］　《金陵梵刹志》卷三一《聚宝山报恩寺》。

［17］　（宋）李之仪《天禧寺新建法堂记》，《姑溪居士前集》卷三七，文渊阁《四库全书》本。

［18］　（明）朱元璋《御制黄侍郎立恭完塔记》，引自（民国）张惠衣《金陵大报恩寺塔志》之《碑记》，南京出版社，2007年。

［19］　（明）朱棣《重修报恩寺敕》、《御制大报恩寺左碑》，《金陵梵刹志》卷三一《聚宝山报恩寺》。

［20］　南京市博物馆《南京大报恩寺遗址北区考古发掘》，《2010中国重要考古发现》，文物出版社，2011年。

［21］　可政行迹史载极少，《扬州府志》中有可政于景德元年（1004年）建多宝塔的记载。《景定建康志》、《至

正金陵新志》、《南畿志》、《江南通志》、《江宁府志》等志书中有关大报恩寺的历史沿革中略有提及。

[22] （清）倪涛《六艺之一录》卷九五，文渊阁《四库全书》本。

[23] （宋）夏竦《大安塔碑铭》，《文庄集》卷二七，文渊阁《四库全书》本。

[24] 韩自强《安徽亳县咸平寺发现北齐石刻造像碑》，《文物》1980 年第 9 期。

[25] 同［23］。

[26] （北魏）杨衒之撰，周祖谟校释《洛阳伽蓝记校释》卷五，中华书局，2010 年。

[27] （唐）道宣《续高僧传》卷三，《高僧传合集》，上海古籍出版社，1991 年。

[28] 同［10］。

[29] （唐）道世《法苑珠林》卷二九，《大正藏》卷五三。

[30] 河南省古代建筑保护研究所等《河南邓州市福胜寺塔地宫》，《文物》1991 年第 6 期。

[31] 赵涛《承天寺西夏断（残）碑新证》，《宁夏社会科学》2010 年第 9 期。

[32] 山东省博物馆等《兖州兴隆塔北宋地宫发掘简报》，《文物》2009 年第 11 期；肖贵田、杨波《兖州兴隆寺沿革及相关问题》，《文物》2009 年第 11 期。

[33] 乔正安《山西临猗双塔寺北宋塔基地宫清理简报》，《文物》1997 年第 3 期。

[34] 杨卫东《涿州云居寺初考》，《文物春秋》2007 年第 3 期。

[35] 李全民《蓬溪县鹫峰寺》，《四川文物》1995 年第 1 期。

[36] （宋）志磐《佛祖统纪》卷四三《法运通塞志》，《大正藏》卷四九。

[37] 龚延明《宋代官职辞典》之《九卿》条，中华书局，1997 年。

[38] （宋）李焘《续资治通鉴长编》卷三〇九"丁卯详定官制"条，文渊阁《四库全书》本。

[39] （明）明河《补续高僧传》卷一《译经篇第一》、《天息灾法天施护三师》，《高僧传合集》，上海古籍出版社，1991 年。

[40] 同［23］。

[41] 徐苹芳《中国舍利塔基考述》，《传统文化与现代化》1994 年第 4 期；杨泓《中国隋唐时期佛教舍利容器》，《中国历史文物》2004 年第 4 期。

[42] 杨泓《法门寺塔基发掘与中国古代舍利瘗埋制度》，《文物》1988 年第 10 期。

[43] 黎毓馨《阿育王塔实物的发现与初步整理》，《东方博物》第 31 辑，2009 年。

本文原载《东南文化》2012 年第 1 期，此次略做修改。

《南京都察院志》之明代南京城墙资料汇注

王志高　张九文

众所周知，新史料的发现与利用是史学研究的主要推力之一。近年，南京古都研究虽有较大进展，但整体研究水平仍不及西安、洛阳、北京、开封、杭州等其他古都，一个重要的原因就在于新史料的挖掘难以取得突破，所以必须在史料的搜集整理上下大工夫。史料的种类固然甚多，各类史料的特点与价值也不尽相同，其中我国历代编修的官署志，就是一类虽然重要，但却比较容易被人忽视的基本文献资料。

史载明代留都南京编撰官署志风气极盛，政府各部门曾经编纂的官署志至少在三十种以上，所知即有《南京吏部志》、《南京户部志》、《南京礼部志》、《南京兵部志》、《南京刑部志》、《南京工部志》、《南京都察院志》、《南京大理寺志》、《南京光禄寺志》、《南京太仆寺志》、《南京太常寺志》、《南京鸿胪寺志》、《南京詹事府志》、《南京钦天监志》、《南京尚宝司志》、《南京行人司志》、《南京上林苑志》、《南京锦衣卫志》、《南京翰林志》、《南京通政司志》、《留都武学志》、《旧京词林志》、《南雍志》、《南枢志》、《金陵梵刹志》、《金陵玄观志》等数十种。从著录情况看，《南京吏部志》、《南京刑部志》、《南京工部志》、《南京太常寺志》、《南京詹事府志》、《南京翰林志》、《南雍志》、《南枢志》诸志还先后编纂过多部。可惜其中至少一半已经散佚，仍存于世的只有《南京吏部志》、《南京户部志》、《南京刑部志》、《南京太仆寺志》、《南京都察院志》、《南京光禄寺志》、《南雍志》、《续南雍志》、《旧京祠林志》、《南京詹事府志》、《南京工部志》、《南枢志》、《南船记》、《船政新书》、《金陵梵刹志》、《金陵玄观志》、《南京兵部车驾司职掌》等十多种。这些至今尚存的南京官署志，对于明代留都各衙门的历史沿革、运作、职掌、官员等记载之翔实，远远超过《明会典》、《明实录》、《明史》等史籍，是研究明都南京不可或缺的重要第一手材料。不过，除了《金陵梵刹志》、《金陵玄观志》这两种常见志书外，其他官署志因多藏之于国内外一些著名图书收藏机构，一般研究者不易看到，故罕有利用这些宝贵材料者。

《南京都察院志》即属现存南京官署志之一种。按：都察院为明代初年创设，职专纠劾百官，辩明冤枉，提督各道，为天子耳目风纪之司。据《四库全书总目·〈南京都察院志〉提要》及书前徐必达题词，是书汇辑者为南京都察院陕西道历事、国子监生施沛，而主修者为时任南京都察院右佥都御史的徐必达，故《明史》卷九七《艺文志二》称"徐必达《南京都察院志》四十卷"，而《四库全书存目丛书补编》本称明施沛撰。是书纂辑工作始于天启元年（1621 年）十月，天启三年（1623 年）南京都察院刊印。该志参考《明实录》、《明会典》、《通志》、《郡邑志》等书和南京都察院所存官档，记南台职官沿革、职掌事迹，内分皇纶、廨宇、职官、职掌、仪注、奏疏、奏议、公移体式、艺文、人物、志余等目，计四十卷。"职掌"内分留台总约、优免则例等项；"奏疏"内分大政类、宪务类；"奏议"内分江防类、屯田类、巡城类、盐政类、后湖类等项；书前有祁伯裕、王永光二序及徐必达题词，书后有施沛《南京都察院修志始末》。日本内阁文库藏有明代天启刻本，台北中研院史语所傅斯年图书馆藏有该本摄影之缩微胶卷，2001 年齐鲁书社以日本内阁文库藏本作为《四库全书存目丛书补编》第七三、七四册出版发行。

近日，笔者有幸拜读这部专志，发现书中保存有大量原始的明代南京地方史料，其中有关南京城墙之资料尤显珍贵。这部分内容主要集中记录于该志卷二〇至二二、二四，涉及明代南京城墙内、外城的规模及管理制度，穿城水道、城门形制结构及附属建筑以及守城器具等方方面面。由于这部分资料明显来自于当时的官府档案，资料的准确可靠性不容怀疑，故具有极高的史料价值。然而令人诧异的是，如此重要的史料在刊印后的数百年间，除仅极少部分内容曾为《同治上江两县志》等转录外，竟一直未为包括《南京城墙志》在内的古今大多学术著作所发现参引，殊为遗憾。本文分内城、外城上下二编，以类汇辑该志所见明代南京城墙之主要资料，并参考《南枢志》卷四八《形胜部·南京门禁考》及其他南京地方文献，对辑文中存在的明显异文及讹误进行必要的校注和补充，以飨南京地方史研究者，希望这一工作对明代南京城墙的研究能够起到积极的推动作用，希望有更多的学者能够关注明代南京诸司所编的各类官署志，并借此大力推动明都南京的深入研究。

一 内 城

1. 关于内城十三门概述

《本院会典》：凡南京十三门官军，正德十二年差御史二员点闸，不妨道事①。

《南京兵部会典》：凡南京里城正阳等一十三门、外城江东等一十八门关，俱于各卫拣选精壮官军守把，本部委官同科道官查点。每年春、秋二季，内守备会同本部及工部将里、外城垣遍阅一次，如有损坏，工部即行修理。嘉靖二十二年题准：南京通济等十二门里外沿城地上，见被军民人等承佃耕住者，除近城拆毁外，其离城稍远，不分已未纳租，通行挈算，照例起科交纳，守备衙门收候阅操赏军支用。今后不许再行侵占，违者本部径自拿问。三十五年题准：京城金川门等处无兵专守，将浦子口指挥量加署都指挥佥事，换给敕书，令其提调金川②、上元、佛宁、观音四门官军操练防守。

里十三门事宜：

一、里十三门，各门设有字号圆令牌贰面。每遇朔望，各门把总亲赍赴中军都督府过堂。本府差有东、西长巡镇抚二员③，带领余丁，每夜于鼓楼请令，赴门合牌验锁，以防诈伪。复有短巡千百户，每门二员，带领余丁，派分上下半夜撞锁，以慎关防。

一、里十三门，锁钥握之中府经历司。各门每日卯时差盘诘官一员，督领军人二名、抬锁军人二名，各执牙杖护送赴司封验，其钥匙随交收贮。午后复差官督同军人二名，至晚领回。

一、里十三门，每门额设把总指挥二员，以督军余④。盘诘⑤千百户六员，以讥出入。管事军二名，以司启闭。军余一百名，以卫锁钥。官军分为两班，五日一换。其封锁随城旗识军伴等差见，在数内轮拨见点。

一、里十三门，遇有城垣损坏，随报工部城垣分司，不时修葺。

一、里十三门，春、秋二季鸠工。工部请内、外守备，兵、工部堂巡视科院，每年阅看城垣二次。

一、里十三门，每门内厂委有宦官，多者五六十员，少者三二十员，三日一次，轮流宿守。

一、各门遇有盘获私盐，即申禀盐政察院及该管衙门⑥。

一、各门遇有盘获私猪，应申禀抽分察院、内厂及该管衙门⑦。

一、孝陵大祀牲牢、国学二丁祭品，户部粮长勘合，俱由正阳正门入。

一、神机火器俱由通济、双桥二门出入。

一、时鱼⑧荐新由观音、太平二门入。

一、鲟鱼荐新由江东、三山、石城三门入。其赴京荐新、果品等项，俱石城、三山二门出运，年各不同。

一、神帛进表、接诏，俱于石城、三山、江东三门出入。

一、在门官军原无操练，选看军⑨始于万历四十六年有摘牌之例。而门伍始有壮丁训练，始于万历四十八年有操练之议，而门军始习技艺。其操兵部于各门把总择选贤能，劄付中军指挥二员、左右中前后五哨千总五员、火药把总二员、督理掌号二员，委官内选择贤能，劄委宣令官二员，于该操之季⑩，每逢初二十六日，丁班官军俱赴小教场，听候兵部操运分司训练阵法，比试武艺。至年终，兵部会请科院按临较阅，以定各职之优劣。

一、年终考察，始于万历二十二年题请，行令访察贤之尤者⑪：保荐八员、优奖六员、奖励十二员，不肖之甚者⑫：参革二员、戒饬二员。委官⑬盘诘，亦择其优劣之尤者：优奖六员、奖励十三员、革退十员、戒饬十员。事固因人，数目多寡，出自上裁，原无定额，间有不同。

一、各门把总迁转，原奉题请经荐者，补各营常伍及巡逻。把总奖者，补各卫金书员缺续。因添设操练职方司邹　揭禀，操江右副都御史、署掌兵部事陈　批准，增刊《职掌》⑭。凡有实能操练，即三荐四荐亦当破格优叙，转以各营常伍、把总，庶几将领鼓舞争先等，因备行在卷⑮。以上各门，俱同此例，故备陈于首⑯。至于各门繁简不同，事势互异，细开于后。（以上均见《南京都察院志》卷二四《职掌十七·巡视门禁职掌》）

内城六门（通济门、聚宝门、三山门、石城门、清江门、定淮门），每门把总二员、盘诘官六员。原额军余一百名，分为两班。（此则见《南京都察院志》卷二一《职掌十四·中城职掌》）

内城四门（通济门、正阳门、朝阳门、太平门），每门把总二员、盘诘官六员，原额军余一百名。（此则见《南京都察院志》卷二一《职掌十四·东城职掌》）

内城四门（神策门、仪凤门、金川门、钟阜门），每门把总二员、盘诘官六员、原额军余一百名。（此则见《南京都察院志》卷二二《职掌十五·北城职掌》）

校注：

①《南枢志》卷四八《形胜部·南京门禁考》（以下简称《南枢志》）无"不妨道事"四字。

②此处金川门指外城金川门。

③《南枢志》作"东、南长巡镇抚二员"。

④军余系指未取得正式军籍的军人。

⑤原文误为"盘结"。

⑥《南枢志》作"申禀本部及巡视衙门"。

⑦《南枢志》作"应申禀内守备及本部衙门"。

⑧即鲋鱼。

⑨《南枢志》作"选摘看军"。

⑩《南枢志》作"该操之委"。

⑪《南枢志》作"访察贤者"。

⑫《南枢志》作"不肖者"。

⑬原文为"委官委官",据《南枢志》删此处多余"委官"二字。

⑭《南枢志》仅作"因添设操练职方司说堂,增刊《职掌》"。

⑮《南枢志》作"庶几将令鼓舞争先等",无"因备行在卷"一语。

⑯《南枢志》无"故备陈于首"一语。

2. 关于正阳门

正阳门　城垣东至朝阳门界止,计五百七十四丈,垛口八百二十二座,城铺七座,旗台三座,穿城水闸一座。西至通济门界,计三百三十四丈,垛口五百四座,城铺十座,旗台二座。城楼一座,月城一座①,锁钥四副,二副朝夕关封,一副进祭等项方请,一副经年不开。

按:正阳门内卫宸居,府部拱侍于左右,外有天坛郊祀大典之故基,神乐、玄真二观,新任缙绅驻节之区,神机并及大营,练武官军操演之地,倒牌楼脱衣故址尚存。新河岸商家通贩正道,中河桥水势多衡②,铜桥圩屯田。境域帮藏密迹,防范最所宜。云闽广要津诘察,至称紧要,神大操练于外,虎豹道屯于肘腋,标兵防守于中,貔貅星列于腹心。当不时按临门禁,首为繁钜③。

一、工部给发贮门军器

大将军铜铳十位、板铳房十间、碗口铜铳四十四个、碓嘴铁铳十个、大黄布旗伍面、棕索伍根、五方小布旗二十五面、腰刀九十把、木马子(图一)一千五百个、木送子一百个、铁甲三十领、撒袋二十副、标枪一百根、军器架六座、铁铃十个、生铁二千斤。

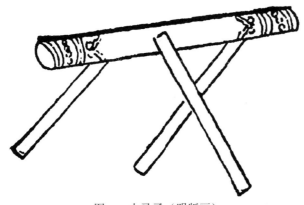

图一　木马子(明版画)

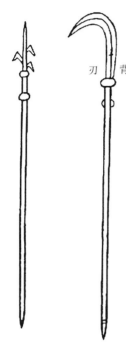

刃　背

图二　钩枪、钩镰（明版画）

一、兵部给贮门军器

铜铁鸟铳二十把、铁连珠鞭铳二十四把、钩镰枪（图二）三十把[④]、挠钩二十把、关刀十二把、弓四十张、箭一千四百枝、弩弓二十张、弩箭六百枝、撒袋四十副、蠢袋三个、金鼓旗二面、铜金一面、铜锣二面、铜哮啰一对、喇叭一对、唢呐一对、大鼓二面、小鼓十二面、横笛四枝、拍板二串、起火五十枝、铁锹四十把、木柜三个。（以上均见《南京都察院志》卷二四《职掌十七·巡视门禁职掌》）

正阳门　城楼一座，城券一座，月城一座，城铺十七座，旗台五座，穿城水闸一座。东至朝阳门界，西至通济门界，通长计九百零八丈，东、西两边垛口共一千三百二十六座。本门冲要。

正阳门外中和桥大河一道，上接溧水，下由通济桥接南城界南门桥，出关直入大江。（以上两则见《南京都察院志》卷二一《职掌十四·东城职掌》）

校注：

①《同治上江两县志》卷五《城厢》引《南都察院志》云：正阳门有"城下门券一层，月城一座"，略异于此。月城本指门内的瓮城，是相对于门外的瓮城而言的，宋《守城录》之陈规《守城机要》云："于城内靠城脚急开里壕，垠上更筑月城。"又云："次于城里脚下取土为深壕，离壕三五丈筑月城围之。"但本书中月城、瓮城互用，似没有明显区分。关于正阳门瓮城，《南京建置志》认为"外有月城环拱"，《南京城墙志》则认为"建有内瓮城一座"，其实据清光绪年间《陆师学堂新测金陵省城全图》，正阳门既有内瓮城，又有外瓮城，内瓮城门直开，外瓮城门开于东墙上（图三）。民国十七年（1928年），正阳门改名光华门。为安全计，其外瓮城陆续拆除于民国十八年（1929年）至十九年（1930年），所拆城砖用于建造市立图书馆。《首都市政公报》1930年第52期《拆除光华门月城城砖建造市立图书馆案》记有其事。民国十八年十二月，光华门巡查李德润等建议："光华门外之月城，前由工务局奉令拆去城墙两面，近剩东面，尚有城门（指月城门）并未拆去，接连大城，形似楼梯，难免夜间有宵小越城而过。复思冬防戒严期内，必须防范未然，拟请（首都警察）厅长转知工务局，派工前往该光华门外之月城，连月城门亦同拆去，以防宵小窜入城内，而保公安……拆卸该处城砖，以作建造市立图书馆之用。"该提案经工务局局长陈和甫呈请市长刘纪文后于次年一月批准"事属可行，应准照办"（图四）。

②"衡"，疑为"冲"之误。

③此类按语均不见于《南枢志》。下同，不另注。

④《南枢志》作"钩镰枪四十把"。

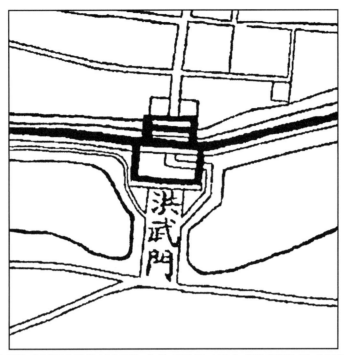

图三 《陆师学堂新测金陵省城全图》中的正阳门（图中"洪武门"乃"正阳门"之误）

图四 1945 年正阳门（光华门）内瓮城

3. 关于通济门

通济门 城垣东至正阳门界，西至聚宝门界，共长四百一十四丈，垛口七百五十座[①]，城铺二十三座，旗台二座，上城矴礅二座，栅栏[②]四扇，城下券四层，城门八扇，锁钥四副。门

图五　鹿角木（明版画）

里官厅十间，盘诘小房一间，直房四间，头券内东、西库房十二间，二③券内库房六间，三券月城东、西原有直房十间，倒塌无存，券内有藏军洞④。二券门外东边盘诘房三间，倒塌无存。西边盘诘房三间，倒塌在地。鹿角（图五）⑤十二座，水关⑥一座，共三十三券，下十一券通水，上二层二十二券，城里不通。里、外直房六间，绞关、闸板俱全，设有弓兵四名看守，不在门禁之内。

按：通济门内有鹫峰古刹，右有穿城水关，势当八达之冲，居多四民之业。神器进营，而启关仅及鸡鸣；商贾往来，而市廛如同蚁聚。欲保城市无虞，须当诘察有法。

一、工部贮门军器

大将军铜铳十位、板铳房十间、碗口铜铳五十个、铁盔十顶、铁甲八十领、腰刀一百把、长枪四十根、弓六十张、箭一千六百枝、撒袋六十副、弩弓二十张、弩箭六百枝、五色小布旗二十面、钉板八块、闸板二十块、瓦瓶一千个、圆牌十六面、挨牌三十面、标枪四百根、铁锹四十把、粉牌二十四面、灯笼八个、蠢袋二十个、铜响器七副、铜金一面、铜锣十四面、木马子三千个、木送子一百八十个、大鼓二面、小鼓八面、朝天号砲三十个、铁铃十五个、火药锹四十把、铁挠钩四十把、虎尾枪十根、栗木棍二十根、木梯二张、铁斧四把。

一、兵部贮门军器

铜鸟铳十二把、铁鸟铳八把、连珠铳十二把、鞭铳十二把、钩镰枪三十把、挠钩枪二十把、关刀二十把、铁锹四十把、金鼓旗一对、弓四十张、箭一千二百枝、撒袋四十副、弩弓二十张、弩箭六百枝、蠢袋三个。（以上均见《南京都察院志》卷二四《职掌十七·巡视门禁职掌》）

通济门　城楼一座，城铺二十三座，旗台两座。城长五百一十一丈七尺，垛口七百四十四个⑦。东至正阳门界，西至聚宝门界。城下门券四层，宿守库房四间，左、右官厅各五间，头层券内左、右火药库房各八间，二层券内左、右军器库房各三间，三层券内直房两边共六间，倒塌无存，门外左、右盘诘官厅六间，无敌大将军铜铳十位。本门冲繁。（此则见《南京都察院志》卷二一《职掌十四·中城职掌》）

通济门　城上官厅一座，城铺二十三座，旗台二座，瓮城四券，垛口无。东至正阳门界，西至聚宝门界，通长计五百一十一丈七尺，东、西两边垛口共七百五十座。本门冲要。（此则见《南京都察院志》卷二一《职掌十四·东城职掌》）

校注：

①《同治上江两县志》卷五《城厢》引《南都察院志》云："垛口七百四十四座"，略异于此。

②原文误为"杉栏"，据后文及《南枢志》改。

③原文误为"工"，《南枢志》同误，据文意改正。

④（清）甘熙《白下琐言》卷三云："通济门第一道城阙内，左右各有瓮洞可容百余人，相传为屯军之所。盖通济与东水关近，防守较严，故其制与诸城特异。"

⑤（宋）陈规《守城录》卷二云："修城，旧制多于城外脚下，或临壕栽了叉木，名为鹿角。"又称鹿角木。

⑥水关指供水流及人、船进出城墙，并设关把守的大型通道。

⑦关于垛口统计数据，此则记载的"七百四十四座"不同于本文汇注的另两则记载。

4. 关于聚宝门

聚宝门　东至通济门界，西至三山门界，共长九百五十三丈，垛口一千二百零二座。城铺三十四座，旗台四座，官厅一座，界牌八座，矼礅二座，栅栏四扇，上下藏军洞二十八，券四层，门八扇，锁钥四副。门里官厅二座，直房六间，券内库房二间，外有盘诘房二间，里、外鹿角六座。

按：聚宝门内多闹市，外多禅林，长干雄镇于一方，宝塔耸插于云外。天界寺率皆古迹，普德山人多登览。雨花巍然一台，士女春日无虚，但以乡宦贵族，车马辐辏于冲衢，出入遨游往来，尽乎勋戚，虽为佳境，似非美俗。

一、工部贮门军器

大将军铳十位、板铳房十间、铜碗口铳四十九个、大黄布旗四面、五色布旗三百面、皮盔八十顶、铁甲八十领、铁盔二十顶、腰刀一百把、弓四十张、箭一千二百枝、撒袋四十副、铁药锹锥剪①共一百八十把、碓嘴铁铳十个、鏈钳二把、铁铃十五个、寿山福海一副、长枪四十根、棕索四条、大小鼓四面、车轮铳架十座、碓嘴铳架十座、军器架四座、将军印铳架一座、铁锄头四十把、木梆十五个、挨牌三十面、圆牌二十面、铜锣三面、哱啰一副、喇叭一对、唢呐一对、拍板一串、闸板二十块、石灰四千斤、灰瓶二千个、竹标二百根、火药桶（图六）一只、大小木柜十七个。

一、兵部贮门军器

铜鸟铳十二把、铁鸟铳八把、连珠铳十二把、钩镰三十把、挠钩二十把、关刀十二把、铁锹四十把、金鼓旗一副、弓四十张、箭一千二百枝、弩弓二十张、弩箭六百枝、撒袋四十副、蠢袋三个、起火五十枝、木柜三个。（以上均见《南京都察院志》卷二四《职掌十七·巡视门禁职掌》）

聚宝门　城楼一座②，城铺三十四座，旗台四座。城长九百五十三丈五尺③，垛口一千二百零二个，东至通济门界，西至三山门界。城下门券四层，宿守库房四间，左、右官厅各三间。二层券内左边藏军房三间，右边玄帝庙三间。三层券内左、右军器库房六间，门外左、右盘诘官厅六间④，无敌大将军铜铳十位。

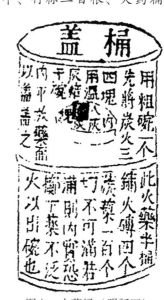

图六　火药桶（明版画）

本门冲繁。（此则见《南京都察院志》卷二一《职掌十四·中城职掌》）

校注：

① 《南枢志》作"铁药锹锤剪"。

② 据《白下琐言》卷五：清嘉庆年间，聚宝门城楼倒塌，十余年无人过问。后道光年间知县傅璋始筹款重修城楼，并重修城外长干桥至城内镇淮桥之间百余丈麻石道路，于城门之左立有碑记。

③ 与前则记载略有出入。

④ 《白下琐言》卷二云：明初富民沈万三所造聚宝门官厅照壁后，有砖塔一座，覆以小亭，相传为埋聚宝盆之处。又据《白下琐言》卷一及《同治上江两县志》卷二八《摭佚》等记载，清乾隆五十四年（1789 年），因江宁屡有火灾，总督书麟作水星鼎于南城聚宝门上以镇之。鼎为铜铸，圆形，底足皆铁，通高四尺有奇。上嵌八卦，十六乳，四周各有篆书"水星"二字。其下为铭，凡二百余字。

5. 关于三山门

　　三山门　南至聚宝门界，北至石城门界，共长七百一十五丈，垛口八百六十四座，城铺二十座，更衣厅、摆饭厅六间，厨房一间，厕厅一间，旗台三座，城券四层，锁钥四副，水关一座，锁钥一副，左、右更衣官厅十八间，三山库一座，左、右库房六间，直房三间，鹿角十座。

　　一、凡有表诏、敕书俱由本门接送。

　　一、三山门外有普惠禅林，来往缙绅停骖之域。左有河道、水关，捆载船只出入之区。水兑各场，民生国计之所①。关瓦棺古寺，南晋战场之故址，东接白下而河水萦回，西控江东而天堑外峙。川广杂货胥由其途，闽越经商咸履其境。市多殷富，野无瘠□②。

　　一、工部贮门军器

　　大将军铜铳十位、板铳房十间、碗口铜铳五十个、铁甲二十二领、皮盔十七顶、腰刀六十把、大黄布旗三十面、棕索三根、五色小布旗二十面、碓嘴三眼车轮等铁铳二十五个、军器架五座。

　　一、兵部贮门军器

　　铜鸟铳十二把、铁鸟铳十二把、连珠铳十二把、鞭铳十二把、钩镰三十把、挠钩二十把、关刀十二把、金鼓旗一对、弓四十张、箭一千二百枝、弩弓二十张、弩箭六百枝、撒袋四十副、蠹袋三个、木柜三个、铜金一面、哱啰一对、喇叭一对、唢呐一对、大鼓二面、小鼓一十二面、横笛四枝、拍板二串。（以上均见《南京都察院志》卷二四《职掌十七·巡视门禁职掌》）

　　三山门　城楼一座，更衣厅三间，厨房二间，东厕房③一间，城铺二十座，旗台三座，垛口八百六十四个，城长七百一十五丈，南至聚宝门界，北至石城门界。城下门券四层，里、外铳房十座，无敌大将军铜铳十位。门里左边内守备更衣厅三间，右边魏国公更衣厅三间，左边直房三间，右边把总厅三间。三层券内左、右军器库房六间。头层券内左边外守备更衣厅三间，右边江营军器库房三间。门外左、右更衣厅六间，盘诘官厅六间，右边水关④一座（原注：通城内秦淮大河）。本门冲繁，通京驿道。（此则见《南京都察院志》卷二一《职掌十四·中城职掌》）

本城三山门外宁字铺南边城脚下有水关，通于城内，水从中城自东川出本城外河，船只通行内外，装载货物，直抵龙江关、草鞋夹口出大江。

宁字铺东边有水洞⑤一处，在于城脚下内，系中城所属，自东川水出城至大河。（以上两则见《南京都察院志》卷二二《职掌十五·西城职掌》）

洪武二十四年，令三山门外塌房许停积各处客商货物，分定各坊厢长看守。其货物以三十分为率，内除一分官收税钱，再出免牙钱一分、房钱一分与看守者。收用货物听客商自卖，其小民鬻贩者不入塌房投税。

永乐十年，令应天府都税司分官提调三山门外塌房，收办课钞。

又题淮南京各门库及三山、龙江等处内官，每处存留二三员管事，以后增添数多，俱令挨次候缺，奏请填补。其家人不许在内宿歇，因而偷盗夹带财物。其把门官军并巡视官校容纵者，一体究问。

凡应天府所属龙江关、石灰关、江东巡检司、瓜埠巡检司、大胜关、三山门水关、上方门水关、驯象门水关，每岁共收船料钞七十四万一千三百一十八贯，解部转送南京内府财库交纳。（以上四则均见《南京都察院志》卷二四《职掌十七·巡视九库带点》）

校注：
①此处有脱文，疑脱一"北"字。
②此段应是按语，不见于《南枢志》。
③据前则文字，疑为"厕房"、"厕厅"之误。
④又据《南京都察院志》卷二二《职掌十五》，有弓兵五名看守三山门内外水关闸。
⑤水洞指仅供水流进出城墙的小型通道。

6. 关于石城门

石城门　城垣南至三山门界，北至清江门界，共长三百九十七丈，垛口六百五十四座，铁窗棂水洞一座，铺设官厅十八座，南北中栅栏①三座，旗台二座。

每年荐新等物：内守备厅藕鲜、枇把②、鲜茶，司苑局荸荠、种姜、苗姜、时样果，尚膳监菜台、鲥鱼、紫苏羔③、鲜笋、槽笋，内官监铜器、筛籏④、花盒、杨梅，御用监板枋、木樨饯、水木樨，司礼监板厢、大木、画匣，神宫监苗姜、时样果，织染局龙袍。

按：石城门内有灵应观，而夕阳景色多奇。外有造拔厂，而晚唱鱼歌款乃。乌龙潭潭水澄清，石门桥⑤桥势坚固。河西一带通达之路途，瓦场而北楚馆之故址。贡舫停泊于河下，而云艘鳞湾；□直兑粮于二场，而粟同山积。孙吴石头巍然，古称虎踞最胜。

一、工部贮门军器
大将军铜铳十位、板铳⑥房十座、碗口铜铳五十个、铁盔二十顶、铁甲三十领、腰刀八十把、铜金二面、铜锣二面、铜角一对、喇叭一对、唢呐一对、棕索二条、梢杆二根、大黄布旗二面、五色小布旗十五面、竹杆三十四根、军器架五座。

一、兵部贮门军器

铜鸟铳十二把、铁鸟铳八把、连珠铳十二把、鞭铳十二把、钩镰枪三十把、挠钩枪二十把、关刀十二把、铁锹四十把、箭一千二百枝、撒袋四十副、蠢袋三个、金鼓旗一对、大木柜三个⑦。（以上均见《南京都察院志》卷二四《职掌十七·巡视门禁职掌》）

石城门　城楼一座，城铺十八座，旗台二座，垛口六百五十四个。门外官厅三间，门里内、外官厅六间，头券库房左、右六间，二券左、右官厅、库房六间⑧。城长三百九十七丈，南至三山门界，北至清江门界。本门稍繁⑨。（此则见《南京都察院志》卷二一《职掌十四·中城职掌》）

石城门外漠字铺东边有水洞一处，在于城脚下内，系中城所属，自东川水出城通河。（此则见《南京都察院志》卷二二《职掌十五·西城职掌》）

图七　石城门瓮城内古井中出土的北宋
佛顶尊胜陀罗尼经幢拓片（局部）

校注：

①原文误为"杉栏"。

②原文如此，即"枇杷"，《南枢志》即为"枇杷"。

③《南枢志》作"紫鲜羔"。

④《南枢志》作"筛箕"。

⑤应为"石城桥"。

⑥原文漏"铳"，据《南枢志》补。

⑦《南枢志》作"木柜三个"。

⑧《南京都察院志》卷二一《职掌十四·中城职掌》载，石城门内还有井亭，又有石城泉在石城门内法字铺。1988 年，南京市博物馆曾在石城门瓮城内清理一口古井，下为宋代小砖围砌，上为明代大城砖砌壁，井内发现一些汲水器具和一尊北宋太平兴国二年（977 年）石质佛顶尊胜陀罗尼经幢，或即此井（图七）。参见王志高等《南京发现北宋佛顶尊胜陀罗尼经幢》，《东南文化》1998 年第 4 期。

⑨《同治上江两县志》卷五《城厢》引《南都察院志》云：石城门有"城下门券二层"，又云"本门冲繁"。略异于此。

7. 关于清江门

清江门　南至石城门界①，北至定淮门界，计长七百二十五丈，垛口一千五十座，城券一座，门二层四扇，外有锁钥一副，内止门扇，门内左有军器库三间，把总官厅四间，城隍庙一间，内官房三间，军余直房三间。右有内官厅四间，桥一座，内官房四间，观音庵一座，军余直房三间，倒塌。城铺二十座，旗台三座，水洞四座，鹿角十二座。

按：清江门内接虎踞名关，外控龙江大路，罗汉城佛宇森然，虾蟆庵泓水不涸。院有积薪，而苇崔山积，挑贩日出其途；水接长淮，而舟渡纵横，往来络绎不绝。且门枕山岗，延亘绵远。僻静居先，出入有时。启闭关防，不愆时刻。

一、工部贮门军器

大将军铜②铳十位、板铳房十间、大旗一面、棕索一根、五色小旗二十面、竹标枪四十根、竹挨牌③十面、军器架四座，碗口铜铳四十六个，铁盔二十顶④。

一、兵部贮门军器

铜鸟铳十二把、铁鸟铳八把、连珠铳十二把、鞭铳十二把、金鼓旗二面、钩镰枪二十把、挠钩枪二十把、关刀十二把、铁锹四十把、弓四十张、箭一千二百枝、弩弓二十张、弩箭六百枝、撒袋四十副、蠹袋三个、起火五十枝、军器柜三个、火药桶一个。（以上均见《南京都察院志》卷二四《职掌十七·巡视门禁职掌》）

清江门　城楼一座，城铺二十座，旗台三座，垛口一千五十个。城长七百二十五丈五尺⑤，东至石城门界，西至定淮门界。本门内官厅二间，军器库房六间，把总官厅三间，盘诘官房一间，军余直房三间。本门幽僻。（此则见《南京都察院志》卷二一《职掌十四·中城职掌》）

清江门外驰字铺有水洞三处，俱在城脚下内，系中城所属，自东流水川出城外通河。（此则见《南京都察院志》卷二二《职掌十五·西城职掌》）

校注：

① 《南枢志》作"南至石头城界"。

② 原文漏"铜"字，据《南枢志》补。

③ 《南枢志》仅作"挨牌"。

④ 《南枢志》作"铁盔二十五顶"。

⑤ 与前则记载略有差异，《同治上江两县志》卷五《城厢》引《南都察院志》亦作清江门"长七百二十五丈"。

8. 关于定淮门

定淮门　南至清江门界，北至仪凤门界，共长一千七十五丈，城铺三十五座，旗台五座，垛口五千七十座，水洞四座，左有磨旗山，右有全家山，外有秦淮河，门里把总官厅三间，内官厅六间，直房三间，门外盘诘房六间。

按：定淮门北邻吉祥寺，古刹禅关；外临晏公庙，福神之地。自鼓楼迤北越三冈而始达，其境内多仓廪，水接江河。王家度①设有巡兵，而狐鼠潜踪；金家洲泊有哨船，而盗贼屏息。虽偏僻而防范不疏，启闭依时而关防易饬。

一、工部贮门军器

大将军铜铳十位、板铳房十间、碗口铜铳四十四个、碓嘴铁铳拾个②、大黄布旗五面、棕索五根、五方小布旗二十五面、腰刀九十把、木马子一千五百个、木送子一百个、铁甲三十领、撒袋二十副、标枪一百根、军器架六座、铁铃十个、生铁二千斤。

一、兵部贮门军器

铜铁鸟铳③二十把、铁连珠鞭铳二十四把、钩镰枪三十把、挠钩枪二十把、关刀十二把、弓四十张、箭一千四百枝、弩弓二十张、弩箭六百枝、撒袋四十副、蠢袋三个、金鼓旗二面、铜金一面④、铜锣二面、铜哱啰一对、喇叭一对、唢呐一对、大鼓二面、小鼓十二面、横笛四枝、拍板二串。（以上均见《南京都察院志》卷二四《职掌十七·巡视门禁职掌》）

定淮门　城楼一座，城铺三十五座，旗台五座，垛口一千五百二十八个，城长一千七十五丈，南至清江门界，北至仪凤门界。左、右库房六间，外官厅三间，军宿直房三间，铳房十座，内官厅三间，门外盘诘房两边六间，城下水洞四座。本门幽僻。（此则见《南京都察院志》卷二一《职掌十四·中城职掌》）

校注：

①应为"渡"。

②《南枢志》漏此项。

③《南枢志》作"铜鸟铳"。

④《南枢志》漏此项。

9. 关于仪凤门

仪凤门　南至定淮门界，城垣长二百二十丈，垛口二百八十座，穿城水洞一座①，旗台一座；北至钟阜门界，长三百六十丈，垛口五百二十座，水洞一座，旗台一座。门券一座，门四扇，栓二根，官厅十间，盘诘房二间，城铺十六座②。

按：仪凤门内有卢龙观、无梁殿，颇称雄奇古迹；外有静海寺、天妃宫，实为名刹洞天。狮子、绣球二山南北互列，峙鸾凤而走蛟龙；龙江、抽分一开水利天然，浸乾坤而浴日月。至静海寺中，左隅突出，怪石奇拱，上有数峰排列，下有石洞穿心，顶上新增一阁，名曰灵石阁，脚下旧有一亭，名曰三宿岩，收尽万顷汪洋，真称山川秀气。但外无重廓③，而咫尺江阜、十里洲滩为保障；内多仓廪，而军单弱，全凭当事加提防。

一、工部贮门军器

大将军铜铳十位、板铳房十间、碗口铜铳五十个、铁盔二十顶、腰刀一百把、铁剪子④药锹共一百二十把、铁铃十五个、圆牌二十面、挨牌二十面、大黄布旗二面、棕索二条、五色小旗一百七十面、弓六十张、箭一千八百枝、撒袋六十副、蠢袋二个、铁铳十个、钉板九块。

一、兵部贮门军器

铜鸟铳十八把、铁鸟铳十二把、鞭铳十二把、钩镰枪三十把、挠钩枪二十把、关刀十二把、铁锹⑤四十把、弓四十张、箭一千二百枝、弩弓二十张、弩箭一千二百枝、撒袋四十副、蠢袋三个、起火五十枝、金鼓旗一对、大鼓二面、小鼓十二面、铜金一面、铜锣二面、横笛四枝、拍板二串、铜哼啰一对、喇叭一对、唢呐一对、木柜三个、火药桶一个。（以上均见《南京都察院志》卷二四《职掌十七·巡视门禁职掌》）

仪凤门　城铺十五座，旗台二座，原额水洞二座。南至定淮门界长二百二十丈，垛口二百八十座；北至钟阜门界，长三百六十丈，垛口五百二十座。门左金锁山，门右狮子山。本门冲要。（此则见《南京都察院志》卷二二《职掌十五·北城职掌》）

校注：

①《南枢志》作"穿城水洞二座"。

②《同治上江两县志》卷五《城厢》引《南都察院志》云：仪凤门"长五百八十丈，垛口八百座，城下水洞二座"，系累计之数。

③指此段内城外无外城护卫。

④《南枢志》作"铁剪"。

⑤《南枢志》漏"铁"字。

10. 关于钟阜门

钟阜门　南至仪凤门界，北至金川门界，长五百一十四丈零五寸，垛口七百五十座，城铺十七座，旗台二座，水洞二座，把总官厅五间，内官厅六间、军余直房四间、锁钥一副。

按：钟阜门侧有留守中仓，乃国计之所。关外有回龙小桥，系文庙之古迹。势当二门之交，形迹似为多设创自圣祖制度，坐井难以观天，但僻处一隅，车轮马足，罕至其地。军伍间或偷惰，日看夜①，多有疏时，欲其宁谧无弛，须严暮夜之戒。

一、工部贮门军器

大将军铜铳十位、板铳房十间②、碗口铜铳五十个、铁盔十顶、皮盔八十顶、腰刀一百把、大黄布旗一面、棕索一条、挨牌三十面，关刀一把。

一、兵部贮门军器

铜鸟铳四把、铁鸟铳十六把、连珠铳十二把、鞭铳十二把、钩镰枪二十把、挠钩枪二十把、关刀十二把、铁锹四十把、金鼓旗一副、弓四十张、箭一千二百枝、弩弓二十张、弩箭六百枝、撒袋四十副、蠹袋三个、起火五十枝、大木柜三个、火药桶一个。（以上均见《南京都察院志》卷二四《职掌十七·巡视门禁职掌》）

钟阜门　旗台二座，水洞三座。南至金川门界，计长三百四十六丈二尺，垛口五百四十座；北至仪凤门界，计长一百六十七丈八尺五寸，垛口二百一十座。本门荒僻。（此则见《南京都察院志》卷二二《职掌十五·北城职掌》）

校注：

①此处似脱漏一字。

②原文漏此项，据《南枢志》补。

11. 关于金川门

金川门　西至钟阜门界，东至神策门界，计长七百三十五丈，垛口一千零五十座，旗台三座，城铺十七座①。东边矼磲、栅栏一座，西边水关一座，官厅、官房四十五间，鹿角八座，锁钥一副。

按：金川门内有大石桥，为广洋等仓之孔道；外有陆兵寨，系龙江备倭之首营。设有草场，马匹蒭饷之仰给。外有盐仓，系职官折俸之所需。重城设险，雄兵足以御奸；居民稠密，市廛率多殷实。备称有法，守可无虞。

一、工部贮门军器

大将军铜铳十位、板铳房十间、碗口铜铳五十个、铜金一面、号头一副、喇叭一副、唢呐一付、碓嘴铁铳十个、大黄布旗一面、棕索一条、皮盔八十顶、铁盔二十顶、铁甲八十领、腰刀一百把、撒袋四十副，挨牌②二十面。

一、兵部贮门军器

铜鸟铳十二把、铁鸟铳八把、连珠铳十二把、鞭铳十二把、钩镰枪三十把、挠钩枪二十把、关刀十二把、铁锹四十把、金鼓旗一对、弓四十张、箭一千二百枝、弩弓二十张、弩箭六百枝、撒袋四十副、蠢袋三个、起火五十枝、军器柜三个，火药桶一个。（以上均见《南京都察院志》卷二四《职掌十七·巡视门禁职掌》）

金川门　城铺十七座，旗台三座，水关一座。东至神策门界，西至钟阜门界，共计长七百三十五丈，垛口共一千零五十座。本门冲要。

本城通江水沟贰道：自西南四连仓桥起，往东北一带，由青石桥、虹桥、寿安桥、斜桥、雍家桥、广福桥至大市桥，往金川门左边城脚下大水洞川出里城。由搅砲桥、三所庵桥至外金川门城脚下水洞川出外城，往复城桥直入大江。

正南鼓楼府军左卫高仓起，由中馆驿前后往狮子桥，过东由叶家桥、慈善桥、龙骧桥、花家桥、土桥、杨家桥、张家桥、马家桥、将军桥、冯家桥、雍家桥、广福桥会西南沟水，至大市桥，由金川门水洞川出，至外金川门水洞川出，亦出大江。（以上三则见《南京都察院志》卷二二《职掌十五·北城职掌》）

校注：

① 《南枢志》作"城铺十三座"。

② 《南枢志》作"竹挨牌"。

12. 关于神策门

神策门　西至金川门界，东附后湖小门界，长九百九十五丈，垛口一千五百五十九座，西有方垛六十四座，以镇后湖下沙，瓮城上方垛一百零八座，以映北固山。城楼一座、旗台二座、城铺十五座、左右矼磲、栅栏二座、鹿角十座，左摆饭厅二间，厨房、茶房并脱衣厅八间，以备春秋阅城之用，内官住房八间，把总官厅三间，军余直房二间，月城一座，锁钥四副①。自本门接连后湖小门界，东至太平门界长一百丈，垛口一千座。后湖小门止有房形，祖制②砌塞，不通行走，并无锁钥门扇。

按：神策门外控坡山，出入率乡野之愚民③；接柳巷，路径皆僻静之基址。白土岗下望长江，鬼神坛春秋祭享。湖光一派，内贮一统图书；台城凌云，楼连鸡鸣禅院。登凭虚古阁，而国学宫墙一览无余；登宝志浮图，而山色湖光斐然在目。祖制并辖乎小门，实重北门之锁钥。

一、工部贮门军器

大将军铜铳十位、板铳房十间、铜碗口铳五十个、铁甲八十领、碓嘴铳八个、竹挨牌三十面、猛虎铳架七座、碓嘴铳架八座、皮盔八十顶、木送子三百五十个、闸板八块。

一、兵部贮门军器

铜鸟铳十二把、铁鸟铳八把、连珠铳十二把、鞭铳十二把④、钩镰枪三十把、挠钩枪十二把、关刀十二把、铁锹四十把、金鼓旗二面、弩弓二十张、撒袋四十副、蠢袋三个、铜金一面、铜哱啰一对、喇叭一对、唢呐一对、大鼓一面、小鼓十二面、横笛四枝、拍板二串、大木柜三个、火药桶一个。（以上均见《南京都察院志》卷二四《职掌十七·巡视门禁职掌》）

神策门　城楼一座，城铺十五座，旗台二座，东至后湖小门界，西至金川门界，通长计九百九十五丈，垛口一千五百五十九座。西边方垛六十四座，以镇后湖下沙。外面瓮城上方垛口一百零八座，以映北固山。本门荒僻。

闭塞后湖小门　委官二员、军余十七名把守。（以上两则见《南京都察院志》卷二二《职掌十五·北城职掌》）

校注：

①《南枢志》漏"四副"二字。

②《南枢志》作"旧制"。

③此处似脱漏一"内"字。

④《南枢志》漏此项。

13. 关于太平门

太平门　内有龙广、覆舟二山，龙广巡山千百户二员，覆舟巡山委官千户一员，带领军余八名巡缉，俱本门守把军余数内轮派。

按：太平门城垣，东至朝阳门界，西至神策门下后湖小门界，共计八百四十五丈，垛口一千三百二十七座，水洞二座，旗台二座，城铺八座，锁钥一副，御封城隍古庙一所①，门内把总官厅二层计八间。阅看皇陵，各衙门于本门会齐。内宜官厅八间，军器库三间，军余宿守直房四间，倒塌二间。

一、门外盘诘官厅三间，军余宿守直房四间，旁有税务司。

一、本门券上城头实砌垛口三十一座，原设鹿角十座，除②损坏，止存门内四座③。

一、太平门内有各院执法之台，外临贯城谳狱之境。玄武湖册室贮天府之图籍，神烈山形胜表金陵之龙蟠。龙广乃陵寝之余脉，覆舟系鸡鸣流沙。法司森列于重地，四境宴然；山湖依险于要关，一方保障④。

一、工部贮门军器

大将军铜铳十位、板铳房十间、碗口铜铳五十个、腰刀一百把、铁盔二十顶、铁甲八十领、皮盔八十顶、铜锣一面、喇叭二枝、号头一对、大鼓二面、小鼓二面^⑤、大黄布旗二面、五方小旗二十四面、棕索二根、闸板一副、钉板十块、圆牌十面、挨牌二十面、灰瓶一千个、生铁二千斤。

一、兵部贮门军器

铜鸟铳十二把、铁鸟铳八把、连珠铳十二把、鞭铳十二把、钩镰枪三十把、挠钩枪^⑥二十把、关刀十二把、铁锹四十把、金鼓旗一对、弓四十张、弦四十条、箭一千二百枝、弩弓二十张、弩箭六百枝、撒袋四十副、蠢袋三个、起火五十枝、木柜^⑦三个、火药柜^⑧一个。（以上均见《南京都察院志》卷二四《职掌十七·巡视门禁职掌》）

太平门　城铺八座，旗台二座，水洞二口。东至朝阳门界，西至后湖小门界，通长计八百四十五丈，东、西两边垛口共一千三百二十七座。本门券上城头实砌垛口三十一座。本门冲要。（此则见《南京都察院志》卷二一《职掌十四·东城职掌》）

校注：

① 《南枢志》无"御封"二字。

② 《南枢志》作"余"。

③ 以上两则，《南枢志》直接接上文。

④ 此则系后添按语，未见于《南枢志》。

⑤ 《南枢志》作"小鼓十二面"。

⑥ 原文缺"枪"，据《南枢志》补。

⑦ 《南枢志》作"大木柜"。

⑧ 《南枢志》作"火药桶"。

14. 关于朝阳门

朝阳门　城垣南至正阳门界，北至太平门界，长七百五十四丈五尺，垛口一千零五座。城楼一座、城铺七座、旗台三座、水洞三处、水闸一座、栅栏门一座^①、官厅十间、直房十四间、鹿角八座、盘诘房二间、库房五间、锁钥一副。

一、本门逐年神宫监进贡苗姜、时样果、香稻^②。

按：朝阳门密迩禁城，切邻陵寝，奉先殿上膳蔬菜五鼓入门，每日启关最早。外当龙潭大道，系江洋出没之区。寺有灵谷禅关，乃士夫游玩之境。据其幽僻，似若简易于他门；实为要冲，首当预防于未雨。

一、工部贮门军器

大将军铜铳十位、板铳房十间、碗口铜铳五十个、皮盔八十顶、铁盔二十顶、铁甲八十付^③、腰刀一百把、长枪四十根、圆牌二十面、弓四十张、箭一千二百枝、撒袋四十副、军器架四座、大黄布旗三面、棕索三根、挨牌三十面、弩弓十张、弩箭一千二百枝、铁锹锄五十把、闸板二十块、灰瓶二千个、石灰四千斤、五色布旗四百面、铁铃十五个、铁梆十五个、铁药锹剪子共一百二十把^④、铁钳子六十把、火药桶一个、车轮铳架一座、猛虎铳架八座、将军印铳架一座、三眼铳架一座、碓嘴铳架十座、铁铳十个、铁板十五块、生铁四千斤。

一、兵部贮门军器

铜鸟铳十二把、铁鸟铳八把、连珠铳十二把、鞭铳十二把、钩镰枪⑤三十把、关刀十二把、铁锹四十把、金鼓旗一对、弓四十张、箭一千二百枝、弩弓二十张、弩箭六百枝、撒袋四十副、蠡袋三个、起火五十枝、大木柜⑥三个、铜金一面⑦、铜锣二面、哱啰一对、喇叭一对、唢呐一对、大鼓二面、小鼓十二面、横笛四枝、拍板二串、挠钩二十把、火药桶一个。（以上均见《南京都察院志》卷二四《职掌十七·巡视门禁职掌》）

朝阳门　城楼一座，城铺七座，旗台三座，水关一座，水沟三条。南至正阳门界，北至太平门界，通长计七百五十四丈五尺，南、北两边垛口共一千零五座。本门僻静。

本城河沟二道　自东北下钟山，川水接朝阳门外城壕，复由城脚沟进入城铜井庵，由青龙桥、回龙桥入大内五龙桥，出北虎桥、大通桥，由乌蛮桥至柏川桥接秦淮，出通济水关，直入大江。（以上两则见《南京都察院志》卷二一《职掌十四·东城职掌》）

校注：

①此栅栏门未见于其他内城城门，其位置与性质都不太清楚，颇疑与瓮城有关。《南京城墙志》及《南京建置志》均据《同治续纂江宁府志》卷七《建置·城垣》"同治四年于（朝阳门）城券外增建方越城"之记载认为，朝阳门外半椭圆形瓮城为清同治年间所筑。此云朝阳门有栅栏门，若前之推测不误，则同治年间所筑朝阳门外瓮城很可能是在栅栏门旧基之上重筑。又清光绪年间《陆师学堂新测金陵省城全图》有朝阳门外瓮城实测图（图八）。

②本则《南枢志》不单列。

③《南枢志》作"领"。

④《南枢志》作"一百二把"。

⑤原文缺"枪"字，《南枢志》亦同。

⑥《南枢志》作"木柜"。

⑦《南枢志》作"铜金三面"。

图八　《陆师学堂新测金陵省城全图》中的朝阳门

二　外　城

外郭是我国古代都城的重要组成部分，《吴越春秋》云："筑城以卫君，造郭以守民。"明代南京外郭城，又称外城、郭城、城郭、外罗城、罗城、土城，或简称郭。它以沿线经过的丘陵岗阜为基础，其上分层夯土为墙体，仅城门附近及一些重要地段以砖、石包砌，故俗称"土城头"。外郭城是明都南京四重城垣中由里向外的最外一道城垣，约始建于洪武初年，至洪武二十三年（1390年）四月初步建成，此后陆续修补，直至永乐十二年（1414年）正月停运营造砖才正式罢役。其主体在内城外围，因西北临江一面未筑城垣，故呈一未闭合的环形。在其南面与内城通济门之间还有一道南北向城垣，因与外郭主城相交呈"丁"字形，故称"丁字墙"，也是外城的重要组成部分。关于外城全长，史籍中有200里、180里、160里、130余里诸说，其中以180里一说最为常见。而据本志记载，其总长累计15188丈7尺，再加上双桥门两侧的丁字墙390丈，总计15578丈7尺。郭超《关于明代里长、尺长和步长的实证研究》（《南京史志》2010年第1期）研究表明：明代1官尺约合0.316米、1明里约合568.8米、1明里等于180丈（官尺），则明代南京外郭城总长（含丁字墙）合86.548333明里，换算为今49228.692米，即近50公里。需要说明的是，由于上元门至佛宁门一段外郭城垣倚山为城，"原无丈尺"，驯象门至石城关一段外郭城垣，除江东门及石城关两侧外，其余沿河地段可能仅以水为界，并无人工垒筑的夯土城垣，这两个特殊地段均未包括在上述统计数据之内。值得关注的还有，《南枢志》一书所记录的南京外郭总长124里2分5厘（合今70673.4米），较之《南京都察院志》数据足足超出20公里以上，推想是把以上两个特殊地段统计在内了。在南都四重城垣中，过去因缺乏资料，外郭城研究最为薄弱。《南京都察院志》相关记载在迄今所见明代南京外郭城资料中最为详备、可靠，有望大大改变这一状况。

1. 关于外城概述

外城事宜①

一、外十八门关②，设有字号鱼尾令牌二面，收贮在门。江东、驯象、安德小大③、凤台、双桥、夹冈、上坊、高桥门，并小水关、石城关，隶于留守前卫；沧波、麒麟、仙鹤、姚坊、观音、佛宁、上元、外金川门，隶于留守后卫。封验锁钥，属之该卫镇抚，而撞锁系各所百户，查点④镇抚之责与里门事例不同。

一、外十七门各设有把总指挥二员，间用委官千百户，以督军余；盘诘千百户二员，以讯出入；管事军二名，以司启闭；军余六十名⑤，以卫锁钥。至于石城关，止有委官二员，原无盘诘，军余同于各门。小水关亦止委官二员，而军余每班八名，系高桥门轮拨。共十八门关，官军每分一半，五日一次，轮班防守。

一、外十八门关原无军器贮门，近因添设操练，每门给有弓箭、器械三十余，见贮各门。

一、盘获猪盐、考察、操选、荐劾、阅城事例，与里十三门相同，其互异者细开于后。（以上各则见《南京都察院志》卷二四《职掌十七·巡视门禁职掌》）

外城七门，俱荒僻，每门把总二员、盘诘官二员。夹冈门，军余六十名；上坊门，军余六十名；高桥门，军余六十名；沧波门，军余六十名；麒麟门，军余六十名；仙鹤门，军余六十名；姚坊门，军余六十名。（此则见《南京都察院志》卷二一《职掌十四·东城职掌》）

外城伍门，俱荒僻，每门把总官一员、委官一员、盘诘官一员。凤台门，军余二十六名；安德大门，军余二十名；安德小门，军余二十四名；驯象门，军余三十四名；双桥门，军余

三十七名。(此则见《南京都察院志》卷二二《职掌十五·南城职掌》)

外城石城关城门一座,荒僻,把总二员、军余二十名;江东门城楼一座,冲要,把总、委官二员,盘诘官一员,军余三十名。(此则见《南京都察院志》卷二二《职掌十五·西城职掌》)

外城四门,俱荒僻,每门把总二员、盘诘官二员。外金川门,军余六十七名;上元门,军余七十六名;佛宁门,军余七十名;观音门,军余八十名。(此则见《南京都察院志》卷二二《职掌十五·北城职掌》)

校注:

①《南枢志》称"外门事宜"。

②外郭城门中江东、驯象、小安德、大安德、凤台、双桥、夹冈、上坊、高桥、沧波、麒麟、仙鹤、姚坊、观音、佛宁、上元、外金川俱称"门",故有"外十七门"之称;另有"石城关",总称"外十八门关"(图九)。

③指"安德小门"、"安德大门"。

④《南枢志》作"查验"。

⑤从本志卷二一、卷二二的记载看,掌卫锁钥的各门军余数额并不统一,多数为六十名,也有二十名、二十四名、二十六名、三十名、三十四名、三十七名、六十七名、七十名、七十六名、

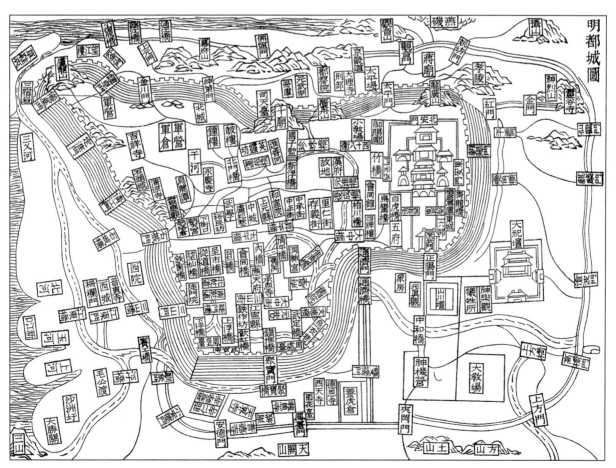

图九　《秣陵集》之"明都城图"

八十名。

2. 关于江东门

一、江东门[①]　南边城垣六十丈，至堂子巷河止。北城垣九十丈，接石城关界[②]。城楼一座，垛口三十座，官厅一座，直房三间[③]，锁钥一付。

按：江东门内有莫愁湖、兵马司两院之基址，外有直江口[④]、落星寺[⑤]、三山之要津。江东桥易铁石，圣祖智破伪汉之场[⑥]；总府逼近济川[⑦]，勋臣操练雄兵之所[⑧]。外廓首关，长江保障[⑨]。（此则见《南京都察院志》卷二四《职掌十七·巡视门禁职掌》）

校注：

①江东门系因门外江东桥而得名。据前辑本志卷二四《职掌十七·巡视门禁职掌》，鲟鱼荐新及神帛进表、接诏俱由江东门出入。江东门外设有都税司、宣课司。

②江东门至驯象门及江东门至石城关这两段外郭城垣，过去情况不明，一直存在较大争议。今从此则记载看，似乎仅江东门两侧有不太长的外郭城垣，余沿河地段可能仅以水为界，没有人工垒筑的夯土城垣。

③《南枢志》称"军余直房三间"。

④直江口即中新河。《江南通志》卷一一《舆地志》云："新河在（江宁）府西江东门外五里，通大江，曰中新河，又名直江口，设关防御，稍南出大江，曰上新河，以通市舶。"

⑤落星寺在城西落星山上。《正德江宁县志》卷二云："落星山在（江宁）县板桥市西临大江，周二里，高十丈，山下为落星矶，即李白与蓬池隐者饮处。"《万历应天府志》卷一五则云："落星山在板桥市西，临大江，山之下有冈……其近水者曰落星洲，又曰落星矶。"《乾隆江宁县志》卷一三有沈石□《宿落星寺》一诗，诗云"长爱绮裘朝换酒，漫依炉火夜翻经"，亦可为证。

⑥指明太祖朱元璋在江东桥设计以故人康茂才诱诳大败陈友谅事。

⑦"济川"指济川卫驻地，据《明太祖实录》卷二三六载，济川卫指挥使司为洪武二十八年（1395年）置，"辖各处马船，递江上往来军民"。

⑧《明世宗实录》卷二八○云：嘉靖十七年（1538年）曾移南京新江口水操教场于济川卫西。故有此言。

⑨按语均不见于《南枢志》。下同，不另注。

3. 关于驯象门

一、驯象门[①]　北至赛公桥[②]，南至安德小门，长七百四十二丈五尺。本门阅视外城会齐之所，官厅三间，后厅三间，厢房二间[③]，神庙一座，直房四间，锁钥一副[④]。

按：驯象门右有赛公桥，水势直通内地。外有毛公渡，河道可达长江。沙洲营屯操，称一时之讲武；小市口贸易，为四达之周行。法令近驰，急需整饬。（此则见《南京都察院志》卷二四《职掌十七·巡视门禁职掌》）

校注：

①《洪武京城图志·城门·外城门》中列有"大驯象、小驯象"门，但所附《京城山川图》却仅见绘有"驯象门"（图一〇）。《明史》卷四〇《地理志一》、《明一统志》及《菽园杂记》卷三皆仅称有"大驯象"门，《明实录》亦未见"小驯象门"之记载。近代学者朱偰《金陵古迹图考》第十章《明代之遗迹》第一节《城郭及宫阙》所述外郭列有大驯象门、小驯象门，未知何据。本志未列小驯象门，颇疑小驯象门仅存在于明初洪武年间，此后不久便废除，其具体位置难以究明。从前辑内城十三门的概述看，本志关于南京内、外城的记载均出自南京兵部档案，资料准确可靠，故小驯象门不在一般所称的外郭十八门关之列可以确认无疑。关于驯象门得名缘由，《同治上江两县志》卷五《城厢》云乃因附近"有驯象街。《佟志》：洪武中，牧象于沙洲乡，道经此，故名。一名宰相街，相传王溥曾居此。"又据陈作霖《上元江宁乡土合志》卷一，驯象门晚清一度讹称"徐小门"。

②原称赛工桥，《涌幢小品》卷四"罗城分工"条载："南京外罗城，旧俱工部修理。成化九年奏准，自驯象门起八门，属本府修；沧波门起，属工部修。焦猗园云：太祖筑京城，原工部与本府共工。后府筑已竣，尚有余资，建石桥于江东门，曰'赛工桥'，盖赛工部也。后人误以沈万三秀媳妇所筑，遂曰'赛公'，可笑！"今讹称赛虹桥。

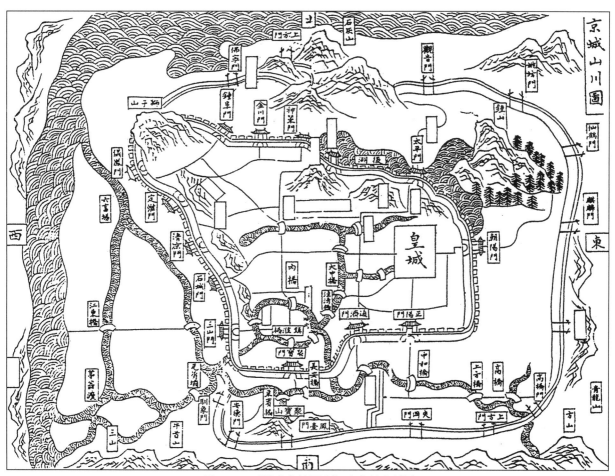

图一〇　《洪武京城图志》之京城山川图

③《南枢志》称"厢房三间"。

④本志卷二二《职掌十五》及《明会典》卷四一均记有"驯象门水关"。

4. 关于安德小门

　　一、安德小门^①　北至驯象门界，南至安德大门界，共长二百七十二丈。本门系后续添，不通要道，原无给有令牌^②。官厅三间，直房三间，城隍庙一间，盘诘房一间，锁钥一副。

　　按：安德小门原非开创始设，续因烧造运新^③不便，始立此门。内有琉璃窑^④，系^⑤陵禁之砖坯。外有华严寺^⑥，储花卉之奇妙。虽非冲险之关，更宜防御之地。（此则见《南京都察院志》卷二四《职掌十七·巡视门禁职掌》）

校注：

①或称"小安德门"。

②"有令牌"，即外城概述辑文中"有字号鱼尾令牌"。

③"新"通"薪"。

④指聚宝山琉璃窑。

⑤"系"颇疑是"烧"之误。

⑥据《金陵梵刹志》卷三二，小安德门外华严寺"寺僧俱以栽花植果而为佛事"，故有"储花卉之奇妙"之下文。

5. 关于安德大门

　　一、安德大门^①　西至安德小门界二十丈，东至凤台门界五百丈。官厅三间、直房三间、锁房一间、锁钥一副^②。

　　按：安德大门内近碧峰寺禅林，外接石子岗要领。中渡口^③逼近大胜屯营，阴山庙比邻竹溪古刹。牛首山有祖堂之胜迹，樱桃园乃昔年之战场^④。（此则见《南京都察院志》卷二四《职掌十七·巡视门禁职掌》）

校注：

①或径称"安德门"，或称"大安德门"。其门名"安德"乃因附近安德乡而得。据《景定建康志》卷一六，宋代即有安德乡之设。

②《同治上江两县志》卷一八云安德门有小水关，不知是指安德大门，还是安德小门。从下文按语"中渡口"的记载看，此小水关应该在安德大门。

③据《正德江宁县志》卷五、《万历江宁县志》卷二，安德门外有中渡。

④指嘉靖三十四年（1555 年）倭寇与南都守军大战樱桃园事，《客座赘语》卷二"樱桃园"条载："嘉靖乙卯夏，倭三十六人抵南郭外之樱桃园。部遣官兵数百人，帅以指挥蒋钦、朱湘御之。时天暑，士皆解衣甲避暍庐中，若大树下，官袒裼呼庐饮，不虞倭之猝至也。倭徐以数人衣丐者服，若荷担者来。官兵问：'倭至乎？'应曰：'远未至。'益弛而不为备。已数十人突持刃大呼而前，其便旋如风，士袒跣而受歼。先是二官掘大坎，深丈阔数尺者于营后，防卒之奔。至是，

奔者皆堕坎中，累累积几满。倭不及刃，取所贮火药倾其上爇之，须臾皆糜烂死。倭徐徐引去。二兵官以阵亡闻。承平久，人不知兵，执殳而出，声嘶股战，势固然也。矧将又不知兵，何惑其以卒予敌。"樱桃园，惜今不知其址。

6. 关于凤台门

一、凤台门[①]　西至大安德门界，东至夹岗门界，共长九百二十丈，城间垛口一百四十八座，东边围墙[②]十一丈，西边围墙十五丈。护门栅栏[③]一座、官厅六间、直房六间、锁房一间、锁钥一副。门里对厅官山一座，上有松树，载于册籍；门外过军桥一座，相视厅一所，沿城水洞五座[④]。

按：凤台门有古战场之形迹，有漏泽园之基址。内有泉水桥，而山岗延亘盘旋；外有铁心桥，而田畴膏腴广沃。（此则见《南京都察院志》卷二四《职掌十七·巡视门禁职掌》）

校注：

①凤台门系因所在之凤台乡而得名。凤台乡最早见于唐中和三年（883 年）夏侯正苻墓志，志称夏侯氏归葬"上元县凤台乡凤台村梅顶原"。又据历代方志，宋、元及明代凤台乡分为凤台东乡、凤台西乡。旧时凤台山一般指位于明代南京内城西南一隅之山，山上有古迹凤凰台。《万历江宁县志》卷一所言近凤台门的凤台冈，及清代以来凤台门旁的凤台山，乃明代以后因凤台门而得名。

②此处"东边围墙"及下文"西边围墙"应属城门附属建筑，或指城门内（或外）瓮城边墙。

③此"护门栅栏"少见于其他外郭门，可能是一种简易的城门附属设施。

④据《同治续纂江宁府志》、《道光上元县志》等方志记载，至清代晚期，凤台门尚存十围古桧及城隍庙，庙祀元御史大夫福寿。时人普遍认为门址所在之凤台山即福寿殉节处，故祀为凤台门城隍。实际上，元末未有凤台门之设，福寿殉节处在内城西南隅之凤台山，不在外城凤台门旁之凤台山，大概清人已把两地名搞混淆了。

7. 关于双桥门

一、双桥门[①]　东边起至清水塘[②]，止计五十号[③]，共长一百五十丈，西边至丁字墙，计八十号，共二百四十丈。大门一座、大官厅一座，前后六间。每计府、厂阅操会齐处所，城隍庙一座、直房一座、锁钥一副[④]。

按：双桥门内有神机营军伍操练，外有咸里街[⑤]商贩往来。所巷米麦成行，养虎仓官粮贮积，但地缯湾水道难防，丁[⑥]字墙湾欠固。（此则见《南京都察院志》卷二四《职掌十七·巡视门禁职掌》）

校注：

①据《明太祖实录》卷一七九：洪武十九年（1386 年）十二月，"诏中军都督府督造通济、聚宝、三山、洪武等门，并修五胜渡，起杜家库、白水桥、双桥、高桥"。则洪武二十三年四月所置之双桥门得名推测与前此所修双桥有关。《洪武京城图志·城门·外城门》中未列"双桥门"，

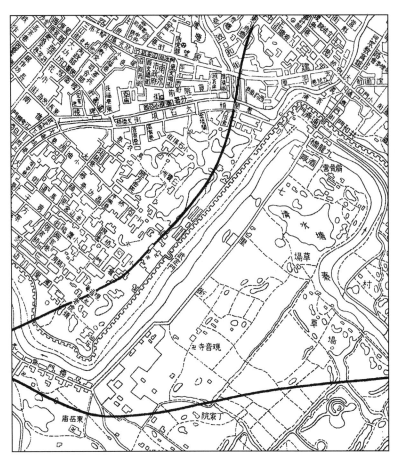

图一一　1936 年南京地图中通济门外之清水塘

所附《京城山川图》虽绘有此段丁字墙，但未标识城门，一旁的竖框中漏注文字说明。然据《明太祖实录》卷二一〇：洪武二十三年夏四月，"庚子，置京师外城门驯象、安德、凤台、双桥、夹冈、上方、高桥、沧波、麒麟、仙鹤、姚方、观音、佛宁、上元、金川，凡十五门"。故其中所漏应该就是"双桥门"三字。据前辑本志卷二四《职掌十七·巡视门禁职掌》，神机火器由双桥门出入。

　　②南京 1936 年地图中通济门外七里街东、扇骨营南、秦淮河西清晰标明有"清水塘"（图一一）。

　　③此处"五十号"及下文"八十号"等，推测系城上垛口编号，那么由本则记载可知外城各垛口间距应为三十丈。

　　④《上元江宁乡土合志》卷六第四章第三节云：双桥门所产大头菜为地方名产，"似莱菔而辣，茎叶离披，包之以盐，广东贾客争购之"。又据旧志，双桥门内有风云雷雨山川坛。

　　⑤后俗称"七里街"。

　　⑥原文误为"于"。

　　8. 关于夹岗门

　　一、夹岗门①　西至凤台门丁字墙②一号起，东至上坊门界，共计一千十八丈。西边水洞一处，城门锁钥一副，城隍庙一座，官厅二层，直房三间。

　　按：夹岗门内神机营枪牌，最称僻静无双。左有张王庙古跡，春景赛会最胜。且通溧水之周行，聚宝司③借停课税；当秣陵关之内地，抱关者防范宜周。（此则见《南京都察院志》卷二四《职掌十七·巡视门禁职掌》）

校注：

①或称夹冈门。据《景定建康志》卷一六、《至大金陵新志》卷四，门址附近曾有夹塓铺，"塓"即"冈"、"岗"，故夹岗（冈）门乃因近旁夹塓铺而得名。《古今图书集成·堪舆部汇考十九》以音讹称"架冈门"。据杨心佛《金陵十记》，夹岗门原有前、后两道门券，约拆毁于1932年"一·二八"淞沪战争爆发后。

②丁字墙为连接夹冈门、凤台门之间外郭城垣与内城东南通济门的一段城墙，因形状似"丁"字，故名。双桥门位于丁字墙上。南京当地俚语"里十三，外十八，一根门栓往里（外）插"中所谓"一根门栓"即指此丁字墙。今该段城垣南端与外郭主城连接处外仍保留"丁墙村"之地名。

③指聚宝门外都税司、宣课司。

9. 关于上坊门

　　一、上坊门①　西至夹岗门界，东至高桥门界，共计五百五十五丈五尺，临门五丈有上坊关石桥②，中立五券。官厅六间，左右茶厨房六间，春秋阅城小饭之所，直房二间，玄帝庙宇③一座，锁钥一副。

　　按：上坊门外有分水桥，而水势多冲。内有见子桥，而迂路甚僻。且南接溧水，西通太平，舟帆络绎，水注长江。向年议复混江龙④，以防奸伪。事称有见，乃为势要阻挠，竟不能行。夫设险御暴，目今虽幸于有人，而水路要冲，关防不可以不复⑤。（此则见《南京都察院志》卷二四《职掌十七·巡视门禁职掌》）

校注：

①明代文献多称之"上方门"。元《至正金陵新志》卷一"上元县图"中有"上方市"一名，门名"上方"当与此相关。又上坊门内秦淮河上旧有上方桥（今称七桥瓮），此门得名或许与此桥相关，而上方桥得名颇疑因此桥在中和桥东南上游（上方）之故。上方桥亦称上坊桥，《姜氏秘史》卷二载：建文元年（1399年）六月二十六日，置聚宝门宣课司上坊桥分司。

②据本志卷二二《职掌十五》及《明会典》卷四一有"上方门水关"，故此称"上坊关石桥"。

③《白下琐言》卷三载凤台门、上方门、观音门等处还有关帝庙。

④据明代宋应星《天工开物》卷下《佳兵》记载：混江龙是一种触发式水雷，以"漆固皮囊裹炮沉于水底，岸上带索引机。囊中悬吊火石、火镰，索机一动，其中自发。敌舟行过，遇之则败"。

⑤《客座赘语》卷九"城内外诸水"条云："（秦淮）一支自上方门外小河，东历高桥门，抵

沧波门。"民国夏仁虎《秦淮志》第一卷云：秦淮"又西北流过上方门，受小关水，合流至通济门外"。第二卷"小水关水"条则详记："西北流过上方门，淮水自五城渡至此。有二桥，内曰见子，外曰分水。又西北曰上方桥。有支河，通高桥门，其水穴土城西入者曰小水关水。"

10. 关于高桥门

　　一、高桥门[①]　西至上坊门界，东至沧波门界，共计一千零五十丈，垛口三十七座。小关一座[②]，设有锁钥，委官二员，本门轮拨军余守把。水洞二处。官厅六间，直房一间，神庙一座，锁钥一副。

　　按：高桥门内有上坊桥，朝阳司[③]为督税之境。外有石马冲、胭脂井[④]，多膏腴之田。土桥、高庙来往句容之所必由，蔡墓、于乡进香三茅[⑤]之所经过。人烟甚广，防御不疏。（此则见《南京都察院志》卷二四《职掌十七·巡视门禁职掌》）

校注：

①高桥门因门址前方高桥而得名。旧传汉人皋伯通居此，故得名皋桥，后讹为高桥。实误，高桥之名早见于南朝，《陈书》卷八《侯安都传》载："明年（绍泰二年，556 年）春，诏安都率兵镇梁山，以备齐。徐嗣徽等复入丹阳，至湖熟，高祖追安都还，率马步拒之于高桥。又战于耕坛南，安都率十二骑，突其阵，破之，生擒齐仪同乞伏无劳。"高桥重建于洪武十九年，永乐九年（1411 年）九月重修。又据《康熙江宁府志》卷五，康熙七年（1668 年）再次重造高桥，太守陈开虞题为东观桥。高桥亦名剩石桥。传说明初兴筑通济门东关头，以剩余石材架设此桥，一说以兴建七桥瓮剩余石料所建。后桥名讹称"盛世桥"，亦称"东观盛世桥"。关于高桥位置，《洪武京城图志》之"京城山川图"似标在高桥门内，但一般旧志均称在高桥门外。高桥门是拆毁较晚的几座外郭城门之一，《康熙江宁府志》卷一"国朝省城图考"云："外郭门城垣，旧多颓毁，所存者仅高桥、沧波、江东二三处。"（图一二）民国二十一年（1932 年）出版的《新京备乘》卷上亦云："外郭门城垣，明时是否全筑，无可考。惟旧多颓毁，所存者仅高桥、沧波、江东二三处。同（治）光（绪）大定后，则仅见高阜络绎而已。"

②民国夏仁虎《秦淮志》第三卷"高桥"条云："上方桥（即上坊桥）有支河通高桥门，其水穴土城而入者曰小水关，有桥曰高桥。"

③指朝阳门税务司。

④非指建康台城内之胭脂井，今不知其址。

⑤应指位于江宁东山（土山）之上的三茅宫，亦称三圣行宫。

11. 关于沧波门

　　一、沧波门[①]　南至高桥门界，北至麒麟门界，共计一千六百零三丈。本门系阅视外城大摆饭之所，门楼五间、官厅五间、后厅五间、厢房八间、军余直房三间、把总厅三间、倒[②]塌城券一座、锁钥一副。

　　按：沧波门外有具工桥[③]，为善神庙之境路。内拱观音阁[④]，当神烈山之阤腰。青龙山采

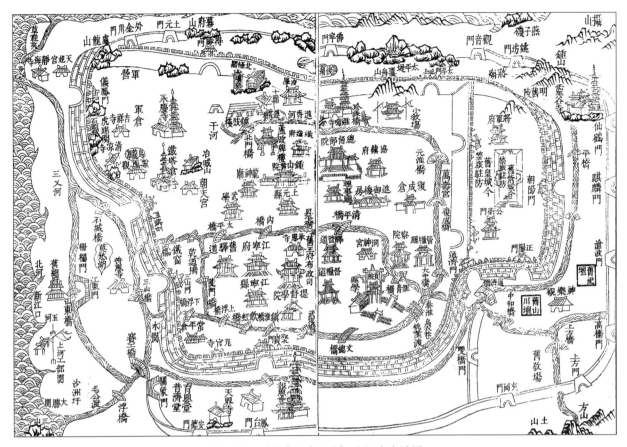

图一二 《乾隆江南通志》之江宁省城图

烧之矿徒，两重山为句容之捷径。鸡鹅房径路多低，豌豆园山冈绵远⑤。（此则见《南京都察院志》卷二十四《职掌十七·巡视门禁职掌》）

校注：

①门址一带为钟山、青龙山诸水汇聚处，水道多且密集，故称沧波门。据陈作霖《上元江宁乡土合志》卷一，晚清一度讹称"菖蒲门"。民国年间又一度讹称"苍波门"。参见 1934 年 11 月第 609 期《交通公报》。

②《南枢志》从此字起至下文佛宁门"倚山为廓，东至观音门界，西至上"止均遗缺。

③《南枢志》卷四七载沧波门附近有兴工桥，《万历上元县志》卷四及《康熙江宁府志》卷五称沧波门外有沧波桥。今据调查，沧波门外旧有兴隆桥，不知三者与具工桥是否为同一桥。

④指原位于孝卫街 158 号南京手表厂宿舍区的建于永乐初年的佛寺观音阁。

⑤"豌"应为"豌"之误。鸡鹅房、豌豆园今不知其址。

12. 关于麒麟门

一、麒麟门① 右至沧波门界，左至仙鹤门界，共长一千三百五十丈。城楼一座、官厅三间、直房三间、栅栏二扇、月墙②一道、城隍庙一座、锁钥一副。

按：麒麟门内有孙陵冈③，而迳路率多山坂。外通镇江府，而势当水路咽喉。梅花坞景色芬芳④，石麒麟古迹奇绝。（此则见《南京都察院志》卷二四《职掌十七·巡视门禁职掌》）

校注：

①麒麟门系因附近南朝刘宋帝王陵墓神道石麒麟而得名，自宋代以来附近还有麒麟市、麒麟铺等相关地名。据胡广《游阳山记》，麒麟门门额为中书舍人詹孟举所书。

②疑指瓮城。

③"孙陵冈"俗呼"松陵冈"，即吴大帝孙权蒋陵所在，旧志多载在钟山西南。本则麒麟门内孙陵冈当即指此。

④梅花坞在灵谷寺之左，是明代金陵东郊春游名胜。《御定佩文斋广群芳谱》卷二二《花谱》云："灵谷（寺）之左偏曰梅花坞，约五十余株。万松在西，香雪满林，最为奇绝。"明末清初才子佳人小说《玉娇梨》第四回即称："这灵谷寺看梅是金陵第一胜景。近寺数里皆有梅花，或红或白，一路冷香扑鼻，寺中几株绿萼更是茂盛。到春初开时，诗人游客无数。"

13. 关于仙鹤门

一、仙鹤门①　右至麒麟门界，左至姚坊门界，共计一千二百八十丈。门楼一座、官厅三间、神庙一间、锁房三间、锁钥一副。

按：仙鹤门内邻青、黄马群②，多草场之田畴；外有仙鹤古观，乃屯兵之故址。地方空旷，巨盗时愤于潜藏。关法详明，门吏每见乎功绩。但时际承平，小丑幸获于一时。思患预防，桑土宜同于未雨。（此则见《南京都察院志》卷二四《职掌十七·巡视门禁职掌》）

校注：

①仙鹤门得名系因门外仙鹤山上仙鹤古观，仙鹤观相传始建于汉代。

②指明代牧养青马、黄马的马场。据《江苏省南京市地名录》，今栖霞马群仍保留有青马（群）、黄马（群）等地名。

14. 关于姚坊门

一、姚坊门①　南至仙鹤门界，北至观音门界，共长一千四百九十丈。大门楼一座、大官厅三间、后厅三间、卷蓬三间、茶房两间。春秋二季阅视外城，腰站摆饭或即于本门上，城神庙一座，大水关三券②。

按：姚坊门有上、下花林梁武之疑冢，内有岔路口，北演至三官之庙堂③。石埠桥称居民之稠密，栖霞寺乃胜境之禅关。摄山苍翠而高耸连云，竹筱屯营而春时操练。野无狗盗，关绝鸡鸣④。（此则见《南京都察院志》卷二四《职掌十七·巡视门禁职掌》）

校注：

①或称姚方门。门址附近有姚坊村，还有姚方山，故今人有疑门名因村名、山名而起者。元《至正金陵新志》卷一"上元县图"中有"姚家坊"一名可以为证。今称尧化门。据2002年方志出版社出版之《栖霞区志》第三编《风景名胜·文物古迹》称：清光绪二十九年（1903年），英国人修建京沪铁路，将姚坊门拆除。翻译人员误将姚坊门译为尧化门，故此名一直沿用至今。《首都志》中则姚坊门、尧化门互见。又称光绪三十三年（1907年），沪宁铁路开至下关、姚坊门一

带。但民国年间出版的《新京备乘》、《新南京志》等书仍称姚坊门。相传因清乾隆帝曾由此门过往金陵城，故姚坊门下入摄山之路一度称为御道。

②明代姚坊门大水关曾设伏兵三百名防守。陈作霖《上元江宁乡土合志》卷三第三章第六节云："直渎水自迈皋桥以南会钟山东北诸山水，由大水关傅家桥而西注于江。河道萦迂不绝，维狭不通舟耳。"

③"演"疑通"延"。据调查，早年姚坊门内二里路北有三元祠，或称三元庵。今仅存三元祠之地名，或即此则记载之三官庙。

④姚坊门出地方珍物"姚坊门枣"，简称"姚枣"。顾起元《客座赘语》卷一云："果之美者，姚坊门枣，长可二寸许，肤赤如血，或青黄与朱错，驳荦可爱，瓤白踰珂雪，味甘于蜜，实脆而松，堕地辄碎。惟吕家山方幅十余亩为然，它地即不尔，移本它地种亦不尔。"《江南通志》卷八六云："姚枣，出上元姚坊门，长大而甘脆。"

15. 关于观音门

一、观音门① 南至姚坊门界，北至佛宁门界，共长一千六百五十一丈②。门券一座，垛口六座，水洞三座③，官厅三间，直房三间，土地庙两间。

按：观音门内自舍儿冈、四颗柳，境路必由；外有弘济寺、燕子矶，长江在目。清真寺景色僻静多幽，草堂寺江皋相去咫尺。古寒桥人烟辐辏，鲥鱼厂岁行荐新④。虽然密尔大江，门外颇多险峻⑤。（此则见《南京都察院志》卷二四《职掌十七·巡视门禁职掌》）

校注：

①观音门系因门外燕子矶上明初所建之观音阁而得名，今观音门两旁山岭称观音山乃后因观音门得名，明代观音山多指今南郊江宁将军山。观音门外鹰扬卫地旧有观音寺，嘉靖末年移置鲥鱼厂前。又据《同治上江两县志》卷一一云：清乾隆年间，上元县丞署一度移至观音门。观音门是迄今唯一留有图像资料的外郭城门（图一三～一五），亦是拆毁较晚的几座外郭城门之一。朱偰《金陵古迹图考》第十章《明代之遗迹》第一节《城郭及宫阙》载："外郭城门（如高桥门），尚有存者，重关屹立，形势嵯峨，惜今因筑路关系，渐次拆毁（如观音门，三年前尚存），亦可叹已。"此书出版于1936年，则观音门约毁于此前不久。

②《同治上江两县志》卷二七上《明应天府外郭门图第九》注引《南都察院志》云："观音门西南至佛宁长千六百五十丈"，略异于此。

③陈作霖《上元江宁乡土合志》卷三第三章第六节云："江水又东至观音门，古直渎水入焉。"古直渎水穿越外郭城垣处，当有水洞。

④据前辑本志卷二四《职掌十七·巡视门禁职掌》，鲥鱼荐新由观音门入。

⑤观音门外观音籼为地方名产。《新京备乘》卷下《物产》云："观音门外之观音籼，粒长而白，最适煨粥。"

16. 关于佛宁门

一、佛宁门① 倚山为廓，东至观音门界，西至上元门界，共长一千一百四十五丈二尺②。城门二扇，上系坚实板枋，下系透明通水栅栏，盖本门一遇山水发动，即为出水之所，屡被冲坏。原有神庙一间，倒塌无存。官厅三间，渗漏，檐墙倒塌。直房三间，倒塌无存。水洞一座，石桄损坏。盘诘房三间，倒塌无存③。

图一三　观音门旧影(一)

图一四　观音门旧影(二)

图一五　观音门旧影（三）

　　按：佛宁门内有夹螺峰，而山势巍峨；外有折芦渡，而江河环绕。三台洞古迹称幽，一苇亭形胜奇绝。土著苦无居民，门下山水泛溢，但僻静多属遐荒，当事首宜筹画。（此则见《南京都察院志》卷二四《职掌十七·巡视门禁职掌》）

校注：

①相传梁普通年间，神僧达摩由此折芦渡江，故称佛宁门。民国年间或讹称"福宁门"（见《农矿公报》1929 年第 7 期《呈农矿部解江宁县县长呈缴王文亮矿区税祈核收指令祗遵文》），今讹称"佛灵门"。

②《南枢志》称"一千一百四十五丈"。

③据近年考古发掘结果，佛宁门段外郭城墙基础外侧包砌条石，主体分层夯筑，考究、牢固。

17. 关于上元门

　　一、上元门① 北边倚山为城，至佛宁门山界，原无丈尺②。南边砖石城③，至外金川门界止，长七百一十三丈五尺。水洞一座，垛口八十座，城楼一座，官厅三间，神庙二间，直房二间。

　　按：上元门由李子、铁石二冈④，外有烧盐处所。人烟尚广，设有盐仓。先年倭寇内犯，江洋不宁，故将观音、佛宁、上元、外金川四门隶于浦口守御衙门，朔望回风具结，使其遥为应援，诚为有见，近颇安宁。（此则见《南京都察院志》卷二四《职掌十七·巡视门禁职掌》）

校注：

①上元门得名寓意不详。门址所在属上元县域北境，不知门名是否与此相关。

②上元门至佛宁门一段外城倚山为城，因山上并无人工垒筑的夯土城垣，故称"原无丈尺"。

③外郭城垣多为土筑，这种砖石城不见于外郭其他地段，可能与此段外郭系江防重点有关。

④此句文义不通，参酌后文，或为"上元门内有李子、铁石二冈"之讹误。

18. 关于外金川门

　　一、外金川门① 东城墙六百二十二丈，西水城系木栅栏二十九丈，在城河之中，门券三座②，中间系成祖③经由，至今不敢擅开④。城垛四十一座。里外拦马墙倒塌，基址见存。东西官厅六间，三间渗漏，三间倒塌。直房四间，二间朽坏，二间倒塌，止存基址。神庙三间。水洞三券⑤。门外盘诘房一间，倒塌无存⑥。

　　按：外金川门外有望江楼，为江河之客道；内有老军营，为神策、金川之全津。密迩内城，防御尚称有备；侧有雄兵捍御，自可无虞。（此则见《南京都察院志》卷二四《职掌十七·巡视门禁职掌》）

校注：

①此门附近内城有金川门，为示区别，故称外金川门。金川门系因附近所穿之金川河而得名。外金川门或径称金川门，俗称栅栏门。明顾起元《客座赘语》卷六云："西又有栅栏门二，一在仪凤门西（疑有误，应为"北"），一在江东门北。"所谓仪凤门北之栅栏门即外金川门，江东门

北之栅栏门即石城关。

②外金川门是外郭城门中唯一设有三座门券的城门，应与下文记载的该门与明成祖朱棣靖难之役特殊的机缘有关。

③《南枢志》称"成祖文皇帝"。

④一般认为明成祖靖难入京师突破口在内城金川门，是否经由外金川门尚需其他史料佐证。据《嘉庆新修江宁府志》卷一二《建置·城池》云："明季，（内城）金川、钟阜、仪凤门塞。"颇疑即因内城金川门闭塞，时人乃将二门混淆。

⑤此水洞约在今水关桥处。陈作霖《上元江宁乡土合志》卷三第三章第六节云：靖安河水"其别支自平桥下东南流经外金川门，历通江、临江、小复成桥诸桥。又流经内金川门之西，入城有闸，俗呼为北水关"。

⑥《同治上江两县志》卷二七上《明应天府外郭门图第九》注引《南都察院志》云"外金川门东至城垣七百二十二丈，西至木栅二十九丈，垛口四十三"，略异于此。

19. 关于石城关

一、石城关①　南至水洞城四十丈，北至圩埂城长三十七丈②。官厅三间，直房三间，城隍庙一间，门券渗漏③，通河水城未修补，锁钥一副。

按：石城关左有江东门，为金陵之保障；右有新江营，为江汉之屏藩。宣课司列于后，而奸贩潜踪；济川卫峙于傍，而路境宁谧④。（此则见《南京都察院志》卷二四《职掌十七·巡视门禁职掌》）

校注：

①据本志卷二二《职掌十五·西城职掌》，石城关有城门一座，但与其他十七门不同的是，该处仅称为"关"，而不称为"门"。个中原因，笔者认为可能是与此门相对应的内城之门已命名为石城门，为示区别，外郭之门只能称为石城关了。大约到了明代后期，原有城门已毁，推测仅置栅栏一类关隘设施，故前引顾起元《客座赘语》改称"栅栏门"。《同治上江两县志》卷二七上《明应天府外郭门图第九》注云："石城关俗曰栅栏门，以接木栅也。其北清江、定淮、仪凤三门，西濒大江，故无外郭门。"《客座赘语》卷二"坊厢乡"条有"石城关厢"之记载，可证"石城关"是正式名称。

②从此则记载看，与江东门相似，仅石城关两侧修筑不太长的外郭城垣。《同治上江两县志》卷二七上《明应天府外郭门图第九》注引《南都察院志》云"北至沙洲北圩埂三十七丈"，略异于此。

③《南枢志》称"券门渗漏"。

④据《明一统志》卷六：清江楼、石城楼俱在石城关边。

20. 关于内、外城总述

臣良栋①盖以门禁之役，遍阅内、外城，而得此中形胜之概，因以知高皇帝绵亘区画，巩固基图，亿万载无疆之业，其在斯乎？略据所知者，逐门私拟赞述，备赋南都者采焉。至门有官，官有军。书②司晨昏，严讥察；宵谨巡缉，备非常。城垛共计一万七千五百九十七座，城堡共计二百四十七座。所以戒不虞者，法綦悉矣。乃外城荒远，壁垒未坚，而内城高厚，深池环抱，屹然金汤。第法文易弛，法弛生玩。今所为门官者，率多庸劣，不堪所为；门军者，尽属老弱疲馁。门无执战之夫，堡皆无人之境。官长一临，甫荷戈而待。即拥立冲衢，亦仅搜索商货，为行旅苦耳。万一有不究奸细潜入其中，官军如在醉梦，不能辨也。况城垛，国初每垛以三人守，亦应五万二千余人。城堡，每堡以五军计，亦应一千二百余人。近阅门禁操练，尚不满千人。守城守堡，将责之谁乎？其于高皇设官设军守垛宿卫之义何居？臣谓金汤非固也，得人则固；雉堞非险也，得人则险。金陵之城可恃也，金陵之军不可凭而守也。精核简练，是在今日矣，尤有说焉。城中虽非薪桂，而煤需之宁国，柴取之芦洲。外城以内，荒地仅堪树植，责之门军广植樗蒲。偶有意外，坚壁内守，可充薪燎之用，亦有备无患之道也。臣闻记有之曰："先立春三日，迎春于东郊，导东气之至也。"金陵之迎春于南，而城以内不时回禄，岂离方烈焰为之祟乎？谨因论门禁而并及之。聊识一得云。（此则见《南京都察院志》卷二四《职掌十七·巡视门禁职掌》）

各衙门春秋二季阅视外城，约用灯笼夫钱叁千壹百叁拾陆文。内派内守备二位，每年灯夫四十八名；外守备二位，每年灯夫四十八名；兵部两堂，每年灯夫四十八名；工部两堂，每年灯夫四十八名；门禁科道，每年共灯夫三十二名。通共灯夫二百四十四名。该东城每季查照见在位数，每灯笼夫一名，给夜巡弓兵钱拾肆文，雇夫送用，取弓兵领状粘卷。如缺免，支其剩余钱，每季变银进库登报。其阅视里城，并阅皇墙，俱系天明，不用灯笼。及阅操，亦有各营军士，备灯听用，会议免送。

内守备看里、外城，一年二季摆饭，除磁器外，行城租办家火③，用钱肆千柒百陆拾文。里城三山、仪凤、神策三门把总，每季赴中城领钱壹千壹百文，均办外每次加静海寺僧家火钱壹百捌拾文，亦中城支给。外城上坊、沧波、姚坊三门把总，每季赴西城领钱壹千壹百，均办。（此二则见《南京都察院志》卷二〇《职掌十三·巡视五城职掌》）

校注：

①指南京湖广道监察御史李良栋。据本志卷二四子目"巡视门禁职掌"下署名看，该卷关于内、外城的内容均为李良栋纂。

②参证下文，此处"书"应为"昼"之误。

③指"家伙"，下同。

此文原连载于《南京史志》2010～2012年，此次略做修改。

明代开国功臣吴良、吴祯家族史事摭补

——以出土墓志为核心

邵　磊

在追随明太祖朱元璋的明初开国功臣中，有不少是兄弟同至，如廖永安、廖永忠兄弟，郭兴、郭英、郭德成兄弟，等等。但若论及从征之久、勋绩之著、名位之高，则无逾于吴良、吴祯兄弟。吴良原名国兴，吴祯原名国宝，后皆为太祖赐名。吴良状貌雄伟，禀性刚直，与弟吴祯俱有勇略，是朱元璋振起于濠梁的股肱爪牙之臣。在取滁州、克和阳的征战中，吴良、吴祯兄弟皆为帐前先锋，屡立战功。《明史·吴良传》以"良能没水侦探，祯每易服为间谍"寥寥数语，传神地刻画出了兄弟二人临阵之际的军事禀赋与特长。及渡江取太平、定金陵、略镇江、下常州、克江阴诸役，兄弟二人皆居功至伟。

时张士诚据有姑苏，跨淮东、浙西，地广物饶，而江阴正当其要冲，太祖倚为东南屏蔽，遂命吴良镇守，竟以是控扼张士诚数年，使太祖得以全力应付陈友谅。太祖有鉴于吴良的捍蔽之功，也不惜屡加奖谕，尝谓："吴院判保障一方，我无东顾忧，功甚大，车马珠玉不足旌其劳。"及诣江阴劳军，见其部属武备整肃，又赞叹吴良为"今之吴起也"。不仅如此，明太祖还命学士宋濂等作诗文对吴良加以褒美。凡此种种，对于明初开国功臣而言，都可谓罕有的恩遇[1]。洪武三年（1370年），赐号开国辅运推诚宣力武臣，阶荣禄大夫、都督同知，封江阴侯，食禄一千五百石。七年（1374年）增千石。十二年（1379年），齐王朱榑受封青州，以吴良女为王妃，遂命前往董理齐王宫室营建，历二年病故，年五十八岁。讣闻，辍视朝三日[2]，赠特进光禄大夫、上柱国、中军都督府右都督，追封江国公，谥襄烈，遣使迎丧还京，于洪武十五年（1382年）二月丙子赐葬钟山之阴。

洪武三年大封功臣之际，吴祯亦进开国辅运推诚宣力武臣、荣禄大夫、柱国、吴相府左相，封靖海侯，后总海运，由登州饷仇成辽阳戍卒，尽收辽海未附地。洪武七年，总舟师出海捕倭。洪武十二年五月二十六日卒于家，享年五十二岁。讣闻，辍视朝二日，诏赠特进光禄大夫、左柱国，追封海国公，谥襄毅，以卒之闰月十三日赐窆钟山之阴，与吴良俱肖像功臣庙[3]。

吴良、吴祯兄弟生荣死哀，可谓善始善终，但其子嗣就没有这么幸运了。吴良长子吴高于洪武十七年（1384年）五月辛酉袭江阴侯爵[4]，"靖难"役起，吴高守辽东，拒战燕师，朱棣以吴高"虽怯，差密"，遂用离间计使之被谪发广西。永乐初，复起用吴高镇守大同，其间，颇陈言备边方略[5]。永乐十二年（1414年）十月，被免职发回江阴县闲住[6]，至永乐十七年（1419年）四月卒，遭夺券除爵[7]。而后，未知吴高生前何以有嫌东宫，以致登基未久的明仁宗甫见吴高名姓竟龙颜大怒，降旨曰："吴高这厮比先好生无理，恁部里出批锦衣卫差人，全家发海南卫充军。若是他死了，全家发去。钦此。"并差锦衣卫百户卜荣等前往江阴起取吴高之子吴亮等人，解发启

程。洪熙元年（1425年）十一月乙卯，行至应天府上元县遇赦放还，仍释为民。宣德十年（1435
年），吴高庶次男吴昇奏袭祖爵，未蒙准理[8]。又，吴良虽有女为太祖第七子齐王榑妃，但朱榑在
建文、永乐二朝迭遭禁锢，与其子皆被废为庶人，及至宣德三年（1428年），又以图谋不轨而暴
卒[9]。至此，吴良后人完全丧失了政治上的庇护，沦为江阴一地之编氓，为生计所迫，竟至不惜
变卖光耀门庭的祖宗遗物——御赐金错龙凤纹钢刀了[10]。

吴祯有五子十女[11]，嫡子吴忠于洪武十七年五月所袭之靖海侯爵，终以洪武二十三年（1390
年）追论吴祯党通胡惟庸而遭革除[12]。以吴祯之勋业，《明太祖实录》不为之立传，而仅附系数
语于吴良传末[13]，当与此有关。吴祯第五女于洪武十八年（1385年）九月庚辰被册封为明太祖第
十二子湘王柏妃，但朱柏在建文元年（1399年）四月十三日即阖宫自焚，吴祯之女亦同赴死[14]。

吴良、吴祯兄弟被赐葬南京钟山之阴，但经年既久，加之标识墓主身份的碑碣毁佚无存，除
了像甘熙这样长年居住南京且精研地志、广恰博闻的"土著"学者外，恐罕有知晓其所在者。至
民国壬申（1932年）四月，古建筑学者刘敦桢与同事前往调查位于蒋王庙的明岐阳王李文忠墓，
出太平门循官道北行二里许，即见路东有两组翁仲石兽，错布丛莽间，其组合例为望柱、马、羊、
虎、武官，独缺文臣。一众人皆疑为明初功臣墓，然以碑佚而无征。询诸土人，咸谓为吴良、吴
忠之墓。刘敦桢归而检诸《明史》列传，以吴忠为吴祯之子，并认为吴忠遭削爵后，其墓应无石
兽，故所见两组翁仲石兽当为吴良、吴祯昆仲所有，而非吴忠墓前遗物[15]。而数年后出版、由朱
偰撰著的《金陵古迹图考》一书，则已经将这两组翁仲石兽定名为明江国公吴良与海国公吴
祯墓[16]。

抗战胜利后，上述两组翁仲石兽的所在地被辟建为首都农业教育电影公司，民国三十七年
（1948年）八月，馥记营造公司在农业教育电影公司建筑工地深挖泥土安设墙角时，于两组翁仲
石兽后的营盘山东下坡150米处，掘出以明城墙砖垒砌的古墓一角，经国父陵园管理委员会沈玉
书、江杰三等人查勘，并结合文献记载，认为所触及的当系吴良或吴祯兄弟之墓。经洽商，以所
发现墓葬并不在建筑施工范围内，遂决定暂予封存保护[17]。

解放后，该片地域被辟建为南京电影机械厂，围绕厂区的建设需要，文物部门分别于1957年
7月、1965年6月和1983年9月对两组神道石刻后部发现的三座呈"一"字形排列的明初墓葬进
行了发掘，根据出土墓志可知，三墓自西南向东北依次为吴良墓、吴祯墓及吴祯嫡子吴忠墓[18]。
刘敦桢等人20世纪30年代初从"土人"口中获得的关于这两组神道石刻所有者的似是而非的讯
息，值此竟然得到了验证，故颇疑此所谓"土人"，或即明初以降靖海侯吴祯墓守坟丁户的
后人[19]。

（一）江国公吴良墓志

吴良墓于1965年6月15～19日经清理发掘，墓葬为平面呈长方形的前后室砖砌券顶墓，墓
底未铺设地砖，前后室之间原有木门相隔，全长6.78、宽3、高3.2米。随葬品多出于前室后部与
后室中部及壁龛内，其中，墓志出于前室后部紧贴过道处，志石边长80.5、厚12厘米，志盖阴刻
篆书"开国辅运推诚宣」力武臣荣禄大夫」柱国江阴侯加赠」特进光禄大夫上」柱国中军都督
府」右都督追封江国」公谥襄烈吴良墓"7行49字，志文阴刻楷书，多有剥落，凡18行，满行
17字（图一）。录文如下：

开国辅运推诚宣力武臣荣禄大夫柱国同」知大都督府事江阴侯追封江国公谥襄烈」□□
初名国兴后赐今名凤阳府定远县昌」□□□□□勇为」……渡大江攻取城池多负勤劳历升
军」职至于征讨四方守御江阴兄弟皆有功焉」天下既定论功行赏受爵封江阴侯后奉」敕
□□□州至洪武十四年十一月二十六日」□□□□年五十有八公弟祯亦以勋封靖」□□□□
海国公先公三岁薨公男二人长」□□授神策卫试指挥使庶出子曰寿安女」□□讣闻」……赠
特进光禄大夫上柱国中军」□□□□□□进封江国公谥襄烈仍遣使」□殡归」□赐葬于钟山
□□以洪武十五年二月廿」□日下葬呜呼□□年后非理者开知理者」□□志

吴良墓志志文虽然所存尚多，但篇幅既短，内容也过于简单，不逮吴伯宗撰《吴良神道碑》

图一　江国公吴良墓志拓片（1/5）

文本远甚[20]。值得一提的是，文献载吴良、吴祯兄弟为凤阳府定远县人，而今墓志正文第3、4行所谓"凤阳府定远县昌……"云云，虽渐损不全，但联系上下文义看，所述应即吴良、吴祯兄弟籍贯。按：元明之际，定远县下有昌义乡，今为永康镇，据以知明代开国功臣吴良、吴祯兄弟或即凤阳府定远县昌义乡人氏。

（二）海国公吴祯墓志

吴祯墓于1983年9月经清理发掘，墓葬结构与吴良墓相同，全长6.96、宽2.87、高2.82米。墓志亦出于前室后部紧贴过道处，志石边长80、厚10厘米，志盖阴刻篆书"□开国辅运」□□宣力武」□□进光禄」□□□柱国」□□□谥襄」□□公之墓"6行30字，志文阴刻楷书，多有剥落，凡28行，满行字数不清（图二）。录文如下：

> ……定远县人曾祖三七府君赠镇」……子姚周氏追封颍上县子夫」……追封延陵伯姚刘氏追封」……都督府事柱国追封渤海侯」……元季天下大乱」……岁乙未六月渡大江以公充」……」……与兄江阴侯同守江阴备」……守湖州丁未九月从」……命为征南副将军」……国珍即率众来降公」……战拔其城于是漳泉」……擒陈有定四月公先还」……公调兵悉剿之濒海诸」……宣力武臣荣禄大夫柱」……世袭焉五年有」……负固未附者悉讨」……十一年春奉」……」……二年五月疽发于背二十六日薨」……享年五十有二讣闻」……禄大夫左柱国追封海国公谥」……之原凡丧事所须皆官给之以」……夫人子男五人长坚」……左卫镇抚夫人李出也次端次」……之□际兴隆之运奋其智勇为」……其详且载于神道碑姑志」……尚书朱梦炎谨志

吴祯墓志志文漫漶摧剥极甚，难以卒读，就志文的容量而言，亦不逮刘嵩撰《吴祯神道碑》远甚，唯志文第12行之"陈有定"，《吴祯神道碑》与相关文献皆作"陈友定"，此一异文值得留意。吴祯墓志最为重要的新发现在于墓志末行的"……尚书朱梦炎谨志"题名。明初，勋武功臣的墓志虽多出自词臣翰林之手，但却罕见题署撰作者姓名者，此前所见，唯陇西王李贞、柳州卫指挥佥事苏铨、诰封神策卫百户于礼与右府左都督宁正可称例外，但李、苏、于三人的圹志文，不啻人子竭尽孝思之绪馀，并非所谓"立言君子"所制[21]，似可置不论。至于刘三吾撰制的宁正墓志，亦必成于洪武二十九年（1396年）三月十八日宁正病故之后，时已届洪武末季[22]。故朱梦炎所撰吴祯墓志文，在出于"立言君子"之手的明代勋武功臣墓志中，堪可视为署记撰作者名款的始作俑者。

朱梦炎，字仲雅，江西进贤人。元进士，为金溪丞，投朱元璋，以博洽能文著称，命与熊鼎集古事为明白易晓之语，名为《公子书》，以教诸公卿子弟。洪武二年（1369年）转山西行省员外郎，召入礼部，十一年（1378年）自礼部侍郎进尚书，十三年（1380年）卒[23]。则其为吴祯撰述墓志之际，适在礼部尚书任上甫一年。除了吴祯墓志外，位于南京南郊邓府山的明初开国功臣宁河王邓愈的神道碑文，亦系朱梦炎奉敕所撰，只不过待邓愈神道碑建成已是洪武十三年十二月中[24]，朱梦炎恐已无从得见了。

（三）吴祯之子、嗣靖海侯吴忠墓志

由吴忠墓的发现，不难推知，位于南京电影机械厂地界的这两组明代神道石刻，并非为吴良、吴祯昆仲所独有，其设立之初的用意，当是归葬南京祖茔的明代江阴侯与靖海侯两大家族成员共同

图二　海国公吴祯墓志拓片（1/5）

所有[25]。不过事与愿违，吴良长子吴高于永乐十七年四月间病故于江阴县后，即横遭夺券除爵，或许是由于获罪之身不允归柩具有荣誉性质的南京祖茔的缘故，吴高最终只落得厝葬于闲住地江阴县关山[26]，其子孙理应继葬于关山，并围绕吴高墓又形成了新的祖茔。据此可见，自吴良归窆位于钟山之阴的赐葬墓地后，其子孙便再未祔窆钟山之阴的这处属于江阴侯家族成员共有的具有荣誉性质的旧茔。相对而言，靖海侯家族在钟山之阴的旧茔似乎由于吴忠的祔葬而显得有些复杂，当然，这还需基于一个前提，即吴忠死于洪武二十三年追论吴祯党通胡惟庸且封爵遭削除之后，至于昔年刘敦桢等不以"土人"关于翁仲石兽为吴良、吴忠墓之说为然，大约也正是因为预先有了这样一个前提认识。然而，除了在《明史·功臣世表一》有"（吴）忠……二十三年追论（吴）

祯胡党，死，除"这样一段模棱两可的叙述外，迄未在文献中发现涉及吴忠之死的线索。由此可见，新出吴忠墓志不仅有助于拓展文献中关于靖海侯吴祯家族的认识，对于观照礼制范畴下的吴忠卒葬，也具有不可替代的价值。

吴忠墓于 1957 年 7 月清理发掘，墓葬为前后室砖砌券顶墓，全长 7.52 米。其形制结构与后来发现的吴良墓与吴祯墓相类属，符合明初工部营葬的定制。由于墓葬未遭盗掘，随葬品大致尚保留在原位，其中，墓志即位于前室后部紧贴过道处。志石边长 77.2 厘米，志盖阴刻篆书"明故靖 ｜海侯吴 ｜忠之墓" 3 行 9 字，志文阴刻楷书，多有剥落，凡 17 行，满行 17 字（图三）。录文如下：

> 靖海□□□□□□□公吴祯之嫡子世｜为凤阳定远人□□□开国勋臣由靖海侯｜追封□
> 公以□□□即□｜诰袭侯爵洪武□□□月四日也比年北征｜□□降将者□□戊辰八月二十日｜

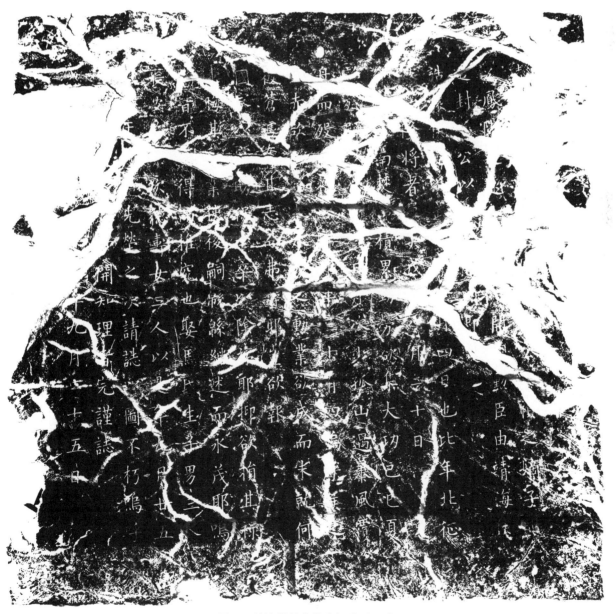

图三　靖海侯吴忠墓志拓片（1/5）

□□□南棘□积累勤劳欲集大功己巳夏」诏□□□□□□日舟次小孤山遇暴风覆」舟而殁□□以归卒年三十有四呜呼侯之」□赤欲□□未□□之勋业欲成而未就何」彼苍遽夺其志而弗寿耶岂欲报」国家以□助保士卒以阴祐耶抑欲损其禄」寿晦其□业使后嗣绵绵继述而永茂耶呜」呼皆不□得而推究也娶马氏生子男三人」长安次□次德寿女三人以是年九月廿五」日□于□□先茔之次请志以图不朽呜呼」千万年后非理者开知理者完谨志」……年九月二十五日

与吴良墓志与吴祯墓志相较，吴忠墓志则是一合新材料，值得重视。吴忠墓志的起始部分漫漶尤甚，但由残存志文不难推知其所述乃靖海侯吴祯卒赠海国公及吴忠作为吴祯嫡子诰袭靖海侯之事。史载，吴祯之子吴忠与吴良之子吴高同于洪武十七年五月二十四日袭父爵[27]，时距明太祖颁定武臣袭职例不过十天[28]。而志文所载吴忠行实似皆系于此后。

关于吴忠的武功，志文第 3～5 行有云："比年北征，□□降将者□□。戊辰八月二十日，□□□南棘，□积累勤劳，欲集大功。"查诸文献，吴忠袭父爵后至戊辰八月以前，明廷对蒙古的大规模用兵主要有两次，其一为洪武二十年（1387 年）正月癸丑发动的征伐金山蒙元世阀纳哈出之役，是役以宋国公冯胜为征虏大将军，颍国公傅友德、永昌侯蓝玉为副将军，南雄侯赵庸、定远侯王弼为左参将，东川侯胡海、武定侯郭英为右参将。时武勋子弟曹国公李景隆、申国公邓镇、江阴侯吴高等亦随师从征，至同年八月壬申召还[29]。从最早的一批世袭武臣如常茂、李景隆、邓镇特别是与吴忠同日袭封父爵的从兄吴高皆从征的情形来看，吴忠也应身与其役，只是因家族后来牵连胡惟庸党案除爵而被史官"忽略"。其次是洪武二十一年（1388 年）三月壬午，诏申国公邓镇、定远侯王弼、南雄侯赵庸、东川侯胡海、鹤庆侯张翼、雄武侯周武、怀远侯曹兴等副征虏大将军、永昌侯蓝玉北征蒙元残部，直至捕鱼儿海，至其年八月丁卯还朝[30]，其还朝时间虽说难以与吴忠"戊辰八月二十日，□□□南棘"的行历相对接，但考虑到蓝玉此前曾委派都督徐司马等将俘获的元代皇室官属士马先行遣送京师[31]，加之志文中也有"比年北征……积累勤劳，欲集大功"之类赞誉吴忠不辞劳苦、转战无虚日之类的语句，故亦不排除吴忠参与此役的可能性。

墓志继云吴忠"戊辰八月二十日，□□□南棘"，或谓其从颍川侯傅友德、西平侯沐英征讨东川之事。查诸文献，洪武二十一年六月甲子，以东川诸蛮不服，遂命傅友德、沐英及曹辰、叶昇等率马步诸军讨之[32]。至同年八月壬寅，沐英仍调遣都督金事宁正转从傅友德攻东川[33]，庶可见东川之役的战况与规模，故吴忠于其年八月二十日从征东川亦在情理中。史载，东川蛮叛未久，越州土知州阿资亦于同年九月癸巳据险作乱，朝廷仍诏命傅友德与沐英前往征讨[34]，至次年始平。鉴于西南夷叛服无常，洪武二十二年（1389 年）三月庚午，明廷诏傅友德率诸将分屯四川、湖广，其驻防情况为：傅友德沅州、邓镇大庸、徐允恭常德、李景隆安陆、常昇辰州、叶昇襄阳、陈桓岳州、周武武昌、陆仲亨蕲州、吴杰茶陵、韩勋黄州、胡海宝庆、赵庸长沙、曹泰瞿塘、金镇施州、吴忠衡州、吴高永州、孙恪沔阳、唐胜宗黄平、张铨贵阳、王诚忠州、孙彦道州、汤鼎长宁、王威夷陵[35]。结合吴忠墓志来看，上述这份名录至少透露出了两个信息：其一，吴忠可能自始至终追随傅友德参加了征讨东川乌蒙、芒部诸蛮并越州叛西阿资以及九溪洞蛮的一系列战事；其二，从平西南夷战事告一段落后分驻四川、湖广诸将多为世袭武臣来看，傅友德、沐英之征西南夷与冯胜金山之役，皆曾被明廷作为增强武勋子弟军事素质的机会。

综上所述，作为世袭武臣的靖海侯吴忠，曾经南征北战，为巩固明王朝在漠北与西南地区的统治做出过贡献，只是由于追论其父吴祯党通胡惟庸，而累其武功亦遭抹杀。今幸得出土墓志提供线索，始得辑补钩沉若是，庶免其事迹湮没不彰。

关于吴忠之死，墓志有云："己巳夏，诏……日，舟次小孤山，遭暴风覆舟而殁……卒年三十有四。"是谓吴忠驻防衡州未久，复受诏命开拔，行舟至宿松县南一百二十里深险可畏的小孤山段江面时，因遭遇暴风而覆舟罹难，时年三十四岁，逆推其当生于元至正十六年（1356 年）或稍晚，凡此种种，皆可补文献之阙。墓志继云吴忠枢归京师，以其年九月廿五日祔窆于钟山之阴的先茔。这一记载亦十分重要，从中不仅可知吴忠下葬的具体时间，还可解除后人对吴忠之所以被礼葬钟山之阴的疑惑。明太祖大兴胡惟庸党案在洪武二十三年，而据墓志记载，吴忠卒葬皆在洪武二十二年内，尚未及受此牵连。否则据庚午诏书条例所载：通胡谋逆者，生者上刑，死者孥戮。则吴忠纵然不在小孤山殁于王事，亦必遭显戮，倘如此，则其祔窆御赐钟山先茔之殊荣，便无从谈起了。

靖海侯吴祯以牵连胡惟庸党案之故，其息嗣见于史载者，仅止于吴忠兄弟。今据墓志所载，可知吴忠娶马氏，生三子，其长子吴安，第三子吴德寿，次子名讳以志文泐损而不详。别有三女，吴忠卒葬之际，尚待字闺中。凡此，亦皆可补文献之阙。

注　释

[1]　《明史》卷一三〇《吴良传》，第 3813、3814 页，中华书局，1974 年。

[2]　洪武十四年（1381）十一月丁未，吴良讣闻，"上为辍朝二日"，参见《明太祖实录》卷一四〇，第 2205 页，（台北）"中央研究院"历史语言研究所校勘本，1962 年；（明）吴伯宗《江国公谥襄烈吴公神道碑铭》则云"皇上为之悯悼，辍朝三日"，参见《明文衡》卷七三，文渊阁《四库全书》本。本文从后说。

[3]　兹条例吴祯事功，俱出自《明史》卷一三一《吴祯传》，第 3840、3841 页。

[4]　《明史》卷一〇五《功臣世表一》，第 3029、3030 页。

[5]　《明史》卷一三〇《吴良传附吴高传》，第 3815 页。

[6]　《明史》卷一三〇《吴良传附吴高传》云，永乐八年（1410 年）成祖北伐班师，吴高因称疾不朝而被劾，废为庶人。此事，《明史·功臣世表一》系于永乐十二年。清人王颂蔚《明史考证捃逸》认为："考永乐八年、十二年，俱有北征班师事，史或因此而互异耳。"据《明太宗实录》卷一五七："（永乐十二年丙申）江阴侯吴高以罪免……及上北征班师，至兴和，高称疾不朝，被召回京，纵家人给驿及私役有司车牛……为御史成务等所劾，遂免为民。"所述与《明史·功臣世表一》相合，可见《明史·吴良传附吴高传》所记吴高被废为庶人的时间有误。

[7]　吴高被夺券事，《明史·吴良传附吴高传》系其事与吴高被废为庶人同时；而明代吏部清吏司编《明功臣袭封底薄》则谓吴良原授诰券被追夺烧毁，是在吴高永乐十七年四月病故之后，大体符合《明史·功臣世表一》所谓"……以罪免，卒，除"云云，第 153 页，（台北）学生书局影印台北"国立中央"图书馆藏明嘉靖二十六年（1547 年）朱格钞本，1970 年。

[8]　事见《明功臣袭封底薄》，第 154 页；《明宣宗实录》卷一一，第 309、310 页。另据（明）李诩《戒庵老人漫笔》卷八《江阴侯孙》："江阴侯孙名铁舍者，腹大善唊，平生未尝见其足。永乐间至京乞恩，太宗命

光禄寺茶饭，计食六十斤。谢恩，拜不能起，命两卫士挟之，因不得袭荫。后家不给，食馒头，又食㸆茄，俱成笋以充饥。"第 315 页，中华书局，1997 年。其中，吴铁舍"永乐间至京乞恩……因不得袭荫"云云，显然事涉告袭祖爵。然以吴高在永乐十七年横遭夺券除爵以及生前有嫌东宫而言，其子嗣断无在永乐十七年后至洪熙年间告袭祖爵的可能，故李诩所谓吴铁舍"至京乞恩"纵然语出谐虐，但"永乐间"云云，显然不确。

［9］　《明史》卷一一六《齐王榑传》，第 3573、3574 页。

［10］　（明）李诩《戒庵老人漫笔》卷四《江阴侯赐刀》："江阴侯吴良有赐刀一口，上有金错龙凤纹，其铭曰：'百炼金钢，杀气难当，将军佩此，威镇四方。'其后人货于近里顾山周氏，藏之逾百年矣，近为常熟杨宪副五川公仪得去。"第 129 页。

［11］　（明）刘嵩《靖海侯追封海国公谥襄毅吴公神道碑》，《明文衡》卷七二。

［12］　同［4］，第 3031 页。

［13］　（清）甘熙《白下琐言》卷二有云："……江国公谥襄烈吴良及弟海国公谥襄毅吴祯墓志云：'（墓）在钟山之阴。'今太平门外板仓，二家尚存，石人、石马对峙。其右为温氏住宅，屋后即温氏先墓……"江宁甘氏重刊本，民国丙寅（1926 年）。

［14］　吴祯之女于洪武十八年（1385 年）九月庚辰被册为湘王朱柏妃，详见《明太祖实录》卷一七五，第 2660 页。另据《明太宗实录》卷一〇上：洪武三十五年秋七月"丙戌，改谥故湘王曰'献'，妃吴氏曰'献妃'，遣官赍谥册及宝祭于荆州坟园。王讳柏，太祖高皇帝第十一子……建文中，有告其府中阴事者，王惧，阖宫自焚。王年二十有八。妃，江阴侯吴高之女。"第 155、156 页。然文中谓湘献王妃吴氏为"江阴侯吴高之女"云云，则属误书。

［15］　刘敦桢《岐阳王墓调查记》，《岐阳世家文物考述》，中国营造学社，1932 年。

［16］　朱偰《金陵古迹图考》第十章《明代之遗迹》第三节《初明功臣诸墓》，第 184 页，中华书局，2006 年。

［17］　参见南京市档案馆卷宗 1005 - 3 - 1343。

［18］　吴良与吴祯、吴忠墓的考古发现，详见南京市文物保管委员会《南京太平门外岗子村明墓》，《考古》1983 年第 6 期；南京市博物馆《南京明代吴祯墓发掘简报》，《文物》1986 年第 9 期。

［19］　《明太祖实录》卷六三："（洪武四年闰三月己未）赐功臣守坟人户……靖海侯吴祯……各一百户。"第 1204 页。

［20］　（明）吴伯宗《江国公谥襄烈吴公神道碑铭》，《明文衡》卷七三。

［21］　据吴兴汉《嘉山县明代李贞夫妇墓及有关问题的推论》一文，李贞圹志系其子李文忠所撰、李善长填讳，《文物研究》第四期，黄山书社，1998 年；苏铨圹志与于礼圹志皆出土于南京，其中，苏铨圹志系其子苏斌洪武十六年（1383 年）"泣血谨志"、侍生林文辉填讳并书，于礼圹志系其子府军前卫管军千户于保洪武二十年"泣血谨志"、府军前卫管军百户拜钦填讳。

［22］　明右府左都督宁正墓考古资料，现存南京市博物馆。

［23］　《明史》卷一三六《崔亮传附朱梦炎传》，第 3933 页。

［24］　据宁河王邓愈神道碑石原文文末有"洪武十三年岁次庚申十二月□七日建"云云，此碑今仍存宁河王邓愈墓前。

［25］　除了南京祖茔之外，吴良、吴祯家族在其祖居地凤阳定远县东十五里还有一处祖墓，所葬者当为吴良、吴祯昆仲以上直至被追尊为颍上县子的曾祖三七府君辈的家族成员。据（明）柳瑛等纂修《中都志》卷四引，第 430 页，（台北）成文出版公司据明隆庆三年（1569 年）重修补刻本影印，1985 年。

［26］　《江南通志》卷三九《舆地志》："江阴侯吴高墓在江阴县关山。高，江国公良之子。"文渊阁《四库全

书》本。

［27］ 《明太祖实录》卷一六二，洪武十七年五月"辛酉，命江阴侯吴良子高、靖海侯吴祯子忠俱袭父爵。"第2513页。

［28］ 《明太祖实录》卷一六二："（洪武十七年五月壬子）顶武臣袭职例，凡武臣卒，其子袭职。子幼者，给以半禄，三年则以全禄给之，年二十则任以事。著为令。"第2512、2513页。

［29］ 《明太祖实录》卷一八四，洪武二十年八月壬申，第2770页。

［30］ 《明太祖实录》卷一八九，洪武二十一年三月壬午，第2835页；《明太祖实录》卷一九三，洪武二十一年八月丁卯，第2898、2899页。

［31］ 《明太祖实录》卷一九三，洪武二十一年八月丙寅，第2898页。

［32］ 《明太祖实录》卷一九一，洪武二十一年六月甲子，第2882页。

［33］ 《明太祖实录》卷一九三，洪武二十一年八月壬寅，第2893页。

［34］ 《明太祖实录》卷一九三，洪武二十一年八月癸巳，第2906页。

［35］ 《明太祖实录》卷一九五，洪武二十二年三月庚午，第2934、2935页。其中，驻衡州者误书作"吴祯"，当为"吴忠"。

明长春真人刘渊然墓志考

岳 涌

2010 年 12 月，南京市博物馆在位于南京市南郊西善桥梅山村的一处工地内清理出一座明代砖室墓，墓葬为长方形单室券顶砖墓，墓室设八边形砖砌棺床、墓壁设铁索等特殊结构异于同时期的明代高等级砖室墓。砖室全长 3.8、宽 4.1、高 3.4 米，出土器物 17 件，主要有铜炉、铜烛台、铜双耳瓶、铜尖状器、漆碗、石地券及墓志等[1]。墓志虽大部风化，但志盖残存文字"□□□冲虚至」□□□无为光」□□教庄静普」□□春真人渊」□□公墓志铭"与洪熙元年（1425 年）刘渊然受封道号"冲虚至道玄妙无为光范演教庄静普济长春真人"完全吻合，志文内容与文献记载之长春真人刘渊然事迹近同，墓主可以确认为明初道教领袖长春真人刘渊然。刘渊然，《明史》卷二九九有传，《明实录》亦有较多记载，其事迹以《龙泉观长春真人祠记》[2]、《长春刘真人祠堂记》[3] 等记载最为详尽。

此次发掘的明代砖室墓，墓主身份明确，结构保存完整，出土器物组合特殊，是近年南京地区明代墓葬考古乃至中国道教考古的一次重要发现。史载长春真人刘渊然在明代早期道教地位显赫，其墓葬的发现对研究明代墓葬制度、道教礼仪等具有重要的学术价值。

下文结合文献，就长春真人墓志内容略作考证，以求教于方家。

一 墓 志

墓志呈方形，上部风化严重，志石与志盖以子母口相扣，边长均为 64 厘米。

志盖厚 13.4 厘米，边缘凸起，阴刻篆书，5 行，满行 6 字，可辨识 18 字。志盖前三字不详，余者可补为"□□□冲虚至」道玄妙无为光」范演教庄静普」济长春真人渊」然刘公墓志铭"（图一）。

志石厚 12.5 厘米，边缘下凹，志文阴刻楷书，可辨 33 行，余皆漫漶，无法识读（图二）。录文如下：

……大父修醮事于郡城」……异□儿特为陈钟爱年十六」……斋□□谓吴曰此子有道气」……宗教及祈祷之法越三年」……用之已疾疫致雨旸也如响」……」……以其道法精专恐分散精神遂止」……山道院馆之是为夏五月朔」……」……神庶不为凡所累当日入」……家」……嘉励六年冬偶罹」……教庄静普济长春真人领」……妙传道秘显神明不测之功昔」……」……万里还归皓然白首又曰」……」……遣太监侯泰鸿胪寺官送至」……其老」……道孙道录司左玄义李明善」……不举哀服孝上以道衣」……利济为心集诸宗」……大□不尊礼四方往」……无为为教汉文皇」……」……丧历事……四朝」……为□□人履谦用虚」……

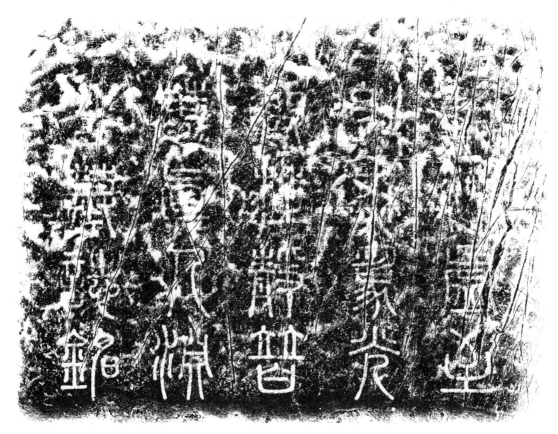

图一　刘渊然墓志盖拓片（约 1/4）

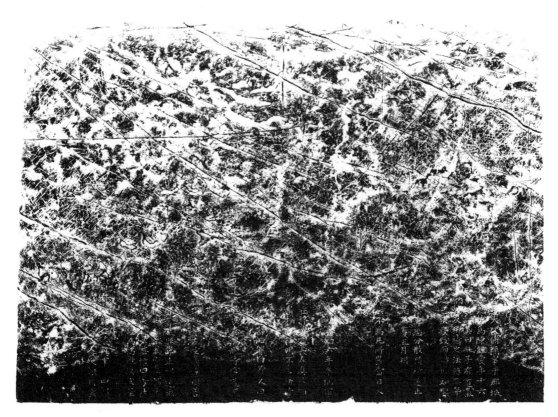

图二　刘渊然墓志拓片（约 1/4）

刘渊然，号体玄子，江西赣县人，祖籍徐州萧县，祖父刘伯成仕元为赣州路总管，遂家赣县。通阅志文，比对文献，志文分别述及刘渊然的家世、入道学法、历事四朝，"……不举哀服孝上以道衣"以下为墓志铭辞。

二 家世与生卒年

明代墓志，首行记志主家世，刘渊然墓志仅存行末八字"……大父修醮事于郡城"，但已揭示其祖父的宗教信仰，也印证了文献对其家族信仰的记载。综合文献，刘渊然家世如下：祖父刘伯成，祖母谢氏，父刘元（玄）寿[4]、母王氏[5]。"大父"即祖父另称，指赣州路总管刘伯成。入道缘由，据《龙泉观长春真人祠记》载："长春将生，其祖母谢梦紫衣道者入次子王氏妇室。既觉，家人报妇生子。生逾月，得惊疾，总管惧，祷于路玄妙观，因以许黄冠师陈方外为徒。"[6]此中将刘渊然入道缘由归结为谢氏所作之梦，而墓志所载，总管刘伯成曾参与赣州道教斋醮活动，故谢氏所梦绝非偶然，或受刘伯成影响，或其本人即属道教信众，可见渊然原本出生于道教世家。

刘渊然生年，志文及文献均未载；卒年，志文不见，但《明史·方伎传》与《龙泉观长春真人祠记》等均有记载，以后者为详。《祠记》云："（宣德）七年二月恳以老辞，上亲洒翰作山水图题诗送之，遣中贵人罗智护行……是年八月八日也，寿八十有二。诏遣行人吴惠谕祭，工部营域于江宁县安德乡园子冈之原。明年三月六日葬焉。"[7]真人以宣德七年（1432年）八月卒，年八十二，可推知其生于元至正十一年（1351年）。

《元史·地理志五》载，赣州"元至元十四年，升赣州路总管府"[8]，即为赣州路总管府治所，志文"郡城"所指应为元代赣州。

三 入道学法

志文从次行"……异□儿特为陈钟爱年十六"至"……以其道法精专恐分散精神遂止"，述其入道先师陈方外、再从赵宜真学法。

"年十六"为刘渊然入道的时间，志文所载与《龙泉观长春真人祠记》同，《祠记》曰："年十六遂为道士，号体玄子，受符法于胡、张二师，复师事赵原阳（宜真）。"事在元至正二十六年（1366年）。"陈"即前引《祠记》所记之"陈方外"。"此子有道气"一语，与《祠记》"（赵宜真）喜曰：'真良器也'"意同，故为赵宜真赞言。赵宜真，江西安福人，号原阳子，受全真北宗、南宗及净明忠孝道法，振净明宗于世，被尊为净明宗嗣师。刘渊然师从赵宜真，以忠孝传道法，被净明宗尊为第六代嗣师。

志文第四行提及"……宗教及祈祷之法"，此"宗教"应即《祠记》及《长春刘真人传》所指的"玉清宗教"，而"祈祷之法"应为"社令烈雷玉震黄篆太极等书"。"越三年"下换行，其事仅可见于《长春刘真人传》，指"又三年，原阳乃告以金火返还大丹之诀"[9]一事。

"……用之已疾疫致雨旸也如响"，事在刘渊然至南京前，意为刘渊然以道法很快就"止疾疫"，并使晴雨调和。此事与《长春刘真人传略》所载近同，"洪武庚午往谒龙虎山，道过南昌，时岁大旱，藩枭诸官邀之致雩，即日甘雨如澍"[10]。另《长春刘真人传》记，"尝游龙虎山，过南昌，值岁旱，官属请祷，大雨倾注，民获有秋，由是声闻益彰"，亦即同一事，事在洪武二十三年（1390年）。

四　历事四朝

长春真人一生主要事迹发生在明代早期洪武、永乐、洪熙与宣德四朝。起自洪武二十六年（1393年）受召于南昌，止于宣德七年（1432年）八月逝于南京，历时39年。刘渊然对明代早期道教的发展做出了重大贡献，特别是对中国西南地区道教的发展影响深远。

志文虽存字不多，但对刘渊然在四朝的行为均有记载。

洪武时期的记载残存21字，"……山道院馆之。是为夏五月朔……神庶不为凡所累，当日入……"。志文残损，据文献所记，可补墓志所缺。"……山道院馆之"，指明太祖为刘渊然在朝天宫西侧鼎建西山道院以褒崇之。《明太祖实录》详载："洪武二十六年十一月癸卯，召道士刘渊然于赣州，赐号'高道'，馆于朝天宫。"[11]《龙泉观长春真人祠记》转录胡俨所作的长春真人传，"洪武癸酉，被召命至阙下，深见契奖，旋蒙赐号'高道'，命建西山道院于朝天宫居之，日被顾问"。志文中提及的道院，即为位于朝天宫西北的西山道院。

"夏五月朔"后有换行，或指明太祖驾幸朝天宫一事。《长春刘真人传略》载："戊寅夏五月朔，（明太祖）驾幸朝天宫，至道院面加抚慰……翌日，遣中贵赍手诏，命其游名山洞府求谒神人，以神其神。"[12]事在洪武三十一年（1398年）五月。次月乙酉，太祖崩，建文帝将其召还，建金箓斋，升道录司右正一。

关于刘渊然受命出游寻真的时间，普济真人俞道纯案《勅护西山道院》所记与《传略》抵牾："本年（洪武三十年）正月初一日，驾幸道院……勅命游名山洞府。"[13]今所存志文"是为夏五月朔"与后者同，故受命寻真时间应为洪武三十一年"戊寅夏五月朔"，俞道纯所案《勅护西山道院》"本年"前可能有漏文，而"正月初一"应为"五月初一"之误。

文献中对刘渊然在永乐时期的经历所记无多，甚为简略。《龙泉观长春真人祠记》载："永乐初年，迁左正一，建金箓大斋，致有醴泉、甘露、鸾鹤之瑞，大见信宠。未几被谪龙虎山，寻移滇南。"由此看来，刘渊然在永乐早期所受礼遇甚厚，永乐三年（1405年）由道录司右正一升任左正一[14]。

永乐时期刘渊然虽被谪置云南，但从道法传播方面而言，这一时期他广收徒众，传播教义，有力地推动了西南地区道教的发展。其谪置时间，文献中不见记载，而志文中提及的"……嘉励。六年冬，偶罹……"为确定这一时间提供了线索。寥寥数字，虽语焉不详，但其下数行志文均记明仁宗洪熙时期之事，故"六年冬"，应为永乐六年（1408年）。云南省博物馆藏《龙泉观长春真人祠记》拓片云："其徒姑苏邵氏以正于此得传其道，迄今四十有五年矣。"《祠记》立石于景泰七年（1456年）三月，可推知，邵以正从刘渊然学道始于永乐九年（1411年），这一时间与志文中的"六年冬"暗合。刘渊然谪置龙虎山，再徙云南的时间应即为志文之"六年冬"，即明永乐六年。《明太宗实录》记：永乐五年（1407年），太宗"命道士于朝天宫设醮，上资皇考、皇妣冥福。竣事，醴泉地出观井中，君群以为上孝感所致，请立碑昭灵贶"[15]。时刘渊然在左正一任中，而《祠记》中其所作之金篆大斋亦有"醴泉"之祥，故颇疑此次醮事的主事者即为刘渊然，而志文"嘉励"的原因可能与永乐五年建金篆大斋有关。

明仁宗即位后，立召刘渊然于云南，赐号"冲虚至道玄妙无为光范演教长春真人"，真人辞但未获许。洪熙元年正月初四，仁宗降敕加"庄静普济"四字。志文所述"……教庄静普济长春真人，领……妙传道秘，显神明不测之功。昔……万里还归，皓然白首。又曰……"均可见于仁宗《敕真人刘渊然》[16]，其全文为：

> 朕仰奉神灵，恭思化理，惟仙圣所尚皆本于无为，惟至道之行必崇夫有德。咨尔高道刘渊然禀心纯一，凝志静虚，参极玄机，游冲澹自然之域；妙传道秘，显神明不测之功。昔皇祖之临朝，应征命而来，至密勿之，论于宸衷而允契褒扬之重，盖德音之尚存。继事于太宗，益惟坚于素节，眷遇之礼，有加于前。暂辍侍于九重，往化道于南服，亦使息劳于闲寂，是将遗朕于今。兹万里还归，皓然白首，眷念祖宗之旧，特举褒崇之章，今封尔为冲虚至道玄妙无为光范演教庄静普济长春真人，领天下道教事。资乃纯诚，迎国家之景贶，扬尔茂绩，振海宇之玄宗，庶其清静之风，翊我泰和之治。钦哉。

志文与《敕》虽前后语次有所不同，但内容相同，此段志文应是直接摘自《敕》书。普济真人俞道纯按《敕护西山道院》中载，"遣太监侯泰、鸿胪寺官送至洞阳观居住"[17]，亦与志文"……遣太监侯泰、鸿胪寺官送至……"同。

宣宗时，刘渊然所受宠遇弥厚，《龙泉观长春真人祠记》称："（真人）平生所有貂裘、鹤氅、法衣、宝剑，一切道具舆帐，供奉给事之人之类，无一不出朝廷所赐。崇奖之荣，玄教罕比。"《长春刘真人祠堂记》亦载："其所服用皆出上赐。"考古发掘出土的器物中，以墓室棺座之前发现的铜"五供（炉一、烛二、瓶二）"最引人注目，其造型优美，工艺精湛，实属同类器物中的精品。其中炉底尚存 3～4 厘米厚的粉末状灰白色残留物，应为香灰，可见包括此炉在内的"五供"皆属实用器。因此，长春真人墓中所出的作为"道具"、"服用"之属的"五供"之器若为朝廷御赐，实在情理之中。宣德七年二月，真人以老辞归南京，宣宗亲作山水图并题诗送之。同年八月八日，卒于朝天宫西山道院。宣宗遣官致祭，命工部营葬，次年葬于安德乡园子冈。

志文中，提及长春真人之"道孙道录司左玄义李明善"[18]，而文献中仅《倪文僖集》卷一八之《冶城登高诗序》提及"道录司玄义李明善"，前者时间为宣德八年（1433 年），后者为景泰元年（1450 年），二者时间接近，应即为同一人。《诗序》中仅以"玄义"称李明善，今以墓志文证之，其职实为"左玄义"。

五　结　语

志文后部数行，述长春真人卒后之事及铭辞，但漫漶过甚，意多不明。铭辞中，赞及真人旁通医药，济民利物为心；集诸宗道法，精其教事。《明史·方伎传》评长春真人"淡泊自甘，不失戒行"[19]；宣宗所作《御制山水图歌赐长春真人》赞其"凡历四朝，阐玄元之妙，著感通之功，据恭秉诚老而逾笃"[20]。二者之意与志文铭辞近同。

综上志文与考证，墓志大部虽多漫漶，余字仍具有较高的史料价值，不仅确认了墓主为明代早期道教领袖刘渊然，而且对长春真人的家世、生平、道法等内容增益颇多。明代早期，长春真人大力推动了道教在中国西南地区的发展，谪置之时刘渊然于云南广收徒众，宣德时又奏请立云南、大理、金齿三地道纪司，以植道教。长春真人在明代早期道教史中地位显赫、贡献卓著，其墓葬的发现对研究明代道教葬俗、道教历史传承等有重要意义。

注　释

［1］　南京市博物馆《南京西善桥明代长春真人刘渊然墓》，《文物》2012 年第 3 期。

［2］　（明）陈循《龙泉观长春真人祠记》，《道家金石略》，第 1261 页，文物出版社，1988 年。

［3］　（明）王直《抑庵文后集》卷五，《四库全书》本。

［4］　同［2］。

［5］　同［3］。

［6］　同［2］。

［7］　同［2］。

［8］　《元史》卷六二《地理志五》，第 1513 页，中华书局，1976 年。元顺帝至元年号仅行六年，而同书《元史》卷三〇《泰定帝二》，第 682 页，泰定四年闰九月载："建昌、赣州、惠州诸路饥，赈米四万四千石。"赣州升为赣州路时间颇多存疑，但治所为赣州无疑。

［9］　（清）胡之玫《净明宗教录》卷六《长春刘真人传》，第 168 页，江西人民出版社，2008 年。

［10］　（明）杨荣《长春刘真人传略》，《金陵玄观志》卷一，《续修四库全书》第 719 册，上海古籍出版社，2002 年。

［11］　《明太祖实录》卷二三〇，第 3364 页，（台北）"中央研究院"历史语言研究所校勘本，1962 年。

［12］　同［10］。

［13］　（明）俞道纯奏章，《勅护西山道院》，《金陵玄观志》卷一。

［14］　同［2］。

［15］　《明太宗实录》卷六九，第 978 页，（台北）"中央研究院"历史语言研究所校勘本，1962 年。

［16］　（明）仁宗《勅真人刘渊然》，《金陵玄观志》卷一。

［17］　同［13］。

［18］　（明）倪谦《冶城登高诗序》卷一八，《倪文僖集》，《四库全书》本。

［19］　《明史》卷二九九《方伎传》，第 7657 页，中华书局，1974 年。

［20］　（明）宣宗《御制山水图歌赐长春真人》，《金陵玄观志》卷一。

本文原载《中国道教》2012 年第 2 期，此次略做修改。

南京出土明代罗氏家族墓志考

周保华

2010 年 3~8 月，南京市博物馆在雨花台区西善桥街道贾东村贾家山发掘了一批墓葬，其中有两座土坑墓（编号 2010NYJM33、2010NYJM34，以下简称 M33、M34）毗邻埋葬。据出土墓志可知，这两座土坑墓属于罗氏家族墓葬，对于研究明代中期的社会生活及丧葬制度具有重要意义。

一　墓葬形制

两座墓位于贾家山南麓。发掘时在封土外缘的底部发现有一圈红砂岩条石砌筑的基础，平面近圆形，最大直径 12 米。此条石砌筑的圆形基础，主要为固护封土而设。

M33 位于圆形石砌基础正中的上部。墓坑长 2.24~2.3、宽 1.72、深 2.8 米，方向 335°。在墓坑的前部有残半砖挂在墓圹壁上，而在此半砖的两侧，墓坑线略有差异（图一）。葬具已朽蚀，仅余两具棺痕。其中，西棺长约 2.12、宽约 0.42、高约 0.8 米；东棺长约 1.9、宽约 0.46、高约 1 米，底部高于西棺底部 0.3 米，有棺木残存，外髹红漆。两具骨架保存较好，均为仰身直肢葬，头向北。棺木四周填充石灰，石灰已钙化。根据打破关系，东棺埋葬时间晚于西棺。出土器物有铜镜、铜钱及墓志一合。

图一　M33

图二　M34

M34 位于 M33 左侧，略向下。墓坑平面呈长方形，长 2.1、宽 2.6、最深处距地表 1.7 米，方向 330°（图二）。墓葬底部略凹，落差 12 厘米，从发掘中可以看出有早晚打破关系。墓坑内置三棺，棺木已朽蚀，仅余棺痕。其中西棺约长 1.8、宽 0.5、高 0.6 米，底部距地表 1.3 米；中棺约长 1.8、宽 0.5、高 0.6 米，底部距地表 1.7 米；东棺约长 1.7、宽 0.42、高 0.66 米，底部距地表 1.5 米。棺木四周填充石灰，棺内各残存一具骨架，保存较好，均为仰身直肢，头向北。出土器物有铜镜、铜钱、木梳及墓志一合。

就墓葬形制而言，两座墓葬的墓圹均非一次挖掘而成，而是存在二次或三次扩大墓圹范围的现象，推测这应是多次开圹埋葬而成，即先逝者葬入茔地，后逝者则紧挨或略打破原先的墓圹而再次起圹，以达到合葬的目的。在 M33 墓圹壁上发现的半块青砖，也证实了这种埋葬方式，青砖起到了确定原先墓圹范围的作用。

二　墓志研究

两座墓墓志均出土于墓圹的前面，青石质，由志盖、志石两部分组成。M33 墓志志主为刘氏，墓志边长 74.5 厘米，出土时距 M33 墓圹约 0.5 米。M34 墓志志主为金氏，墓志边长 55 厘米，出土时距墓圹约 0.24 米。

图三　刘氏墓志盖拓片（1/5）

（一）刘氏墓志

志盖，阴刻篆书，3 行 9 字，"明故罗｜母刘孺｜人之墓"（图三）。

志文，阴刻楷书，30 行，满行 33 字（图四）。录文如下：

兴化府推官罗侯母刘氏墓志铭｜

弘治癸亥岁，吾郡推官罗侯母刘氏以七月五日卒于官邸。侯徒跣被发，擗踊哭泣，水｜
浆不入口。既成服，日瞻奉几筵以号，其形瘠，其容槁，其情凄然哀以思。又数日，谋返梓｜
金陵以葬，且曰葬有铭，百世之图也。乃遣使赍书币以翰林编修黄君澜所著行述授｜瑛，嘱｜
瑛为之铭。瑛于侯辱以文字相知爱，铭何敢辞！谨按：母讳善贞，曾祖德明，祖孟京，｜孟京｜
兄曰孟启，洪武间授礼科给事中，以直谏受奇祸，乡人念之。父拱所，母金陵周氏。｜刘之先｜
出汉长沙定王发，发孙苍封思侯，食邑安成，安成诸刘皆其后也。自孟京以上｜为安成人，

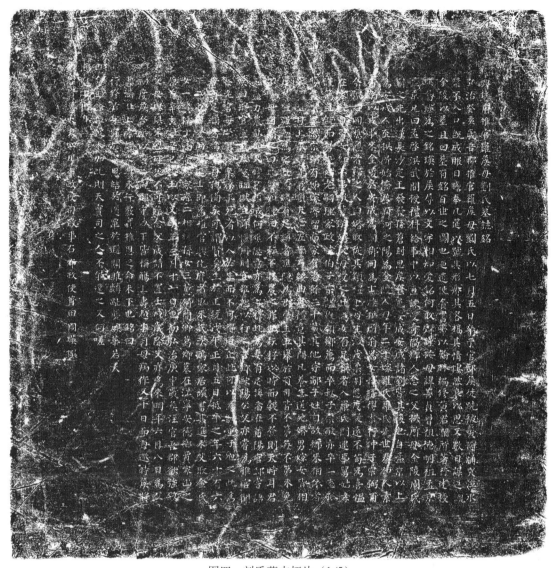

图四　刘氏墓志拓片（1/5）

至拱所始侨居新河之阳，为金陵人。母年二十嫁罗氏。罗氏先世泰和人素」行翁，以戎事来
金陵，于安成为同郡，同为士族。拱所翁为女择婿，得素行仲子宗弼甫」今号石冈樵隐者，
归之。人曰婚取从其类，礼也。母生淑茂柔明，态度凝远，不苟为喜愠，」在家□□习女红，
不事嗷訾游嬉，父母爱之，此为女有足称者。入罗氏门，逮事舅姑孝」谨笃至。既而舅没姑
老，嗣理家政。时伯子宗谥既领乡荐而卒，叔子宗敬亦卒，二室孤」□□□□然。宗弼有姊
嫁婿，留而家食者余二十载。其他宗郿子姓自故乡来相依者，」□□至，母上呈姑意下顺夫
心，左抚右绥，曲尽礼意。其间凡养生送死、婚男嫁女，皆相」度时宜黾勉为之，此为妇有
足称者。樵隐为郡庠生，五举于有司皆不第。每不第，未免」不□。母开谕之曰：此譬如种
田，不耘不籽，农之罪也；耘籽以时而谷不登，则天时耳。君」□尽力农亩而天时不顺，戚
何？樵隐意亦为之释，此为妻有足称者。在莆阳官邸尝语」侯曰：刑官宜裁暴怒，临狱宜详，
慎用刑，宜推恕以行之。吾乡欧阳公父亦尝为推官，闻」□老言每灯下□案，务求死者以入

于生而不可得，乃止。此可以为训，童子勉之，此为」母有足称者。呜呼！母德备矣！可谓贤矣！生于正统戊午正月五日，抵卒之年六十有六。」子二，长凤，登丙辰进士，即为推官兴化府者，取朱氏；次鹤，家居读书，其进未艾，取金氏；」女一，赘儒士□□□□。孙二，相、材；孙女三，蕙卿、兰卿、葛卿。墓在江宁安德乡贾家山之」原。首辛亥趾辛巳，□土以文，明年三月十一日也。初弘治庚申岁，侯注官吾郡，欲强致」父母与俱来。母可，父不可。侯念父岁请不置。壬戌岁除，父亦为来。明年六月八日为父」初度，侯合□以养二亲，郡守以下皆称觞上寿。越半月，母病作，又十日而母逝。时侯将」□满北上，考课之典未行覈实，推恩之命未下也。铭曰：」行修于身宜于家，恩结于途覃于遐，关雎麟趾袭厥华。若夫」恩命渺撩，□号□□，此则天实司之，人不能违之，又何嗟！」赐进士出身」□□资善大夫四川布政使司致事右布政使莆田周瑛撰

刘氏墓志，翰林编修黄澜著行述，赐进士出身，资善大夫四川布政使司致事右布政使莆田周瑛撰文。黄澜，弘治癸丑（1493 年）进士，翰林院庶吉士进翰林编修，孝宗甲寅（1494 年）升为国子监司业，庚申（1500 年）升为南京翰林院侍讲学士。周瑛，明史有传，字梁石，初号蒙中子，别号翠渠。福建莆田黄石清浦村人，生于明宣宗宣德五年（1430 年），卒于武宗正德十三年（1518 年），年八十七。成化五年（1469 年）进士，历任广德知州，南京礼部郎中，抚州、镇远知府，四川右布政使等。有子名大谟，登进士，未仕，卒[1]。周瑛一生廉洁从政且著述甚丰，有《书纂》、《翠渠诗文集》、《翠渠摘稿》、《翠渠摘稿选》、《政本政均》、《祠山杂录》、《广孝慈录》、《正德漳州府志》、《弘治兴化府志》、《莆阳拗史》等。周瑛善书法，有《百梅录》寸楷行世。

（二）金氏墓志

志盖，阴刻篆书，3 行 9 字，“明故罗」文应妻」金氏墓”（图五）。

志文，阴刻楷书，30 行，满行 32 字（图六）。录文如下：

故妻金氏墓志铭……应撰……」

呜呼！此余妻金氏之□□，余何忍铭之耶。□悲其□于□□□□享其报使□抹杀」□□余薄执□□□□妻讳□娷，世钱唐仕族。国初以同右实京师，遂为京兆」上元人。□讳□□□□□晚□，生赠通议大夫南京刑部右侍郎者，妻曾祖也；润」□□□□□，生□大夫□□尹南安府知府，封通议大夫南京刑部右侍郎」者，妻之祖也；绅字缙卿，称心□□，生通议大夫南京刑部右侍郎者，妻之父也。母□」□□氏□而父卒，虽未学问，天性□淑，□□时行恒□于□□诸兄，不亲授受，相敬」爱异常。年廿五归余，以恭俭和忍自牧，事上处下，□□其度。虽舅姑臧获，亦婉容礼」接，或加以横逆，受而不较。故六年之间家人未尝□其喜愠。诸同爨族长不惟觌其」面未真，而声尚莫之哉。闺门无事，或读小学，数则□□□□。每闻善行，辄自咎志」□为徒生，其助益于余者，为尤夥。余性狷僻，动欲□□必曰：须审时势，无过求高，性」□嗜学；或□举子之业必曰：家贫，亲老当为□□□□不能渗急，先须办此也；或□」有所激，不无悯穷恤贱之萌，必曰：子平日议论，谓何而不知，有数邪。但尽其在我者，」余当听命也；或过从淹留，及诸无益，欲谏□余之□以“白日莫闲过，青春不再来”二」句，或书于案或着片楮置余所阅书中，岂见□悟；或有

图五　金氏墓志盖拓片（1/4）

不平于内外，必曰：海之所以」为大，以其有容也，子必执隘，奚望异众哉；或与客辩及人过失，必曰：倘彼亦若子，性」争当无已，子未必无过，奚庸折人也。弘治庚申四月，余兄汝文以丙辰进士补兴化」推官，奉先孺人就任。妻时入门甫五月，即语余曰："舅姑既谢政，于家人事，理自异设，」不早有所处，伤恩失望，彼此无益。学者先须治生服饰长物，悉以畀子，后卒赖焉。其」虑患豫图随事晋戒类此。呜呼！讵意敓，余贤妻而竟止此邪。去秋九月，长女兰卿暴」卒。六日而闻先孺人之丧。比归半岁而妻产一子，堕地即毙。又五日而妻亦卒。先后」未七月，母、妻、子、女不一慭遗。彼苍者天亦独何心而虐罚斯酷哉。士之上失所恃、中」丧所辅而下亡所育如余者，其悲哀懱苦于人世，何如也。呜呼天乎！呜呼天乎！其卒」之日为甲子四月十四，距其生成化乙未十一月九日，年仅三十，将以明年九月壬」寅葬于江宁安德乡贾山祖茔之左，从先孺人新兆也。嗟夫！上古妇人无善可纪，风」气降而有之者，以其难得也。苟出于公者，其言未必公；出于私者，其意未悉私，则公」私奚计哉。第各尽其昭善之心而已矣。公乎？私乎？余妻何预乎？祗余之所自会也。作」铭曰：」灵物靡恒，气秀斯毓，惟其清淑，是以化速，奚憾彼苍之不笃。贾山之麓，玄室斯筑，迟」我百岁，终尔同宿。金陵朱蕙镌。

图六　金氏墓志拓片（1/4）

据志文可知，金氏生于成化十一年（1475年），卒于弘治十七年（1504年），年仅三十。金氏出身官家，本钱唐士族，明初以"闾右"实京师。闾，里巷也，古代贫者居左，富者居右。明朝初年，明政府徙天下富户充实京师，钱唐金氏自此世居南京。其父金绅，字缙卿，应天府上元县人。此人明史无传，仅在《明史·宪宗本纪二》中有巡视江西的记载，但在实录中记述较多。景泰五年（1454年）甲戌科赐同进士出身改翰林院庶吉士，预修《寰宇通志》，授刑科给事中，寻掌科事。英宗复辟，召绅为弹文。明宪宗初即位进都给事中，率各科弹劾锦衣卫都指挥使门达，擢南京大理寺左少卿，进南京刑部右侍郎。江西灾奉命巡视踰年复任，成化十八年（1482年）六月卒于官，年四十九，讣闻赐祭葬如例[2]，据此推其生年为宣德九年（1434年）。其祖金润，史无记载，志文载其"赠通议大夫南京刑部右侍郎"，弘治七年（1494年）十二月，"赐南京故刑部右侍郎金绅父母祭葬如例"[3]，当从此说。

金氏墓志撰文者为其夫君罗鹤，金陵朱蕙镌刻。朱蕙，史籍无传，但南京地区曾出土过此人镌刻的墓志，应为明时地方上善镌刻者或镌石工匠。另外，南京地区还出土有署名朱钟实、朱大用、朱大举、朱茂、朱宏等镌石的墓志，推测朱氏可能为世代承袭的镌石匠家，抑或是有朱家村落专门从事镌石行业[4]。有兴于此，可作进一步研究。

（三）罗氏家族事迹

刘氏夫罗富墓志见于明代罗玘所著《圭峰集》[5]。综合出土的刘氏、金氏墓志及罗玘所撰罗富墓志，现对罗氏家族事迹简介如下。

罗氏一家为地方乡绅，官宦世家，祖籍江西豫章，后籍移南京，侨居上新河。罗富，自幼聪慧，"始卯，已为文章夺人眼目"，"惜五举于有司皆不第"，遂心灰意冷，故号石冈樵隐。罗富卒于正德二年（1507 年），年七十，其生之年为明英宗正统三年（1438 年），妻刘氏。刘氏生于明英宗正统三年（1438 年），卒于弘治十六年（1503 年），年六十六。志文载其有二子，曰凤、鹤。但从其夫罗富的志文看来，其有四子，曰凤、凰、鹤、鹏，唯凰和鹏早夭，另有女一。

长子推官罗侯，名凤，弘治九年（1496 年）第三甲进士。刘氏、金氏志文均载罗凤为推官，而罗富志文则载其为试监察御史。按《明实录·武宗实录》载，罗凤正德元年（1506 年）升为广西道试监察御史，正德九年（1514 年），联合十三道监察御史上书弹劾宁王朱宸濠骄奢淫逸，纵容部下，暴虐一方。正德十一年（1516 年），因御史张经弹劾太监于喜入狱，凤等上疏营救，被定"朋比"，夺俸两月。十五年（1520 年），因才力不及为知府，调用[6]，其后无载。试监察御史，按《明史·选举志》载"给事中、御史谓之科道……其授职，吏部、都察院协同注拟，给事皆实补，御史必试职一年始实授"[7]。妻朱氏，有女曰惠卿。

次子罗鹤，"有志古学"，妻金氏。金氏墓志即为其撰，志文凄凄哀然。半年余，母、妻、子、女相继而亡，如他所言"士之上失所恃、中丧所辅而下亡所育如余者，其悲哀嫚苦于人世，何如也"。按志文记载，其有子"堕地即毙"，另有女兰卿和葛卿。罗相、罗材，为罗富孙，从志文无法准确判断是谁之子。

从墓志可以推断，M33 为罗富及夫人刘氏的合葬墓，M34 为罗鹤及其妻金氏、继室夫人的合葬墓。

根据罗富、刘氏、金氏墓志，现将罗氏关系梳理如下：

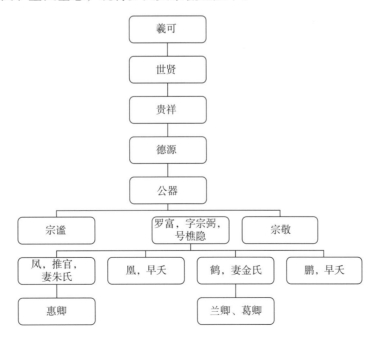

另附罗富墓志，录文如下：

樵隐先生罗君墓志铭

君讳富，字宗弼，先字宗礼，石冈樵隐，其号也。与予同出豫章，徙庐陵，庐陵徙泰和武溪。再世曰义可，徙蜀江。生世贤，世贤生贵祥。贵祥生德源。德源，国初布衣论事，谪辽东赤籍中，老得归。是生公器，君父也。籍移南京，公器当补，以妻刘氏，子宗谥，暨君随侨居上新河。君时方晬，已而弟宗敬生。公器素挟易教，同里知名，至则帅特为易伍，俾仍儒故得便自教于家。而君始丱，已为文章夺人眼目。宗谥举应天高等，文锼为式，君亦入为学生，宗敬乘其后森出，人革目瞩罗氏。宗谥死，宗敬无有与室者。公器大戚，恻伤懑体，尫弗支举，事属君。君示若无难者，以为顺适，果婚宗敬，惬公器。公器垂绝喜曰：吾恃而，而死已矣。宗敬继死。母亦伤而瘫，兄弟妻之孥者，二兄女之孤者一，姊之赘者一。蜀江之鳏，嬛日就食，母卧床褥危君，君取诸户门旧之，日需者与新之，日益者角丰约，厨具篚实，灶婢舁夫，不绝肩手。然节缩以度，内无狼籍，外无宿负，尽暑而止。宵则焫烛，讲诵琅然。孤孥欣欣，闺阁晏然。母喜瘫去，人以为孝感所致。凡四举辄蹶，母且没丧之，力乃愈。因削去前锐不复言，乃为督学戴庄简公所强，重伤公心，为一出复蹶。公讽校官弛条约縻君，君百方求去，会中风晕，始得告公。犹札府以病可复，若不怿君者及可，公已去乃已，自以为天赏我曰：吾以付吾后之人。时子凤学将就绪，故云"遂颜堂"及号曰"自守"。日辟门，内问礼者凝然如师，质曲直者居然如官不辞。吉之诸宦、部院、达尊，皆迓与过逢，常据上宾位。若树堁然不移。故司空萧公虽素寡合，亦崇君一人。金陵古都隈隙处，宿庙觋家，旦热吹喧，晃以衒众。闻君过，悉阖扉屏息。居左有萧公祠，他日过之，神来冯巫，巫猝神语，称君正人，遍命祷者礼君。君遇休，燕居圭植俨然，自牖窥者，以为神人。其逸度高调，空人甚性。复善饮，每酣或仰月长啸，诵"出师表"、"赤壁赋"、李杜诗，以见意为古文，瞑目沈思，至微领瞠目，则信纸迅挥而就。冠时，已为西蜀李宗伯所奇，然不自什袭。藏于家者仅《自守斋》一集。凤以进士推莆，一迎君养，周翠渠，莆巨工也，以得君为晚，托石冈樵隐为内交焉。子男四，孟凤今试监察御史，叔鹤有志古学，仲凰、季鹏早夭，女一赘高价，均刘出也。孙男二，曰相、曰材。孙女二，曰蕙卿、曰葛卿。正德二年五月某日葬于凤邸，春秋七十。刘先君没，葬江宁县贾家山。凤与鹤将以十二月十五日奉合藏焉。凤着状泣来丐铭，始凤应进士来京师，君旦夕悬忆，予文寿之。而凤乃他属归大咈，即命匿其检。于乎，予尚忍辞铭也哉。君居左右弥浒，皆予里人。言君为人，以父事，仲父公立食。其子孙二世，挈族父求良，四岁之孤，自蜀江名，且植立之。视公立之世，于妻之家始终经纪之，厚葬其父拱所翁。同日举其四丧，土中萧贵，贷钱至老不能偿，甘以女偿立灼券，骂贵，如骂人，归女俾赘，曰：毋污我，毋污我。少与楼浩、梁信相友善。成化中，疫流信家杀人，势转炽。戚属敛迹，窜避门无肩者。独日三四往为溉除，薰灼旬日，手敛七棺瘗诸野。浩老而独召馆之，九年朝夕与对食，死时家且疫，尸横竖阃中，独为之终事，嫁其孤女方十岁者，奇行焯然。在人耳目，古陈郭之流，与是应铭，铭曰：以多垂趋，而沮其骞。栖木得颠，有窥区寰。奕局屡迁，弋何慕焉。人也弗谅，可磨斯言。

注　释

［1］　《明史》卷二八二《儒林一》，中华书局，1974 年。

［2］　《大明宪宗纯皇帝实录》卷二二八，第 6518 页。

［3］　《大明孝宗敬皇帝实录》卷九五，第 2756 页。

［4］　关于镌石者，仅从《南京历代碑刻集成》中可以找寻部分：朱仲实镌石的墓志有"倪仲仁妻包氏墓志铭"；朱大用镌石的有"太淑人张氏墓志铭"、"马文进墓志铭"、"沐公子择仁墓志铭"、"姜孺人徐氏墓志铭"；朱大举镌石的有"姜华墓志铭"；朱蕙镌石的有"邓令人墓志铭"、"罗孺人毛氏墓志铭"；朱茂镌石的有"荆门学正夏聪墓志铭"、"朱铭墓志铭"、"滕改暨妻戴氏合葬墓志铭"、"林纲墓志铭"；朱宏镌石的有"湖光按察副使凤桥韩叔阳妻黄恭人墓志铭"。参见南京市文化广电新闻出版局编《南京历代碑刻集成》，上海书画出版社，2011 年。

［5］　（明）罗玘《圭峰集》，《四库全书》本。

［6］　《大明武宗毅皇帝实录》卷二〇，第 769 页；卷一〇八，第 3524 页；卷一三六，第 4379 页；卷一八七，第 5695 页。

［7］　《明史》卷七一《选举三》。

明代司礼监太监郑强墓志考述

沈利华　龚巨平

明司礼监郑强墓位于南京市中华门外牛首山北高家库。20 世纪 30 年代，朱偰先生调查南京古迹时，墓前尚存一些地面遗迹和遗物，"墓有石坊一，华表一对，左为御碑亭，碑尚存；右另一碑，今亡，仅余龟趺。墓在碑亭后山坡上，筑有围墙"[1]。1966 年夏，郑强墓被当地农民掘开，出土墓志、玉带等器物，现存南京市博物馆。碑亭及碑毁于文化大革命中，龟趺残件现仍存于墓地所在的山坡上[2]。

郑强墓因系农民破坏式挖掘，墓志及玉带出土位置不详。志石长 89.5、宽 89.7、厚 14.5 厘米，47 行，满行 53 字（图一）。录文如下：

图一　明司礼监太监郑强墓志拓片（约1/6）

明故南京守备司礼监太监郑公墓志铭｜

赐进士出身资善大夫南京兵部尚书奉｜

敕参赞机务前刑部左侍郎兼都察院左佥都御史新昌何鉴撰文｜

钦差南京协同守备兼掌右军都督府事西宁侯濠梁宋恺书丹｜

赐进士及第嘉议大夫南京吏部右侍郎前太常卿国子祭酒｜

经筵讲官杭郡李旻篆盖｜

南京守备司礼监太监郑公卒于官，其嗣子庠生节持副留守梅君纯所述行迹诣予，拜泣请铭其墓。予惟公为留都重臣，劳绩著于｜累朝，勤慎闻于｜当宁，已有褒能｜制词，照耀星日，乌用予言以为铭邪！固辞，不可，乃按状而序之。公讳强，字文毅，别号芝山，福之同安衣冠旧族也。曾祖伦，祖友谅，考降，皆｜抱隐德；曾祖妣王，祖妣陆，妣吴，俱著姓。公生而端重不凡，正统末甫九｜龄，选入　内庭读中秘书，渐长遂充学术成伟器。天顺初，｜英宗皇帝复辟，选入春宫。甲申，｜宪宗皇帝嗣位，升内官监太监，赐蟒衣玉带，极荷　宠眷。庚子，｜上念南都根本重地，欲付公以留钥，乃先命往察事宜，遂改公掌南京内官监事。在昔东南诸郡输纳财赋者，苦于多索，公至一无所取，其｜弊遂息。壬寅，命同隆平侯张公佑修理｜孝陵。时军士以万计，工价倍之。公受　命相度，惟谨综理周密，一夫一钱下人无敢私者，不逾年而毕工。甲辰，复　命同平江伯陈公锐、侍｜郎白公昂修理｜皇陵。时凤阳地方灾，民不聊生，人以为疑。公曰："古人有因饥荒而赖以成事者，遂市谷以赈饥民。民因役而得赈，官因赈而得力，下不告劳，｜官得省费，而事克济。先时省费，例皆入统事者，至是典守以费馀钜万，舁而馈公，公不受归之于官。事竣，｜上特假公以礼服祭告，寻复｜敕公守备机务。戊申，｜孝宗皇帝登极，又复　命公督修南京　内府诸库藏，公亦不以事体之异，少忽于｜二陵，于是三告成功，皆有白金、文绮、宝钞之赐。前守备太监黄公赐没，公吊祭以礼，厚抚其家，董其丧事、殡葬无不周至。其家酬以遗物。公｜一毫无所受。后于太监陈公祖生之没亦复如是。太监蒋公琮同事，或遇事偶相抵牾，公能委曲周旋，务存大体，不露圭角。蒋后落职，｜公待之益厚，识者韪之。守备成国庄简公病革，公往视，直入卧内，相与永诀，自谓平日赖公夹助，以得不负｜朝廷重托，公感其言。继闻魏国徐公备当代，公即往拜其家欢甚。盖魏国正大老成，凤受公知，幸同僚寀，自宜庆慰，礼也。一日将具服，侍｜者碎公玉带，复有捧羹者污公蟒衣，群下莫不悚惧。公神色不异，其雅量如此，非有德者能然乎！初，公于城南天阙之阳买山一区，构｜屋数楹，又取隙地植嘉木、凿广池，时往游憩，以容与禽鱼之适。山中尝苗瑞芝，人以为公德之徵，因号芝山居士。乃即其山为茔域，以｜屋为祠宇，计终老焉。｜上特敕赐祠额曰"褒能"。乙丑｜今上皇帝嗣登大宝，公与总辖守备太监傅公容俱上疏乞骸，｜上特进公司礼监，代傅专司留钥，加赐禄米、蟒衣、玉带。公居南都最久，人情事体无不谙熟，一旦当轴，上而礼接同僚、公卿、士夫，商榷政务，｜下而统驭诸司官属、军民剖析事宜，悉皆允当，人咸敬服。然退休之志日不少忘。近于祠旁构一小寺，｜上特赐额曰"成恩"，令僧人居之，为公护守，其｜制词有曰"历事累朝，多著劳绩，典司留务，勤慎不渝"，人皆以为实录。公感激莅事愈勤，朝夕不倦，乃是岁秋忽病疡竟卒，为正德戊辰」九月十二日，距其生正统辛酉八月一日，享年六十有八。卒之日，诸内外僚友、公卿士夫、暨官属军民老幼，悉皆奔走吊哭，行道之人」亦为流涕。讣闻，」上悼公历事 六朝、两京办事、公廉勤慎，赐谕祭者三，宝钞二万贯，斋粮、麻布各五十石，足造坟营葬，启建享堂，恩至渥也。节将以十」一月十五日扶柩葬于天阙之麓。公尝立兄珩之子为嗣，即节，读书好修，将跻腼仕。孙男三，曰仁，曰义，曰礼，孙女一，尚幼。乌呼！公自被」选迄今，掌机务五十余年，硕德重望，深沐隆 恩，此其所以坐镇庙堂而成丰功伟烈，屹为江南屏蔽。比其没也，囊无余赀，章章在人」耳目，又足以验其平日之清约，斯当代之伟人与！是宜铭，铭曰：」系公之生南闽陲，河岳秀孕璠玙姿。内廷被选成环奇，读书中秘侍 储帷。」龙飞从龙上天池，銮舆彩仗日相随。留都根本系安危，聿遣先往相时宜。」陵寝大内命修治，经营相度多猷为。指麾号令风雷驰，惠泽宣布雨露滋。功成不受费余赀，一念许」国衷在兹。掌司留钥非公谁，声色不动如山维。劳绩端受」九重知，南顾无忧仗保厘。」纶音屡降无愧词，马鬣高封恤典遗。允矣公名千禩垂！

一 郑强生平行迹事功

据墓志，郑强为福建同安人（今属福建厦门），生于明英宗正统六年（1441 年），卒于明武宗正德三年（1508 年）。郑氏为同安衣冠旧族，曾祖以下俱隐德不显，曾祖妣等为当地著姓大族。郑强生而端重不凡，甫九岁，即被选入内廷为宦官，并入学读中秘书。明代内廷宦官的教育机构在当时一般习称为"内书堂"。《明史·宦官传》载："初，太祖制，内臣不许读书识字。后宣宗设内书堂，选小内侍，令大学士陈山教习之，遂为定制。"[3] 经过内书堂的学习，郑强渐成伟器。天顺初年，英宗皇帝复辟，郑强被选入太子宫侍奉太子。天顺八年（1464 年）太子继位，是为宪宗，郑强因侍奉年久得以升为内官监太监，极受宠幸。按：宪宗为英宗长子，生于正统十二年（1447 年），土木堡之变后，被皇太后立为太子，景泰三年（1452 年）被废为沂王，天顺元年（1457）复立为太子。郑强被选入侍东宫时，年仅十七，被征选的原因可能与其参与夺门之变、迎立英宗复辟有关。更大的可能是，因为郑强年稍长于宪宗，且在内书堂有儒学的训导，其在东宫充当的角色，无外是太子的伴读伙伴或"豫教"的教师[4]。郑强八年东宫侍奉，朝夕与皇储相处，这种亲密关系成为郑强日后升迁的政治资本。成化十六年（1480 年），宪宗念及南京为根本重地，改郑强掌南京内官监事。成化二十年（1484 年），因修建皇陵之功，敕郑强守备南京机务。弘治元年（1488 年），孝宗命郑强督修南京内府诸库藏。弘治十八年（1505 年），正德皇帝即位之初，郑强在南京内官监太监任上与南京守备、司礼监太监傅容一道请求退职，因傅容年长郑强四岁，正德皇帝从傅容之请，而命郑强代傅容司礼监太监之职至终老。立兄珩子郑节为嗣，有三孙男一孙女。郑节为应天府学生，正德四年（1509 年）五月被擢为中书舍人，其另外二侄郑锐、郑仁被擢为南京锦衣卫世袭百户，守护郑强坟茔[5]。

郑强在北京、南京皆曾任内官监太监，在南京内官监任上，多次负责维修孝陵、皇陵。明代内官监"掌木、石、瓦、土、塔材、东行、西行、油漆、婚礼、火药十作，及米盐库、营造库、皇坛库，凡国家营造宫室、陵墓、并铜锡妆奁、器用暨冰窖诸事"[6]，因此，郑强既忝为内官监太监，修造宫室、皇帝陵寝自然为其分内之事。墓志举其要者三：

（一）督修南京孝陵。成化十七年（1481年）十二月，孝陵神厨火，焚毁宰牲亭[7]。墓志云郑强在壬寅年（1482年）修孝陵，当即修缮此次火灾所损坏的部分。时郑强与隆平侯张佑负责此次修缮，修缮人员全赖军士，所役军士以万计，因其协调处理得度，在不到一年的时间便修缮完毕。

（二）督修凤阳皇陵。按：此次修缮，史籍均记载为成化二十三年（1487年）。《明宪宗实录》记载："南京工部奏：修理皇陵并白塔寿春等王坟物料，宜行应天府，令上元江宁二县先以修理孝陵余银支给买用，不足则以本部寄贮芦柴银补之。其余处所，有出产者采用，无者给价买办。其夫匠仍旧分派中都留守司及直隶凤阳府起取。"事下工部，请如所议。诏"可"，且谓"皇陵重事，宜令太监郑强、平江伯陈锐、兵部侍郎白昂驰驿往督之"[8]。《国榷》卷四〇亦载："丁未，太监郑强、平江伯陈锐、兵部左侍郎白昂修孝陵、皇陵。"[9]实际上，凤阳皇陵在洪武十一年（1378年）建成后，永乐、正统、景泰、天顺年间经过多次修缮。至成化末年，皇陵建成已逾百年，陵垣殿宇，年久圮坏。《中都志》详细记载了这次修缮的过程："成化丁未敕南京守备太监郑强、平江侯陈锐、南京兵部左侍郎白昂提督修造。诸公会议，以中都根本之地，连岁灾伤，民不堪扰，且库庾空虚，供需不给。遂请于上，以合用物料、粮饷、工役之费，皆取之南京户、工二曹，又以兵曹巨舰百余转而输之。乃募工师六百、匠士千余，役夫四千有余，皆厚其工值，丰其廪饩，而课其章程……始计数年之功，甫及七月而毕……且规模宏丽，制作完美，有加于前焉。修陵及白塔王坟，通计所费募工办料及夫匠口粮，不过用银一万六千两有奇，米一万五千石有奇。"[10]与壬寅年修孝陵相较，此次修缮皇陵最大的变化是工匠的变化。是时凤凰灾荒，民不聊生。郑强等人通过"市谷赈饥，因役得赈"的方式，招募大量工匠，并且厚其工值，丰其廪饩。这与以前征发工匠、囚犯、军士劳役有了根本的变化，工匠的身份由供官府服役的匠户变成较为自由的雇佣劳动者。弘治元年八月，修皇陵功成，主事诸人皆得到孝宗"白金、文绮、宝镪"的赏赐[11]。

（三）督修南京内府库藏。弘治元年十一月，南京内府甲字等库火灾，烧毁大量房屋和物品。失火原因为内官夜宿其中所致[12]。郑强奉孝宗诏督修甲字等库。郑强一如既往，勤勉有加，不以事体之异少忽于孝陵、皇陵，得以成功。

除以上墓志所述诸事，郑强在成化二十年亦曾督修孝陵。外据王恕《复参赞机务转南京兵部尚书参赞机务谢恩疏》云："成化二十年五月十九日，节该钦奉敕命臣同守备太监张本，严督内外该管官员，查勘实在用工官军匠作，毋令空闲役占，计算在官物料并价银，及支给钱粮，毋令冒支妄费，仍逐日并工修造，早为完备。钦此。臣谨遵奉圣训，会同守备太监张本，并内外守备官，恭诣孝陵叩头讫，当同内外管工官太监郑强、隆平侯张佑、侍郎刘俊等遍历工所……"[13]可知，郑强为成化二十年修孝陵之事主事者之一。

郑强生而端重，因有内书堂的学习经历，其才华、能力在日常工作中得到很好的锻炼和提高，礼上驭下，剖析事宜，悉皆允当，在士卿大夫中享有极高声誉，是明代中期颇有令名的太监。墓志择其与同侪宦官、公侯、仆人之间数事彰显郑强为人处事之品德。

二　郑强墓地及坟寺享祠

　　明代宦官多崇信佛教，热衷于修建寺院，以参与佛事摆脱空虚压抑的精神窘境，以佛寺的自然空间安排百年后事。所谓"中官最信因果，好佛者众，其坟必僧寺也"[14]。作为明代宦官群体中的一分子，郑强在墓地的选择、安排上不出其外。弘治末年，郑强即为自己选择身后葬地于天阙之阳。天阙即牛首山，为明代南京宦官葬地之首选，先后发现有郑和、洪保等人的墓葬。郑强受此风气影响，先是买地于牛首山，构屋数楹，于隙地植树掘池，并不时游憩其间。其芝山之号得之于山上生长瑞芝。后即以其地为茔域，所构数楹房屋改为祠宇，弘治帝赐额"褒能"。武宗即位，复于祠旁构寺，赐寺额曰"成恩寺"，并赐制词，令僧人守护，成恩寺因此也成为郑强的坟寺。这种生前择地建寺，并以"祝延圣寿、祈福苍生"为名，请得寺额及护敕的做法，在明代南京地区的宦官坟寺中屡见不鲜[15]。其动机正如王廷相所言"假借佛宫垂不朽"[16]。

　　郑强葬地、坟寺、享祠的记载对于考证明代以来地方志和文人笔记的记载无疑提供了明确的材料。

　　成书于正德年间的《正德江宁县志》，因去郑强卒年不远，对郑强坟寺的记载最为准确。是书卷六记载：成恩寺，在县长泰北乡，正德三年守备南京司礼监太监郑公强建，赐今额，寺南公墓在焉，墓堂赐额曰褒能祠[17]。此与墓志所云基本一致。

　　郑强坟寺到了明代晚期开始出现多种记载，并多有讹误。成书于万历年间的《金陵梵刹志》记载有牛首山弘觉寺所统的小刹外承恩寺。其云外者，乃相对于城内三山街正统间大珰王瑾所舍宅而立的承恩寺而言[18]。《金陵梵刹志》云外承恩寺"在郭外，南城北乡。东南所去领弘觉寺五里，北去聚宝门三十里。正德间创"。寺有三门三楹，佛殿三楹，左伽蓝殿三楹，右祖师殿三楹，僧院一房，基址三十二亩，东至本寺塘，南至寺坟路，西至寺围墙，北至寺龙山。公产田地山塘共八十四亩二分五厘[19]。查《江宁县志》等诸志书，南城并无"北乡"的记载，此当为"长泰北乡"之省称。其地理位置正与成恩寺合。可知，《金陵梵刹志》中所谓的外承恩寺即成恩寺，"承"与"成"音近而字异。二者结合，可互补阙略和错讹，并可明了正德年间成恩寺的建筑全貌。

　　又，明末南京学者周晖在《金陵琐事》中记载郑强葬地有寺名白云寺，一名永宁寺，坟旁多名花异卉，有蕃卜花一丛，乃三宝太监西洋取来者，中国无其种[20]。此处记载郑强坟寺为永宁寺亦为讹误。据《金陵梵刹志》记载，南京有永宁寺和外永宁寺。永宁寺，在郭内都门外梅岗，原古名刹[21]。外永宁寺，在郭外南城安德乡。北去所统报恩寺十里，聚宝门十里。正德间创建，赐额[22]。所谓外者，亦是以郭为界，用以区分两座永宁寺而已。按《金陵梵刹志》记载，新亭崇因寺，在郭外南城安德乡，北去所统报恩寺十里，聚宝门十里。基址十四亩，东至赵科民田，南至王彦民田，西至赵指挥坟，北至新永宁寺山[23]。与外永宁寺地理位置比较，可知新永宁寺与外永宁寺实际上是同一座寺院，所谓新者，亦是为了与郭内永宁寺相区分。又《南畿志》卷七记载：崇因寺，在县南十五里石马山之阴……国朝太监丘得重建佛宇，尚书湛若水记。去二里有太监傅容所建永宁寺，侍郎罗玘有记[24]。根据这条记载，我们可以确知，上述外永宁寺、新永宁寺实际上是郑强墓志中所记载的南京守备、司礼太监傅容所建。罗玘《故南京守备司礼监太监傅公墓志铭》载："正德六年春三月十日葬南京守备司礼监太监傅公于昭功祠之阴、永宁寺之右，曰昭功、曰永宁皆上宠公赐额也。"[25]是可知周晖所记白云寺、永宁寺为傅容坟寺，与郑强无涉。而所谓郑强墓旁有蕃葡花（即前述"蕃卜花"）者，亦见于谈迁《枣林杂俎》中。是书中集《荣植》载"牛首山郑太监强墓，有蕃葡花"[26]。若此，则周晖止讹误郑强坟寺之名，而郑强墓旁有蕃卜花则所记不误。

三 志文中涉及的人物

郑强早年身为皇帝近臣，后又掌南都留钥，身居要位，故为撰述行状、墓志者皆为南都重臣。

撰行状者梅纯，字一之，驸马都尉梅殷之玄孙。成化十三年（1477 年）丁酉科举人，会试落第后入国子监读书。成化十五年（1479 年）秋七月，其父孝陵卫梅升卒，例当袭职，梅纯自陈欲下科再试，宪宗以其"勋戚之裔能有志科目特许之"。成化十七年中进士，授知定远县。后忤上官，补荫孝陵卫指挥使，正德元年（1506 年）署中都留守司副留守，正德二年自陈愿回原卫以便奉祀，复为孝陵卫指挥使。为人狷介，著有《损斋备忘录》二卷、《续百川学海》一百卷[27]。梅纯与郑节有同学之谊，其撰述郑强行状，亦当为应郑节之请。

撰文者何鉴，《明史》有传[28]。何鉴，字世光，浙江新昌人，成化五年（1469 年）进士。历官宜兴知县、四川左、右布政使、右副都御史、刑部侍郎、都察院左佥都御史。正德二年（1507 年）拜南京兵部尚书参赞机务，六年（1511 年）为刑部尚书。

书丹者宋恺，濠梁人，西宁侯宋晟裔孙，成化十一年（1475 年）二月袭西宁侯爵位，正德二年任南京协同守备兼领右军都督府事，并行奉祀孝陵礼[29]。

篆盖者李旻，浙江杭州人，字子阳，号东崖，成化庚子乡试、甲辰廷试俱为第一。弘治改元充经筵讲官，正德元年以太常卿掌国子祭酒事，正德二年任南京吏部右侍郎[30]。

上述诸人，因都有在南京任职的经历，与郑强份属同僚，极一时之选。李旻作为成化状元，其篆盖对于研究李旻书法亦为不可多得的珍品。

注 释

[1] 朱偰《金陵古迹图考》第十章《明代之遗迹》，第 186 页，中华书局，2006 年，

[2] 中国人民政治协商会议南京市江宁区委员会编《江宁历史文化大观》，第 325 页，南京出版社，2008 年。

[3] 《明史》卷三〇四《宦官一》，第 7766 页，中华书局，1974 年。

[4] 明代历朝有大臣或言官上书，请慎选内臣以豫教皇储之奏请。如《明经世文编》卷六二有马文升《题为豫教皇储隆国本疏》。

[5] 《明武宗实录》卷五〇，第 1146 页，正德四年五月，"以故南京守备太监郑强侄、应天府学生节为中书舍人，仍闲住；纳粟指挥锐及仁为南京锦衣卫世袭百户，守强坟墓，从其请也"，（台北）"中央研究院"历史语言研究所校勘本，1962 年。

[6] 《明史》卷七四《职官三》，第 1819 页，中华书局，1974 年。

[7] 《明宪宗实录》卷二二二，成化十七年十二月甲子条，第 3830 页，（台北）"中央研究院"历史语言研究所

校勘本，1962 年。

[8]　《明宪宗实录》卷二八九，成化二十三年四月辛未条，第 4883 页。

[9]　（清）谈迁《国榷》卷四〇，成化二十三年四月辛未条，第 2539 页，中华书局，2005 年。

[10]　（明）柳瑛《中都志》卷四，第 206 页，《四库全书存目丛书》史部第一七六册，齐鲁书社，1996 年。

[11]　《明孝宗实录》卷一七，弘治元年八月甲辰条，第 415 页，（台北）"中央研究院"历史语言研究所校勘本，
　　　 1962 年。

[12]　《明孝宗实录》卷二〇，弘治元年十一月丁卯条，第 468 页。

[13]　（明）王恕《王端毅公奏议》卷六《督修孝陵功完奏状》，转引自《明孝陵资料汇编（上）》，第 258 页，
　　　 中国文史出版社，2008 年。

[14]　（明）刘若愚《酌中志》卷二二《见闻琐事杂记》，第 195 页，中华书局，1985 年。

[15]　南京出土宦官墓志多有宦官所建坟寺之记载。如罗智所建静明寺"择僧住持，以祝延圣寿，祈福苍生"及
　　　 杨云所建普应寺"为国祝釐，为民祈福"等。

[16]　（明）沈榜《宛署杂记》卷二〇《书·志遗三》，第 256 页，北京古籍出版社，1980 年。

[17]　（明）王诰、刘雨纂修《正德江宁县志》卷六《寺观》，第 749 页，《北京图书馆古籍珍本丛刊》第 24 册，
　　　 书目文献出版社，1998 年。

[18]　（明）葛寅亮《金陵梵刹志》卷二三《承恩寺》，第 423 页，天津人民出版社，2007 年。

[19]　（明）葛寅亮《金陵梵刹志》卷三三《外承恩寺》，第 536 页。

[20]　（明）周晖《金陵琐事》卷一《蒼卜花》，第 58 页，南京出版社，2007 年。

[21]　（明）葛寅亮《金陵梵刹志》卷三五《梅岗永宁寺》，第 561 页。

[22]　（明）葛寅亮《金陵梵刹志》卷四一《外永宁寺》，第 591 页。

[23]　（明）葛寅亮《金陵梵刹志》卷四〇《新亭崇因寺》，第 583 页。

[24]　（明）闻人诠修、陈沂纂《南畿志》卷七《方外》，第 126 页，《北京图书馆古籍珍本丛刊》第 24 册，书目
　　　 文献出版社，1998 年。

[25]　（明）罗玘《圭峰集》卷一六《故南京守备司礼监太监傅公墓志铭》，《四库全书》本。

[26]　（清）谈迁《枣林杂俎》中集《荣植》943，第 463 页，中华书局，2006 年。

[27]　《明宪宗实录》一九二，成化十五年秋七月壬申条，第 3407 页；《明武宗实录》卷一一，正德元年三月丙
　　　 午条，第 360 页；《明武宗实录》卷三一，正德二年冬十月甲戌条，第 768 页；《明史》卷九七《艺文二》，
　　　 第 2385 页；《明史》卷九八《艺文三》，第 2433 页。

[28]　《明史》卷一八七《何鉴传》，第 4947 页。

[29]　《明史》卷一〇六《功臣世表二》，第 3169 页。

[30]　《明武宗实录》卷四九，正德四年夏四月辛卯条，第 1132 页。

本文原载《江宁出土历代墓志考释》，南京出版社，2011 年，此次略做修改。

明代左军都督府左都督刘聚夫人梁氏墓志浅释

贾维勇　张九文

2010 年 10 月，南京市博物馆在今南京火车站东北沈阳村一居民家中征集到一合明代墓志，志主为明代左军都督府左都督刘聚夫人梁氏。

据调查了解，此合墓志出土于 20 世纪 70 年代，当时有施工单位在沈阳村附近的一处荒坡上进行工程建设，此合墓志就搁置在推土机旁。由于历史原因，墓志的具体出土地点及墓葬情况已经不得而知。后来，墓志被一位居民运回家中，保存至今。南京市博物馆得知此墓志情况后，上门进行文物征集，从而使此墓志内容得以公之于众。

这合墓志近方形，边长 76 厘米。志盖四周饰云纹，阴刻篆书"左军都督」府左都督」刘夫人梁」氏墓志铭"4 行 16 字（图一）。志文阴刻楷书，33 行，每行字数不等，满行 34 字，共 844 字（图二）。录文如下：

明左军都督府左都督刘夫人梁氏墓志铭」
资政大夫南京吏部尚书剑江黄宗载撰文」
钦差驸马都尉广陵赵辉篆盖」
荣禄大夫柱国平江伯陈豫书丹」
夫人梁氏，讳慧清，顺天府宛平县人，羽林前卫指挥同知梁三翁之孙女，父志刚，母」崔氏。夫人生长名门，资禀纯美，父教母范，闲习见闻，父母□钟爱。年二十择所宜配，」以昭勇将军、金吾右卫指挥使刘聚气刚志锐，有将才，□□□□。时舅姑先逝，常以」不得奉养为恨。性颖敏，相夫甚得妇道。家事巨细，综理秩然，有条□紊。吉凶宾祭，庆」吊慰问，丰俭适中，人无过不及之。议阃门之内，雍然□□。永乐□□夏，将军」扈从北征，夫人亲□□粮，手自缝纫，随身器备，莫不毕□□□□□□曰宜尽忠厥职，」家门之事，毋烦患也。是年秋，捷还，以功进秩都指挥金事。□而□□」圣驾肃清沙漠，皆有劳绩。洪熙改元，适南京左府都督阙员，□其□□，以将军奉承」恩特擢都督金事，掌府事十有七年，事无玷缺者，夫人内助力也。尝语都督公曰："富不期」骄，禄不期侈。诸子虽生长将门，不读儒书，无以知古人得失，以为□□，乃相助延师」教之，束修供给，毋少缺乏。"正统六年，夫人遘疾，临终谓都督公曰："予妇人，无所建明，」惟守」国法，可保富贵。"又谓诸子曰："汝等务和睦，勤学业，毋坠家声，予瞑目矣。"言讫而逝。卒五」日，都督公」敕取赴京，充右副总兵，统领军马，同」钦差总督军务、兵部尚书王公征进麓川叛寇思任发，未克葬。正统七年，凯还」，钦赐银缎楮币，升左都督，命掌府事，荣莫大焉。至是乞归，将以正统癸亥五月十八日葬」于南京神策门外龙岗之原。夫人生于洪武庚午五月十三日，辛于正统辛酉正

图一　墓志盖拓片（1/5）

月」十九日，享年五十有二。子男四，长曰昱，随父征进麓川，有功，擢授府军卫副千户；次」曰昇，曰昂，曰昕；女一，妙祥，适都指挥使梁忠；孙男五，曰镝，曰铎，曰鏸，曰锜，曰□；孙女」二。呜呼！女妇之行，不求闻于人，然生有淑德，□而令名，自然垂于后矣。若夫人懿德」夙成，婉愉和顺，理家得宜，相夫有道，教子以正，母仪妇道，克备于己，见称于人，亦可谓贤矣。□宜铭，铭曰：」

　　猗嗟夫人，□淑贞纯。生于宦族，嫔于将门。既宜于家，相助由礼。」闺门之内，□绳综理。桓桓夫子，出类超群。内顾不忧，累立奇勋。」男冠女笄，爱之以德。男熟武经，女勤内则。期尔偕老，共乐时雍。」云胡不遐，遽尔长终。子哭萱惟，伤失贤母。夫断琴弦，哀失贤助。」郁郁龙岗，体魄归藏。褒赠有日，光贲泉乡。有丰其坟，有穹其石。我作铭辞，过者必式。

图二　墓志拓片（1/5）

　　志主梁氏，讳慧清，顺天府宛平县人，史无记载，羽林前卫指挥同知梁三翁之孙女，父亲梁志刚，母亲崔氏。梁慧清出生官宦之家，性情聪颖敏慧，从小深受父母疼爱。二十岁时，其父母见时任昭勇将军、金吾右卫指挥使的刘聚英俊潇洒，气质不凡，才华出众，遂将梁慧清嫁给刘聚。夫人共育有四子一女以及五个孙子、两个孙女。夫人相夫甚得妇道，她叮嘱丈夫富不期骄，禄不期侈，临终前仍在嘱咐丈夫只有遵守国法，才可保住富贵；夫人教子以正，不仅敦促子女勤读儒书，而且要求他们和睦相处。由于有了这样的贤内助，刘聚累建奇勋，在仕途上一帆风顺，最终成为一品大员。刘夫人生于洪武庚午（1390 年）五月十三日，卒于正统辛酉（1441 年）正月十九日，享年五十有二。其卒亡之际，因刘聚接到朝廷命令，征进麓川平叛，故当年没有下葬。直至正统癸亥（1443 年），刘聚凯旋，其夫人才于五月十八日葬于南京神策门外龙岗之原。

　　神策门为明代南京都城十三座城门之一，位于都城的东北，其门址至今仍存。神策门的北面原有一片连绵的丘陵高地，沈阳村位于神策门之东，乃因明代沈阳左卫、沈阳右卫在此驻军而得名。

需要说明的是，《明史》卷一五五有刘聚传记。此刘聚乃御马监太监刘永诚之侄，历任金吾指挥同知、都指挥佥事、都督同知、右都督等职。成化六年（1470 年），他以右副总兵的身份跟随朱永赴延绥追贼。在黄草梁遭遇埋伏，激战中伤及下颏，后部下拼死杀出一条血路才得以突围。随后，他与都督范瑾等在青草沟大败敌军。不久，刘聚因战功升至左都督，又因其叔父刘永成的关系特封宁晋伯。成化八年（1472 年）冬，刘聚替代武靖侯赵辅为将军，任陕西诸镇总兵。时敌寇入侵花马池，刘聚率副总兵孙钺、游击将军玉玺等将敌军击退，被授予世券。刘聚死后，赠宁晋侯，谥威勇[1]。

然而将此刘聚与墓志所载之刘聚进行比较，却发现存在以下几点明显差异：

（一）志载永乐□□夏，刘聚跟随永乐皇帝北征，捷还，以功进秩都指挥佥事。洪熙改元，承恩特擢都督佥事。由于志石风化，记录刘聚跟随永乐皇帝北征年代的字迹已模糊不清，但幸运的是，从残迹可知出征是在夏天，秋天捷还。文献载永乐皇帝总共五次北征，只有第二次北征（永乐十二年，1414 年）是在春末夏初时出征，秋天凯旋[2]。因此，从墓志记载上看，刘聚进秩都指挥佥事是在永乐十二年，洪熙年间又升为都督佥事。但《明史》则云刘聚因"「夺门功」，进都指挥佥事，复超擢都督同知"[3]。所谓夺门事件，又名南宫复辟，指景泰八年（1457 年）明代将领石亨、太监曹吉祥等拥明英宗朱祁镇复位的政变，以石亨等攻破南宫门，奉英宗升奉天殿复辟，故名。也就是说，《明史》本传中的刘聚是在景泰八年升为都指挥佥事，比墓志记载晚了 43 年。

（二）志载正统六年（1441 年），刘聚以右副总兵的身份领军马，同兵部尚书王公一起征进麓川，讨伐叛寇思任发。次年凯还，升左都督，命掌府事。然《明史》记载："（正统）六年，大举征麓川，命定西伯蒋贵为平蛮将军，都督同知李安、佥事刘聚副之，兵部尚书王骥总督军务。七年五月壬申，论平麓川功，进封蒋贵为侯，王骥靖远伯。"[4]这里未提及刘聚升至左都督。《明史》又载："成化六年（刘聚）以右副总兵从朱永赴延绥，追贼黄草梁。遇伏，鏖战伤颏，麾下力捍以免。顷复与都督范瑾等击寇青草沟，败之。永等追寇牛家砦，聚亦据南山力攻。寇大败，出境。论功进左都督，以内援特封宁晋伯。"[5]《明史》记载的刘聚升任左都督的时间比墓志记载的刘聚晚了 28 年，而且升任左都督的原因，墓志记载是征进麓川讨伐叛寇思任发所立军功，而《明史》记载是延绥战役所立军功。

（三）墓志记载刘聚有四子一女，分别名刘昱、刘昇、刘昂、刘昕，女名刘妙祥。刘昱随父征进麓川，有功，擢授府军卫副千户。女嫁都指挥使梁忠。《明史》虽未明确记载刘聚有几子几女，但所见子嗣名字与墓志记载不同："聚寻卒。赠侯，谥威勇。传子禄及福。福，弘治中掌三千营，加太子太保。卒，子岳嗣。卒，从子文请嗣。吏部言聚无大功，子孙不宜再袭。世宗不允，命文嗣。亦传至明亡乃绝。"[6]

仔细分析以上差异的根源，笔者发现，并非《明史》或墓志某一方面记载有误这么简单。

刘聚夫人卒于正统辛酉正月十九日，按照《明史》记载，刘聚此时的职位是金吾左卫指挥同知，景泰八年升为都指挥佥事，成化六年晋升左都督，显然在刘夫人的墓志中不应该出现左都督这样的官职，但是不仅志盖篆刻了"左都督刘夫人"字样，而且志文中更明确刘聚如何因战功而升为左都督。明代初年官阶等级十分严格，为刘聚墓志撰文的资政大夫、南京吏部尚书黄宗载，篆盖的钦差、驸马都尉赵辉，书写的荣禄大夫、柱国、平江伯陈豫，他们都是身份显赫的大人物，不会杜撰还不存在的内容。

而据《明史》刘聚本传得知，刘聚"以内援特封宁晋伯"，即因其叔父刘永诚的关系才被特封为"宁晋伯"。这里就有一个问题，据《明太宗实录》卷四七记载，刘聚青年时就是一位才俊，永乐三年（1405年）就以平定九门之战功被提拔为金吾左卫指挥使（正三品官）[7]，而《明史》则记天顺八年（1464年）刘聚方因夺门之功进为都指挥金事（正二品官），两者相差59年。无论是墓志记载，还是文献记载，刘聚升至左都督均因军功，一个既有军功又有内援的武将在人生黄金时段得不到提拔，而在暮年连续得到升迁，似乎有些不合常理。

再从年龄角度看，《明史》载刘聚卒于成化十年（1474年），未录其出生时间。墓志记载的刘聚夫人卒于正统辛酉，享年五十有二。刘聚此时也应该有五十多岁，作为武将，这个年龄升至左都督也属正常。而至成化六年，刘聚已年八十有余，这个年龄的武将还能拼杀疆场，建功立业，着实令人难以想象。

那么，为何《明史》中刘聚的记载与墓志的记载差距如此之大，难道另有一个同时代的左都督刘聚？笔者查阅文献，在《弇山堂别集》中找到一条重要线索：明代有两个左都督刘聚，一个是正统年间左都督，另一个为成化年间左都督、宁晋伯[8]。笔者将《明实录》中记载的刘聚事迹按年代进行梳理后再次发现，两个刘聚的人生轨迹迥乎不同。

据《明实录》记载，正统六年，刘聚以副总兵的身份随定西伯蒋贵征讨麓川叛寇思任发[9]。正统七年（1442年）凯还，旋因平定叛乱有功，晋升为左都督，并赏赐白金八十两、彩币八表里、钞五千贯[10]。而《明史》记载的左都督、宁晋伯刘聚，是御马监太监刘永城之侄，《明实录》载其景泰二年（1451年）由金吾左卫指挥金事升为指挥同知[11]。天顺五年（1461年），又从都督同知升为右都督[12]。成化元年（1465年），刘聚向朝廷奏请，叔父刘永诚年岁已大，愿辞去官职，专门侍奉其叔。皇帝准其所请，并仍给予俸禄[13]。由此可以看出，《明实录》记载的左都督刘聚和墓志记载的刘聚完全吻合，而与左都督、宁晋伯刘聚相去甚远。因此，可以肯定，这位正统左都督刘聚就是墓志所载之刘聚，和《明史》记载的左都督、宁晋伯刘聚是同名的两个人。

正统左都督刘聚是一位青年才俊，他在洪武三十五年（1402年）被任命为金吾左卫千户[14]，永乐三年以平定九门之功升为金吾左卫同知[15]，同年仍因此功擢升为金吾左卫指挥使[16]，洪熙元年（1425年），调任南京左府[17]。正统六年，又以副总兵的身份随定西伯蒋贵征讨麓川叛寇思任发。正统七年凯还，由都督金事擢升为左都督。

虽然刘聚深受朝廷赏识，但并非一帆风顺。正统六年，他以副总兵身份随定西伯蒋贵征讨麓川叛寇思任发时，由于对士兵管教不严，兵卒肆意掠夺，有驱人致死事件发生，都察院不仅据实上奏朝廷，甚至建议拘捕刘聚，以定其罪。幸得朝廷宽恕，没有深究[18]。正统七年，刘聚虽从麓川凯旋，但都察院再次上奏朝廷，要求追究刘聚治军不严之罪，仍被朝廷驳回[19]。正统十一年（1446年），太保、成国公朱勇上奏刘聚之子违反军纪，并下令捉拿入狱。刘聚检讨教子不当后仍被六科十三道交劾，但再次得到朝廷原谅[20]。正统十四年（1449年）十月，刘聚受命往福建作战，因在建宁城中酗酒作乐，并索要财物，导致城内外骚乱不断，被免左都督官衔[21]。不过，他在免官当月，即恢复冠带，以副总兵身份领兵杀敌[22]。同年十一月，兵部因缺少官员，重新任用刘聚为中军署都督金事[23]。景泰三年（1452 年），刘聚被提拔为都督金事[24]。天顺元年（1457 年），升为左都督[25]，从而达到仕途顶峰。

墓志载刘聚为左军都督府左都督。根据《明史·职官志》记载，朱元璋占领集庆（今南京）称吴王时，设立大都督府，节制一切军务。洪武十三年（1380 年）撤销大都督府，建立中、左、右、前、后五军都督府，每府设左右都督（官秩正一品）、都督同知（官秩从一品）、都督金事（官秩正二品）等[26]。刘夫人祖父为羽林前卫指挥同知，刘聚曾为金吾右卫指挥使。羽林前卫、金吾右卫皆为皇帝亲军，称为上直卫，共二十六卫，其中锦衣卫、金吾前卫等十一卫为洪武中设置。金吾右卫、羽林前卫等九卫为永乐中设置，余者为宣德八年（1433 年）设置。各卫设指挥使一人，正三品官，指挥同知二人，从三品官，指挥金事四人，正四品官，镇抚司、镇抚二人，从五品官[27]。

墓志由资政大夫、南京吏部尚书剑江黄宗载撰文。黄宗载，《明史》有传，初名黄垕，字原夫，江西丰城人。洪武三十年（1397 年）进士。一生清正廉洁，学问出众，曾奉命修《永乐大典》，历任行人司右司副、行人司左司副、行人司右司正、行人司左司正、湖广按察司金事、山东道监察御史、巡按交阯、贵州道监察御史、詹事府丞、吏部右侍郎、吏部左侍郎及南京吏部尚书等职位。正统九年（1444 年）七月卒于家，年七十九[28]。

墓志由钦差、驸马都尉赵辉篆盖。赵辉，字孟旸，别号存古道人，尚明太祖朱元璋幼女宝庆公主。其曾祖父赵省，曾任元平章，赠太保。祖父赵应在洪武初年以武功授陕西巩昌卫正千户，父亲赵和在永乐初年亦以武功授府军后卫正千户。在征战交阯时为国捐躯，赵辉继承了其父的官职[29]。明成祖即位时，宝庆公主才八岁，仁孝皇后像对自己女儿一般尽心抚养宝庆公主。赵辉虽非出生名门望族，成祖因其状貌伟丽，将宝庆公主下嫁予他。赵辉历侍永乐至成化七朝，历掌南京都督及宗人府事，家中生活奢侈豪华，姬妾多至百余人，享富贵六十余年，年九十[30]。

墓志由荣禄大夫、柱国、平江伯陈豫书丹。陈豫，字立卿，平江伯陈瑄之孙，《明史》陈豫传附其祖父《陈瑄传》中。史载陈豫好读书，行为谨慎，袭承祖父平江伯爵位。正统末年，福建沙县盗匪作乱，陈豫以副总兵的身份随宁阳侯陈懋分道讨伐平定盗匪。正统十四年因功进封侯爵。天顺七年（1463 年）卒，赠黔国公，谥庄敏，其子陈锐继承伯爵位[31]。

总之，左军都督府左都督刘聚夫人墓志的发现，补充了史料上对正统年间左都督刘聚的大量记载，对研究明代历史尤其是明代功臣事迹具有重要的学术价值。

注　　释

[1]　《明史》卷一五五《刘聚传》，第 4264 ~ 4265 页，中华书局，1974 年。

[2]　《明史》卷七《成祖纪三》，第 93 ~ 94 页。

[3]　同 [1]。

[4]　《明史》卷一○《英宗前纪》，第 131 页。

[5]　同 [1]。

[6]　同 [1]。

[7]　《明太宗实录》卷四七载"永乐三年冬十月癸亥朔，升金吾左卫千户赵信、杜刚、刘原、赵胜、王敬、刘聚、李得、张刚、方全、杨璟、姚成、刘亨、王兴、王信、崔义俱为本卫指挥同知……皆以平定九门功也"，

"甲申，复以平定九门功升金吾左卫指挥同知王敬、刘聚、李得、张刚、方全、杨璟、姚成、李亨、赵信、杜刚、刘原、赵胜俱为本卫指挥使"。(台北)"中央研究院"历史语言研究所校勘本，1962 年。

[8] (明) 王世贞《弇山堂别集》卷一六，中华书局，1985 年。

[9] 《明英宗实录》卷七五载："乙卯……命定西伯蒋贵佩平蛮将军印，充总兵官，都督同知李安充左副总兵，都督佥事刘聚充右副总兵，都指挥使宫聚充左参将，都指挥佥事冉保充右参将，行在兵部尚书兼大理寺卿王骥总督军务，统率大军，征讨麓川叛寇思任发。"(台北)"中央研究院"历史语言研究所校勘本，1962 年。

[10] 《明英宗实录》卷九二载："壬申，进封总兵官、定西伯蒋贵为定西侯，封总督军务、兵部尚书兼大理寺卿王骥为靖远伯，右副总兵、都督佥事刘聚为左都督，左参将、都指挥使宫聚右参将，都指挥佥事冉保俱为都督同知……赐贵骥各白金一百两、彩币十表里、钞万贯，聚、保各白金八十两、彩币八表里、钞五千贯……以平麓川叛寇功也。"

[11] 《明英宗实录》卷二一一载："升金吾左卫指挥佥事刘聚为指挥同知。"

[12] 《明英宗实录》卷三三一载："升都督同知刘聚为右都督。"

[13] 《明宪宗实录》卷一四在："后军都督府带俸右都督刘聚自陈叔父太监刘永诚年老愿辞所居官职，专意侍养。上命聚仍带俸侍养。"(台北)"中央研究院"历史语言研究所校勘本，1962 年。

[14] 《明太宗实录》卷一四载："戊申，升……汪文、刘仁、张礼、李双儿、黄真、李海、刘聚、关隆、徐五、金得金吾左卫千户。"

[15] 《明太宗实录》卷四七载："升金吾左卫千户……刘聚、李得、张刚……俱为本卫指挥同知……皆以平定九门功也。"

[16] 《明太宗实录》卷四七载："甲申，复以平定九门功，升金吾左卫指挥同知王敬、刘聚、李得、张刚、方全、杨璟、姚成、李亨、赵信、杜刚、刘原、赵胜俱为本卫指挥使。"

[17] 《明仁宗实录》卷一〇载："洪熙元年，命宁阳侯陈懋、安顺伯薛贵子孙皆世袭其爵，升都指挥同知娄鬼里、严宣、都指挥佥事刘聚、吴守义俱任左府，严宣任右府，刘聚任南京左府。"(台北)"中央研究院"历史语言研究所校勘本，1962 年。

[18] 《明英宗实录》卷七九载："征麓川，兵卒肆掠南京市，有殴人至死者。都察院上其状，且劾总兵官刘聚、监察御史曹玮不严钤束。事下行在都察院，请先收殴人者论以军法，俟师还，然后逮聚等罪之。上是其言，复降敕戒聚等俾悉心钤束，如再蹈前非，连其统帅坐之，虽有功不宥。"

[19] 《明英宗实录》卷九二载："都察院劾奏都督佥事刘聚发军南京不严纪律，请治其罪。上以在赦前不问。"

[20] 《明英宗实录》卷一四一载："太保、成国公朱勇奏左军都督府左都督刘聚之子以马鞯及扇散给营中官军，征求银货，且役军人造私居第。命执其子下狱。聚自陈失于教训，六科十三道交劾其贪虐欺罔。上命宥聚不问。"

[21] 《明英宗实录》卷一八四载："免左都督刘聚、右佥都御史张楷官。聚、楷之征福建也，敛兵建宁城，日以吟诗酣酒为乐，且大索府卫金帛。城中骚然，致有城外贼徒打劫、城内京官打劫之谣。及闻邓茂七诛，始进兵延平。楷复教聚伪造征夷将军印，妄报子应麟及家人擒贼功。浙江余寇复发，命还兵讨之。未平，又妄以平奏。至是还朝，六科十三道交劾之，故命免官。"

[22] 《明英宗实录》卷一八四载："宥广宁伯刘安罪，命顾兴祖、刘聚俱复冠带。安充总兵官，兴祖、聚充副总兵，俱领军杀贼。"

[23] 《明英宗实录》卷一八五载："复以顾兴祖为左军都督，同知刘安为右军都督，同知刘聚为中军署都督佥事，同罗通、杨俊修塞沿边边隘。时兴祖等俱坐罪落职，兵部以缺官巡关请复起用，故命有是命。"

[24] 《明英宗实录》卷二一六载："复刘聚为都督佥事。"

［25］　《明英宗实录》卷二七三载："升……都督金事刘聚俱为左都督。"

［26］　《明史》卷七六《职官志五》，第 1857～1858 页。

［27］　同［26］，第 1860 页。

［28］　《明史》卷一五八《黄宗载传》，第 4309～4310 页。

［29］　南京市博物馆《江苏南京市南郊两座大型明墓的清理》，《考古》1999 年第 10 期。

［30］　《明史》卷一二一《太祖十六女之宝庆公主传》，第 3667 页。

［31］　《明史》卷一五三《陈瑄传》，第 4206～4210 页。

《南京司礼监等衙门太监等官义会碑》考释

龚巨平

宦官政治是明代政治史的重要组成部分之一，南北两京均有二十四衙门宦官机构设置。众多宦官的存在，为两京留下了大量的历史文化遗存。其中宦官墓葬和宦官捐资修建的寺院，是研究明代宦官的重要资料。南京新出土的《南京司礼监等衙门太监等官义会碑》对于研究南京地区明代宦官文化提供了新资料，具有一定的史料价值[1]。今不揣浅陋，试为考释，以期引起相关研究者的关注。

一

《南京司礼监等衙门太监等官义会碑》2001 年出土于南京雨花台风景区梅冈北麓，现立于雨花台风景区内，与方孝孺墓毗邻。碑由碑额、碑身、碑座三部分组成，通高348 厘米。碑额高浮雕云凤纹，中间镌刻"皇明"二字，篆书；碑身高246、宽94、厚23 厘米，镌刻碑铭；碑座高84、宽94、厚42 厘米，布满纹饰。碑文记载有宦官的名讳、籍贯，录文如下：

王公讳章号龙山保定府雄县人
王公讳弼号双泉顺天府霸州人
党公讳存仁号义庵西安府华阴县
舒公讳忠号毅庵顺天府遵化县
赵公讳继暹号义斋河间府任丘县

刘公讳登号晋庵保定府新安县
赵公讳秀号忠斋保定府高阳县
贺公讳贵号秦川关中咸阳县
王公讳德号四桥真定府槁城县
马公讳龙号海峰顺天府大成县
张公讳宽号龙江顺天府霸州人

□公讳□号□关中咸阳县
孙公讳相号南溪顺天府霸州人
王公讳守谦号岐山关中咸宁县

李公讳科号乐庵顺天府保定县
刘公讳尚忠号思云湖广承天籍锦衣人
朱公讳相号玉泉保定府容城县

图一　《南京司礼监等衙门太监等官义会碑》拓片（1/12）

　　刘公讳芳声号瑞吾顺天府东安县

　　李公讳奉号歧山关中咸阳县

　　杨公讳安号□江南阳府郑平县

　　刘公讳玉号昆山保定府清远县

　　李公讳荣号钦轩

　　周公讳元诏号御亭顺天府宝坻县

　　李公讳国祥号瑞吾顺天府宛平县人

　　刘公讳进朝号松山顺天府顾安县人

　　杨公讳奉号玉山

　　朱公讳有光号明斋西安府咸阳县

　　仔细研读碑铭和拓片可以发现，碑铭中存在三处改刻的痕迹。第三排"□公讳□号□关中咸阳县"原刻为"王公讳守谦号歧山关中咸宁县"；第三排"王公讳守谦号歧山关中咸宁县"原刻为"李公讳奉号歧山关中咸阳县"（第四排即是）；第四排"李公讳奉号歧山关中咸阳县"原刻字迹不明，未详。这种改动，或与宦官的衙属、级别相关，存疑待考。另，碑铭中"顾安"当为"固安"[2]。

二

　　《南京司礼监等衙门太监等官义会碑》碑额镌刻"皇明"，表明碑刻年代为明代，但碑文并未记述具体年代。所记述太监名姓，大多数未见诸文献记载，给我们判定碑刻具体年代带来一定困难。下面试从碑文所记述的宦官名讳、籍贯，结合相关文献，对碑刻年代做进一步的推定。

　　宦官虽为刑余之人，但因身处深宫，日日与皇帝相随从，其言行好恶足以影响皇帝视听，甚者可以通过皇帝影响朝政，故宦祸为历代帝王所禁忌。明朝立国之初，太祖朱元璋鉴前代得失，置宦者不及百人[3]。洪武二年（1369 年）八月，明太祖晓谕吏部定内侍诸司官制，对宦官人数有严格限制，"不过以备使令，非别有委任。可斟酌其宜，毋命过多"[4]。其为宦者，亦多战俘、罪囚和边地幼童。即如余继登所谓"祖宗以来，凡阉割火者，皆罪极之人，或俘获之虏"[5]。及至景泰以后，宦者日多，数量激增。嘉靖时期"所役殆数万人"[6]。万历年间"内府二十四监棋布星罗，所役工匠厨役、隶人、圉人，以及诸珰僮奴亲属不下数十万人"[7]。此间，宦官来源较之于明初也有了很大的变化，多数为私阉以求进者，并蔚然成风。明人何乔远言及明代宦官现象时说："祖宗朝宦侍皆出俘房罪囚，至景泰中乃有自宫求进者，暂置之罪，竟得收用。自是甸畿之民，以至山东齐、鲁、关、陕之间，其希图避徭役以幸富贵者，家有数子，辄一阉之，名曰净身男子，上书求用，至以千数，以无所付托，流为弃人乞子者，亦属矣。"[8] 顾炎武《日知录》卷九《禁自宫》记载："景泰以来，乃有自宫以求进者，朝廷虽暂罪之而终收以为用，故近畿之民畏避徭役，希觊富贵者，仿效成风，往往自戕其身及其子孙日赴礼部投进，自是以后日积月累，千百成群，其为国之蠹害甚矣。"[9]

碑文中记载宦官 27 人，其中有名讳者 26 人（一无名讳者，当为重刻王守谦），除 2 人籍贯不详外，其余 25 人中顺天府 10 人、保定府 5 人、河间府 1 人、真定府 1 人、西安府 6 人、湖广 1 人、南阳府 1 人。北直隶所统之顺天、保定、河间、真定四府共 17 人，占总人数的半数以上。以上述宦官来源的变化和相关研究成果[10]，可知，此碑上的宦官应为明正德以后人士。

碑铭中的宦官，据碑铭首题可知俱为南京司礼监等衙门太监。名讳可考者甚寡。今稽诸文献，对其中数人考证如下。

党存仁，其见诸记载的主要活动时间在万历时期。万历二十九年（1601 年）四月为芦政太监，七月为南京内官监太监[11]。其在南京的宅邸位于今南京市游府西街一带，明清时期因党存仁宅邸所在，称为党公巷[12]。党存仁笃信佛教，今南京栖霞山三圣殿前焦竑于万历二十七年（1599 年）所撰《栖霞寺修造记》中，提及党存仁捐资缮修栖霞寺之事[13]。

王德，所见资料活动于嘉靖、万历时期。曾为守备凤阳右少监、太监[14]。嘉靖时期，因参与修缮孝陵，诏封赏[15]。

赵秀，其名见于天宁寺嘉靖乙酉铜钟；李奉见于嘉靖十年（1531 年）玄东六门佛堂铜钟、太监铸道教钟、正德己巳铜钟、天宁寺嘉靖乙酉铜钟；杨奉见于天宁寺嘉靖乙酉铜钟、太监铸道教钟、正德八年（1513 年）三十五佛钟；杨安见于天宁寺嘉靖乙酉铜钟[16]；刘进朝、孙相、王弼的名讳见于万历九年（1581 年）乔应春撰《新建护国报恩千佛寺宝像碑记》碑阴宦官名录中[17]。

据上述可知，碑刻年代在万历年间。

三

据《酌中志》卷一六《内府衙门职掌》载"凡内臣稍富厚者，预先捐资摆酒，立老衣会、棺木会、寿地会。念经殡葬，以为身后眼目之荣"[18]可知，"会"是宦官间的互助组织。而所谓"义会"者，亦多见于明代中晚期宦官墓志。兹就笔者所见，例列如下：

《明故内官监太监韩公墓志铭》（韩锡）："葬以卒之年八月初七日，墓在南城弘法禅林，乃公之义会地也。"[19]

《明故御马监太监署乙字库事栖岩刘公墓志铭》（刘忠）："于殁年五月十五日，扶公枢于都城西香山慈感庵义茔之原，以为葬焉。"[20]

《针宫局处局事御马监太监徐公寿碑铭》："预见茔所，与客同乐，杯酒云乎，礼让雍雍。忽思身后之事，则寿域安定关外永安庄义会之原，建立碑铭，不可无文书勒于石，立于寿堂之前后，俾之观者有所考云。"[21]

《故奉御云山王公碑记》碑额题写"皇明"，碑文载："公名下韩朝等卜吉旦，扶公枢出宣武门之南宝应寺义会佳城　　以葬焉。"[22]

《重建古刹千佛寺碑记》："翁临终遗语，继增千佛殿、廊庑、方丈、僧舍，聘其同官同众僚友义会，偕入寿茔。朋合资财，协济工费。在义会者，昆山张公暹、东湖孟公暹等数余人，慨然义美，共纳己资。"[23]

根据以上碑（志）文分析，所谓"义会"，是宦官集体出资，为筹办身后丧葬、坟地卜建等事宜设立的互助团体。《南京司礼监等衙门太监等官义会碑》即是宦官们集体为营建葬地而立的碑刻。

既然《南京司礼监等衙门太监等官义会碑》出土于雨花台梅冈，我们可以认为雨花台附近当有大量宦官墓葬的存在，雨花台岗埠存在至少一处宦官丛葬地，墓地周围也应该有宦官营建的香火寺院存在。

南京雨花台是南京城南最大的岗埠。早在六朝时期，即被视为南京城南锁钥，地理位置极为重要。六朝以来，即有佛教寺院建筑于此。明代，出南京城南门，雨花台一带寺院林立，民间有"出了南门尽是寺"之说。不独寺院，自六朝以降，历代名人墓葬亦多择地于此。

就与宦官相关的墓葬及坟寺而言，雨花台一带已经发现的宦官墓葬有葬于德恩寺侧的杨云墓[24]、葬于古塔院的南京司礼监左监丞梁端墓[25]、葬于雨花台东首养回红村的内官监太监郑山母季氏墓和南京尚膳监金事幸福母刘氏墓[26]。这几处墓葬地点均与碑刻出土地点相近，足可资证雨花台一带存在一处宦官丛葬地。《南京司礼监等衙门太监等官义会碑》所记的宦官墓葬及坟寺有待将来的考古发现证实。

注　释

[1]　南京市文化广电新闻出版局编《南京历代碑刻集成》，第 192 页，上海书画出版社，2011 年。

[2]　《明史》卷四〇《地理志一》，中华书局，1974 年。

[3]　《明史》卷三〇四《宦官一》。

[4]　《明太祖实录》卷四四，洪武二年八月己巳条，（台北）"中央研究院"历史语言研究所校勘本，1962 年。

[5]　（明）余继登《典故纪闻》卷一四，第 251 页，中华书局，1997 年。

[6]　（明）沈德符《万历野获编》补遗卷一《内监内府诸司》，第 812 页，中华书局，1959 年。

[7]　（明）沈德符《万历野获编》卷二四《畿辅内市日期》，第 612 ~ 613 页。

[8]　（明）何乔远《名山藏》卷二，第 5447 页，江苏广陵古籍刻印社，1993 年。

[9]　（清）顾炎武《日知录》卷九，《四库笔记小说丛书》，第 617 ~ 618 页，上海古籍出版社，1992 年。

[10]　郑威《试析明代宦官籍贯的分布与变化》，《中国历史地理论丛》2004 年第 4 期。

[11]　《明神宗实录》卷三五八，万历二十九年四月丙戌，"诚意伯刘世延疏劾瓜仪税监暨禄、芦政太监党存仁，乞速逮二臣，籍其臧私不报"，第 6686 页，（台北）"中央研究院"历史语言研究所校勘本，1962 年；《明神宗实录》卷三五八，万历二十九年七月丙申朔，"南京内官监太监党存仁，劾诚意伯刘世延参论事，并劾世延及其子尚义侵占芦洲等事"，第 6734 页。

[12]　《同治上江两县志》卷五《党公巷》条云"以内监党存仁名"及《金陵待征录》卷三《党公巷》云"以内监党存仁名"。参见盛敏耕《轩居集》。按，存仁能上书请罢榷役，称曰"党公可也"。

[13]　同 [1]，第 181 页。

[14]　《明世宗实录》卷五一，嘉靖四年（1525 年）五月甲申，"户部言，顷者守备凤阳右少监王德，欲令经过盐商照引挂号，切谓盐法之禁甚为严密，迩来商贾，安便无事"，第 1292 页，（台北）"中央研究院"历史语言研究所校勘本，1962 年；《明世宗实录》卷五二，嘉靖四年六月己丑朔，"守备凤阳太监王德，乞更换敕书兼管凤、庐、淮阳、徐、滁、和地方事"，第 1297 页。

[15]　《明世宗实录》卷一九五，嘉靖十五年（1536 年）闰十二月己卯，"有男子朱学者，自言为宸濠第三，母

赵氏，育于钟氏。当濠发难时，甫四岁，未名。濠败，学舅氏赵贤者，自舟中员之，亡命，私命名学，挈之往来河南、山陕间。学长，稍自恣。贤惧为累，弃之去。学闻母赵在高墙，诣霍丘县。陈状，欲见母。守臣以闻，诏下验实。太监王德讯之赵氏、钟氏，其庚申及体中瘢志良。于是法司议宜如濠第宸潜、烈，禁住高墙。从之”，第4136页；《明世宗实录》卷二一三，嘉靖十七年（1538年）六月壬戌，“孝陵工完，诏赏镇远侯顾寰、永康侯徐源、太监潘镇、王德、萧通、南京兵部尚书王轨、南京工部尚书蒋瑶”，第4388页。

［16］ 于弢《皇城的晚钟》，首都师范大学出版社，2008年。

［17］ 北京图书馆金石组编《北京图书馆中国历代石刻拓本汇编》第五十七册，第64页，中州古籍出版社，1990～1991年。

［18］（明）刘若愚《酌中志》卷一六《内府衙门职掌》，第124页，北京古籍出版社，1994年。

［19］ 北京图书馆金石组编《北京图书馆中国历代石刻拓本汇编》第五十五册，第79页。

［20］ 嘉靖甲寅年立碑（1554年）资料见《北京香山明太监刘忠墓》，《文物》1986年第9期。

［21］ 同［17］，第69页。

［22］ 北京图书馆金石组编《北京图书馆中国历代石刻拓本汇编》第五十八册，第167页。

［23］ 同［17］，第63～64页。

［24］ 周裕兴《由南京地区出土墓志看明代宦官制度》，《明清论丛》第一辑，紫禁城出版社，1999年。杨云墓志藏南京市博物馆。

［25］ 北京图书馆金石组编《北京图书馆中国历代石刻拓本汇编》第五十三册，第28页。

［26］ 南京市博物馆等《新发掘的南郊几座墓葬》之《两方明代铭刻》，《南京史志》1996年第1期。

《明故徐季昭妻赵氏墓志铭》考释

陈大海

徐季昭妻赵氏墓志由南京市博物馆于 2008 年在建邺区富春江路旁的一处工地内采集。发现时，志身已断裂为 3 块，志盖只存一角，原出土位置不详。经拼合，七百余字志文几无缺损。志主赵氏与其夫徐季昭均未见文献记载，志文也未提及重大史事，但涉及到一些历史人物且书体俊秀，于文史不无裨益。而撰者在赵氏墓志铭中所述"请铭"一事，可从撰者本人事例考察，恰能反映明代中期"持币请铭"的社会现象。现将墓志录文如下（图一）：

明故徐季昭妻赵氏墓志铭｜
赐进士及第朝列大夫南京国子祭酒前翰林学士同修国史兼｜经筵讲官晋陵王鏊撰｜
从仕郎中书舍人檇李罗麟书丹｜
进升朝列大夫四川督学山东提刑宪司金事吴兴王麟篆盖｜

吴人徐季昭居南京，以医术鸣。南京士大夫多往来季昭所，必款洽｜终日，厚具苛留，期尽欢乃已。方是时其妻赵氏在中馈，烹肥击鲜，为｜佳设，出美醖，以佐欢。其有无丰俭，一不以烦季昭。故季昭座上客益｜众，而不为子玉之懈，岂惟其客主之贤，亦赵氏有以顺承之也。赵氏｜归季昭六十又七年，生四男六女。既毕婚嫁，季昭益日以无事，优游｜燕嬉以待老。以成化三年卒。后五年辛卯九月丙戌赵氏亦卒，春秋｜八十有三矣。季昭之客往吊之，相与感昔游，而兴永叹，谓虽古贤淑｜不是过，而今已矣。其何以激流俗而仪刑于闺阃哉。至于邻姬里媪｜亦相与齎咨涕洟，怀令仪而道盛福，谓寿考今终，宜若无遗憾矣。临｜贫穷患难愿将何赖以赈恤于州里哉。盖其平生能推有济无，饥寒｜之资，吉凶之具，其所施予虽多而不吝，至老而不衰，亦其性然也。赵｜氏讳妙安，姑苏赵廷珪女。母林氏。始生而敏慧，父母极怜爱之。既长｜而开明，而性尤勤服姆教。女红之暇，略涉书史。择对而归，以养舅姑。奉祭祀卒，相夫子以亢徐宗，信乎。隋王通氏所谓男女之族各择德｜焉。后世专尚门阀，以缔言禧褥者岂不为大谬也哉。男曰坦，卒；曰坚；｜曰壁，卒；曰垣。女适曹萱、陆禧、王原、陆琼、伊桼、朱枋。孙男镒、铨、镒、铢、钺、｜镛、钦。是岁闰九月辛酉，葬江宁县安德乡之原，祔季昭氏先茔垣介。｜予姻臧琰以浙人金荣德所为述内行来泣拜请铭。盖垣能绍父志，｜以世其业。观其汲汲焉，惟恐其亲有善不传，以图存于予。可知其为｜贤子矣。为之铭，铭曰：古称女妇之行，以顺为正，以义为至，配适君子，俾式彰其誉，贻厥｜胤祚，俾克延于世。呜呼！赵氏其殆，庶几乎是矣。

图一　墓志拓片

据志文所载，赵氏与其夫徐季昭俱吴人，居南京。赵氏卒于成化八年（1472 年），寿八十三，当生于洪武二十三年（1390）。徐季昭与其婚姻长达六十七年，亦当生于洪武时期。夫妇二人可谓居承平之世，享高寿，多子孙。卒葬江宁县安德乡之原，墓志出土地点当属此域。志言徐季昭以医术鸣，未提仕官经历，可能只是南京的一名医士，又因热忱好客而与南京士大夫有交往。志称赵氏贤妻良母，乐善好施。尤提及妇德外的处事能力，面对座上客益众，志文用"而不为子玉之懈"[1]来称赞其调节、掌控中馈的能力；何赖以赈恤州里，因其能"推有济无"。撰者后引隋思想家王通《中说》中的经典语句，发表了对婚姻的看法，实放诸今日亦有可取。

撰者，王㒜，《明史》无传，仅于《艺文志》中载所著《毗陵志》四十卷[2]、《思轩集》十二卷[3]。事行见于《国朝献征录》等明人著述[4]。按：王㒜（1424～1495 年），字廷贵，常州武进人。景泰辛未（1451 年）进士及第，天顺癸未（1463 年）转侍讲侍皇太子于东宫，成化纪元（1465 年）迁左庶子兼侍讲，寻阽学士掌南京翰林院事，起为南京国子祭酒，官至南京吏部尚书，卒赠太子太保，谥文肃。史称王俨"风采凝峻"，多为当时显宦撰写碑铭，《王文肃公集》和《明名臣琬琰录》中就收录多篇。而于近年考古中竟也发现其撰写的碑铭，如 2003 年江宁秣陵出土的《明故处士陈公 鞠 庄 铭》。赵氏墓志铭由身为南京国子祭酒的王俨撰写，应为南都地区一时之选。而史称志文书人罗麟"性敏善书"，篆者王麟"诗文、楷书，妙绝一时"[6]，可见二者也都是名噪一时的书法家。

徐季昭、赵氏夫妇无可述背景，所提往来士大夫并不具名，应属于中产之家，其子徐垣为赵氏请铭于王俨似颇费周折。据撰者述，是其姻亲臧琰拿着浙人金荣德所述赵氏行状来请铭的，其间辗转相托之人必不在少数，庶可想见孝子徐垣汲汲之状。赵氏墓志反映的这种实情也只是当时求名士赐铭风气下典型的一例罢了。

明代葬制，士庶皆可使用石志。明初墓志行文朴实，但风格逐渐演变为侈言溢辞，歌颂志主和家族功德的同时，也成了生者引为炫耀、攀比的事物，遂有托请名人制文书丹甚至不惜重金者。今举本志撰者王俨二例足可证。一为《万历野获编》记"邱文庄填词"条："……因南太宰王俨为端毅作《王大司马生传》，称许太过，遂云：'若有豪杰驳之，祸且不测。'"[7]此条无意间透露王俨在为人作传时也会不吝美辞，甚至称许太过。二为《江南通志》一则纪闻："童轩性寡合，不妄取。子虽贵，家人衣食不给。王恕为巡抚，有所馈，亦不受。毗陵王俨知其介，不敢馈。值有持礼币求文者，因谓曰：'童尚书文胜予，可往求之。'至则童问曰：'汝自来乎？抑有使之者乎？'其人以王尚书对。遂却而不纳。"[8]童轩官至南京礼部尚书，与王俨同僚。此纪闻或可说明向王俨持币求文者当有不少。观志主赵氏，实可称一略有德识的家庭主妇，但铭文不惜笔墨，比之古贤淑，仍有太过。由二事观之，撰者也难逃收受礼币之嫌。又《殿阁词林记》中，传者认为王俨家"有陶朱猗顿之风"，称其"居家侈靡"，感叹"何其豪侈绮丽至此极也！"若此，甚又怀疑撰者润笔甚富。

注　释

[1]　"子玉之懒"疑从楚蒍贾评令尹子玉治军衍来，曰："子玉刚而无礼，不可以治民，过三百乘，其不能以入矣。"后子玉果于城濮之战兵败自杀。参见杨伯峻《春秋左传注》，第 445 页，中华书局，1981 年。

[2]　《明史》卷九七《艺文二》，第 2407 页，中华书局，1974 年。

[3]　《明史》卷九九《艺文四》，第 2470 页。《思轩集》又名《王文肃公集》。

[4]　王俨传见（明）焦竑《国朝献征录》分册"卷一九至卷三六"，《续修四库全书》，第 388 页，上海古籍出版社，2002 年；（明）廖道南《殿阁词林记列传》，《明代传记丛刊》，（台北）明文书局，1991 年；（明）过庭训《本朝分省人物考》，《明代传记丛刊》。

[5]　杨李兵《江宁区博物馆藏明陈瑄家族墓志考》，《东南文化》2010 年第 2 期。

[6]　二人均见录于（清）倪涛撰《六艺之一录》卷三六四"历朝书谱"，文渊阁《四库全书》本。

[7]　（明）沈德符《万历野获编》，第 641 页，中华书局，1959 年。

[8]　《江南通志》卷一九五《杂类志》"纪闻一"，文渊阁《四库全书》本。

明庞景华、徐妙宁夫妇墓志考

骆 鹏

　　明庞景华、徐妙宁夫妇墓志铭，出土情形不详，20 世纪末由南京市文物研究所征集，后移交南京市博物馆入藏。2010 年，笔者有幸参加了《南京历代碑刻集成》一书碑刻注释部分的撰写工作，得以见到庞景华、徐妙宁夫妇二人的墓志拓片[1]。庞景华并无官职，但其身份特殊，是一位天性至孝的孝子，其孝行上闻朝廷，并受到朝廷旌表，其事迹也为《明英宗实录》所采录。此外，庞景华墓志的撰写、书丹、篆盖者也都是位高权重的高官勋贵。从某种意义上说，中国历代均提倡以孝治天下，孝子在社会上往往有较高的身份，受到普遍的尊重，明代也不例外，而庞景华正是明代孝子的一个代表。庞景华、徐妙宁夫妇二人的墓志包含了一个孝子家庭的家族传承、社会关系等信息，并反映了明代中叶思想变迁、时局变动等社会背景，具有一定的历史价值。笔者遂将两块墓志一一抄录，酌加标点，并对墓主及相关的人、事略作考释，供有兴趣之学者参考。

一　庞景华墓志

　　庞景华墓志方形，盖面阴刻篆书"旌表孝行庞公之墓"。志文阴刻楷书，首题为"旌表孝行庞公墓志铭"，次刻"赐进士及第正议大夫资治尹南京礼部侍郎前翰林学士侍」文华殿讲读直东阁兼修国史钱唐倪谦撰文"、"赐同进士出身资德大夫正治上卿南京吏部尚书广□崔恭书丹"、"敕命」孝陵王祀事驸马都尉维扬赵辉篆盖"，次刻正文 28 行，满行 34 字，志石下部部分风化。录文如下：

　　公讳景华，字宇春，别号松云，世为吴之松陵人。曾祖积之、祖升甫、父彦恭俱有隐德。」洪武间以产殷徙京师，占籍应天，今为上元人，居长安街西。彦恭号安分，平生行履见侍□□」公庠所撰墓志；母吴氏，有懿德。公幼有至性，方九龄。彦恭殁，即知哀毁。母孀居守节，□训」有方，屏膏沐，躬俭素，脱簪珥以市书籍，遣公就学里塾，归则课其所业。公佩慈训，力学不」懈，人以为非是母无是子也。比长，为娶妇徐，服从姑命，勤于纺绩织纴，家因以饶，孝养□」腆，母心安且乐焉。宣德戊申，母尝得疾，贴危，公汤药必亲尝，夜则稽颡北辰，以□□□□」作，乃刲股为糜以进，疾果瘳。又尝作痢，刲股如初，尝粪甜苦，语其妻曰：粪苦，母不□□□」复瘳。尝至龙潭江浒，时大风，舟多覆，见有溺水起附舟□者十六人。公即捐金购□□□」□救之，赖以全活。丹阳道上有井，夜行不知者多失坠。公见而病之，为命工凿石为□□」护。其拯济多类此。天顺戊寅春，邻火爇近所居，乃吁天曰：吾母老矣，愿留此终余年。□□，」风及火息，人皆以为孝感所致。母寿九十余，有司以其事闻，天顺己卯」诏旌其门，曰"孝行"，复其家丁役。成化初纂修」实录，尝采其行迹以进。母至九十三而终，公号恸□绝，衣衾棺殓悉合于礼。太史安□□□」生时为铭其墓，葬凤台门外安德乡王家山之原，与父合窆。遂庐墓侧，朝夕哭奠。□□□」十余人欲发其墓，闻其哭声曰：此孝子也。遂各遁去。有慈乌集于松柏，灵芝产于□□，□绅多为诗文美之。成化丁亥，府尹王公弼、江宁县丞廖公此清举其孝廉，不起，乃□□□」请预乡饮，乡人慕之。成化乙未二月二十六日以疾卒，卒时取纸笔述身后事以遗，□□」享年六十有五。生于永乐辛卯三月十五日。娶徐氏，有贤行，克勤内助。子男四：拯娶□□；」抚娶朱氏，抚卒，朱守节；拱娶梅氏；抡娶王氏，抡以儒士荐供事南京礼部将授以官。□□」一，祐；孙女三，长适陈铠，余在室，诸子卜以是 年 六月初八日举柩祔葬祖茔。奉礼部□□□」张汝正所述行实来请铭。呜呼！人之行莫大于孝，景华孝于亲者如是，其于子道□□□宜，」朝廷旌之为世劝也，可无铭乎！铭曰：」生事葬祭，孝亲终始，孰能尽之，曰庞孝子。嗟嗟孝子，发于一诚，病不惜□，」葬则守茔。谓天莫亲，乃息延燎，谓人巨测，乃止强暴。乌栖芝苗，瑞□□□，」扶危拯难，孰非此仁。名迹上」闻，有诏旌表，双桓在门，于以劝孝。嗟殒其寿，不殒其名，曾闵往矣，公□□□。」□山之藏，既安且固，过者式之，孝子之墓。

庞景华，字宇春，别号松云，世家吴之松陵，洪武初以富户徙京师，遂为上元人。庞景华九岁丧父，然生性孝友，乐善好施。墓志中记载了庞景华一些行善施舍之事，并详细描述了其孝养母亲的事迹，多溢美夸张之辞。如母疾则刲股以进，尝粪甜苦；母卒则庐于墓侧，朝夕哭奠，诸如此类。庞景华生于永乐辛卯（1411 年），卒于成化乙未（1475 年），享年六十有五。天顺己卯（1459 年）以孝闻，受朝廷旌表，曰孝行。

庞景华墓志撰文者倪谦，字克让，号静存，上元人。正统四年（1439 年）进士，授编修，奉使朝鲜。天顺初累迁学士，因黜权贵，谪戍开平。宪宗诏复旧职，参与编修《英宗实录》，累迁南礼部尚书致仕，年六十五卒，赠太子少保，谥文僖，著有《朝鲜纪事》、《倪文僖集》等[2]。此墓志收录于《倪文僖集》卷二九，题为《旌表孝行庞公墓志铭》[3]。《国朝献征录》卷一一二亦收此墓志，唯不载庞景华家室情况及铭文[4]。今以出土庞景华墓志拓片（以下简称《志》）对照《倪文僖集》卷二九所录庞景华墓志（以下简称《集》），校读如下：

（一）《志》第 3 行"方九龄，彦恭殁"；《集》作"彦恭殁，方九龄"。

（二）《志》第 4 行谓庞景华幼就学时其母吴氏"脱簪珥以市书籍"；《集》作"粥簪珥以市书籍"，其"粥"疑当为"鬻"。

（三）《志》第 5 行"娶妇徐"；《集》作"娶妇徐氏"。

（四）《志》第 6 行"宣德戊申"；《集》作"宣德戊辰"。

（五）《志》第 7 行谓吴氏"又尝作痢"，庞景华"刲股如初，尝粪甜苦，语其妻曰"；《集》作"刲股如初，复尝粪甜苦，谓其妻曰"。

（六）《志》第 9 行"丹阳道上"；《集》作"又丹阳道上"。

（七）《志》第 10 行"乃吁天曰：吾母老矣，愿留此终余年"；《集》作"乃吁天曰：吾母老矣，愿天留此终余年"。

（八）《志》第 11 行"风及火息"；《集》作"风反火息"。

（九）《志》第 13 行"母至九十三而终"；《集》作"母至九十有三而终"。

（十）《志》第 13、14 行"太史安□□□生时为铭其墓"；《集》作"太史安成彭先生为铭其墓"。

（十一）《志》第 16 行"廖公此清举其孝廉，不起"；《集》作"廖公世清欲举其孝廉，不果"。

（十二）《志》第 17 行"乡人慕之"；《集》作"乡人墓之"。

（十三）《志》第 18 行"娶徐氏，有贤行"；《集》作"配徐氏，有贞行"。

（十四）《志》第 20 行"长适陈铠……是年六月初八日"；《集》作"长适陈某……是年三月十六日"。

（十五）《志》第 21 行"张汝正所述行实"；《集》作"张惩所述行实"。

（十六）《志》第 24 行"孝亲终始"；《集》作"事亲终始"。

（十七）《志》第 26、27 行"扶危拯难……名迹上闻"；《集》作"拯危济难……至行上闻"。

（十八）《志》第 27 行"曾闵往矣"；《集》作"曾闵虽往"。

上述异同，除了由于传抄、刊刻过程中难以避免的托讹衍误外，尚有几处值得留意，现略识如下：

《志》第 6 行书"宣德戊申"，而《集》作"宣德戊辰"，而宣宗由丙午年（1426 年）开始，至乙卯年（1435 年）结束，并未有戊辰年，当系倪谦撰志文时笔误。《志》第 16 行"……举其孝廉，不起"，《集》作"……欲举其孝廉，不果"，可见墓志云庞景华举孝廉不起并非实情，盖其家人腴美之辞。而庞景华瘗葬时间，《集》作"是年三月十六日"，《志》则作"是□六月初八日"，应系其后人镌志纳圹之际据实以改。庞景华之长孙女所适，《集》作"陈某"，《志》则补添为"陈铠"。另，庞景华行实撰写者，《志》作"张汝正"，《集》作"张惩"，或张惩字汝正，可补史料之阙。张惩，南京礼部铸印局副使，父张绪，字廷端，常熟人，性豪放，笔法端劲，善画竹，《倪文僖集》卷二七有《恩荣官张廷端墓表》[5]。倪谦与张绪交情最恰，为张惩长辈，故直呼其名。

庞景华母吴氏墓志铭撰文者，《志》作"太史安□□□生时"，而《集》作"太史安成彭先生"，未提及其名，由此可知其彭先生为彭时。彭时，字纯道，号可斋，江西安福人，《明史》卷一七六有传。正统十三年（1448 年）进士第一，授翰林院修撰，天顺年间入内阁兼翰林院学士。成化初进兵部尚书，修《英宗实录》，成后加太子少保，兼文渊阁大学士，累官吏部尚书。年六十卒，赠太师，谥文宪，著有《可斋杂记》、《彭文宪集》等[6]。查诸《彭文宪集》，未见吴氏墓志铭[7]。倪谦亦于成化初参修《英宗实录》，而彭时任《英宗实录》总裁，为倪谦上级，故倪谦在《集》中称彭时为"太史"，并避其名讳。庞景华后人则在镌志纳圹之际增补"时"字，以达到攀附勋贵、自提身价的目的。

书丹者崔恭，字克让，广宗人。正统元年（1436 年）进士。授户部主事，历莱州知府、湖广右布政使、江西左布政使、吏部右侍等。成化年间进南京吏部尚书，后参赞机务，卒赠太子少保，谥庄敏[8]。篆盖者驸马赵辉，其父以千户从征安南，阵没，辉袭父官，永乐中守金川门。赵辉状貌伟丽，尚太祖最幼女宝庆公主。凡事六朝，历掌南京都督及宗人府事，主孝陵祀。1995 年南京市博物馆曾发掘赵辉墓，出土有墓志[9]。2009 年发掘宝庆公主墓，亦出土墓志[10]。

庞景华卒于成化乙未年，时崔恭为吏部尚书，赵辉则主孝陵祀，均位高权重，而为一孝子墓志铭书丹篆盖，其原因与庞家家产殷实不无关系，还与天顺三年朝廷旌表庞景华孝行以为世劝，以及成化初纂修英宗实录采其行迹以进有关。据《明英宗实录》天顺三年九月丁未记载："旌表孝子庞景华、节妇奚氏等一十二人。景华，应天府上元人县人，蚤丧父，事母孝。母久病痢，景华尝粪味甘，哀号呼天，乞以身代，母疾遂瘳。邻弗戒于火，景华抱母号呼，所居左右前后俱灼烬无余，独母卧室三间无恙，人咸以诚孝所感。旌其门曰：孝行。"[11]《明英宗实录》所载庞景华事迹与墓志所记基本相同，唯景华尝粪一事略异，实录谓"味甘"，景华"乞以身代"。盖实录以二十四孝之"尝粪忧心"为蓝本，对庞景华尝粪之事进行了渲染。

二 徐妙宁墓志

徐妙宁墓志方形，盖面阴刻篆书"明故庞孺人徐氏之墓"（图一）。志文阴刻楷书，首题为"明故庞孺人徐氏墓志铭"，次刻"赐进士出身奉训大夫山东登州府宁海州知州前刑部主事南康邓存德撰文"、"赐进士第中宪大夫南京太常寺少卿掌南京尚宝司事长沙黄鈇书丹"、"奉直大夫南京右军都督府经历乡贡进士衡阳黄玺篆盖"，次刻正文30行，满行32字（图二）。录文如下：

图一 徐氏墓志盖拓片（1/4）

图二　徐氏墓志拓片（1/4）

孺人讳妙宁，姓徐氏，旌门庞孝子景华之正室。寿考令终，孤哀子拱，衰绖拜予门赟｜陈尹侯仲仁所述状请铭其墓。景华别号松云，孝行诚笃，著于旌典，详见大宗伯倪｜先生之志。名称□情，孺人实左右之，宜称为孝妇。妇之诚孝，风化所关，可不备书为｜世道劝？按状，洪武初庞自松陵、徐自姑苏俱以同右徙京师，占籍应天，为上元人，世｜有隐德。松云之考讳彦恭，生松云，九龄而孤，与孀母吴硕人更相为命。而天性至孝，｜孺人及笄，闲姆教修女事，父彦祥母董氏特钟爱之，教以内则女诫诸篇，皆知大义。｜及择佳婿，遂礼而嫔于庞。入门事孀姑，恪循妇职，勤于内助，奉甘旨，躬纺绩，节妄费，｜事无擅为，一顺乎夫子。家日丰裕而孝养益隆，姑甚安之。宣德戊申姑遘疾，松云访｜求医药，忧惶失措，孺人侍左右供汤液，夜以继日，匡助其弗逮。及疾甚，松云夜□于｜天，刲股肉作糜以进，姑服之顿愈。疾忽再作，复刲股如初，乃瘳。孺人悲感交集，思以｜身代。有司上其事，｜诏旌其门。是虽子职，然行不独成，孺人咸厥功焉。子妇叶心，吴乃康裕以臻上寿，至九」旬又三乃终。送终之际，哀痛彻于穹壤而丧葬无违礼。松云痛念罔极，庐于墓左，孺」人率诸子综理家务，俾无内顾忧，而永终誉。岁乙未松云翁亦卒，孺人号恸绝而复」苏者三。饬诸孤襄事以礼，咸易两尽。孀居余二纪，玉节皎如，付诸务于子若妇，终日」焚香诵经，训育孙曾而已。性乐施与，赒恤贫匮，寡言慎动，行懿纯如也。享高寿臻九」十，以是弘治辛酉闰七月四日考终于后寝，生永乐壬辰二月六日。卜以是岁八月」十有五日庚申奉枢扵江宁县安德乡王家山之原，合葬于松云翁之宅兆，礼也。子」男四，长拯、次抚，妇张氏、朱氏，俱先卒；拱娶梅氏，承厥家；季抡娶王氏，精篆古之学，累」官江西袁州府知事，绩满候除。孙男四，曰佑、曰祖，拱出也；印京，庠生，抡出也。朱氏、包」氏、金氏，孙妇也。拯之子礼，从玄教于神乐观。孙女四，陈铠、唐宗、谢纶、卢以成，皆孙婿」也。曾孙男二，曰玺、曰琳。嗟夫！孝者百行之首，万化之原也。松云翁以是孝而成其名，」徐孺人以是孝而配其德。宜其仰承」□典，俯垂庆泽，拱克振于家，抡报勤于国。孙曾鼎盛，又芝举兰苗也。况彝伦名教，关系」非轻，正当刻之贞珉，以垂不朽。铭曰：赫赫旌门，孝子不匮。有淑斯人，」维德之配。子痛姑疾，吁天刲股。周旋左右，中心良苦。姑以寿终，」子庐于墓。经理厥家，俾无内顾。行修于内，乃兴于仁。乐善好施，」坤顺之贞。庆泽所钟，延于世世。诗礼之兴，芝兰之裔，称妇称母。」维慈维孝，厚乎伦彝。裨乎风教，百岁之后。归且同宂，双璧深藏。」□耿烨□，岿对若堂。云树苍苍，揆之前烈，德耀共姜。

徐孺人，讳妙宁，庞景华之正室。据墓志，洪武初徐家自姑苏以富户徙京师，占籍应天为上元人。徐氏嫁入庞门后生子男四，恪守妇职，勤于内助，家日丰裕而事孀姑益隆。孀姑病重而庞景华刲股事母，孺人则悲感交集思以身代之。成化乙未庞景华卒，孺人号恸绝而复醒者三。徐孺人生于永乐壬辰（1412年），终于弘治辛酉（1501年），享年九十，是年与庞景华合葬于江宁县安德乡王家山之原。

徐妙宁墓志的撰者是邓存德，根据其具衔可知邓存德曾任刑部主事，后改任山东登州府宁海知州，属京官外任。邓存德外任的原因在《明宪宗实录》中有详细记载：成化十二年（1476年），僧录司右善世道坚纵其徒戒澄盗卖度牒，时任刑部主事的邓存德发现后向刑部尚书董方告发，要求治道坚等人之罪。董方欲暂缓其事，邓存德于是擅自上奏，董方遂言邓存德率意妄为，请调之外任，随后邓存德与道坚俱下狱。此案最终不了了之，道坚被无罪释放，而宪宗认为邓存德违例具奏，被参提后又不服罪，难以胜任京职，故降为山东宁海州同知[12]。由此可知，邓存德最初调往山东登州府宁海州所任的是宁海州同知，而墓志前面的具衔是宁海州知州，即邓存德在弘治年间已由同知升为知州了，此可补史料之阙。

综合庞景华、徐妙宁墓志铭，夫妇二人育有四子：长子庞拯，娶张氏，生庞礼；次庞抚，娶朱氏；次庞拱，娶梅氏，生庞佑、庞祖；次庞抡，娶王氏，生庞印京。另有孙女四，分别嫁与陈铠、唐宗、谢纶、卢以成。值得注意的是，在庞景华众多子孙中，其孙庞礼"从玄教于神乐观"。按：神乐观为明太祖于洪武十二年（1379年）所建，位于郊祀坛西，属太常寺，掌祭祀天地、神祇及宗高、社稷时乐舞，由提点、知观等官主管，掌管着一定数量的乐舞生和道士[13]。洪武初，乐舞皆选用道童，后乐生用道童，舞生选用军民俊秀子弟；洪武十三年（1380 年）又诏公侯及诸武臣子弟习乐舞之事。实际上，有明一朝，乐舞生大多都是由道士充任的。乐舞生每年有一定数额的米麦衣布配给，并有时节赏赐，而太常寺官员也往往从乐舞生中选拔，有些甚至成为礼部要员[14]。由此可见，乐舞生具有一定的身份地位，对于普通家庭来说，能够进入神乐观当乐舞生是一种荣耀。但墓志中并未提及，故庞礼在神乐观所司是普通道士之职，还未成为乐舞生。

又，明代对于出家者的身份有严格的限制，只有获得国家发放的度牒，才能正式成为合法的僧人、道士。明太祖规定："民年二十以上者不许落发为僧，年二十以下来请度牒者，俱令于在京诸寺试事三年，考其廉洁无过者，始度为僧。"[15]永乐年间，成祖又把儿童出家限年在十四岁以上、二十岁以下[16]。此后历代皇帝在此基础上多有调整，如天顺二年（1458 年）五月英宗命"今后有愿为僧者，务从有司取勘，户内三丁以上、年十五以下，方许出家"[17]。而进入神乐观当道士就更难了，神乐观道士例有定员，不足则度道士补足，也就是说只有在神乐观道士不足的情况下才有可能进入神乐观，可以说是可遇不可求。

庞景华卒于成化乙未年，墓志上未见庞礼之名，应是还未出生；徐妙宁卒于弘治辛酉，始见庞礼之名，据此可推测徐氏死时庞礼应在二十岁左右。综合庞家的家境条件，庞礼出家为道士均在朝廷政策的允许范围内。又，成化二十一年（1485 年），曾大规模度南北两京神乐观道士共六百五十人[18]。此时庞礼年幼，尚不足十岁，很有可能就是抓住此次机会进入南京神乐观的。

神乐观与明王朝的祭祀仪式关系密切，在各种大型礼仪中承担唱礼、奏乐、舞蹈等重要职能。有关神乐观中道士的来源及其身份背景，史料中均语焉不详。庞氏夫妇墓志铭包含了庞氏家族完整的家庭背景、社会关系等信息，对于研究该问题或许会有一些帮助。

注　释

[1]　徐妙宁墓志见南京市文化广电新闻出版局编《南京历代碑刻集成》，第 130、131 页，上海书画出版社，2011 年。由于各种原因，庞景华墓志未收入该书。

[2]　（明）彭华《彭文思公文集》卷五《倪公神道碑》，《四库存目》集部第 36 册，齐鲁书社，1997 年。

[3]　（明）倪谦《倪文僖集》卷二九《旌表孝行庞公墓志铭》，《四库全书》本。

[4]　（明）倪谦《庞公景华墓志铭》，《国朝献征录》卷一一二，第 4938 页，上海书店 1986 年影印本。本文所引《国朝献征录》中的内容，皆据该版本，下不另注。

[5]　（明）倪谦《倪文僖集》卷二七《恩荣官张廷端墓表》，《四库全书》本。

[6]　《明史》卷一七六《彭时传》，中华书局，1974 年；（明）商辂《彭公时神道碑铭》，《国朝献征录》卷一三，第 423、424 页。

[7]　（明）彭时《彭文宪集》，《四库存目》集部第 35 册。

[8]　《明史》卷一五九《崔恭传》。

[9]　王志高、张九文《三山驸马墓》，《南京史志》1997 年第 5 期。

[10]　龚巨平《明宝庆公主墓葬的清理及明代公主墓葬制度分析——兼释赵伯容墓志》，《东南文化》2011 年第 1 期。

[11]　《明英宗实录》卷三〇七，天顺三年九月丁未，第 6473、6474 页，（台北）"中央研究院"历史语言研究所校勘本，1962 年。本文所引《明实录》内容，皆据该版本，下不另注。

[12]　《明宪宗实录》卷一五六，成化十二年八月癸酉，第2843、2844页。

[13]　《明太祖实录》卷一二二，洪武十二年二月戊申，第1975页；佚名《金陵玄观志》卷一三明太祖《敕谕神乐观》，《续修四库全书》史部第719册，第182、183页，上海古籍出版社，1995年。

[14]　《明太祖实录》卷一二八，洪武十二年十二月癸亥，第2031页；李东阳等《大明会典》卷二二六《神乐观》，第2980、2981页，广陵书社，2007年。

[15]　《明太祖实录》卷一八四，洪武二十年八月壬申，第2711页。

[16]　《明太宗实录》卷二〇五，永乐十六年冬十月癸卯，第2109页。

[17]　（明）倪岳《青溪漫稿》卷一三《止给度疏》，《四库全书》本。

[18]　《明宪宗实录》卷二六九，成化二十一年八月辛卯，第4547页。

后　记

　　《南京文物考古新发现》是南京文物考古工作者展示最新考古发现与研究成果的重要平台，其第一辑于 2006 年 1 月由南京出版社出版，第二辑于同年 12 月由江苏人民出版社出版。此次推出的第三辑，交由文物出版社出版，我们希望在这个国家级的平台上，向全国同行汇报，并做广泛交流。

　　本辑汇聚的 26 篇考古简报和 12 篇论文全部由原南京市博物馆考古部奋战在考古一线的同志们完成。其中的一位作者——张九文先生，在为考古事业奉献了近 30 年之后于去年离去，未能看到本书付梓，令人追思。本书的策划由华国荣、王志高、祁海宁负责，最终的审定工作由胡宁、祁海宁完成。考古部马涛、岳涌、周保华等同志在本书组稿、校对过程中承担了大量工作，文物出版社王霞、戴茜两位女士为本书的顺利出版付出了大量心血，特此感谢。

　　南京是一块蕴含丰富古代文化遗产的"宝地"。伴随着城市飞速发展的脚步，近年来新的考古发现层出不穷。2014 年 4 月，在南京市委、市政府的关心下，南京市博物总馆成立，原南京市博物馆考古部随之升级，成立了南京市考古研究所。今后我们将利用更加完善的组织架构，以更加科学化、专业化的要求，把南京的文物考古工作推上一个新台阶！

祁海宁
2014 年 5 月

1. 大圩东村土墩墓出土陶鼎（M1：3）

2. 大圩东村土墩墓出土印纹硬陶瓮（M1：1）

3. 大圩东村土墩墓出土陶钵（M2：9）

4. 大圩东村土墩墓出土陶豆（M2：2）

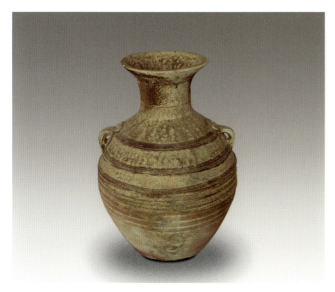

5. 六合四中汉墓出土釉陶壶（M1：15）

6. 江宁滨江汉墓出土釉陶瓿（M2：7）

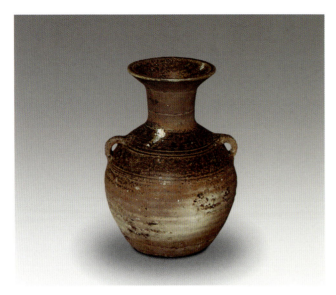

7．江宁滨江汉墓出土釉陶壶（M2：6）

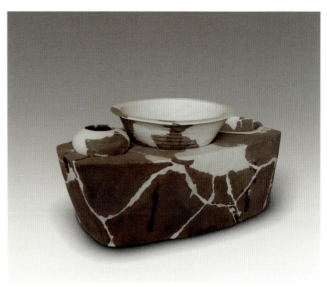

8．江宁滨江汉墓出土陶灶（M2：16）

9．曹家边M1出土铜釜（M1：18）

10．曹家边M1出土铜镬（M1：21）

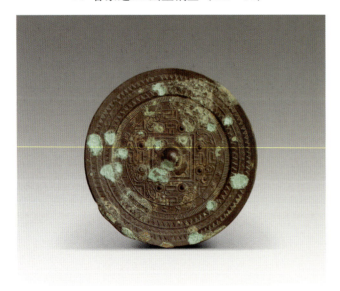

11．曹家边M1出土铜镜（M1：6）

12．曹家边M2出土玉眼罩、玉塞（M2：4、3、5）

13. 前郑家边M1全景

14. 前郑家边M2全景

3

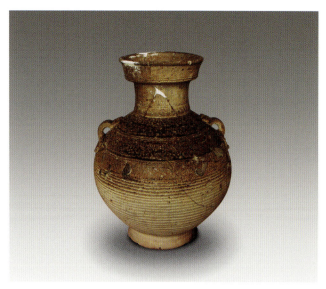

15．前郑家边M1出土釉陶壶（M1：10）

16．前郑家边M2出土釉陶壶（M2：10）

17．前郑家边M2出土釉陶仓（M2：12）

18．前郑家边M2出土铜带钩（M2：3）

19．大光路孙吴墓出土青瓷盘口壶（M2：8）

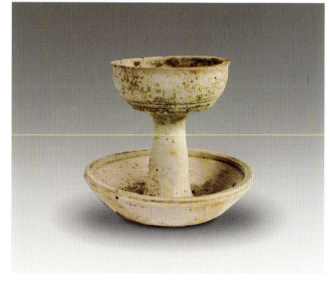

20．大光路孙吴墓出土青瓷灯（M2：12）

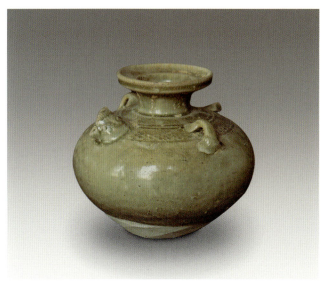

21．沧波门M1出土青瓷鸡首壶（M1∶8）

22．沧波门M1出土铜三足盆（M1∶9）

23．沧波门M2出土青瓷蛙形水注（M2∶4）

24．沧波门M2出土陶猪圈（M2∶23）

25．沧波门M3出土青瓷盘口壶（M3∶5）

26．沧波门M3出土青瓷虎子（M3∶6）

27．谷里端村西晋墓出土陶窖井盖

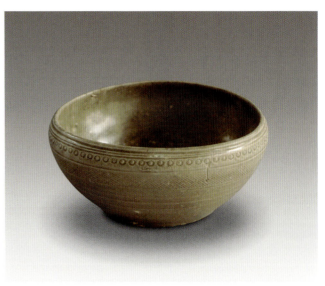

28．谷里端村西晋墓出土瓷钵（M1：2）

29．冯村西晋墓出土青瓷狮形插器（M1：3）

30．冯村西晋墓出土青瓷鸡首壶（M1：7）

31．冯村西晋墓出土铜镜（M1：14）

32．甘家巷东晋墓出土青瓷盘口壶（M1：2）

33．甘家巷东晋墓出土青瓷钵（M1∶10）

34．甘家巷东晋墓出土滑石猪（M1∶6）

35．卡子门M12全景

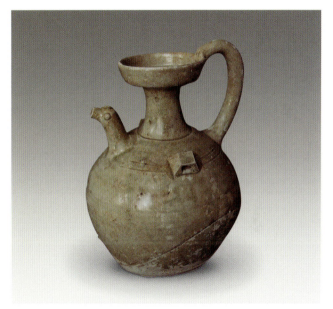

36．高盖村M2出土青瓷鸡首壶（M2∶1）

37．高盖村M2出土青瓷砚（M2∶6）

38．高盖村M2出土铜唾壶（M2：2）

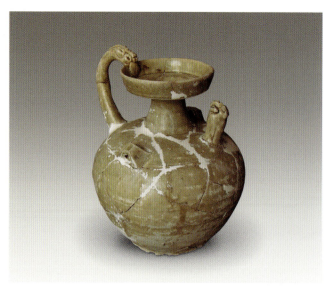

39．高盖村M3出土青瓷鸡首壶（M3：13）

40．高盖村M3出土青瓷鸡首壶（M3：12）

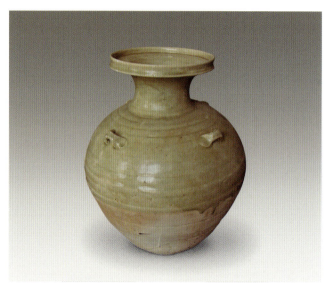

41．高盖村M3出土青瓷盘口壶（M3：9）

42．高盖村M3出土青瓷唾壶（M3：1）

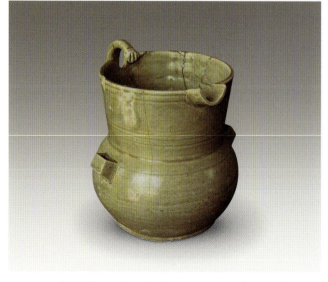

43．高盖村M3出土青瓷附鋬带流罐（M3：2）

44．华为软件园M101全景

45．华为软件园M101出土陶男立俑（M101：15）

46．华为软件园M101出土陶女立俑（M101：16）

47．华为软件园M101出土青瓷盘口壶（M101：8）

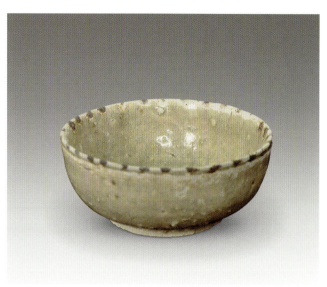

48．西善桥M23出土瓷碗（M23：25）

49．西善桥M23出土瓷唾壶（M23：1）

50．西善桥M24出土瓷盘口壶（M24：2）

51．龙山茶厂M1出土陶男俑（M1：1）

52．龙山茶厂M1出土陶女俑（M1：5）

53．南京卫校晓庄校区M1全景

54．南京卫校晓庄校区M1出土瓷盘口壶（M1：2）

55．南京卫校晓庄校区M1出土陶俑（M1：15）

56. 侯家塘唐墓出土瓷盒（M1：2）

57. 明延安侯太夫人施氏墓出土金饰件

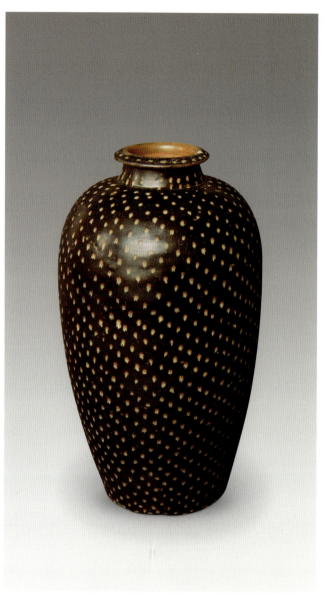

58. 石子岗宋墓出土吉州窑梅瓶（M1：1）

59. 明延安侯太夫人施氏墓出土金辅弼

60. 明延安侯太夫人施氏墓出土金冥钱

61. 明代通济门瓮城遗址发掘区全景

62. 明代三山门瓮城南垣墙基外侧（南侧）

63．颜料坊工地明代古井出土陶香炉（J7：1）

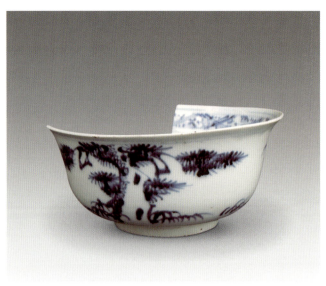

64．颜料坊工地明代古井出土青花瓷碗（J7：8）

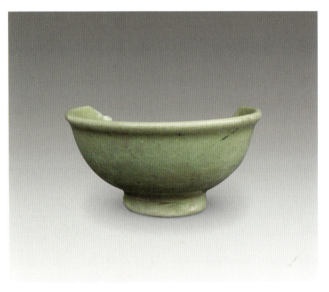

65．颜料坊工地明代古井出土青瓷碗（J7：19）

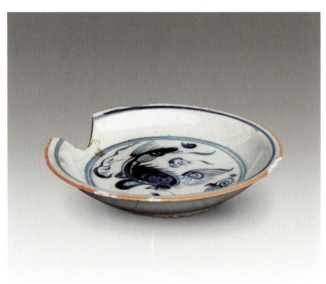

66．颜料坊工地明代古井出土青花瓷盘（J7：12）

67．颜料坊工地明代古井出土泥塑像（J7：6）

68．颜料坊工地明代古井出土泥塑像（J7：16）

69. 明航海侯张赫墓（M1）全景

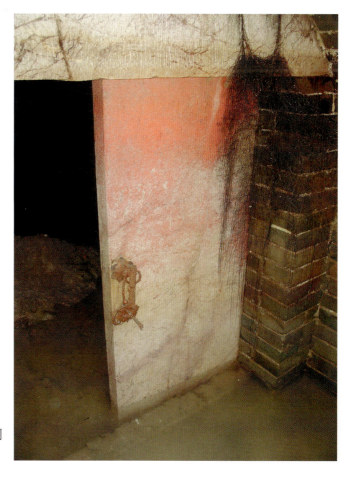

70. 明航海侯张赫墓（M1）石门

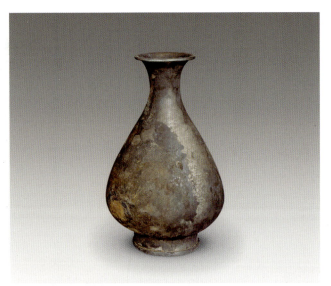

71. 明航海侯张赫家族墓出土银玉壶春瓶（M3:2）

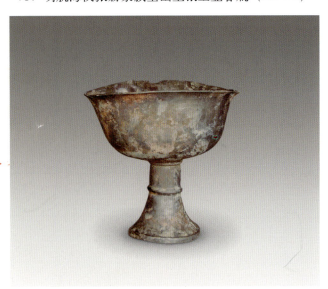

72. 明航海侯张赫家族墓出土银高足杯（M3:7）

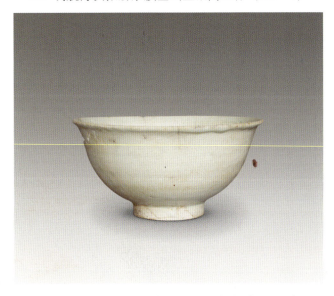

73. 明航海侯张赫家族墓出土白瓷碗（M4:2）

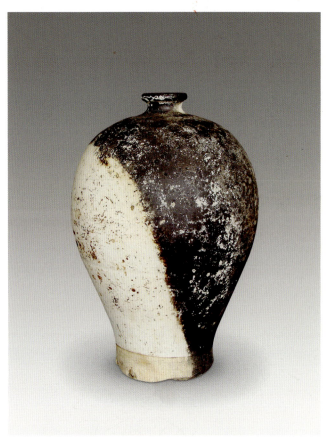

74. 明航海侯张赫家族墓出土瓷梅瓶（M3:1）

75. 明航海侯张赫家族墓出土釉陶罐（M3:3）